DAN T. SEHLBERG

SINON

GOLDMANN
Lesen erleben

Buch

Hanna, die Frau des IT-Professors Eric Söderqvist, hat die Infektion mit dem neuartigen Virus NCoLV überlebt. Angeblich steht die Biotechfirma Cryonordic in Uppsala kurz vor der Entwicklung eines Impfstoffs, doch die dafür benötigten Antikörper lassen sich nur aus Hannas Blut gewinnen. Eric hat Bedenken; es gibt Gerüchte, dass die Eigentümer von Cryonordic in terroristische Aktivitäten verwickelt sind.

Akim Katz, Deckname Sinon, wird in Israel festgehalten. Der langjährige enge Berater des israelischen Ministerpräsidenten war als Spion der Hisbollah enttarnt worden. Nach einer dramatischen Befreiungsaktion schickt ihn Cryonordic auf eine Geheimmission. Doch Sinon sinnt auf Rache ...

Eric erkennt, dass seine geliebte Hanna in großer Gefahr schwebt. Wer könnte da zu ihrem Schutz willkommener sein als die knallharte Mossad-Agentin Rachel Papo, die plötzlich im Haus der Söderqvists in den Stockholmer Schären auftaucht. Doch Eric weiß nicht, für wen Rachel wirklich arbeitet und wie skrupellos sie in Wahrheit ist ...

Autor

Dan T. Sehlberg, Jahrgang 1969, MBA der Stockholm School of Economics, in den 80ern Mitglied der Rockband Nova, hat mehrere IT- und Internetfirmen gegründet. Nach dem internationalen Erfolg seines Debütromans »Mona« schrieb er im Anschluss die Fortsetzung »Sinon«. Sehlberg lebt mit seiner Frau und zwei Töchtern in Stockholm.

Dan T. Sehlberg im Goldmann Verlag:

Mona. Thriller
(auch als E-Book erhältlich)

Dan T. Sehlberg

SINON

Thriller

Aus dem Schwedischen
von Dagmar Lendt

GOLDMANN

Die schwedische Originalausgabe erschien 2015 unter dem Titel »Sinon«
bei Lind & Co., Stockholm.

Dieses Buch ist auch als E-Book erhältlich

Verlagsgruppe Random House FSC® N001967

1. Auflage
Taschenbuchausgabe Oktober 2017
Wilhelm Goldmann Verlag, München,
in der Verlagsgruppe Random House GmbH,
Neumarkter Str. 28, 81673 München
Lizenzausgabe mit freundlicher Genehmigung
des Kiepenheuer & Witsch Verlags
Copyright © der Originalausgabe 2015 by Dan T. Sehlberg
Copyright © der deutschsprachigen Ausgabe 2016
by Kiepenheuer & Witsch, Köln
Umschlaggestaltung: UNO Werbeagentur, München
Umschlagmotiv: Getty Images / Ryan McVay; Fine-Pic®, München
AG · Herstellung: kw
Satz: Buch-Werkstatt GmbH, Bad Aibling
Druck und Bindung: GGP Media GmbH, Pößneck
Printed in Germany
ISBN: 978-3-442-48343-3
www.goldmann-verlag.de

Besuchen Sie den Goldmann Verlag im Netz

Für Anna, Natasha und Rebecca

Das Wort *Pandemie* kommt vom griechischen »pandemia« und bedeutet »das ganze Volk«. Eine Pandemie gilt als zweitgrößte Gefahr für die Menschheit, nach der Zerstörung der natürlichen Lebensgrundlagen. Ausgehend von den Schlagworten bei Twitter wurde ermittelt, welche globale Katastrophe die Menschen am meisten fürchten. Eine Pandemie kam mit vierunddreißig Prozent der Nennungen auf Platz eins, ein Zusammenbruch der Wirtschaft auf Platz zwei.

INHALT

Prolog

Cornelia Mulder hätte nicht zur Arbeit gehen sollen. Nicht die überfüllte S-Bahn von Brennerbaan nach Nyenrode nehmen oder überhaupt aufstehen sollen. Sie hatte die ganze Nacht geschwitzt und schreckliche Träume gehabt, und sicher hatte sie hohes Fieber. Als der Wecker klingelte, überwand sie sich trotzdem, die Füße in die Lammfellpantoffeln zu stecken und ins Bad zu schlurfen. Sie zog die Kleider vom Vortag an, stopfte ihre Papiere in die abgewetzte Umhängetasche und verließ das Haus, ohne sich geschminkt zu haben. Die Fahrt zur Universität war ein Albtraum; jedes Mal, wenn der Zug sich in die Kurve legte, war sie kurz davor, sich zu übergeben. Die lauten Stimmen um sie herum klangen fern und abgehackt. Es war der erste Tag des Semesters, heute würde sie ihre neue MBA-Klasse begrüßen. Sich krankzumelden war undenkbar, die Studenten hatten hohe Studiengebühren bezahlt, und alle kamen mit den besten Empfehlungen von Hollands erfolgreichsten Unternehmen. Die Erwartungen waren hoch.

Im Dozentenzimmer bemerkte Cornelia die Wunde an ihrem rechten Arm. Als sie vor dem Spiegel im Waschraum das durchgeschwitzte Kleid hochzog, entdeckte sie die gleichen Wunden auf dem Bauch, braunschwarze Beulen, die wehtaten, wenn sie daraufdrückte. Sie erbrach sich ins Waschbecken, wischte sich den Mund mit einem kratzigen Papiertuch ab und starrte lange auf das rotäugige Gesicht im Spiegel. Der Unterricht begann in weniger als vierzig

Minuten. In drei Stunden hatte sie Unterrichtsschluss, dann würde sie sofort nach Hause fahren und sich ins Bett legen.

Die fünfzig Studenten saßen in vier Reihen im Klassenraum, die Rücken gerade und die Stifte gezückt. Vor ihnen, zwischen dem Kamin und dem Rembrandt-Gemälde, stand ihre Seminarleiterin Cornelia Mulder. Schon beim Eintreten hatte sie einen verwirrten Eindruck gemacht, ihr Blick flackerte hin und her, und sie bewegte sich hölzern. Sie stellte sich vor, dann verstummte sie, vielleicht hatte sie noch mehr sagen wollen, es sich aber anders überlegt. Sie fuhr sich mit dem Unterarm übers Gesicht und seufzte so laut ins Mikrofon, dass es in den Lautsprechern rumpelte. Sie schluckte und ordnete ihre Unterlagen. Die Sekunden verstrichen. Eine unbehagliche Stille breitete sich aus. Cornelia versuchte zu trinken, aber ihre Hand zitterte so sehr, dass sie das Wasser auf ihre Papiere verschüttete. Schließlich drehte sie sich zu den großen Fenstern um, hinter denen der Park lag.

»Ich … wo war ich?«

Eine Studentin in der ersten Reihe hob die Hand, wartete aber nicht, bis ihr das Wort erteilt wurde. »Frau Mulder, Sie haben Nasenbluten.«

Cornelia hob automatisch die Hand ans Gesicht, dabei wurden mehrere offene Wunden auf ihrem Arm sichtbar. Sie schwankte, und noch ehe jemand bei ihr sein konnte, sackte sie haltlos zu Boden. Der Student, der ihr am nächsten saß, war aufgesprungen, um ihr zu helfen, aber jetzt wich er zurück. Das Gesicht der Frau zu seinen Füßen war voller Blut. Es lief aus ihren aufgerissenen Augen und sprudelte aus ihrem halb geöffneten Mund.

Oberarzt Jahn Boer studierte besorgt die Krankenakte der neu eingetroffenen Patientin. Cornelia Mulder war nicht die Einzige; in den vergangenen Stunden waren weitere sechs Patienten mit identischen Symptomen in die Notaufnahme des UMC in Utrecht eingeliefert worden. Alle lagen jetzt im Koma.

TEIL 1
GRÜSSE AUS KETZIOT

Sieben Tage früher.
Zwischen Nairobi und Somalia

African Express Flug XU 529 war mit fünf Stunden Verspätung vom internationalen Flughafen Jomo Kenyatta in Nairobi gestartet. Die Flugzeit würde gut neunzig Minuten betragen. Sie hatten keinen Termin einzuhalten, deshalb spielte die Verspätung keine Rolle. Rachel Papo sah auf ihre Uhr, noch zwanzig Minuten bis zur Landung. Gregor Khazan, der dicke Mann neben ihr, stank nach Schweiß und rieb sich immer wieder nervös mit den Händen über die Oberschenkel.

Sie blickte durch das Fenster der DC-9 hinaus. Keine Wolken zu sehen, nur endlose Steppe mit vereinzelten dunklen Flecken. Ein dumpfer Geruch hing in der Kabine. Sie schloss die Augen und versuchte, eine bequemere Stellung zu finden. Der Sitz war hart und steif mit einem Bezug aus grünbraunem Plastik. Mittlerweile bekam sie sofort Rückenschmerzen, wenn sie sich hinsetzte. Beim Kontrollbesuch hatte der Arzt besorgt auf die großen verschwommenen Röntgenbilder gezeigt. Mit zwei Rückenwirbeln, L2 und L3, stimmte etwas nicht. Die Verletzungen stammten von einem Bombenanschlag auf ihre Wohnung. Als die Druckwelle sie durch die Balkonverglasung katapultiert hatte und sie auf dem Steinpflaster aufschlug, hatte sie sich Risse in der Wirbelsäule und Verletzungen des Rückenmarks zugezogen. Dem Arzt zufolge hatte sie noch Glück gehabt. Hätte sie den Sturz nicht mit dem Unterarm abgefangen, wäre sie heute gelähmt. Instinktiv strich sie sich über die Narbe am linken Arm. Aber die Rückenschmerzen würde sie ihr Leben lang behalten.

Rachel hatte verschiedene Möglichkeiten der Tarnung mit David Yassur besprochen, dem operativen Chef des Mossad. Gregor Khazan war ein Erdölprospektor der russischen Siberian Petrol Ressources. Die besten Lügen lagen immer nah bei der Wahrheit, deshalb hatten sie beschlossen, dass Gregor genau das sein sollte, was er war. Als Erdölsucher war er perfekt, mit seinen dicken Ringen, dem abgetragenen grauen Anzug, dem fleckigen Hemd und den dünnen, fettigen Haaren. Um diesen wahren Kern herum hatten sie eine Geschichte gestrickt, die funktionieren müsste. Rachel sollte Nadira Al-Nsour sein, Investmentmanager bei Qatar Capital Partner, die Gregor als Beraterin und Assistentin begleitete. Ressourcenanalytiker schätzten, dass einhundertzehn Milliarden Barrel Rohöl unter der ausgetrockneten Erdkruste Somalias lagerten. African Energy hatte bereits mit Bohrungen begonnen, es war seit über zwanzig Jahren der erste Abbau von Bodenschätzen im Land. Man rechnete damit, vier Milliarden Barrel im Wert von einer halben Billiarde Dollar zu fördern. Damit war das Wettrennen eröffnet, und chinesische, englische und russische Firmen bestachen die Warlords im Land, um sich Förderrechte zu sichern und Dorfbewohner von den Bohrplätzen zu vertreiben. Deshalb war Gregor vor drei Wochen ins Land gekommen. Das war auch der offizielle Grund, warum er mit einer Beraterin aus Katar zurückkehrte.

Das Flugzeug neigte sich zur Seite und verlor an Höhe. Gregor sagte etwas, aber Rachel öffnete die Augen nicht. Wenn alles nach Plan lief, würde er reich werden. Was würde er mit dem Geld machen? Kaviar kaufen? Deodorant?

Als Gregor von seiner ersten Reise nach Hause gekommen war, hatte er wichtige Informationen mitgebracht. Gleich nach seiner Landung in Russland hatte er einen amerikanischen Diplomaten kontaktiert, und die Amerikaner hatten die Informationen nach Jerusalem weitergeleitet. Rachel, die fließend Russisch sprach, wurde tags darauf nach Sankt Petersburg geschickt. An einem Fenstertisch im Café Singer mit Blick auf die Kasaner Kathedrale und die breite Paradestraße Newski Prospekt hatte Gregor von seinem letzten Tag in Mogadischu berichtet. Er war in der Hotellobby von einem unbekannten jungen Mann angesprochen worden. Der Mann hatte Todesangst und bat um Hilfe beim Verlassen des Landes. Er behauptete, er sei Mitglied des Terrornetzwerks Al-Shabaab, stehe aber nach einem Familienstreit jetzt auf dessen Todesliste. Der Somalier versteckte sich in einem der großen Flüchtlingslager außerhalb der Stadt, wusste aber, dass man ihn dort bald finden würde. Gegen Schutz und Asyl wollte er Informationen liefern, Informationen über eine palästinensische Gruppe, die Somaliland besucht und sich Schutz von Al-Shabaab gekauft hatte. Die Palästinenser hatten sehr spezielle Wünsche hinsichtlich Internetzugängen und Computerkapazitäten gehabt. Gregor hatte eine Handynummer von dem Somalier erhalten, und gleich nach ihrer Ankunft im Hotel in Mogadischu würde er ihn anrufen und ihm mitteilen, dass er eine Lösung gefunden habe. Die Lösung hieß Rachel, aber sie war keine Lösung. Sie hatte weder den Ehrgeiz noch die Möglichkeit, den Somalier zu beschützen. Zwar hatte sie einen Umschlag mit falschen Papieren bei sich, die ihm theoretisch über die Grenze helfen konnten, und wenn der Mann verzweifelt genug war, sollte das genügen, um die Informationen von ihm zu erhalten, aber er würde trotzdem nicht überleben. Al-Shabaab kontrollierte weite Teile des Territoriums, der Polizei und des Militärs von Somalia. Der Abtrünnige war so gut wie tot, mit oder ohne neue Papiere.

Die Lautsprecheransage verkündete auf Swahili und anschließend auf Englisch, dass sie in Kürze landen würden. Rachel schlug die Augen auf. Gregor starrte mit feuchtem Blick auf die Rückenlehne vor sich und wischte sich hektisch die Hände an den Hosenbeinen ab. Die Sonne stand fast senkrecht über dem Flugzeug, und durch das Fenster konnte Rachel den Schatten der Maschine verfolgen, der über den Flickenteppich unter ihnen raste. Die Häuser sahen aus wie verstreute Legoklötzchen zwischen ausgetrockneten Flussbetten und schmalen Wegen. Dann tauchte die Küste auf. Das grünblaue Piratengewässer. Mittlerweile machte der internationale Schiffsverkehr einen weiten Bogen um das Horn von Afrika. Der Schatten wurde immer größer. Sie flogen über die Stadt. Tausende von Häusern, wild durcheinandergewürfelt mit schmalen Gassen und großen Müllhalden. Das Magazin Forbes hatte Mogadischu zum gefährlichsten Ort der Welt gekürt. Rivalisierende Warlords beherrschten das Land, und endlose Bürgerkriege hatten eine zerstörte Stadt hinterlassen, die unaufhörlich von unter Drogen stehenden Kindersoldaten geplündert wurde. Eine Stadt, in der Milizsoldaten die Zivilbevölkerung vergewaltigten und töteten und wo Selbstmordattentate, Autobomben und Heckenschützen zum Alltag gehörten. Überschwemmungen, Dürre und Hunger forderten Tausende Opfer im Land. In der Welt dort unten galten keine Gesetze mehr, mit Ausnahme von willkürlich verhängten Scharia-Strafen in Form von Hinrichtungen, Folter und Verstümmelungen.

Rachel streckte die Beine aus und verzog vor Rückenschmerzen das Gesicht. Dann lächelte sie den dicken Russen an.

»Wenn wir Glück haben, können wir vor dem Abendessen noch ein bisschen schwimmen.«

Haluza, Israel

Nicht weit entfernt vom Weltkulturerbe Haluza, mitten zwischen den kahlen Sanddünen, befand sich eine Anlage, die es nie auf die Liste der UNESCO schaffen würde. Mit einer Fläche von vierhunderttausend Quadratmetern war Ketziot Israels größtes Gefängnis. Das Gelände war während der ersten Intifada als Lager für palästinensische Kriegsgefangene genutzt worden. Das Gefängnis bestand aus vier Sektionen zu je vier Einheiten, gesichert durch eine fünf Meter hohe Mauer mit elektrischem Stacheldraht, Wachtürmen und topmoderner Sensorüberwachung. Die vier Sektionen dienten dazu, die Gefangenen aufzuteilen und Gruppen mit unterschiedlichen religiösen oder politischen Ansichten voneinander zu trennen. Nur wenige wussten allerdings, dass es noch eine fünfte, unterirdische Sektion gab, siebzehn Meter unter dem weitläufigen Tunnel- und Kanalisationssystem des Gefängnisses.

Der operative Chef des Mossad, David Yassur, musterte das ehemalige Knesset-Mitglied auf der anderen Seite des Tisches. Akim Katz, Deckname Sinon. Bis vor einer Woche einer der wichtigsten Berater der Regierung und ein enger Freund des Premierministers Ben Shavit. Neben ihm saß Verhörleiter Yanis Solman, direkt gegenüber dem nackten

Akim, dessen Hände hinter der Rückenlehne des Stuhls gefesselt waren. Es war kühl im Zimmer, und David vermutete, dass Akim fror. Yanis war mit seinen Unterlagen beschäftigt. Er blätterte darin, schien etwas zu suchen, machte sich Notizen und blätterte wieder.

Das Rascheln störte David, er legte eine Hand auf Yanis' Arm, woraufhin dieser verwundert aufblickte. »Lass uns bitte einen Moment allein.«

Dann wandte er sich an Akim. »Möchten Sie einen Kaffee? Ein Glas Wasser?«

Akim verzog keine Miene.

David wandte sich wieder an Yanis. »Ich hätte jedenfalls gern einen Kaffee.«

Der Verhörleiter nickte, legte die Papiere hin und ging. Die graue Stahltür schloss sich mit einem leisen Klicken hinter ihm. Es war still im Raum, bis auf das Rauschen der Klimaanlage. David fragte sich, ob Yanis sie absichtlich so kühl eingestellt hatte.

Akim ließ den Kopf hängen. David sah die kleinen Einstiche an seinem rechten Unterarm. Die Venen waren immer noch verfärbt von den starken Präparaten. Vorbei die Zeiten, als man Gefangene mit Elektroschocks und simuliertem Ertränken gequält hatte. Die Entwicklung schritt voran. Autos wurden immer sicherer, Computer schneller und Foltermethoden effektiver. Zumindest sauberer. Heute hatten sie Drogen, die die Sinne so hochempfindlich machten, dass ein leichter Klaps mit der Hand genügte, um einen erwachsenen Soldaten umzuwerfen. Drogen, die dem Gefangenen vorgaukelten, dass ein Heer von Spinnen über seine Organe krabbelte, und ihn in irrsinnige Angst versetzten. Und es gab das Wahrheitsserum. Die modernen Substanzen waren Lichtjahre entfernt von den Benzilsäureestern des Vietnamkrieges und dem Pentothal des Kalten Krieges. Sie drangen direkt ins Kontrollzentrum des Gehirns vor und lösten alle Blockaden und Hemmungen. Heute brauchten sich die Verhörspezialisten nicht mehr sonderlich anzustrengen, deutlich formulierte Fragen und eine Spritze reichten. Auch diesmal hatten die Drogen gute Arbeit geleistet. Innerhalb von acht Stunden hatten die Chemikalien aus Akim einen willigen Zombie gemacht, der mit Ausnahme von zwischenzeitlichen Angstanfällen gehorsam auf alle Fragen von Yanis antwortete.

Akims Geschichte war erstaunlich. Und erschreckend. Jahrelang hatte er in dem Ruf gestanden, ein knallharter Rechtskonservativer zu sein, ein Mann, der sich immer für die israelischen Siedlungen starkgemacht hatte, für harte Sanktionen gegen Gaza und für einen proaktiven Angriff gegen den Iran. Er war Offizier der israelischen Armee, hatte in der zweiten Intifada gekämpft und eine Tapferkeitsmedaille erhalten.

Akim Katz und Ben Shavit hatten sich in der Armee kennengelernt. Sie waren Freunde geworden und in Kontakt geblieben, während Ben beim Militär und Akim in der Partei Karriere machten. Als Ben Jahre später Premierminister wurde, holte er Akim als Berater zu sich. Das war vor fünf Jahren gewesen. Großer Gott, Akim war fünf lange Jahre Mitglied des engsten Kreises um Ben Shavit gewesen. Was gab es noch alles, was sie bisher nicht wussten? Wie viel Schaden hatte er angerichtet? Je mehr Yanis aus dem unter Drogen gesetzten Akim herausholte, desto unbegreiflicher wurde die ganze Sache. Das passte alles nicht zusammen. Was hatte ihn dazu gebracht, sich gegen sein Land zu stellen? Wann hatte es angefangen? Wer hatte ihn bezahlt?

Davids Blick fiel auf Yanis' Unterlagen. Er beugte sich

vor und schlug eine Seite des zuoberst liegenden Protokolls auf. Datum und Uhrzeit sagten ihm, dass es Aufzeichnungen aus einem der ersten Verhöre waren, bevor sie die chemischen Substanzen eingesetzt hatten. Yanis schrieb penibel mit, was eigentlich unnötig war, da alles, was im Verhörzimmer vor sich ging, gefilmt wurde. David überflog die Seiten, auf denen überwiegend Yanis' Fragen und ein Symbol notiert waren, von dem er annahm, dass es für Akims Schweigen stand. An einer Stelle hatte er jedoch geantwortet:

Yanis: Erzählen Sie mir von Ihrer Religion.
Akim: Ich nehme an, ich bin in Ketziot? Sektion fünf?
Yanis: Warum glauben Sie das?
Akim: Ich habe den Druck auf den Ohren gespürt, beim
    Hinunterfahren. Siebzehn Meter, wenn ich mich recht
    erinnere.
Yanis: Waren Sie schon mal in Ketziot?
Akim (lächelt): Ich habe bei der Einweihung das Band
    durchgeschnitten.

David musste husten und hob den Kopf. Akim starrte ihm direkt in die Augen. Sein Blick war klar, als wäre die Wirkung der Substanzen plötzlich verflogen. David wollte gerade etwas fragen, als Akim plötzlich das Gesicht zur Decke hob und laut und verzweifelt schrie. Seine Finger krallten sich in die Luft, als hätte er einen spastischen Anfall. David blickte intuitiv zum Fenster mit der schwarzen Glasscheibe, hinter der sich mindestens ein Wachmann befand. Noch ehe er irgendwas unternehmen konnte, verstummte Akim ebenso plötzlich wieder. Der abwesende Ausdruck kehrte in seine Augen zurück, und die Finger hingen wieder schlaff herunter. David runzelte die Stirn. Trügten ihn seine Augen? Akim trug einen Ehering, einen breiten Goldring mit eingearbeiteten Diamanten.

Die Tür klickte, Yanis kam zurück.

»Hatte er einen Anfall?«

David nickte und nahm einen braunen Kaffeebecher entgegen. »Das ist ganz normal. Er kommt von seinem Trip runter, das Nervensystem ist überreizt. Leider wird er sich auch bepisst haben.«

David trank einige Schlucke und betrachtete den nackten Mann nachdenklich. Er stieß einen Seufzer aus, plötzlich müde. Vielleicht war die Luft schlecht. Vielleicht war es der Druck. Er schlug die Mappe zu und erhob sich.

»Ich fahre zurück nach Tel Aviv. Gib mir Bescheid, falls ihr noch mehr aus ihm herausholt.«

»Natürlich. Wann kommst du wieder?«

»Kann ich noch nicht sagen. Entweder komme ich her, oder ich sehe mir die Filme an.«

Er ging zur Tür und nickte Richtung Glasscheibe. Das Schloss summte. Ehe er hinausging, drehte er sich noch einmal um. »Warum habt ihr ihm den Ring gelassen?«

Yanis lachte. »Ah, der Ring. Du bist aufmerksam. Das ist eine Ausnahme. Wir haben ein Tauschgeschäft probiert. Um einen Dialog in Gang zu bringen, haben wir ihm angeboten, dass er ein persönliches Stück behalten darf, wenn er drei Fragen ehrlich beantwortet. Das war, bevor wir gespritzt haben. Und er hat sich den Ehering ausgesucht.«

David machte ein skeptisches Gesicht. »Und? Hat es was gebracht?«

»Unter anderem haben wir auf diese Weise erfahren, wie er mit Gaza kommuniziert hat.«

David antwortete nicht, und Yanis fügte eilig hinzu: »Keine Sorge, wir haben den Ring geprüft. Es ist unmöglich, dass er sich oder jemand anderen damit verletzt.«

Mogadischu, Somalia

Auf dem Flughafen war kaum Betrieb. Die große Halle mit der Zollabfertigung war hell und luftig, der polierte grau-weiße Marmorfußboden reflektierte das Licht der Neon-röhren an der Decke. Schmale schwarze Geländer sorgten für einigermaßen geordnete Schlangen bis hin zu den Zoll-abfertigungsschaltern im hinteren Teil des Gebäudes, von denen nur einer besetzt war. Alle in der Schlange waren Far-bige, die gelblich-weißen Augen der Frauen schauten aus roten oder grünen Tüchern hervor, die Blicke waren müde und ausweichend. Die Männer waren groß und schlank.

Rachel Papo ordnete ihren Hidschab und verzog das Ge-sicht. Heute war Samstag, Taras Lieblingstag. Sie hätte bei ihr sein, ihr ein Stück Torte mit extra viel Sahne mitbrin-gen sollen. Einer der Zöllner hob ihre Tasche auf das Rönt-genband. Rachel reichte ihm ihren Pass, dunkelrot mit gol-denen Buchstaben und dem Wappen mit den gekreuzten Schwertern und den Palmen: State of Qatar. Der Mann blätterte. Sie erkannte ihr Gesicht auf dem schwarz-wei-ßen Passfoto, aber mit dem Namen konnte sie sich nicht identifizieren. Nadira Al-Nsour. Das waren nur Buchsta-ben, beim nächsten Auftrag würde es ein anderer sein. Ob Tara sie vermisste? Wusste sie überhaupt, dass heute Sams-tag war? Doch, natürlich. Eine Schwester hatte erzählt, dass Tara samstags immer an der Tür saß und wartete, und dass sie sich dann nie an den Aktivitäten des Pflegeheims beteili-gen wollte, weil sie Angst hatte, den Besuch ihrer Schwester zu verpassen. Rachel spürte einen Anflug von Kummer, der in Gereiztheit überging. Sie würde so schnell wie möglich nach Hause zurückkehren. Sobald sie wieder in Israel war, würde sie mit Tara in den Beit-She'arim-Park gehen. Da konnten sie Tauben scheuchen oder einfach im Gras liegen und in den Himmel schauen. Tara liebte Wolken. Und Torte konnten sie auch essen, wenn es Sonntag war.

»Ma mehnatuki?«

Sie blickte auf. Der Zollbeamte hatte etwas gesagt. Als sie nicht antwortete, wiederholte er seine Frage: Was machen Sie beruflich? Da sie aus Katar war, fragte er in holprigem Arabisch.

Sie lächelte und antwortete: »A'mal ka rajul a'maal. Geschäfte.«

Der Mann betrachtete sie lange. Skepsis lag in seinem Blick. Reflexartig spannte sie sich an, überlegte mögliche Alternativen. Was konnte passieren? Man konnte ihnen die Einreise verweigern und sie zwingen umzukehren. Man konnte sie verhaften und wegen Spionage anklagen. Die Polizei war korrupt und wurde von Al-Shabaab gesteuert. Gregor würde umfallen, er würde ihnen alles über den Auftrag verraten und sie würde keine Möglichkeit haben, ihm das Maul zu stopfen. Wahrscheinlich würde man sie umbringen und auf einer der städtischen Müllkippen verscharren.

Sie verlagerte das Gewicht und wollte Gregor gerade beiseiteschieben, als der Zöllner lachte und den Kopf schüttelte. Dann legte er den Pass auf den Tresen und knallte einen Stempel darauf.

»Nabdaadi Muqdisho. Willkommen in Mogadischu.«

Sie ließ unwillkürlich die Schultern sinken, griff nach ihrer Tasche und machte sich auf den Weg zur Ankunftshalle.

Gregor folgte dicht hinter ihr und schnaufte hörbar. Sie

gingen durch einen langen Korridor mit braunen Wänden und bunten Fotos von einem üppig gedeihenden Somalia, passierten zwei schwer bewaffnete Wachmänner und gelangten hinaus in die Wartehalle. Rachel ließ den Blick schweifen und entdeckte einen großen schlanken Mann mit einem Siberian-Petrol-Schild. Er lächelte und drängte sich durch die wartende Menschenmenge. Der obligatorische Leibwächter. Ihr gefiel das nicht, aber sie hatten keine Wahl; alle Geschäftsreisenden in Somalia brauchten einen Beschützer. Der Mann gehörte vermutlich zu Al-Shabaab und würde sie kaum beschützen, sondern allenfalls bewachen. Als er sie erreichte, begrüßte er sie herzlich, er hatte eine Fistelstimme und roch nach Knoblauch. Sein Name war Jaamac Bentou. Nachdem sie sich die Hand gegeben hatten, nahm er ihnen die Taschen ab und nickte lächelnd zum linken Ausgang. Drei seiner Vorderzähne waren aus Gold.

Der Verkehr auf der Wadada Garoonka war dicht, und die Autoschlangen kamen nur langsam voran. Jaamac hatte einen überraschend neuen Honda, deshalb war die Fahrt zwar zäh, aber wenigstens bequem. Die Luft im Wageninneren war gesättigt von einem süßen Parfüm, das Rachel Kopfschmerzen bereitete. Sie kurbelte das Fenster herunter und sog den Gestank von Abgasen und Straßenstaub ein. Lieber das als den schweren Rosenduft.

Sie betrachtete die lebhafte Straße. Die einst weißen Häuser waren grauschwarz mit Einschusslöchern und Rissen in den Fassaden. Sie kamen an Straßenhändlern vorbei, die sich über qualmende Ölfässer mit gegrilltem Fisch, Nüssen und Süßkartoffeln beugten. Ein Junge im roten Fußballtrikot stieß gegen die Autotür, als er sich vorbeidrängte, über der Schulter trug er einen graugrünen Hai. Sie sah keine Leichen auf der kurzen Strecke zwischen Flughafen und Hotel Ambassador, obwohl Gerüchte wissen wollten, dass man in Mogadischu immer wieder Leichen im Müll fand.

Das zweistöckige grün-weiße Hotel war eines der modernsten und am besten erhaltenen Gebäude der Stadt. Jaamac unterhielt sich mit dem Hotelpersonal in knatterndem Somalisch, und dann wurde ihr Gepäck von zwei kleinen Jungen mit mageren Beinen in verschlissenen Shorts weggetragen. Die Frau an der Rezeption schien Angst vor Jaamac zu haben, sie duckte sich, während sie die Schlüssel herausgab und stumm auf den Fahrstuhl zeigte. Jaamac schüttelte ihnen die Hand und versprach, früh am nächsten Morgen zurück zu sein.

Rachel brachte Gregor zu seinem Hotelzimmer und ging dann zu ihrem eigenen, das ganz am Ende des schmalen Korridors lag. Das Zimmer war klein und wurde fast ganz von einem dunkelbraunen Holzbett mit spitzenbesetzter Bettwäsche ausgefüllt. Ihre Tasche stand am Fußende. Die Klimaanlage funktionierte entweder nicht oder war abgestellt, es war brütend heiß im Raum, und Rachel war schweißnass. Sie suchte eine Weile nach einem Regler, fand aber keinen. Sie ging zum Fenster, öffnete es und schaute hinunter auf den kleinen Park. Es wurde schon dunkel, zwischen den Büschen brannten Lampen. Wie zum Teufel hatte sie vergessen können, Zigaretten zu besorgen? Frustriert ging sie unter die Dusche. Nach einigen Minuten unter dem stotternden Wasserstrahl, dessen Farbe zwischen braun und dunkelgrau wechselte, ging sie zurück ins Zimmer und legte sich tropfnass aufs Bett. Das Licht flackerte. Die Stromversorgung war instabil, wie alles andere. Sie machte die Lampe aus, schloss die Augen und lag ganz still. Die Feuchtigkeit auf der Haut kühlte und machte die Hitze einigermaßen erträglich. Sie dachte an Eric Söderqvist. Ob es ihm gelungen war, seine Frau zu retten? Sie erinnerte sich an die kleine Baracke auf dem Flugplatz in Tel Aviv. Er hatte etwas sagen wollen, was ihm nicht über die Lippen kam. Und sie hatte ihn gestoppt. Aber sie wussten beide, was nicht gesagt wurde. Und auch, warum nicht.

Draußen knallte es mehrmals. Sie kannte das Geräusch, Schüsse aus einem großkalibrigen Maschinengewehr. Ihr fiel die Tasche am Fußende ein, sie beugte sich über die Bettkante und suchte das schmale Buch heraus. Sie bewahrte Erics Sachen auf, die einen Tag nach dem Einsatz aus Gaza gekommen waren. Als sie ihre Tasche für Somalia packte, hatte sie das Buch mitgenommen. Sein Buch. Sie schaltete die Nachttischlampe an, lehnte sich zurück und betrachtete den Umschlag. *Laughter beneath the forest* von Abraham Sutzkever. Warum las er einen alten jiddischen Dichter?

Das Telefon klingelte. Sie ließ das Buch sinken, rollte sich auf den Bauch und nahm ab. Sie sagte nichts, hörte nur zu. Dann legte sie auf, löschte das Licht und rollte sich wieder auf den Rücken. Gregor hatte Kontakt zu dem Aussteiger aufgenommen, sie würden sich früh am Montagmorgen auf dem berühmten Bakakar-Markt treffen, dem Markt, auf dem man alles Mögliche kaufen konnte, von Medikamenten gegen Aids bis zu Königskobras, Panzerfäusten und Sklaven. Montag. Sie würde also noch einen Tag länger im Land bleiben müssen. Kein Tortenessen mit Tara. Sie legte den Kopf neben das Buch, das schwach nach altem Papier roch, zog die Knie an und schloss die Augen. Wenige Minuten später schlief sie, wie immer mit geballten Fäusten, leicht und unruhig. Vor dem Fenster war wieder das ferne Rattern eines Maschinengewehrs zu hören.

Dalarö, Schweden

Das Sportboot hüpfte mit fünfundzwanzig Knoten über die Wellen. Die dünne Schutzfolie klebte noch auf dem Armaturenbrett, und die Startschlüssel baumelten an einem blauen Reklamering mit dem Logo des Bootshändlers. Eric Söderqvist bog um die Landzunge von Furunäs, vor sich die Insel Simpskallen und steuerbords die Villen und Bootsstege von Smådalarö. Alles roch neu, nach Kunststoff, Farbe und Gelcoat. Er versuchte, mit dem großen GPS zurechtzukommen, aber obwohl er Doktor der Systemwissenschaft war, gelang es ihm nicht, eine vernünftige Karte auf den Monitor zu holen. Hanna hatte darauf gedrängt, dass sie sich ein neues Boot anschaffen sollten. Ein schnelleres und vor allem seetüchtiges Boot, damit sie endlich Jens Wahlberg in seinem neuen Sommerhaus im äußeren Schärengarten besuchen, längere Ausflüge machen und neue Inselrestaurants ausprobieren konnten. Eric dagegen vermisste das alte Ruderboot mit seinem klapprigen Außenbordmotor und den wackeligen Dollen. Es wurmte ihn ein bisschen, dass er sich so leichtfertig davon getrennt hatte. Das alte Boot war ein gediegenes Stück Handwerk, voller Erinnerungen und Geschichten. Jetzt hatte er es gegen eine Plastikwanne vom Fließband eingetauscht. Hanna hatte das Modell ausgesucht, und Jens würde es mit Sicherheit lieben. In diesem Punkt waren sie beide gleich. Ihm fiel ein, dass Jens nachher zum Essen kommen wollte. Dann konnte Hanna ihm das neue Brüllmonster vorführen.

Als er um die Landspitze von Röudd bog, nahm er das Gas zurück, um die Nachbarn nicht zu ärgern. Er entdeckte Hanna auf dem Steg, sie saß ganz am Ende und ließ die Beine baumeln. Großer grüner Sonnenhut, weißer Bikini.

Sie hielt eine Hand schützend über die Augen und winkte ihm zu. Als er an den Steg heranglitt, erwartete sie ihn mit der Leine zum Festmachen in der Hand. Sie lachte.

»Schick! Jetzt brauchen wir nur noch einen neuen Steg, passend zum Boot. Was Moderneres.«

Er fing das Seil auf und schüttelte den Kopf. »Nun lass mal gut sein. Dieser Steg war die letzten hundert Jahre hier, und er hält mindestens noch mal hundert Jahre durch.«

Hanna biss sich auf die Lippe. »Stege altern schneller als Menschen.«

»Was? Wer sagt das?«

»Tranströmer.«

Er stellte den Motor ab. Sofort wurde es still, bis auf das Glucksen der Wellen am Bootsrumpf. Hanna sprang hinunter ins Cockpit, umarmte ihn und strich dann zufrieden mit den Fingern über die neuen Instrumente.

Er lächelte. »Und der Skipper? Willst du den auch auswechseln, wenn du schon mal dabei bist? Gegen was Moderneres?«

Hanna blickte ihm in die Augen. Dann beugte sie sich vor und küsste ihn. »Wer weiß, vielleicht mache ich das. Sei dir nicht zu sicher. Eines schönen Tages …« Sie setzte sich aufs Vorderdeck und legte die Beine auf die Reling. »Aber heute nicht. Heute bist du der Kapitän auf meinem Boot.«

Sie blinzelte in die Sonne und lächelte. »Und der Kapitän hat eine Aufgabe. Nicht sehr glamourös, aber dafür umso wichtiger.«

»Die wäre?«

»Es stinkt unterm Haus.«

Er verdrehte die Augen.

»Der Ejektortank der Toilette ist voll, und dann leckt er. Man muss unters Haus kriechen und das Zeug in den Garten pumpen. Du bist kleiner als ich, also ... Eine typische Aufgabe für einen Matrosen.«

Sie kletterte zurück auf den Steg.

»Als ich das letzte Mal unterm Haus war, habe ich eine Kreuzotter gesehen. Ich mache das nicht mehr. Ich warte hier in der Sonne auf dich. Und bring bitte eine Flasche Wasser mit, wenn du zurückkommst.«

Während er die Treppe zur Sommerhütte hinaufstieg, dachte er an die Schlange. Das war ein kleines Ding gewesen, wahrscheinlich nicht mal eine Kreuzotter. Nichts, wovor man sich fürchten musste. Aber er erinnerte sich, dass er sich den Mona-Virus so vorgestellt hatte: als eine unsichtbare Giftschlange in Hannas Blut. Eine Schlange, die es irgendwie geschafft hatte, von seinem revolutionären Mind-Surf-System in ihren Körper hinüberzukriechen. Der Computervirus Mona hatte sie infiziert, und wenn das Antivirusprogramm ihn nicht unschädlich gemacht hätte, wäre Hanna aller Wahrscheinlichkeit nach daran gestorben. So wie Mats Hagström.

Eric blieb auf den Treppenstufen stehen und blickte zurück zum Steg. Hanna lag auf dem Rücken, die Arme ausgebreitet. Der Sonnenhut lag daneben wie eine von Monets grünen Seerosen. Das Boot schaukelte leicht auf den Ausläufern der Bugwellen, die die Inselfähre verursachte. Er war glücklich. Sie waren glücklich. Sie hatten eine zweite Chance erhalten. Die Chance, noch einmal neu anzufangen. Die Chance, wieder zueinanderzufinden. Er drehte sich um und ging weiter zum Haus und dem übervollen Ejektortank hinauf. Die Separett-Toilette war ebenso neu wie das Boot. Er selbst zog das Plumpsklo vor, das ein paar Meter hinter dem Haus stand.

Eric beschloss, dass er versuchen wollte, das alte Boot mit

dem Außenborder zurückzukaufen. Es würde ein Gegenge-
wicht zu all dem Neuen sein. So wie das Plumpsklo. Würde
das Gleichgewicht wiederherstellen.

Haluza, Israel

Akim Katz lag ausgestreckt auf der Pritsche in der kleinen, nüchternen Zelle. Er stand immer noch unter Drogen, man hatte ihn mehrere Tage lang gefoltert. Aber das
ließ sich alles aushalten, wichtig war, sich psychisch auszu-
klinken, einen inneren Schutzraum zu finden und sich einfach darin einzuschließen. Schmerzen, Angst, Entsetzen …
Das traf nur seine weltliche Hülle. Noun, die Seele, konnten sie nicht erreichen. Die gehörte Allah. Sie konnten jederzeit wiederkommen und ihn holen, für die nächste Folter-
runde. Das Geräusch des Aufschließens war zum Synonym
für schreckliche Qualen geworden. Er wusste nicht, was er
preisgegeben oder was sie herausbekommen hatten, es war
unmöglich, sich alle Fragen, alle Worte zu merken. Sie waren überzeugt, ihn geknackt zu haben, meinten, sie hätten
ihn in ihrer Gewalt. Aber durch sein benebeltes Hirn zuckte
ein Siegesgefühl. Ein Triumph. Er war siebzehn Meter tief
unter der Erde, aber dennoch kapitulierte er nicht. Entgegen
allen Erwartungen hatte er es vielmehr geschafft, sich eine
Rettungsleine zu besorgen. Sie war zwar dünn und schwach,
aber immerhin, jetzt gab es Hoffnung. Und ganz gleich, ob
die Rettungsleine ihm das Leben rettete oder nicht, würde
sie ganz sicher das Leben dieser Frau zerstören. Das war das
Wichtigste. Damit hätte er seine Rache bekommen, und sie
würde in der Hölle schmoren. Akim rollte sich auf der Pritsche zusammen. Rachel Papo würde in der Hölle schmoren.

Tel Aviv, Israel

David Yassur hatte den ganzen Tag zu Hause gearbeitet. Nach einem späten Mittagessen mit der Familie ging er zurück in sein Arbeitszimmer. Yanis Solman hatte neue Filme vom Verhör geschickt, und er wollte sie sich so schnell wie möglich ansehen. Er hatte sein Weinglas vom Esstisch mitgenommen und saß jetzt in seinem kleinen Arbeitszimmer direkt gegenüber der Küche vor dem Rechner. Er hörte Rebecca mit dem Geschirr klappern, sie summte vor sich hin, gut gelaunt wie immer. David loggte sich in den Server ein und öffnete den Ordner, in dem sich die Filmmitschnitte des Verhörs von Akim Katz befanden. Als Erstes lud er den Film vom gestrigen Nachmittag, direkt nachdem er das Gefängnis verlassen hatte. Akim Katz sprach langsam und mechanisch, antwortete in kurzen Sätzen, die oft in unzusammenhängendem Gestammel endeten. Yanis fragte nach der Finanzierung. *Woher hattet ihr das Geld? Wer hat für Mona bezahlt?* Akim nuschelte vor sich hin, und Yanis wiederholte seine Frage geduldig. Für einen Moment sah es so aus, als würde Akim gleich in Tränen ausbrechen, aber dann sagte er plötzlich etwas. Ein Wort. David stoppte den Film, spulte zurück und schrieb das Wort auf ein Blatt Papier: *Salsabil.* Dann ließ er den Film weiterlaufen. Yanis stellte mehrere Fragen zu dem Wort, aber Akim schien zu benebelt zu sein, um antworten zu können. Er hustete und sabberte. David spulte ein Stück vor, gerade weit genug, um zu sehen, dass Yanis das Verhör abbrach. Der Film war zu Ende. David trank nachdenklich einen Schluck Wein und starrte auf das einsame Wort auf dem Papier. Dann öffnete er den Film vom heutigen Verhör, das erst vor wenigen Stunden stattgefunden hatte. Er merkte sofort, dass Akim anders war. Wacher, selbstsicherer. Yanis nahm das Verhör dort wieder auf, wo er es am vorangegangenen Abend abgebrochen hatte.

»Salsabil, was bedeutet das? Ist das der Name einer Person?«

Zuerst schwieg Akim, aber dann antwortete er mit klarer und überraschend fester Stimme: »Das ist die Quelle.«

»Die Quelle? Wovon?«

Akim lächelte. »Sie stellen die falschen Fragen.«

Er stand heute definitiv nicht mehr unter Drogen. Vielleicht hatte Yanis das so gewollt, um das Problem vom gestrigen Abend zu vermeiden.

Yanis beugte sich zu Katz vor, der wie an allen vorangegangenen Tagen nackt an den Metallstuhl gefesselt war. »Welche Fragen sollte ich denn stellen?«

»Ob es Hoffnung gibt.«

Yanis nickte belustigt. »Okay. Gibt es Hoffnung?«

Akim drehte das Gesicht zur Kamera und starrte direkt in Davids Arbeitszimmer. »Nein, es gibt keine Hoffnung. Nicht für euch. Ihr werdet alle sterben. Eure Frauen, eure Kinder.«

David hörte Rebeccas Lachen aus dem Erdgeschoss.

»Das ist vorherbestimmt und unausweichlich. Es ist Allahs Wille, und wir werden ihn erfüllen.«

Jetzt blickte auch Yanis in die Kamera. »Und wer ist wir?«

Akim ignorierte seine Frage. »Ihr seid alle tot. Ihr seid nur wandernde Leichen.«

Der Film stotterte, dann stoppte er. Akims Gesicht mit den harten schwarzen Augen stand auf dem Bildschirm, erstarrt in einem verzerrten, unnatürlichen Lächeln. Yanis sah neben ihm klein und blass aus, wie ein grauer Schatten in der rechten Ecke des Filmausschnitts. Akim strahlte etwas Triumphierendes aus. Was hatte sich während der Nacht verändert? Er hatte einsam in einer Gefängniszelle gelegen, siebzehn Meter unter der Erde. Fern jeder Rettung. Also woher kam sein Selbstvertrauen? David klickte auf Vorspulen, aber es tat sich nichts. Wahrscheinlich war die Datei beschädigt. Er spulte zurück an den Anfang und sah sich den Film noch einmal an. Wieder fragte Yanis nach Salsabil. David verfolgte die Szene aufmerksam, er wollte kein Detail in Akims Stimme oder in seinem Gesicht verpassen. Eine Minute später schnappte David heftig nach Luft. Er beugte sich näher an den Bildschirm, es war schwer, auf dem schwarzweißen Überwachungsfilm alle Einzelheiten zu erkennen. Hatten seine Augen ihn getäuscht? Er griff nach der Maus und zoomte ins Bild hinein, klickte auf den Pfeil, um die richtige Sequenz zu erwischen. Nein, er hatte sich nicht getäuscht. Er sprang vom Stuhl auf und lief aus dem Zimmer, hastete die Treppe hinunter und rief Rebecca etwas zu. Auf dem Weg nach draußen angelte er sein Handy aus der Tasche und rief Yanis an.

»Geh schon ran, verdammt.«

Er setzte von der Einfahrt auf die schmale Villenstraße zurück und trat das Gaspedal durch. Ein Mann mit Harke schüttelte wütend die Faust. David wählte noch einmal Yanis' Nummer. Wie hatte der Verhörleiter etwas so Offensichtliches nur übersehen können?

Dalarö, Schweden

Es goss wie aus Eimern. Der Regen prasselte auf die Dachpfannen, rauschte durchs Fallrohr und legte sich wie eine dicke Haut auf die großen Fenster. Eine Haut, die sich in hypnotischen Mustern bewegte und seltsame Geschöpfe auf das Glas malte. Durch das Küchenfenster konnte Eric die Bucht sehen. Das Meer war grauschwarz und schäumte. Kein einziges Boot weit und breit.

Er rief über die Schulter: »Ich hoffe wirklich, dass er kommt!«

Hanna stellte den Staubsauger aus. »Was?«, rief sie aus dem Wohnzimmer.

»Ich hoffe, er kommt.«

»Jens? Der hat in seinem ganzen Leben noch kein Essen versäumt. Das bisschen Regen macht ihm nichts aus.«

»Bisschen Regen ...«

Eric schüttelte den Kopf und ließ noch einen Hummer ins kochende Wasser gleiten. Jens hatte ein gutes Boot, eine 32 Fuß lange Targa. Die brauchte er auch bei einem Landhaus im äußeren Schärengarten, wo das Wetter sehr rau werden konnte. Da gab es keine helfenden Nachbarn oder schützenden Buchten, nur nackte Klippen, Krüppelkiefern und jede Menge Meer. Sie hatten sich gewundert, als Jens sich diese einsame Hütte weit draußen in den Schären gekauft hatte. Ausgerechnet Jens, der nie allein sein konnte, der immer Freunde und Bekannte um sich haben wollte.

»Ist er das?«

Hanna tauchte neben ihm auf und nickte zur Bucht. Ein kleines blaues Boot, noch weit entfernt, kämpfte sich stur durch die hohen Wellen.

»Das ist er, pünktlich wie immer.«

»Willst du nicht runtergehen und ihm helfen?«

Eric schüttelte den Kopf. »Dann wird er nur sauer. Das ist so ein Macho-Ding, er will es allein schaffen. Außerdem hat er eine Bugschraube. Und eine freie Boje und bereitliegende Leinen am Steg.«

Während sie zurück ins Wohnzimmer ging, rief sie: »Du willst ja bloß nicht nass werden.«

Eric nickte lächelnd.

Eine gute Viertelstunde später flog die Haustür auf, und Jens stapfte prustend in die Diele. Er trug eine rote Regenjacke und auf dem Kopf einen blauen Südwester. Sein Gesicht glänzte nass.

»Ah, herrlich. Der Schärengarten von seiner besten Seite!«

Hanna half ihm aus den nassen Sachen und drückte ihm einen Kuss auf die Wange. Jens legte den Arm um ihre Taille und zog sie mit sich in die Küche. Mit dem anderen Arm umarmte er Eric.

»Wenn es nur halb so gut schmeckt, wie es riecht, machst du mich glücklich.«

Hanna fuhr ihm mit der Hand durch sein nasses Haar. »Du verdienst ein richtiges Festessen nach dieser Fahrt. Die muss schlimm gewesen sein.«

Jens schnaubte verächtlich.

Hanna lachte. »Erzähl uns von Gillöga. Was hat dich dazu gebracht, plötzlich Insulaner zu werden?«

Jens warf sich eine Kirschtomate in den Mund.

»Ich habe schon immer von einer Hütte in den Schären geträumt. War oft mit meinem Vater da draußen. Gillöga macht wirklich nicht viel her, im Gegenteil. Nichts als Felsen und Steine.«

»Gibt's da überhaupt keine Bäume?«

»Doch, ein paar Kiefern. Nackte, verkrüppelte Stämme.«

Hanna betrachtete ihn nachdenklich.

»Klingt irgendwie … rau.«

Jens machte die Augen schmal. »Rau ist das richtige Wort. Rau und einsam. Wenn man von den Schlangen absieht …«

Eric legte drei große Blini auf weiße Teller mit handgemalten Möwen. Darauf gab er reichlich Maränenkaviar und krönte das Ganze mit saurer Sahne und Schnittlauch aus dem Garten. Der Schnittlauch leuchtete knackig grün, Eric lächelte und beschloss, Jens nicht zu verraten, warum er hinter dem Haus so prächtig gedieh. Dann holte er den Wein aus dem Kühlschrank und nickte zum Esstisch hinüber.

»Setzt euch.«

Es war warm in dem kleinen Wohnzimmer, und der Kamin verströmte den Geruch von brennendem Birkenholz. Er räucherte vielleicht ein bisschen stark, aber daran ließ sich jetzt nichts ändern. Ab und zu zischte es im Feuer, wenn sich Regentropfen ihren Weg durch den Schornstein gebahnt hatten. Eric blieb vor seinem iPod stehen, wählte Albinoni aus und stellte die Lautstärke ein. Dann setzte er sich und legte sich die Serviette auf den Schoß. Sie prosteten sich zu und begannen zu essen. Jens nickte beifällig, den Mund voller Schnittlauch. Als Eric mit der Vorspeise fertig war, nahm er sein Weinglas, lehnte sich zurück und genoss es, Hanna und Jens einfach nur anzusehen. Sie drei waren wirklich wie eine kleine Familie. Er korrigierte sich: nicht wie eine Familie, sie waren eine kleine Familie. Jens mit seinen zerzausten blonden Haaren, dem ungepflegten Insulaner-Bart, den kräftigen Händen. Er liebte seinen Freund wirklich. Er dachte daran, was Jens während der furchtbaren Tage, als Hanna so krank war, alles für ihn getan hatte. Damals hatte er für einen Moment gedacht, dass ihre Freundschaft vorbei sei. Aber Jens würde ihn nie im Stich lassen. Und Hanna hatte überlebt. Seine verzweifelte Reise war nicht vergebens gewesen.

Jens hob sein Weinglas und sagte mit lauter Stimme:

»Wie sagte der gute Bellman: Blumen der Liebe gieße mit Wein. Ich liebe euch. Skål!«

Jens, der Diskussionen bei Tisch liebte und immer gut vorbereitet war, lehnte sich vor und sah Hanna tief in die Augen.

»Lasst uns heute über die Liebe reden. Victor Hugo hat gesagt, wirkliche Liebe ist, wenn man trotz seiner selbst geliebt wird. Das steht im Kontrast zu Aristophanes, der behauptete, der Urmensch habe vier Arme und vier Beine gehabt, sei aber in der Mitte gespalten worden. Seit dem Tag irren wir durch die Welt und suchen nach unserer verlorenen Hälfte. Wir suchen nach unserem eigenen Abbild. Außerdem sagte Sartre, dass es unmöglich ist, echte gegenseitige Liebe in einer Beziehung lebendig zu erhalten.«

Hanna nickte nachdenklich. »Hatten sie sich nicht entschieden, ohne Liebe zusammenzuleben? Zumindest ohne Sex, also Sartre und de Beauvoir. Sie sagte ja, dass Frauen auf ewig dazu verdammt seien, abhängig zu sein.«

Jens verdrehte die Augen. »In Wirklichkeit sind wir Männer diejenigen, die zur Abhängigkeit verdammt sind. Keiner kommt ohne mindestens eine Frau aus.«

Jens war wie immer zu Späßen aufgelegt, aber Eric merkte, dass etwas nicht stimmte. Er war überzeugt, dass auch Hanna es spürte. Aber er wartete bis nach dem Hauptgericht. Nachdem er noch eine Flasche Wein aufgemacht und die Käseplatte serviert hatte, wechselte er einen kurzen Blick mit Hanna, sah seinen Freund an und sagte ernst: »Jens, was ist los?«

Jens tat erst so, als hätte er es nicht gehört, und konzentrierte sich darauf, große Stücke von den verschiedenen Käsesorten abzuschneiden. Er nickte begeistert. »Frische Feigen, großes Lob an den Koch.«

Hanna sah Eric an und legte ihre Hand auf Jens' Arm.

Er blickte auf, sah erst sie an und dann Eric. »Ich denke, wir warten damit bis nach dem Essen. Ich will uns die Stimmung nicht verderben.«

Eric schüttelte den Kopf. »Sinnlos. Alles an dir schreit so laut ›Schlechte Nachrichten!‹, dass man nicht versteht, was du sonst noch sagst.«

Jens trank einen Schluck Wein. »Okay. Also ... es geht um den Virus.«

Eric blickte instinktiv zu Hanna. Sie senkte den Blick und legte das Besteck hin.

Er sah Jens an. »Was ist mit dem Virus?«

»Er hat begonnen, sich zu verbreiten.«

»Begonnen? Wie meinst du das? Der Computervirus hat sich im Prinzip um die ganze Welt verbreitet, aber hat man ihn nicht inzwischen geknackt?«

Jens warf einen Seitenblick zu Hanna. Man merkte ihm an, dass er ihr Unbehagen spürte. Er schwieg eine Weile, ehe er weitersprach, unsicher, wie er sich ausdrücken sollte. »Der Computervirus, ja, aber von dem rede ich nicht.«

Eric schüttelte den Kopf. »Versteh ich nicht. Wovon dann?«

Hanna schaute hinaus auf die dunkle, regenverhangene Bucht. Trotz des Kerzenlichts konnte Eric sehen, dass sie blass geworden war.

Jens fuhr fort: »Hannas Arzt, Thomas Wethje, ist erkrankt. Und die Krankenschwester, die ihm geholfen hat.«

»Pia?«

Jens nickte. »Sie liegen beide im Krankenhaus Huddinge auf der Isolierstation. Es wird eine Menge Geheimniskrämerei um das alles gemacht.«

Eric stocherte an den Käsehappen auf seinem Teller.

Ohne aufzublicken, sagte er: »Was bringt sie auf die Idee, dass es genau dieser Virus ist?«

»Die Verläufe sind identisch. Hohes Fieber, Kopfschmerzen, Gedächtnisverlust, motorische Probleme, Erbrechen. Nach wenigen Tagen fallen sie ins Koma, begleitet von schweren Herzrhythmusstörungen. Und mit EEG-Kurven, die aussehen wie bei einem epileptischen Anfall.«

Eric wurde es plötzlich eiskalt. Es war, als hätte das Feuer im Kamin all seine Wärme verloren und die beißende Kälte vom Meer es geschafft, das Wohnzimmer in Besitz zu nehmen.

»Weiß man, wie die Ansteckung erfolgt?«

»Nein, man weiß im Prinzip gar nichts. Aber der Virus hat einen Namen erhalten: Novel Corona Like Virus, NCoLV.«

Eric sagte tonlos, als hätte er Jens nicht gehört: »Der Antivirus existiert nicht mehr, er wurde vernichtet, als ich ihn in Mind Surf hochgeladen habe. Es gibt also … kein Gegenmittel.«

Er sah Hanna an, sie hatte die Serviette zu einem festen Strang gedreht, den sie mit beiden Händen umklammerte. Eric stand auf, ging um den Tisch herum zu ihr und umarmte sie. Jens breitete die Arme aus, eine Geste, die ausdrückte: »Ich hab's ja gesagt.« Hanna machte sich los, stand auf und ging zu den großen Fenstern. Es war inzwischen stockdunkel draußen, der Regen floss unaufhörlich an den Scheiben herab und sprudelte aus dem Fallrohr. Eric konnte Hannas Gesicht nicht sehen, nur das geisterhafte Spiegelbild im Fenster. Ein bleicher Kopf, der über dem schwarzen Meer zu schweben schien. Der Regen verlieh dem Bild einen seltsam pulsierenden Effekt.

»Ich habe es die ganze Zeit gewusst«, sagte sie, ohne sich umzudrehen.

Eric setzte sich auf ihren Stuhl, plötzlich unendlich müde. Er betrachtete ihren schmalen Rücken. »Was hast du die ganze Zeit gewusst?«

»Ich wusste, was passieren würde, aber irgendwie ... Ich dachte, wir hätten den Verlauf gestoppt, als ich geheilt wurde. Ich habe mich geirrt. Niemand kann ihn stoppen. Was Jens erzählt hat ... Das ist der Anfang.«

»Liebling, ich begreife nicht, wovon du sprichst.«

»Die Albträume, als ich krank war. Das waren keine gewöhnlichen Träume. Sie waren eher wie ... Vorahnungen.«

Sie drehte sich zu ihnen um. Sie war so klein und schmal, wie sie da stand. Eric dachte daran, wie sie im Krankenhaus in ihrem Bett gelegen hatte. An die Silhouette ihres Körpers unter der weißen Bettdecke. Ihn überlief ein Schauer.

»Hanna, ich ...«

Sie unterbrach ihn. »Der Virus wird sich ausbreiten. Versteht ihr? Und es gibt kein Heilmittel. Er ist etwas, das die Ärzte nie verstehen werden. Der Virus kommt nicht aus der Natur.«

Eric erhob sich und ging zu ihr. Er suchte fieberhaft nach Worten, aber sein Inneres war überfüllt von widerstreitenden Gedanken und Gefühlen. Hanna legte den Kopf an seine Brust.

»Sie wird niemanden verschonen.«

Eric küsste ihren Kopf, die kalte Stirn, ihr Haar. Jens lehnte sich über den Tisch.

»Wer wird niemanden verschonen?«

Zuerst schien Hanna nicht fähig zu antworten, aber dann ballte sie die Fäuste und flüsterte: »Das kleine Mädchen ... Mona.«

Stockholm, Schweden

Das große Backsteingebäude des SMI, des Instituts für die Kontrolle von Infektionskrankheiten, am Nobels väg in Solna, war dunkel und verlassen, bis auf den Konferenzraum im zweiten Stock. Die Kaffeemaschine war defekt, deshalb mussten sich die beiden Besprechungsteilnehmer mit lauwarmem Ramlösa-Mineralwasser begnügen. Zur Besprechung geladen hatte Ulrika Seger, Leiterin der BE-H, der Sektion für hochpathogene Mikroorganismen innerhalb der Bereitschaftseinheit für Notfallvorsorge und Gefahrenabwehr. Ihr Gast war Professor Sven Sahlgren, Leiter der Virusforschung im Karolinska-Institut.

Ulrika schaute hinaus auf den Regen. »Was für ein Wetter. Nach dem sonnigen Sommer kommt nun der ganze Regen auf einen Schlag. Die Sintflut.«

Sven lächelte, er war müde und gestresst, gab sich aber alle Mühe, einigermaßen wach zu wirken.

»Nur gut, dass die Urlaubszeit vorbei ist. Und hier drinnen brennt das Neonlicht das ganze Jahr.«

»Wie wahr. Nun, wir sitzen nicht mitten in der Nacht hier zusammen, um übers Wetter zu reden. Ich weiß es zu schätzen, dass Sie sich die Zeit genommen haben hierherzukommen, und entschuldige mich noch einmal für die späte Stunde. Wie gesagt, ich bin morgen bei einer Leitungskonferenz und brauche mehr Informationen über NCoLV.« Sie schaute auf ihr iPad und fragte, ohne aufzublicken: »Fangen wir am Anfang an, was passiert auf I 64?«

»Wir behandeln fünf Patienten, bei denen NCoLV diagnostiziert wurde. Alle zeigen die charakteristischen Symptome: zunächst über einen gewissen Zeitraum hohes Fieber, Übelkeit und Erbrechen, einhergehend mit einer Verminderung der kognitiven Fähigkeiten. Bereits am ersten Tag der Erkrankung hat der Patient Halluzinationen und Albträume, die sich sukzessive verschlimmern. Hervorgerufen wird dies dadurch, dass NCoLV die Synapsen im Cortex befällt. Zwei bis drei Tage nach Beginn der Erkrankung fällt der Patient ins Koma, trotzdem finden umfassende elektrische Aktivitäten in der Hirnrinde statt, oft mit heftigen EEG-Ausschlägen weit jenseits der Norm. Wir interpretieren das so, dass die Albträume sich gewissermaßen fortsetzen, obwohl der Patient im Koma liegt.«

»Wie geht es den Patienten jetzt?«

»Einer ist in der Terminalphase, der Zustand von zwei weiteren ist sehr ernst. Mehrere hatten heftige Blutungen, und im Laufe der letzten vierundzwanzig Stunden haben sich bei zwei Patienten bösartige Schwellungen in den Achselhöhlen gebildet.«

»Kennen wir den Übertragungsweg?«

»Nein, obwohl wir alles in unseren Kräften Stehende getan haben, um herauszufinden, welchen Einflüssen die Patienten ausgesetzt waren und wie ihre Kontaktmuster ausgesehen haben. Wir vertreten die Theorie, dass der derzeitige Übertragungsweg hauptsächlich im direkten Kontakt mit Körpersekreten eines infizierten Trägers besteht.«

Ulrika blickte von ihrem iPad auf. »Warum sagen Sie derzeitiger Übertragungsweg?«

»NCoLV ist ein sehr ungewöhnlicher Virus. Tatsächlich haben wir so etwas noch nie zuvor gesehen. Als Doktor Thomas Wethje ihn entdeckte …«

Ulrika unterbrach ihn. »Der jetzt ebenfalls erkrankt ist?«

Sven nickte und fuhr fort: »… schien der Virus zur Familie der Coronaviren zu gehören. Seine Struktur, die großen Mengen an Informationen im Kern sowie die charakteristische ›Königskrone‹ deuteten darauf hin. Daher auch der Name, Novel Corona Like Virus. Er ähnelte anfangs sehr dem SARS-Erreger. Der Grund, warum ich der *derzeitige* Übertragungsweg gesagt habe, ist, dass der Virus mutiert. Während des Zeitraums, in dem wir NCoLV untersucht haben, hat er sich markant verändert.«

Ulrika legte das iPad weg. »Inwiefern?«

»Die Zellen, die NCoLV befällt, werden zu sogenannten Supermutanten, nicht unähnlich einer Krebszelle. Dieses Verhalten hat zur Folge, dass der Virus andere Virusgene, auf die er im Wirtskörper stößt, einfängt und integriert. Beispielsweise kam NCoLV in einem der infizierten Patienten in Kontakt mit einem Orthomyxovirus, also einem Strang des Influenzavirus A, wir vermuten H3N1, und bei der nächsten Replikation war der Influenzastrang bereits Teil von NCoLV. Das heißt, dass NCoLV mit jeder Mutation immer stärker, immer vernichtender wird.«

Ulrika schnappte nach Luft. »Großer Gott, das klingt ja wie blanker Horror.«

»Sicher, es ist eine spektakuläre Hypothese. Aber es ist die einzige Erklärung für das, was wir bei den Mutationen sehen.«

»Also wie sieht NCoLV derzeit aus?«

»Derzeit ist der Virus so etwas wie ein Hybrid aus Lenti-, Corona- und Orthomyxovirus.«

Sven hielt ein Farbbild im A4-Format hoch. Es zeigte einen lila schimmernden Viruspartikel mit zerklüfteter Oberfläche. Aus dem Viruskörper ragten rundherum lange, scharfe Stacheln heraus.

Sven zeigte auf die Stacheln. »Wie Sie wissen, sind es die Tropismen, die darüber entscheiden, welche Zellen der Virus infizieren kann. Die Stacheln oder Peplomere fungieren als Schlüssel, die nur in ganz bestimmte Schlösser passen. Lentiviren können Zellen aufschließen, die mit der Immunabwehr zu tun haben, Coronaviren können in Zellen von Augen, Nase, Mund eindringen und so weiter. Aber nun sehen Sie sich NCoLV an, die Peplomere sind von unterschiedlicher Form und Länge. Das hier ist wirklich ein Monster und etwas, das wir so noch nie gesehen haben: ein Virus, der Schlüssel zu mehreren Schlössern des Körpers besitzt, ein Angreifer, der an allen Fronten gleichzeitig zuschlägt. Und in jedem infizierten Patienten findet er neue Schlüssel.«

Sven legte das Bild auf den Tisch. Ulrika starrte stumm auf den stacheligen Viruskörper.

Haluza, Israel

David Yassur trommelte ungeduldig mit den Händen auf die Schreibtischplatte. Er saß in Yanis Solmans Büro, aber Yanis selbst war nicht da. David wollte gerade aufstehen, als Yanis die Tür öffnete. Er war außer Atem, seine Haare waren nass.

»Ich war schwimmen, entschuldige bitte. Was gibt's?«

»Der Ring.«

Yanis sah ihn verständnislos an, während er auf der anderen Seite des Schreibtisches Platz nahm. Er trug einen Trainingsanzug und Sandalen. »Was meinst du?«

»Den Ehering von Akim Katz. Das protzige Stück, das du ihm gelassen hast.«

Yanis wippte mit seinem Stuhl und verschränkte die Arme vor der Brust. »Was ist mit dem Ring?«

»Was habt ihr damit gemacht? Wo ist er?«

»Da, wo er immer ist.«

»Und das wäre?«

Yanis schüttelte den Kopf. »Ich weiß nicht, worauf du hinauswillst. Er steckt an Akims linkem Ringfinger.«

David schlug mit der Hand auf den Schreibtisch, dass es knallte. Yanis wäre beinahe hintenübergekippt, fand aber das Gleichgewicht wieder. »Was ist denn los?«

»Er ist weg! Das war das Erste, was mir aufgefallen ist, als ich mir den Film angesehen habe. Wie konnte dir das nur entgehen!«

Yannis sah ihn für einen langen Moment an. Er wirkte plötzlich unsicher.

»Ich ... Aber er ...«

David stand auf. »Du schüttelst dir jetzt das Chlorwasser aus den Ohren, nimmst den erstbesten Fahrstuhl nach unten zu Sektion fünf und findest heraus, was genau passiert ist. Und ruf alle zusammen, die Kontakt zu ihm hatten. Jeden Einzelnen. Der Ring muss her.«

Yanis erhob sich ebenfalls. Er zog eine Schublade auf und nahm einen Berechtigungsausweis an einem langen schwarzen Band heraus. Er blickte auf den Ausweis und wandte sich dann zu David um. »Wenn das stimmt, was du auf den Videoaufnahmen gesehen hast, und der Ring wirklich weg ist, dann gibt es nur zwei Möglichkeiten.«

Als David schwieg, fuhr Yanis fort: »Entweder hat einer der Wächter ihn gestohlen. Oder Akim hat ihn benutzt, um etwas damit zu bezahlen.«

David hielt ihm die Tür auf.

»Ich vermute Letzteres. Und du wirst jetzt herausfinden, was er gekauft hat und von wem.«

Yanis ging eilig hinaus auf den Gang. David schloss die Tür hinter ihm mit heftigem Knall und setzte sich dann wieder auf den Besucherstuhl am Schreibtisch. Er dachte an Akims dicken Diamantring. Wenn man siebzehn Meter unter der Erde in einer Isolationszelle saß, was konnte man sich dann mit einem solchen Ring erkaufen?

Stockholm, Schweden

Ulrika Seger war mittlerweile so müde, dass ihr das Denken schwerfiel. Sie scrollte durch ihre Notizen auf dem iPad und versuchte zu ergründen, ob sie etwas vergessen hatte. Sven Sahlgren hielt sich auch nur noch mit Mühe wach.

Ulrika räusperte sich. »Ich bin genauso kaputt wie Sie. Nur noch ein paar Fragen, dann können wir Feierabend machen. Wissen wir, wer Patient Null war?«

Sven nickte. »Der Indexpatient ist Hanna Söderqvist. Es ist natürlich möglich, dass vor ihr schon jemand erkrankt ist, aber sie ist der erste nachgewiesene Fall.«

»Und der Ursprung des Virus?«

»Ich weiß, es hört sich komisch an, aber es ist bisher noch niemandem gelungen, den Ursprung festzustellen. Die Befragung von Patient Null hat nichts ergeben. Sie war nicht im Ausland, hatte keinen Kontakt zu Haustieren. Keiner in ihrer Umgebung war krank.«

Ulrika blickte ihn skeptisch an. »Wollen Sie damit sagen, dass keiner weiß, woher der Virus kommt? Oder wie Patient Null sich angesteckt hat?«

»Wir haben keine Ahnung. Thomas Wethje hat enorme Arbeit geleistet, um die Herkunft des Virus zu ermitteln, ist aber gescheitert. Auch hat keines der internationalen Forschungsinstitute eine plausible Theorie liefern können.« Mit deutlicher Ironie fügte er hinzu: »Ein Angehöriger von Patient Null, ich glaube, es war ihr Mann, hat behauptet, dass der Virus von einem Computervirus abstammt. Dass sie infiziert wurde, als sie den Computer benutzt hat.«

Ulrika war zu müde, um auf eine derart abwegige Spekulation einzugehen. »Hanna Söderqvist ist also bisher die Einzige, die wieder gesund geworden ist?«

»Das ist richtig. Aus irgendeinem Grund scheint der HIV-Blocker Centric Novatrone bei ihr gewirkt zu haben. Leider hat keiner der anderen Patienten auf das Medikament angesprochen. Novatrone war ein Glückstreffer, aber es hat nur dieses eine Mal gewirkt, bei genau dieser Version des Virus.«

Ulrika schaltete das iPad aus und steckte es in seine Lederhülle. »Eine letzte Frage noch, bevor Sie gehen. Kennen Sie Cryonordic?«

Sven nickte.

Ulrika fuhr fort: »Nach ihrer Abspaltung von Astra Pharmaton haben sie sich zu einem renommierten Biotechnologie-Unternehmen entwickelt, nach allem, was ich gehört habe, einem der besten in Europa.«

Sie erwartete Svens Bestätigung, und er nickte wieder. »Cryonordic hat einen hervorragenden Ruf. Es gehört zu den wenigen privaten Unternehmen weltweit, denen es erlaubt ist, ein Hochsicherheitslabor der höchsten Schutzstufe zu betreiben.«

Ulrika lächelte leicht. »Ganz genau. Und deshalb werde ich Cryonordic beauftragen, einen NCoLV-Impfstoff zu entwickeln. Trotz der begrenzten Verbreitung müssen wir NCoLV sehr ernst nehmen. Ich will nicht länger untätig warten, bis ein Gegenmittel gefunden ist. Wer weiß, was noch vor uns liegt? Cryonordic scheint eine Reihe der fähigsten Wissenschaftler Europas unter Vertrag zu haben.«

Sven sah plötzlich verärgert aus. Ulrika ließ sich von seinem Gesichtsausdruck nicht beirren.

»Ich möchte Sie bitten, sich umgehend mit Cryonordic in Verbindung zu setzen. Bestellen Sie denen einen schönen Gruß von mir, sie sollen Ihnen sagen, was sie brauchen. Ich denke, das wird sicherlich infiziertes Blut sein, und sie werden Zugang zu Ihren Forschungsergebnissen haben wollen.«

Sven schüttelte den Kopf. »Ich denke nicht, dass wir einen privaten Mitspieler brauchen. Wir können das selbst lösen.«

Ulrika verschränkte die Arme vor der Brust und sah ihn scharf an.

Sven seufzte und gab sich geschlagen. »Aber wenn Sie unbedingt wollen …, meinetwegen.«

Er erhob sich, zog seine dünne Sommerjacke an und knöpfte sie bis zum Hals zu. Nach einer Weile sagte er in versöhnlicherem Ton: »Etwas Gutes hat NCoLV ja.«

Ulrika war im Begriff, ebenfalls aufzustehen, hielt aber inne. »Und das wäre?«

»Der Virus ist sehr instabil. Das bedeutet, dass er außerhalb des Körpers nicht überlebt. Er kann nicht an Aerosolen festmachen, also Feuchtigkeitspartikeln im Luftstrom, und er scheint sich auch nicht in den Atemwegen festsetzen zu können. All das vermindert das Übertragungsrisiko deutlich.«

Er sammelte seine Papiere zusammen und verstaute sie in einer abgeschabten weinroten Aktentasche.

»Der Virus müsste eine ganze Reihe von Modifikationen durchlaufen, ehe er zu einer wirklichen Gefahr wird. Erst dann könnte man von einer drohenden Pandemie reden.«

Ulrika wurde blass. »Was für Modifikationen?«

»Er müsste sich stabilisieren. Und dann müsste er mit Varianten mutieren, mit denen er bisher noch nicht in Kontakt gekommen ist, beispielsweise H5N1, der Vogelgrippe. Das wäre allerdings eine Katastrophe. Wenn er durch die Luft übertragbar würde und außerdem einen Weg fände, an Rezeptoren in den Atemwegen anzudocken …«

Er beendete den Satz nicht. Stattdessen nahm er seine Aktentasche und öffnete die Tür.

Ulrika antwortete nicht, und sie wechselten auch keine Worte mehr, als sie sich die Hand gaben. Sie waren beide zu müde und zu tief in Gedanken versunken. Svens letzte Worte klangen Ulrika noch im Ohr, während sie mit hochgezogenen Schultern über den verlassenen Parkplatz eilte und durchnässt in ihr Auto stieg.

Internet

Die paneuropäische Datenbank EPAR, das European Portal for Advanced Research, ist das mit Abstand wichtigste Verbindungsglied in der Zusammenarbeit von EU-finanzierten Forschungseinrichtungen und assoziierten Laboren. Außerdem verfolgen rund hundert Branchenzeitungen die Nachrichtenflut auf EPAR, auf der Jagd nach bahnbrechenden Innovationen und Neuigkeiten. Das System sortiert die Absender nach Relevanz, Glaubwürdigkeit, Auszeichnungen und Anzahl der Patentanmeldungen. Das kleine Unternehmen Cryonordic in Uppsala hatte in den letzten fünf Jahren die Rangliste bei Virologie und Biotech angeführt. Um Viertel nach eins in der Nacht lud einer der promovierten Wissenschaftler des Unternehmens einen Artikel mit der Überschrift *From digital to biological – connecting Mona with NCoLV-1* auf EPAR hoch. Der Artikel, der sich auf Auszü-

ge aus den Patientenakten des Arztes Thomas Wethje bezog, griff auch die spektakuläre Hypothese auf, dass der
weltumspannende Computervirus Mona die Ausgangsba-
sis des biologischen Virus NCoLV sein könnte. Diese Behauptung stammte von einem Angehörigen eines Patienten von Thomas Wethje (EPAR ließ keine Nennung von
Patientennamen zu). Obwohl Wethje selbst die Hypothese
zurückgewiesen hatte, war sie als fantasieanregendes i-Tüp-
felchen in den Artikel aufgenommen worden. Ein Reporter
der englischen Internetzeitung Research Frontier sah die
Nachricht und schrieb eine kurze Notiz darüber. Die Notiz, die in derselben Nacht um zehn Minuten nach zwei im
Web publiziert wurde, erhielt die Überschrift *Could Mona
infect humans?*. Zweiundvierzig Minuten später hatte Google die Seite indexiert und sie für über eine Milliarde Nut-
zer auffindbar gemacht.

Haluza, Israel

David Yassur schlief, als Yanis Solman zurückkehrte. Durch
die unnatürliche Haltung auf dem Besucherstuhl war sein
Nacken steif geworden, und ein Fuß war eingeschlafen. David erhob sich, verzog das Gesicht und streckte sich.

»Sag mir, dass ihr das Mistding gefunden habt. Dass er ihn
verschluckt hatte oder dass er unter dem Kopfkissen lag.«

»Mehr oder weniger. Wir wissen, wo er ist.«

»Wo?«

»Zu Hause bei jemandem vom Wachpersonal.«

»Hat er ihn gestohlen?«

»Der Wärter ist eine Frau, Tanya Grossman. Nein, sie hat
den Ring nicht gestohlen. Er hat ihn ihr geschenkt.«

David sah ihn lange an. Dann stopfte er sich das Hemd in die Hose und zeigte auf die Tür. »Bring mich zu ihr.«

»Sie wartet in der Personalkantine.«

David schnaubte. »Habt ihr der Dame vielleicht noch ein Stück Torte spendiert? Ab ins Verhörzimmer mit ihr, sofort.«

Yanis sah ihn missbilligend an, griff dann aber nach seinem Sprechfunkgerät und gab Anweisung, Tanya in den M33 zu bringen, einen von zehn Hafträumen im Erdgeschoss. Die beiden Männer gingen schweigend durch einen langen Korridor ohne Türen, stiegen steile Treppen hinunter und kamen in einen weiteren Korridor, diesmal mit nummerierten Türen zu beiden Seiten.

Yanis räusperte sich. »Wie gesagt, sie gibt an, den Ring als Geschenk erhalten zu haben. Tanya ist eine gute Wärterin.«

David antwortete nicht.

Yanis blieb vor Tür Nummer dreiunddreißig stehen. »Der Raum ist vom altmodischen Schlag. Keine Technik, keine Einwegfenster zur Überwachung. Nur ein Tisch und zwei Stühle.«

»Umso besser. Ich brauche dreißig Minuten.«

Yanis fühlte sich sichtlich unwohl. »Wir haben einen starken Betriebsrat hier in Ketziot. Also keine Beleidigungen und keine Drohungen, okay?«

David ging wortlos hinein und schlug die Tür hinter sich zu.

Yanis lehnte sich an die Wand und sah auf die Uhr. Sollte er in sein Büro zurückgehen oder hier warten? Aus dem Raum war ein Knall zu hören, gefolgt von einem schrammenden Geräusch. Yanis holte tief Luft und legte die Hand auf die Klinke. Zögerte. Dann zog er die Hand zurück, blieb aber dicht neben der Tür stehen und versuchte zu lauschen.

Die Tür wurde aufgerissen, und David kam heraus. Er hielt ein schwarzes Mobiltelefon hoch. »Siehst du das hier?«

Yanis konnte gerade noch einen Blick auf Tanya werfen, ehe die Tür ins Schloss fiel. Sie saß tief vornübergebeugt, die Stirn auf den Tisch gelegt, vielleicht weinte sie. Ihre graue Jacke lag zusammengeknüllt auf dem Boden.

»Er hat ihr den Ring nicht geschenkt. Er hat sich eine Vergünstigung erkauft. Eine verdammte SMS, das war es, was er für seinen dicken, fetten Ring bekommen hat.«

David steuerte auf die Stahltür zu, die auf den Hof hinausführte.

Yanis folgte ihm eilig. »Aber das ist gegen die Regeln.«

»Ihr hat seine Familie leidgetan. Als er sie anbettelte, ein Lebenszeichen schicken zu dürfen … eine SMS an seine Frau, um ihr zu sagen, dass er noch lebt …«

David riss die Tür auf und stürmte hinaus auf den Hof.

»Deine ach so tüchtige Wärterin hat sich erweichen lassen, begreifst du? Sie hat ihm erlaubt, eine SMS zu schicken.«

Sie bogen um die Ecke und kamen auf den Parkplatz vor dem Hauptgebäude des Gefängnisses. David ging zu seinem Auto, schloss es auf und wandte sich an Yanis.

»Akim Katz hat die SMS sofort nach dem Abschicken gelöscht, Tanya hat also nicht gesehen, was er geschrieben hat. Jetzt müssen wir sie über den Provider ausgraben.« Er setzte sich hinters Steuer und startete den Motor. Bevor er die Tür schloss, blickte er den Verhörleiter eindringlich an.

»Irgendetwas sagt mir, dass es keine Liebesbotschaft war, die er abgeschickt hat. Und wenn das stimmt, steckst du mit deinem ganzen löchrigen Sieb von Gefängnis verdammt tief in der Scheiße. Ich schlage vor, dass du Akim weckst, ihn mit allem Mist vollpumpst, den du auftreiben kannst, und

56

aus ihm herauskriegst, was in der Nachricht stand und wer der Empfänger war.«

Bevor Yanis antworten konnte, schlug David die Autotür zu und gab Gas. Yanis blickte den roten Rücklichtern nach, die Kurs auf den inneren Kontrollposten nahmen und bald darauf in der Dunkelheit von Haluza verschwanden. Er dachte an Tanya. Was hatte der Mossad-Chef eigentlich mit ihr gemacht?

Mogadischu, Somalia

Sie waren eine halbe Stunde vor der verabredeten Zeit an Ort und Stelle. Der Himmel war strahlend blau, und trotz der frühen Morgenstunde zeigte das Thermometer bereits sechsundzwanzig Grad. Der Markt hatte noch nicht geöffnet, aber es herrschte bereits hektisches Treiben auf dem großen Platz. Rachel Papo wandte den Blick von den Marktständen ab und hielt stattdessen Ausschau nach ihrem Leibwächter Jaamac Bentou. Sie hatten beschlossen, dass er gleich eine Stelle für sie suchen sollte, wo sie etwas abseits sitzen konnten. Sie entdeckte ihn, als er gerade aus einem Café am anderen Ende des Platzes kam. Er nickte ihr zu, um zu bestätigen, dass er einen geeigneten Ort gefunden hatte. Gregor Khazan saß auf einer der Steinbänke am schmalen Ende des Platzes. Der Russe war merklich nervös, sein Hemd war schweißgetränkt.

Jaamac kam zurück und zeigte sein goldglitzerndes Lächeln. »Das Café gehört meinem Schwager, Sie bekommen einen Tisch abseits von den anderen Gästen.«

Rachel nickte und sah auf die Uhr. Sie wandte sich an Gregor. »Es wird Zeit. Geh zum Treffpunkt.«

Der große Mann erhob sich. Er sah unglücklich aus.

Rachel blickte ihn forschend an. »Denk dran, du darfst nicht gestresst wirken. Siehst du das Café auf der anderen Seite des Platzes? Mit dem grünen Schild?«

Gregor nickte.

»Sobald du Kontakt hast, geht ihr dorthin. Ich stoße dann zu euch.«

»Hast du seine Ausweispapiere?«

Rachel hielt das Sutzkever-Buch hoch. »Alles da. Geh jetzt.«

Gregor schluckte und ging auf den großen Baum mitten auf dem Platz zu. Rachel und Jaamac machten sich auf den Weg zum Café, dabei ließ Rachel Gregor nicht aus den Augen. Der Markt füllte sich langsam mit Besuchern, und die Händler priesen lautstark ihre Waren an, ihre heiseren Stimmen mischten sich mit der Popmusik von den Marktständen der CD-Händler. Gerade als sie die Klappstühle erreichten, die auf dem Bürgersteig vor dem Café aufgestellt worden waren, sah Rachel einen jungen Schwarzen mit roter Kufiya auf Gregor zugehen. Er war klein und mager und trug ein weißes Hemd und eine schwarze Hose. Rachel nahm auf einem der Stühle Platz, und wenig später setzte sich auch Jaamac. Er sah sie an, und sie deutete mit einem Kopfnicken zum Marktplatz.

»Gregor hat seinen Geschäftskontakt getroffen, sie werden gleich kommen. Warten Sie hier. Sobald wir fertig sind, fahren wir zurück ins Hotel.«

Jaamac nickte. Schweigend betrachteten sie das bunte Menschenmeer vor ihnen. Ein alter Mann mit einem Lappen in der Hand erschien und sagte etwas auf Somali zu ihnen. Jaamac antwortete, und der Mann verbeugte sich und ging zurück ins Café. Rachel wollte gerade fragen, was der

Alte gewollt hatte, als Jaamac zusammenzuckte. Seine Augen wurden schmal, aber nur für einen kurzen Moment. Rachel drehte den Kopf und sah, was Jaamac gesehen hatte. Gregor und der kleine Somalier kamen auf sie zu. Rachel stand auf und gab dem Mann, der sich als Baashi Abdulle vorstellte, die Hand. Jaamac blieb lächelnd auf seinem Stuhl sitzen. Sie überließen ihn sich selbst und gingen ins Café. In dem fensterlosen Lokal war es kühl, und es roch nach Kaffee. Der Raum war überraschend groß, fast alle Plätze waren besetzt. Die hitzigen Diskussionen an den Tischen wurden untermalt von weicher Jazzmusik aus einem Radio hinter der Theke. Der alte Mann stand neben der Kasse und füllte eine Glaskaraffe mit Tee. Als er sie eintreten sah, deutete er mit einem diskreten Kopfnicken auf einen lilafarbenen Vorhang neben der Küche.

Rachel ging voraus und öffnete den Vorhang für Gregor und Baashi. Dahinter befand sich ein kleiner Lagerraum, oder vielleicht war es ein Büro, in dem drei Klappstühle standen, die gleichen wie draußen vor dem Café. Als Rachel sich setzte, blieb etwas Klebriges unter ihrem Schuh haften. Sie konnte Jaamacs Gesichtsausdruck nicht vergessen, als er Baashi gesehen hatte. Es war ein Fehler, ihn draußen zurückzulassen, so konnte er unbemerkt alle möglichen Leute anrufen. Diese Kammer hier war auch kein guter Treffpunkt. Wenn draußen etwas passierte, würden sie nichts davon mitbekommen, und im Nu konnte der Raum zur Todesfalle werden.

Rachel beugte sich vor und zog den Vorhang ein wenig zur Seite, so konnte sie wenigstens einen kleinen Teil des Cafés im Blick behalten. Sie hielt das Sutzkever-Buch fest umklammert, die Identitätspapiere hatte sie mit Klebestreifen an der Innenseite des Einbands befestigt. Sie wandte sich

Baashi zu und lächelte. Auf Somali sagte sie: »Herr Abdulle. Mein Somali ist leider sehr dürftig. Können wir uns auf Persisch, Italienisch, Französisch oder Englisch unterhalten?«

Baashi sah Gregor an, als erwartete er so etwas wie Zustimmung, aber der Russe hatte kein Wort von dem verstanden, was Rachel gerade gesagt hatte. Sein Gesichtsausdruck war leer und abwesend.

Baashi wandte sich wieder Rachel zu und sagte in schleppendem Französisch: »Haben Sie die Papiere? Wo haben Sie Asyl für mich gefunden?«

Rachels Französisch war perfekt. »Sie sind jetzt aus Tansania. Hier habe ich den Pass und eine Bescheinigung, dass Sie sich als UN-Beobachter in Somalia aufgehalten haben. Am besten fahren Sie durch Kenia, von der Station Boosteejo gehen vier Busse am Tag. Sie erhalten Geld und den Vorschlag für eine Route, auf der Sie die von Al-Shabaab kontrollierten Gebiete weitestgehend meiden können. Mit diesen Papieren haben Sie eine Chance, es zu schaffen.«

Baashi schwieg. Offenbar war es nicht das, worauf er gehofft hatte. Er schloss die Augen und schluckte. Dann sah er sie wieder an.

»Kann ich nicht Zutritt zu einer der Botschaften hier in Mogadischu erhalten? Oder ein Flugticket in die USA oder nach Europa?«

Rachel schüttelte den Kopf.

»Die Informationen, die Sie haben, sind nur für mich und meine Organisation interessant, niemand sonst wird bereit sein, dafür zu zahlen. Die USA würden keinen ehemaligen Al-Shabaab-Terroristen aufnehmen. Die EU-Staaten auch nicht.«

Für einen Moment schien es, als würde Baashi in Tränen ausbrechen. Er wusste, dass er Tansania niemals erreichen würde, sie konnte es ihm ansehen. Rachel spähte hinaus ins Café, konnte aber nichts Verdächtiges entdecken. Sie hatten schon zu lange hier drinnen gesessen, und sie wollte die Sache möglichst schnell hinter sich bringen. Baashi richtete sich auf, zog einen verknitterten braunen Umschlag aus der Jackentasche und gab ihn Rachel. Sie öffnete ihn und nahm ein hauchdünnes Blatt Papier heraus. Eine Auszahlungsquittung der United Bank for Africa, UBA, über dreihunderttausend Dollar. Schuldner war die Firma Nigerian Leasing. Jemand hatte den Firmennamen durchgestrichen und durch das Wort »Salsabil« ersetzt.

Rachel sah Baashi an. »Was ist das?«

»Das ist eine Quittung über eine Schutzgeldzahlung. Von den Libanesen. Denen, die in Somaliland waren.«

»Woher haben Sie die?«

»Mein Bruder kümmert sich um die Finanzen der Gruppe. Er hat mir den Beleg gegeben, damit ich mich freikaufen kann.«

»Sie haben die Gruppe, die in Somaliland war, also nicht persönlich getroffen?«

Baashi schüttelte den Kopf.

Rachel wurde ärgerlich. »Können Sie mich mit jemandem zusammenbringen, der direkten Kontakt zu der Gruppe hatte?«

Baashi schüttelte wieder den Kopf. Rachel warf einen Blick durch den Vorhang. Im selben Moment ging die Tür auf, und sie sah für eine Sekunde einen grünen Polizeijeep, der direkt vor dem Café hielt. Rasch faltete sie die dünne Bankquittung zusammen und steckte sie in das Sutzkever-Buch.

Ohne die Tür aus den Augen zu lassen, fragte sie: »Wofür steht ›Salsabil‹? Was bedeutet das?«

Sie wurden vom Inhaber des Cafés unterbrochen, der den Vorhang zur Seite zog und mit den Händen wedelte. Er wiederholte immer dasselbe Wort: »Booliska. Booliska.«

Rachel wusste, was das bedeutete: die nationale Polizei. Sie verwünschte sich selbst dafür, dass sie Jaamac draußen zurückgelassen hatte, dass sie den engen Raum akzeptiert und dass sie zugelassen hatte, dass sich das Treffen so lange hinzog. Sie erhoben sich hastig, einer der Stühle kippte um und knallte auf den Boden. Baashi starrte sie wie verhext an. Rachel schob ihn vor sich her.

»Schnell, Sie gehen zuerst. Wir warten eine Minute und kommen dann nach.«

Baashi sträubte sich und hielt sich an ihr fest, seine Finger gruben sich wie Krallen in ihre Schulter. »Meine Papiere. Geben Sie mir meine Papiere!«

Sie stieß seine Hand weg und schob ihn hinaus ins Café.

»Keine Sorge, die kriegen Sie, sobald wir draußen sind. Wenn die Polizei Sie hier damit erwischt, sind Sie verloren. Gehen Sie, schnell!«

»Aber ...«

Er wehrte sich immer noch, aber als Rachel ihn hart Richtung Ausgang stieß, stolperte er durchs Lokal, zog die Tür auf und schlüpfte hinaus.

Rachel wandte sich an Gregor. »Bleib dicht bei mir, dann passiert nichts.«

Dann griff sie nach der Hand des Cafébesitzers und blickte ihm in die Augen. Sie konnte ihn nicht auf Somali fragen, deshalb setzte sie darauf, dass er Französisch verstand.

»Gibt es einen anderen Weg nach draußen? Eine Hintertür?«

Der Mann nickte und zog sie mit sich in die Küche. Sie quetschten sich an einer langen Spüle und mehreren großen

Kisten vorbei, die auf dem Boden standen. Ganz am Ende der Küche befand sich eine schmale Tür; wie sich zeigte, führte sie zu einer Art Fahrrad-und-Moped-Schuppen. Rachel überzeugte sich, dass Gregor hinter ihr war, dann lief sie an den Fahrrädern vorbei und blieb vor einer Holztür stehen, die einen Spalt offen stand. Vorsichtig spähte sie hinaus und sah eine Seitengasse, vermutlich führte sie auf die breite Marktstraße. Die Gasse war voller Menschen, die Richtung Markt strömten. Die Polizei war nirgends zu sehen.

Gregor keuchte atemlos in ihr Ohr: »Was zum Teufel ist denn los? Was hat der alte Mann gesagt? Warum rennen wir?«

»Das erkläre ich dir später. Bleib einfach dicht hinter mir.«

Sie richtete ihren Hidschab und trat hinaus ins Gedränge, dicht gefolgt von Gregor. Sie hatten kaum zwanzig Meter zurückgelegt, als jemand laut schrie und die Menschen um sie herum auseinanderstoben. Zwei Polizisten in khakifarbener Uniform und rotem Barett zeigten mit ihren Kalaschnikows auf sie.

Neben ihr begann Gregor zu jammern und zu stöhnen. »O Scheiße. Jetzt sind wir tot. Tot.«

»Halt den Mund! Wir sind nicht tot. Noch nicht.«

Rachel hob die Hände über den Kopf und nickte Gregor zu, dasselbe zu tun. Die Polizisten zerrten sie grob mit sich in Richtung Markt. Als sie aus der Gasse auf den Platz kamen, sah Rachel, dass drei Polizeijeeps vor dem Café parkten und zehn Polizisten davorstanden, alle mit Maschinengewehren. Jaamac war nirgends zu sehen, aber der alte Cafébesitzer stand mit hoch erhobenen Händen an der Wand. Dann entdeckte sie Baashi. Er stand in sich zusammengesunken zwischen zwei Polizisten vor einem Jeep. Als er sie kommen sah, riss er die Augen auf und starrte sie flehend an, auf der Suche nach einem Signal, einem Zeichen von ihr, dass alles in Ordnung kommen würde. Sie erwiderte seinen Blick, während sie vorwärtsgetrieben wurde, hin zu einem älteren Mann mit blauem Barett, wohl eine Art Offizier.

Der Polizist an ihrer Seite riss ihr das Sutzkever-Buch aus der Hand und reichte es dem Offizier. Er nahm es entgegen, ohne einen Blick darauf zu werfen. Dann sagte er in schlechtem Englisch: »Dein Pass.«

Sie reichte ihm ihren Pass, der sie als Bürgerin von Katar auswies. Der Mann blätterte flüchtig darin, desinteressiert. In dem Buch, das er sich unter die Achsel geklemmt hatte, lagen die falschen Identitätspapiere mit Baashis Fotos und einem gefälschten Namen. Dafür gab es keine Ausrede, dafür würde man sie foltern und umbringen. Ihre einzige Chance war, jetzt und auf der Stelle zu handeln. Sie musste Gregor sich selbst überlassen. Er sprach nur Russisch, also würden sie vielleicht nicht viel aus ihm herauskriegen. Baashi dagegen war ein Problem. Sie überlegte rasch, und als sie zu einem Entschluss gekommen war, schaltete sie auf Autopilot. Es war, als würden Angst, Gefühle und Zweifel pausieren und Platz machen für etwas, das beinahe einem Rausch glich.

Laut rief sie auf Französisch: »Lauf, Baashi! Lauf!«

Die Worte trafen ihn wie eiskaltes Wasser, und er reagierte instinktiv, genau wie sie erhofft hatte. Er riss sich los und rannte die Straße hinunter. Die Polizisten riefen ihm hinterher, und nur wenige Sekunden später eröffneten zwei von ihnen das Feuer. Die Kugeln trafen ihn in Rücken, Hinterkopf und Beine. Er flog vorwärts und landete im Staub, halb eingekeilt unter einem rostigen Mazda. Für eine Sekunde richtete sich alle Aufmerksamkeit auf Baashi. Rachel trat dem Offizier mit voller Wucht gegen das linke Knie. Als er vornüber einknickte, griff sie ihm mit einer Hand ins Haar, riss seinen Kopf hoch und versetzte ihm mit der anderen Hand einen harten Kinnhaken. Das Genick brach mit lautem Knacken. Sie ließ seinen Kopf los, schnappte sich das Buch, duckte sich und machte eine Rolle rückwärts zwischen den beiden Polizisten hindurch. Sie schlug hart gegen die Kante des Bürgersteigs, kam jedoch schnell wieder auf die Beine und tauchte hinein ins Café. Jemand schrie. Sie rannte durchs Lokal, um die Theke herum und lief zum zweiten Mal innerhalb weniger Minuten durch die Küche, in den Fahrradschuppen und von dort aus auf die Seitengasse. Sie versuchte, sich so gut es ging unter die Menschenmenge zu mischen, ohne langsamer zu werden. Sie wusste, dass sie ihr auf den Fersen waren, aber nicht, wie dicht oder wie viele. Schüsse fielen, und eine Frau vor ihr stürzte zu Boden. Rachel tauchte in eine weitere Seitengasse ein. Im Laufen streifte sie die Schuhe ab. Wieder knallte es, und die Wand neben ihr explodierte in einem Schauer aus scharfkantigem Putz und Beton. Sie kam hinaus auf eine breite, verkehrsreiche Straße und bog, ohne zu überlegen, nach rechts ab. Ein Bus bremste scharf vor ihr, sie schlug gegen das Blech, umrundete das Heck und lief weiter. Auf dem Bürgersteig waren zu viele Leute, sie musste wieder auf die Fahrbahn hinaus. Ein Auto hupte wütend hinter ihr und sie sprang zurück in den Menschenstrom, um es vorbeizulassen. Sie stolperte über einen Bettler, fing sich im letzten Moment und hetzte weiter.

Wieder hupte das Auto hinter ihr, und diesmal rief jemand laut: »Nadira! Nadira!«

Zuerst reagierte sie nicht darauf, aber dann fiel ihr ein,

dass es ihr Name war. Sie warf einen Blick über die Schulter und entdeckte Jaamacs roten Honda. Sie riss die Wagentür auf, warf sich auf den Rücksitz und knallte die Tür hinter sich zu. Jaamac bugsierte das Auto durch den dichten Verkehr vorwärts, während Rachel keuchend Ausschau hielt, ob sie verfolgt würden. Sie konnte keine Polizeiwagen entdecken. Nach ein paar Minuten, als der Verkehr sich lichtete und der Wagen Fahrt aufnahm, wagte sie es, sich zu entspannen. Sie sank auf dem Rücksitz zusammen und versuchte sich zu zwingen, ruhiger zu atmen. Das Sutzkever-Buch hielt sie noch immer fest umklammert, aber sie hatte ihren Hidschab verloren. Als sie nach unten blickte, sah sie, dass ihr Fuß blutete.

Sie fing den Blick des Fahrers im Rückspiegel auf. Er grinste breit. »Be cool, Baby. Vertrau auf Jaamac.«

Tel Aviv, Israel

Als das Telefon klingelte, träumte David Yassur gerade, dass er bei einer seltsamen Geburtstagsfeier zwischen dem Schriftsteller José Saramago und Lenin saß. David versuchte, das Klingeln zu ignorieren, aber als Rebecca ihn in die Seite stieß, stützte er sich auf den Ellbogen und blickte zur Uhr. 8:54. So spät schon?

Es war Jacob Nachman, Chef der Signalfahndungseinheit 8200.

»Ich störe doch nicht?«

»Nein. Was habt ihr herausgefunden?«

»Die SMS ging an eine anonyme Prepaidkarte, gekauft in Tel Aviv. Die Nachricht enthielt die Adresse eines Mietshauses am südlichen Stadtrand von Haifa. In dem Haus wohnen dreiundvierzig Personen. Wir haben alle Mieter gründlich durchgecheckt.«

»Und?«

»Bis auf einen Mann, der wegen Körperverletzung gesessen hat, war nichts Auffälliges dabei. Keiner, der irgendeine Verbindung zu Akim Katz oder der Hisbollah hat.«

»Wart ihr vor Ort?«

»Drei unserer Männer haben den Morgen damit verbracht, die Leute aufzusuchen. Sie waren in jeder Wohnung, haben aber nichts Verdächtiges gefunden.«

»Wir stecken also in einer Sackgasse?«

»So ungefähr. Mehr können wir im Moment nicht tun.«

David beendete das Gespräch, sank zurück in die Kissen und starrte an die Decke. Neben ihm atmete Rebecca sanft und regelmäßig, vor dem Fenster zwitscherten die Vögel. Im Zimmer war es hell, die Jalousien deckten die Fenster nicht ganz ab, und Sonnenstrahlen fielen an den Seiten und durch die kleinen Löcher für die Zugschnur herein. Warum hatte Akim Katz eine SMS mit einer Adresse in Haifa geschickt? Was hatten sie übersehen? Er drehte sich wieder zum Nachttisch um, griff nach dem Telefon und holte die Nummer von Yanis Solman in Ketziot aufs Display. Fünf Klingelsignale später wurde abgenommen.

»Morgen, David. Gut, dass du anrufst.«

»Hast du Akim wegen der SMS verhört?«

»Habe ich. Wir mussten ihm eine ganz schöne Ladung verpassen. Ich weiß nicht, ob das Zeug langsam sein Gehirn aufweicht, aber so wie diesmal hat er noch nie darauf reagiert.«

»Was ist passiert?«

»Zuerst fing er an zu singen. Wir sind gerade dabei, den Mitschnitt zu analysieren, um zu verstehen, was er gesungen hat. Es ist jedenfalls keine Sprache, die mir bekannt ist, ich tippe mal auf was Religiöses.«

»Und als er fertig war mit Singen?«

»Da fing er an, immer wieder denselben Satz zu sagen. Ununterbrochen, auch noch nach dem Verhör und auf dem Weg zurück in die Zelle. Ich wette, er liegt auf seiner Pritsche und brabbelt immer noch dasselbe Zeug.«

»Hör zu, Yanis, ich habe keine Zeit für deine umständlichen Ausführungen. Jetzt sag verdammt noch mal endlich, was er gesagt hat.«

Rebecca kniff ihm ins Bein.

Yanis erwiderte ziemlich forsch: »Sie wird das Einzige verlieren, das sie noch hat.‹«

»Was?«

»Das hat er gesagt. Kein Wort über die SMS. Ganz egal, wie oft ich die Frage wiederholt und die Mixtur der Enthemmer geändert habe, er hat die ganze Zeit nur diesen einen Satz wiederholt. Ich glaube wirklich, er rafft nicht mehr viel.«

David starrte auf die Risse in der Zimmerdecke. Nach einer Weile legte er wortlos auf und umarmte seine Frau.

»Bist du wach?«

»Mhm. Warum bist du so wütend?«

»Ich bin nicht wütend. Frustriert, aber nicht wütend.«

So lagen sie eine Weile und schwiegen. Eines der Kinder lief vor der Schlafzimmertür vorbei.

David senkte die Stimme. »Was kommt dir in den Sinn, wenn ich sagen würde, dass eine Frau das Einzige verlieren wird, das sie noch hat?«

»Ist das ein Rätsel?«

»Ist es.«

»Spontan würde ich an ein Kind denken. Dass die Frau

ihr Kind verlieren wird. Aber es kann natürlich alles Mögliche sein. Sie könnte ihren Liebsten verlieren. Ihre Würde. Oder vielleicht ihren Glauben?«

David antwortete nicht.

Rebecca strich mit den Fingerspitzen über seinen Unterarm. »Nun? Hatte ich recht?«

Er küsste ihren Nacken. »Mein Liebling, wenn ich das wüsste.«

Stockholm, Schweden

Sven Sahlgren parkte eilig auf dem einzigen freien Stellplatz, den er finden konnte, vielleicht war es einer für Behinderte. Obwohl das Haga Forum direkt neben dem Karolinska-Krankenhaus lag, kam er zu spät zu seiner Verabredung zum Mittagessen. Er betrat das Restaurant und blickte sich um. Ein Mann, der allein an einem Tisch ganz hinten im Raum saß, hob den Kopf und sah ihn an. Sven erkannte ihn und winkte kurz, dann drängte er sich zwischen den Tischen hindurch.

»Tut mir leid, dass ich zu spät komme.«

Der Mann erhob sich und gab ihm die Hand. Henrik Dahlström, Forschungsleiter bei Cryonordic, war groß und hatte einen intensiven Blick.

»Kein Problem. Ich habe mir das Tennismatch da draußen angesehen.« Er nickte zum Fenster. Etwa zwanzig Meter dahinter lag ein Tennisplatz, auf dem zwei junge Männer spielten.

Sven lächelte. »Ihr Unternehmen ist wirklich beeindruckend. Ich habe schon zwei meiner besten Forscher an Cryonordic verloren.«

»Sie sind herzlich eingeladen, uns zu besuchen. Jederzeit.«

»Vielen Dank, das werde ich gern tun.« Sven schwieg einen Moment, dann beugte er sich über den Tisch vor. »Henrik, ich will ganz offen sein. Ich bin hier, weil Ulrika Seger vom SMI mich darum gebeten hat. Sie möchte, dass wir zusammenarbeiten. Im Hinblick auf den Ernst der Lage ist das sicher richtig, aber ich persönlich meine, dass wir die Verbreitung unter Kontrolle haben und die Gefahr deshalb überschaubar ist. Außerdem verfügen wir über alle Voraussetzungen, die Prävention und Gefahrenabwehr im Rahmen staatlicher Gesundheitsvorsorge selbst zu handhaben.«

»Ich glaube, Sie irren sich. Ich wage zu behaupten, dass kein Labor in Europa sich mit unserem messen kann. Wir haben bereits einige konkrete Vorstellungen, wie man NCoLV stoppen könnte.«

Sven griff nach einem Stück Brot und verzehrte es mit zwei ärgerlichen Bissen. »Welche wäre denn Ihrer Meinung nach die beste Strategie?«

Henrik blickte aus dem Fenster. Das Tennismatch draußen war immer noch im Gange. Er antwortete, ohne die Augen vom Spiel abzuwenden. »Alles kann ich Ihnen nicht erzählen, wie gesagt, wir sind keine staatliche Einrichtung. Bei uns gilt Geheimhaltungspflicht, und unsere Aktionäre sind ziemlich empfindlich. Aber ein interessanter Ansatz gilt NCoLV-Patient Null.«

»Hanna Söderqvist?«

»Sie ist bisher die Einzige, die die Infektion überlebt hat. Der behandelnde Arzt behauptet, dass Centric Novatrone das bewirkt hat, aber wir haben da unsere Zweifel.«

»Sie wollen die Reaktion des Immunsystems untersuchen?«

»Wir wollen verstehen, warum gerade diese Frau den Virus besiegt hat. Vielleicht können wir Antikörper oder eine bestimmte Form von T-Helferzellen isolieren.«

Die Bedienung tauchte mit der Speisekarte auf. Henrik warf einen schnellen Blick hinein. »Einen Krabbensalat bitte.«

Sven, der die Karte noch gar nicht geöffnet hatte, bestellte das Gleiche. Dann sah er den Forschungsleiter von Cryonordic wieder an. »Haben Sie mit Hanna Söderqvist gesprochen? Ist sie dazu bereit?«

Henrik trank einen Schluck Mineralwasser und schüttelte den Kopf. »Nein, haben wir nicht, aber ich hoffe, wir können so schnell wie möglich einen Termin zur Blutentnahme mit ihr vereinbaren.«

Der Mann strahlte eine Überlegenheit aus, die Sven ärgerte. Er hatte das schon oft erlebt. Aus irgendeinem Grund schienen die Wissenschaftler, die für private Unternehmen arbeiteten, immer auf die Kollegen im Staatsdienst herabzusehen. Jetzt war er es, der auf den Tennisplatz hinausschaute. Das Spiel war vorbei, die beiden jungen Männer packten ihre Sachen zusammen.

»Auch wenn sie Widerstandskräfte gegen den ursprünglichen NCoLV besaß, oder zumindest das Glück hatte, ihn zu überstehen, ist noch lange nicht gesagt, dass ihr das auch bei der derzeitigen Version des Virus gelingen würde.«

Im Spiegel der Fensterscheibe sah er, dass Henrik ihn nachdenklich betrachtete. »Wie meinen Sie das?«

Sven registrierte mit Genugtuung, dass er offenbar Dinge über NCoLV wusste, von denen die Jungs bei Cryonordic keine Ahnung hatten.

»Der Virus mutiert mit einer unglaublichen Geschwindigkeit. Der NCoLV, mit dem wir es heute zu tun haben, ist deutlich potenter als der Virus, der Hanna Söderqvist angegriffen hat.«

Das Spiegelbild nickte. »Ich weiß. NCoLV ist ein Supermutant, und wie ich das sehe, ein ganz außergewöhnliches Exemplar. Sie haben also völlig recht, es kann durchaus sein, dass Hannas eventuell vorhandene Antikörper bereits Schnee von gestern sind.«

Sven fluchte innerlich, Ulrika Seger hatte geplaudert. Der Salat wurde serviert und er begann zu essen, ohne noch etwas zu sagen.

Sicherlich merkte Henrik ihm seinen Frust an, aber anstatt aufzuhören, legte er noch eins drauf. »Es ist höchste Zeit, dass jemand diesen Virus unschädlich macht. Wir freuen uns über das Vertrauen, das das SMI in uns setzt, und werden es nicht enttäuschen. Bitte lassen Sie mir umgehend Kopien Ihrer Forschungsberichte zukommen. Und natürlich infiziertes Blut. Wir brauchen schnellstmöglich Zugang zu lebenden NCoLV.«

Sven erwiderte verbissen: »Dies ist ein hochgefährlicher Virus, und seine Mutationsfähigkeit macht mir Angst. Sie müssen unter allen Umständen verhindern, dass NCoLV in Kontakt mit anderen Virusfamilien kommt.«

»Keine Sorge. Wir sind den Umgang mit hochpathogenen Viren gewohnt. In unserem Labor lagern wir bereits die Erreger von Ebola, Marburg, Sars, Dengue, Lassa, Tollwut und Gürtelrose.« Er griff nach seinem Wasserglas. Ehe er trank, fügte er hinzu: »Und natürlich H5N1, die Vogelgrippe.«

Mogadischu, Somalia

Das Auto parkte neben einer eingestürzten Mauer, an der braungraue Büsche wuchsen. Es war brütend heiß auf dem Rücksitz, und Rachel kurbelte das Fenster herunter, um etwas frische Luft hereinzulassen. Jaamac Bentou ging draußen auf dem Schotterweg auf und ab und telefonierte. Hin und wieder warf er einen Blick zu ihr herüber. Rachel Papo hatte einen Polizisten getötet. Ihr russischer Begleiter saß wahrscheinlich eingesperrt in irgendeinem Keller und wurde mit Stromstößen in die Hoden gefoltert. Jaamac wollte jetzt einige Telefonate führen und versuchen, einen Fluchtweg zu organisieren. Durch das halb geöffnete Fenster konnte sie endloses Sirenengeheul hören. Nach ihr war eine fieberhafte Treibjagd im Gange, und in der relativ kleinen Stadt würde man sie früher oder später finden. Sie wusste ungefähr, wo sie war. Jamaac war die Via Sanca entlanggefahren, vorbei am Qoobdooro-Stadion, und jetzt befanden sie sich wahrscheinlich nicht weit entfernt vom Strand. Am Tag zuvor hatte sie Stunden damit zugebracht, sich die Straßennamen und das Stadtbild einzuprägen. Sie presste sich in das Sitzpolster und schob die Hand unter die Bluse. Den Blick fest auf Jaamac gerichtet, fasste sie unter ihre Brust und betastete das Päckchen, das sie am Morgen dort festgeklebt hatte, ehe sie zum Marktplatz aufgebrochen war. Alles war noch da. Fragte sich nur, wie sie zu der Adresse gelangen sollte, ohne erschossen oder verhaftet zu werden.

Jaamac kam zurück, zwängte sich hinters Steuer und schlug die Tür mit dumpfem Knall zu. Er startete den Motor, drehte sich um und lächelte auf seine typische Art. »Alles geregelt, Jaamac rettet dich.«

»Wie?«

Jaamac verriegelte die Türen, bog auf den Schotterweg und fuhr Richtung Strand. »Ich fahre dich nach Buur Hakaba. Dort treffen wir ein paar Freunde. Sie bringen dich zu einem Flugzeug. Und dann geht's ab nach Kenia.«

Das Auto schaukelte und hüpfte. Ein paar Kilometer vor ihnen lag das Meer.

Sie lächelte seine Augen im Rückspiegel an. »Das klingt fantastisch, aber wie willst du an all den Polizisten vorbeikommen?«

»Kein Problem, Jaamac hat seine Tricks. Wenn wir es erst bis Jidka Afgooye geschafft haben, ist alles cool.«

Wenige Minuten später erreichten sie Wadada Liido, und Jaamac bog nach rechts ab, in die Stadt hinein und weiter zum alten Hafen. Rachel nickte zufrieden und ging in Gedanken die Karte durch. Sie wusste, dass Jaamacs Plan eine Falle war. Seine angeblichen Freunde gehörten zur Miliz, zur Polizei oder zu Al-Shabaab. Das Auto fuhr am Hotel Curuba und an der Via Londra vorbei. Ein Polizeiwagen überholte sie mit eingeschaltetem Blaulicht. Gleich würden sie Corso Somalia und Bin Idriss erreichen. Eine einzige Chance, mehr würde sie nicht bekommen. Sie musste ihn dazu bringen, langsamer zu fahren oder besser noch anzuhalten. Der starke Parfümgeruch im Wagen klebte auf ihrer Haut und kratzte im Hals. Das brachte sie auf eine Idee. Sie schnappte nach Luft und begann zu husten. Jaamac beobachtete sie im Rückspiegel. Sie beugte sich nach vorn, schloss die Augen und umklammerte die Kopfstütze des Fahrersitzes. Jaamac nahm den Fuß vom Gas.

»Nadira? Was ist los?«

Rachel hustete wieder und blickte ihn mit tränenden Augen an. »Ich … mir ist schlecht. Ich muss mich übergeben.«

Sie schluckte krampfhaft und presste die Hand vor den Mund.

Jaamac sah abwechselnd zu ihr und auf die Straße. Sie kamen an einer großen weißen Moschee vorbei und erreichten Bin Idriss. Gleich würde es zu spät sein. Sie beugte sich tief zwischen die Vordersitze und würgte. Jetzt hing alles davon ab, wie sehr Jaamac um sein schönes neues Auto fürchtete. Er sah sie einen Moment lang grimmig an und schien fest entschlossen weiterzufahren, aber dann stieß er einen Fluch aus, trat heftig auf die Bremse und bog auf einen Platz, auf dem so etwas wie eine kleine Kopie des Triumphbogens stand. Der Platz war so gut wie leer, bis auf eine Frau in tiefschwarzem Khimar, die einen mageren Esel führte. Jaamac sprang aus dem Auto und riss die hintere Tür auf.

»Es ist gefährlich für dich hier draußen, okay? Ich begleite dich. Komm, du kannst dich dort übergeben.«

Er zeigte auf das fleckige Monument voller Einschusslöcher. Rachel nickte und stolperte geduckt aus dem Wagen, immer noch eine Hand vor den Mund gepresst. Das Sutzkever-Buch hielt sie in der anderen Hand, sie presste es fest an den Oberschenkel. Hoffentlich hatte Jaamac nicht bemerkt, dass sie es mitnahm. Wenn alles stimmte, war sie jetzt nur noch zwei Blocks von der Adresse entfernt. Als sie die Mauer erreicht hatten, bückte sie sich schwankend und blickte aus den Augenwinkeln zu Jaamac. Die Frau rief dem Esel etwas zu, und für eine Sekunde wandte er den Blick von Rachel ab. Sie schnellte hoch und versetzte ihm mit dem Ellbogen einen harten Schlag gegen die Schläfe. Er schrie auf, taumelte rückwärts und ging fluchend in die Knie.

Rachel rannte los. Sie wusste, dass er schneller war als sie, aber der Schlag hatte ihn hoffentlich benommen gemacht. Der Schmerz in den Füßen war grausam. Sie hörte Jaamacs Schritte hinter sich und erhöhte das Tempo. Sie lief über ein verlassenes Grundstück voller Dornengestrüpp, das ihr die Beine aufriss. Ein Stück entfernt sah sie die ausgebrannte Ruine eines Hauses und die Silhouette einer Person, vielleicht einer Frau. Sie sprang über eine niedrige Mauer und kam in eine Gasse. Vor ihr wuselte eine Gruppe kleiner Jungen mit Stöcken in den Händen herum. Hinter ihr schrie Jaamac: »Ich bring dich um! Hörst du? Bleib stehen! Nadira!«

Die Kinder starrten sie mit großen Augen an, als sie an ihnen vorbeilief. Jaamac hatte eine Pistole, er konnte jeden Moment schießen. Sie rannte an einem Lebensmittelladen vorbei und kam an eine belebte Straßenkreuzung. Außer Atem blickte sie sich um und entdeckte das Haus auf der anderen Straßenseite. Die rot-weiße Fahne am Zaun bewegte sich leicht im Wind. Sie rannte auf die Straße, wich einem hupenden Auto aus und bemerkte aus den Augenwinkeln, wie ein Polizeijeep beschleunigte und das Blaulicht einschaltete. Ohne im Lauf innezuhalten, riss sie ihre Bluse auf und holte das festgeklebte Päckchen heraus. Sie bekam die schützende Plastikhülle genau in dem Moment ab, als sie den bewaffneten Wachposten erreichte. Keuchend hielt sie den roten Pass mit dem goldenen Halbmond und dem Stern hoch, Republic of Turkey. Der Wachposten vor der Botschaft sah sie verblüfft an, starrte auf ihren schwarzen BH und nahm dann den Pass entgegen. Rachel versuchte zu lächeln, während sie die zerrissene Bluse über der Brust zusammenraffte.

Der Wachposten sagte etwas in ein Funkgerät und nickte ihr dann missmutig zu. »Sen geçebilir. Sie können passieren.«

Sie nahm den Pass wieder an sich, ging so gelassen wie möglich auf das Botschaftsgelände und folgte einem gepflasterten Weg durch einen lauschigen Garten. Sie biss die Zähne zusammen und bemühte sich, nicht zu humpeln, wohl wissend, dass der Wachposten ihr nachblickte. Als sie endlich die Treppe des großen Botschaftsgebäudes erreicht hatte, blieb sie stehen und schaute zurück. Jenseits des schwarzen Zauns floss der Verkehr, als wäre nichts passiert. Jaamac war verschwunden. Und die Polizei auch. Lange stand sie so da und beobachtete die Straße. Dann blickte sie mit schmerzverzerrtem Gesicht auf ihre Füße, drehte sich um und hinkte ins Haus.

Riad, Saudi-Arabien

Das große Laufband war auf halbe Geschwindigkeit eingestellt, Programm »Joggen in den Bergen«. Der angeschlossene Farbmonitor zeigte simulierte Hügel mit steilen Anstiegen. Nach den jüngsten Angina-Pectoris-Anfällen hatte Enes Al-Twaijri seiner Hauptfrau versprechen müssen, jeden Tag mindestens eine halbe Stunde zu laufen. Das Gerät kam rumpelnd in Gang und ließ den gesamten Trainingsraum erzittern. Er wusste, dass das Geräusch im Nachbarraum zu hören war, wo seine Frau ihre tägliche Massage erhielt, deshalb musste er das Gerät eingeschaltet lassen. Er selbst saß auf dem Sofa daneben und trank Tee.

Von seinem Pressechef hatte er die tagesaktuellen Zeitungsausschnitte erhalten. Selektive Wahrnehmung des Weltgeschehens. Obwohl Enes einer der mächtigsten Ölmilliardäre der Region und Hauptaktionär des Ölkonzerns Al-Twaijri Petrol Group war, sah er nie fern und las keine normalen Zeitungen. Er mochte Nachrichten, aber nur solche, die ihn betrafen. Artikel über seinen Konzern, seine Investitionen, seine Fußballmannschaft und seine politischen Interessen. Das meiste der heutigen Medienausbeute betraf die fallenden Ölpreise. Enes machte sich nicht die Mühe, die Diagramme und Schaubilder genauer zu betrachten, sondern blätterte weiter durch den Stapel und kam rasch zu den neuesten Berichten über den Computervirus Mona. Als Finanzier des Projekts verfolgte er die Entwicklung mit zufriedenem Interesse. Die Ausbreitung des Computervirus war gestoppt worden, und nun war die ganze Welt mit enormen Sanierungsarbeiten beschäftigt. Bald würden sie Mona sicherlich komplett entfernt haben, aber noch verursachte Samir Mustafs Geschöpf weiterhin Probleme in den Netzwerken des Abendlandes. Amüsiert las Enes den Bericht über ein Unglück auf dem Pariser Flughafen Charles de Gaulle. Die Fluglotsen hatten einer Maschine der British Airways aufgrund eines unentdeckten Virusproblems falsche Anflugdaten genannt. Die Boeing hatte die Landebahn verfehlt und war in das Hilton-Hotel nebenan gekracht. Einhundertdreiundvierzig Tote.

Für einen Moment entfernten sich Enes' Gedanken von den Ausschnitten in der Pressemappe. Samir Mustaf war tot, und Akim Katz saß in einem israelischen Gefängnis, wo er mit größter Wahrscheinlichkeit gefoltert und gedemütigt wurde. Aber sterben würde er wohl nicht. Vielleicht konnte er sogar fliehen. Die SMS, die er aus dem Gefängnis geschickt hatte, war angekommen und der Plan bereits angelaufen. Er war riskant, aber einen Versuch war es wert. Selbst wenn er Akim nicht zur Freiheit verhelfen sollte, würde er den Mossad gründlich erschüttern; ein kleiner Triumph nur, aber dafür umso köstlicher.

Enes pflückte sich ein paar Trauben aus einer goldenen Schale neben der Teekanne und kehrte zu den Zeitungsartikeln zurück. Ein Blatt ragte aus den sonst eher gleichförmigen Ausschnitten hervor. Es war ein Ausdruck aus dem Internet, von einer Nachrichtenseite namens Research Frontier. Sein Pressechef hatte die Überschrift mit Rotstift eingekreist und einen grinsenden Smiley danebengemalt. Was sollte das heißen? Der Artikel bezog sich auf einen Forschungsbericht, der in Schweden veröffentlicht worden war, und die Überschrift lautete *Could the computer virus Mona infect humans?*. Enes las den Text mit wachsendem Interesse. Als er fertig war, lehnte er sich zurück und dachte nach. Der Artikel spielte mit der absurden Behauptung, der NCoLV-Virus sei eine Fortsetzung von Mona. Eine schwindelerregende Vorstellung. Wenn man mit einem Computervirus schon so große Panik hervorrufen konnte, was würde man dann erst mit einem biologischen Virus anstellen können? Und was könnte symbolträchtiger sein als ein Virus, der aus Samirs Geschöpf geboren worden war? Cryonordic, das kleine Labor in Schweden, hatte sich offenbar vorgenommen, einen Impfstoff zu finden, auch das war interessant. In Enes' Kopf begann sich eine Idee zu formen. Oder vielleicht keine Idee, eher der Embryo einer Idee oder wenigstens eine kitzelnde Gedankenkette. Eine ganze Weile saß er regungslos da und spielte verschiedene Szenarien durch. Schließlich klappte er die Mappe zu, erhob sich und schaltete das Laufband ab. Zeit für eine Dusche, das Training war schweißtreibend gewesen.

Stockholm, Schweden

Eric verringerte das Tempo ein wenig und warf einen Blick auf die Radioanzeige. NRJ. Hanna hörte wirklich ganz andere Musik als er. Mit einem Auge auf dem vorausfahrenden Auto zappte er durch die Sender, fand P2 und drehte lauter. Die *Dante-Symphonie* von Franz Liszt. Auf dem Huddingevägen herrschte wenig Verkehr. Der Himmel war grau bedeckt, es nieselte ganz leicht. Eric war aufgewühlt und empfand Angst. Der Besuch auf der Isolierstation I64 im Krankenhaus Huddinge war furchtbar gewesen, der Zustand von Thomas Wethje und den anderen NCoLV-Opfern war kritisch. Er umklammerte das Lenkrad. Sollte NCoLV wirklich eine Mutation von Mona sein, dann war alles seine Schuld. Falls es unmöglich war, die Patienten auf I64 zu retten, hätte er noch mehr Menschen auf dem Gewissen. Er hatte den Virus nicht programmiert, aber Mind Surf war seine Erfindung. Das rangierte vielleicht nicht unter Mord, aber doch unter fahrlässiger Tötung. Eric blinkte und bog in den Älvsjövägen.

Aber vielleicht gab es doch noch Hoffnung; auf dem Weg zum Krankenhaus hatte Hanna angerufen. Sie war von einem Unternehmen kontaktiert worden, das behauptete, an einem Impfstoff gegen NCoLV zu arbeiten, Cryonordic in Uppsala. Sie wollten ihr Blutproben entnehmen. Anscheinend hofften die Forscher, Antikörper in ihrem Blut zu finden und diese nutzen zu können. Hanna hatte ihn um Rat gefragt. Sollte sie einwilligen und sich Blutproben abnehmen lassen? Er hatte nicht lange nachdenken müssen. Natürlich mussten sie alles tun, was in ihrer Macht stand, um zu helfen, nicht zuletzt wegen Thomas Wethje. Sie standen bei dem Arzt in ewiger Schuld. Eric wählte Hannas Nummer. Die Mailbox sprang sofort an. Er bog auf die E 20 und gab Gas. Im Radio wurde Liszt von Chopin abgelöst, *Nocturne in c-Moll*. Er passierte das düstere Aspudden und erreichte die Brücken nach Stockholm. Die dunklen Wellen des Riddarfjärden trugen weiße Schaumkronen, der Regen war stärker geworden und er schaltete die Scheibenwischer ein. Das Telefon klingelte, mit einem Fingerdruck auf einen Knopf am Lenkrad nahm er das Gespräch an.

»Hallo?«

»Wo bist du?« Jens' polternde Stimme erfüllte das Wageninnere.

»Auf dem Heimweg. Ich habe unseren Freund Wethje besucht.«

»Wie geht's ihm?«

»Nicht gut. Sie liegen alle im Koma. Mehrere von ihnen bluten … So viel Blut, aus den Ohren, dem Mund und … Ach, verdammt. Und es haben sich große schwarze Beulen gebildet. Furchtbar. Die Ärzte …«

Er wechselte die Spur, um die Abfahrt Fridhemsplan zu nehmen.

»Die Ärzte sind genauso ratlos wie bei Hanna damals, als sie krank wurde.«

Es gluckerte aus dem Lautsprecher, Jens trank Kaffee.

Eric fuhr von der Autobahn herunter und Richtung Rålambshovsparken. Er versuchte, einen etwas leichteren Ton anzuschlagen. »Hoffen wir auf Hannas Antikörper. Ein Labor in Uppsala hat sich gemeldet, sie wollen ihr Blut abnehmen.«

»Ich weiß, sie hat es mir erzählt. Das ist auch der Grund, warum ich dich anrufe.«

Eric fiel auf, dass Jens besorgt klang.

»Ist was dagegen einzuwenden?«

»Nein, eigentlich nicht. Aber Hanna ist schwach. Und du hast gesehen, wie sie neulich abends reagiert hat. Wenn du glaubst, dass sie sich von der Hölle erholt hat, durch die sie gegangen ist, musst du blind sein. Sie hat gesagt, dass sie beunruhigt ist, und ich verstehe das. Ist sie stark genug, schon wieder ins Krankenhaus zu gehen? Schafft sie es, wieder mal als Versuchskaninchen herzuhalten?«

Eric verzog das Gesicht. Das Wort Versuchskaninchen traf ihn hart. Er wusste genau, was Jens meinte. Sie hatten sich nie darüber ausgesprochen, wer schuld an Hannas Erkrankung war, aber er wusste, dass Jens – ebenso wie er selbst – einen Großteil der Schuld bei ihm sah. Außerdem war Eric eifersüchtig, dass Hanna Jens gegenüber so offen über ihre Abneigung gesprochen hatte, sich Blutproben entnehmen zu lassen. Ihm gegenüber hatte sie ganz tapfer so getan, als wäre das kein Problem. Oder er hatte einfach nicht genau zugehört. Wie üblich.

Jens spürte, wie ihm zumute war.

»Hey Bruder, ich meine nicht, dass du sie absichtlich einem Risiko ausgesetzt hast. Ich weiß, dass du … wie soll ich sagen … einfach dein Lebenswerk fortführen wolltest. Wer hätte das ahnen können? Aber jetzt sieht die Sache anders aus, jetzt sind wir schlauer, und diesmal muss ihre Gesundheit an erster Stelle stehen. Wir wissen ja nicht mal, ob ihr Blut von Nutzen für das Labor ist. Also ich finde das ziemlich abwegig.«

Eric schüttelte missmutig den Kopf. »Ihre Gesundheit ist wichtig. Heilig. Aber wie gesagt, ich habe die Opfer oben in der 164 gesehen. Das war kein schöner Anblick. Wenn ein paar Blutproben von Hanna ihnen helfen können, dann bin ich dafür, dass wir es versuchen.«

Er bog in den Karlavägen ein. Hoffentlich war Hanna zu Hause.

Jens schlug einen anderen Ton an. »Da ist noch etwas … Als Journalist ist man ja ständig wachsam und interessiert. Recherchiert, hört sich um, liest alles Mögliche.«

»Und?«

Es hörte sich an, als ob Jens in Papieren blätterte. »Ja, also dieses Labor, Cryonordic, ist ein privates Unternehmen. Zwar gehört es teilweise einer Stiftung, die unter anderem von AP-Fonden 3 und Industri Kapital finanziert wird, aber trotzdem.«

Eric bog in die Banérgatan ein und schaute hinauf zur Wohnung. Alle Fenster schienen dunkel zu sein.

»Worauf willst du hinaus?«

»Sollte man bei einem Labor, das mit dem gefährlichsten Virus der Welt arbeitet, die Eigentumsverhältnisse nicht sehr kritisch hinterfragen?«

Eric schloss den Wagen ab und lief die Treppen hinauf. Er hielt das Handy fest ans Ohr gedrückt, während er die Wohnungstür aufschloss.

»Auf jeden Fall. Aber AP3 und Industri Kapital klingt doch seriös, findest du nicht?«

»Das ist es ja gerade …«

Die Diele war dunkel, Hanna war offenbar nicht zu Hause.

»Die Stiftung hat gerade eine Investmentbank in London angeheuert.«

»Wozu das?«

»Cryonordic steht zum Verkauf.«

Mogadischu, Somalia

Die Türken wollten versuchen, einen Direktflug nach Tel
Aviv zu organisieren. Nach einer halben Stunde höflichen
Teetrinkens mit einem kurzbeinigen, dicklichen Botschafts-
sekretär bot man Rachel Papo ein Zimmer an, in dem sie
auf ihre sichere Ausreise aus Somalia warten konnte. Es war
ein kleiner, aber gemütlicher Raum mit geblümten Tapeten und schweren Vorhängen. Unter dem Fenster standen
ein schmales Bett und ein abgewetzter Ledersessel, neben
der Tür ein weißer Schreibtisch mit Stuhl. An einer Wand
hing ein Schwarz-Weiß-Foto von Mustafa Kemal Atatürk,
dem ersten Präsidenten der Türkei, ein eleganter Mann
mit scharfem Blick und gepflegtem Schnäuzer. Rachel setzte sich an den Schreibtisch und holte das Sutzkever-Buch
hervor, zog vorsichtig das Klebeband auf der Innenseite des
Buchdeckels ab und nahm die falschen Identitätspapiere des
Aussteigers Baashi Abdulle heraus. Sie zerriss die Papiere
und legte die Papierfetzen zurück ins Kuvert. Dann drehte
sie das Buch um und schüttelte es. Die dünne Bankquittung
fiel auf die Tischplatte. Für diese Quittung waren Baashi
und ein Polizeioffizier gestorben. Der Betrag belief sich auf
dreihunderttausend Dollar. »Nigerian Leasing« war durchgestrichen worden, und darüber hatte jemand das Wort
»Salsabil« gekritzelt. Was bedeutete das?

Sie blickte sich um, auf dem Schreibtisch stand nur ein
Aschenbecher, in dem eine Streichholzschachtel lag. Sie
zog die kleine Schublade an der Längsseite des Schreibtisches auf und fand einen Bleistiftstummel, aber kein Papier. Also schlug sie die erste Seite des Sutzkever-Buches auf
und schrieb das Wort von der Quittung ab, versuchte verschiedene Schreibweisen und Buchstabenkombinationen.

Schrieb es auch auf Arabisch und, weil sie nun mal hier war, auf Türkisch. Keine der verschiedenen Alternativen sagte ihr etwas, und nach einer Weile schob sie das Buch weg. Dann griff sie nach den Streichhölzern und steckte das Kuvert mit Baashis zerrissener Zukunft an. Sie hielt den brennenden Umschlag an einer Ecke fest, solange sie konnte, und ließ die Flammen an ihren Fingern lecken, bevor sie die Reste schließlich in den Aschenbecher warf. Dann legte sie die Wange auf den Schreibtisch und betrachtete den Aschenbecher, der nur wenige Zentimeter von ihrem Gesicht entfernt stand. Die Glut fraß helle Adern in das immer schwärzer werdende Papier. Sie dachte an Tara. Ob sie spürte, dass sie an sie dachte? Vermisste sie ihre Schwester in diesem Moment auch? Die Glut im Aschenbecher erlosch. Rachel blies leicht in die Asche, die aufstob und als dünne graue Wolke auf den Schreibtisch herabschwebte.

Glilot, Israel

David Yassur legte den neuesten Bericht über die Ausbreitung des Computervirus Mona zur Seite. Die Analytiker gingen davon aus, dass der Virus ganze elf Prozent der weltweiten Finanznetzwerke infiziert hatte, und außerdem war er in eine Reihe weiterer kritischer Systeme eingedrungen. Eine Reihe schwerer Flugzeugunglücke, enorme Verkehrsprobleme und ganze Städte ohne Elektrizität waren nur einige der Probleme, die Mona verursacht hatte. Als die Welt am Rand einer neuen Depression stand, war es endlich gelungen, eine Kombination von Maßnahmen zu finden, die die weitere Ausbreitung des Computervirus stoppten. Aber die Schadensbeseitigung würde zeitraubend und teuer werden. Jedes Land, jedes Unternehmen und jeder einzelne Mensch würde dabei mithelfen müssen. Für den Mossad war es nun oberste Priorität, die Person oder Organisation zu finden, die die Operation finanziert hatte. Das konnte nicht die Hisbollah sein. Die hatte die Durchführung zu verantworten, aber das Kapital hatte sie nicht aufgebracht. Vieles deutete darauf hin, dass ein privater Finanzier dahintersteckte. Manche Spuren führten nach Saudi-Arabien, andere in den Jemen. Eine führte nach Kanada. Es gab jede Menge Indizien, aber nichts Handfestes, das sie verwerten konnten.

David warf einen Blick zur Uhr. In zwei Stunden hatte er eine Besprechung in Jerusalem, also wurde es langsam Zeit aufzubrechen. Er hatte gerade begonnen, die Unterlagen zusammenzusuchen, die er mitnehmen musste, als es energisch an der Tür klopfte. Ehe er antworten konnte, stürmte Jacob Nachman ins Zimmer. In seinem Gesicht spiegelte sich Panik.

»David, als Erstes möchte ich sagen, dass ich die volle Verantwortung übernehme.«

»Was ist passiert?«

»Die Adresse in Haifa, das ist nicht einfach ein Mietshaus.«

»Was meinst du damit?«

»Im Hof ist eine Einrichtung für betreutes Wohnen.«

»Und?«

»Da wohnen fünf Personen, alle mit einer körperlichen oder geistigen Behinderung. Und eine Krankenschwester.«

»Jacob, was willst du mir sagen?«

»Eine von den Bewohnern heißt Papo, Tara Papo.«

David sprang von seinem Stuhl auf. »Sag, dass es ihr gut geht!«

»Das wissen wir nicht, wir haben angerufen, aber in der Wohngemeinschaft nimmt niemand ab. Zwei Streifenwagen sind unterwegs. Wir überlegen, ob wir auch einen Hubschrauber schicken sollen, wegen des Feierabendverkehrs.«

»Ihr überlegt? Schickt alles, was ihr habt!«

David sah ihn scharf an. »Hat jemand mit Rachel gesprochen?«

»Sie ist auf dem Rückweg von Somalia. Wir konnten sie nicht erreichen.«

David sank auf die Schreibtischkante. Alles, woran er denken konnte, war der Satz, den Akim Katz während des Verhörs ständig wiederholt hatte: *Sie wird das Einzige verlieren, das sie noch hat.*

Uppsala, Schweden

Alle bei Cryonordic waren sehr entgegenkommend gewesen, sogar die Wachleute hatten gewusst, wer sie war. Man hatte sie am Firmentor abgeholt, das sie schließlich gefunden hatte, und ihr lächelnd erklärt, dass sie von der Bushaltestelle aus den falschen Weg gegangen sein musste. Sie hatte sich für die Verspätung entschuldigt, der Akku ihres Handys sei leer gewesen und sie habe daher nicht anrufen können, um nach dem Weg zu fragen. Am Empfang hatte eine kühle, aber höfliche Frau ihr sachlich erklärt, wie die Probenentnahme vor sich gehen würde. Das Gebäude sah überhaupt nicht nach Krankenhaus aus, sondern eher wie ein moderner Bürokomplex mit schönen Designermöbeln in großen, hellen Räumen, an deren Wänden grellbunte abstrakte Bilder hingen. Für eine Weile hatte sich Hanna entspannt und die Angst war in ihre Höhle hinter dem Magen zurückgekrochen. Nach wenigen Minuten war sie von einer freundlichen Schwester im hellgrauen Kittel in einen speziellen Probenentnahmeraum gebracht worden. Die Schwester hatte ihren Arm desinfiziert und ihr eine Blutprobe abgenommen. Stolz hatte sie ihr erzählt, niemand Geringerer als Henrik Dahlström, der Forschungsleiter des Labors, werde die Blutentnahme durchführen. Er werde einen aktiven Plasmaextraktor verwenden, das sei ein spezielles Gerät in Form eines Röhrchens, das dem entnommenen Blut vorgaukelt, es befinde sich immer noch in ihrem Körper. Dadurch würden unerwünschte Reaktionen des Blutes vermieden.

Erst als man sie allein im Probenentnahmeraum zurückließ, meldete sich die Angst wieder. Der Raum, in dem sie lag, war groß und hell mit starken Leuchtstoffröhren an der Decke. Wie überall bei Cryonordic waren alle Flächen und Winkel perfekt symmetrisch. Sie hörte keine Geräusche oder Stimmen durch die geschlossene Tür, alles war ganz still. Die Panik in ihr wuchs schnell und ließ sich nicht mehr zurückdrängen. Es war mehr als Panik, es war die pure Todesangst. Plötzlich wurde ihr bewusst, warum sie so entsetzt war: Sie war schon einmal hier gewesen, in ihren Albträumen. In den letzten bebenden Sekunden, bevor sie sterben sollte. Sie lag in dem weißen Tempel. Auf dem Opferaltar. Sie wollte sich gerade erheben, als die Tür aufging und ein großer, ganz in Weiß gekleideter Mann eintrat. Er trug dünne Handschuhe, und in einer Hand hielt er einen konusförmigen Stab aus glänzendem Silber. Der Stab war an einem Ende rund und am anderen nadelspitz. Der Mann trug einen weißen Mundschutz, und in dem grellen Licht sah es beinahe so aus, als hätte er kein Gesicht. Verzweifelt hob Hanna die Hände, um sich zu schützen.

Haifa, Israel

Sergeant Andreas Yalen brauchte keine Minute, um vom Eingang des Mietshauses in den Innenhof zu gelangen. Die Einrichtung für betreutes Wohnen war ein flaches Gebäude aus hellem Beton, das ihn an die Bauernhöfe im Libanon erinnerte. Er sah keine Menschen im Hof, also klopfte er ernergisch an die Tür. Kurz darauf öffnete eine junge Frau, die eine große Brille trug. Verwundert blickte sie den atemlosen Soldaten an.

»Ja?«

»Warum gehen Sie nicht ans Telefon?«

Die Frau verdrehte die Augen. »Das funktioniert seit gestern nicht mehr, der Techniker hat versprochen, dass er morgen kommt.«

»Ich bin hier, um mit einem Ihrer Patienten zu sprechen.«

»Mitbewohner.«

»Wie bitte?«

Sie lächelte.

»Es sind Mitbewohner, keine Patienten. Zu wem möchten Sie?«

»Tara Papo.«

Die Frau lachte. »Komisch, wie gefragt sie plötzlich ist. Über eine Woche lang kümmert sich keiner um sie, und plötzlich wollen alle etwas von ihr, an ein und demselben Tag.«

»Kann ich mit ihr sprechen?«

»Tut mir leid, sie ist nicht da. Ihre Großmutter hat sie heute Morgen abgeholt, zu einer Bar-Mizwa. Zuerst wollte Tara nicht, aber als sie hörte, dass es Torte geben würde, sah die Sache schon anders aus. Es war wirklich schön für sie, dass sie mitgehen durfte.«

Andreas lehnte die Stirn an den Türpfosten.

Das Lächeln der Frau erstarb. »Sie sehen besorgt aus.«

»Ich bin besorgt.«

Er trat ein, nahm sein Sprechfunkgerät und rief die Einsatzzentrale. In der Diele roch es nach Essen. Während er auf Antwort wartete, blickte er sich um. An einer Wand war eine Leiste mit Kleiderhaken, und über jedem Haken saß ein buntes Namensschild.

Die Frau stand immer noch an der Tür. Sie rang die Hände und sah ihn beunruhigt an. Leise sagte sie: »Können Sie nicht einfach ihre Großmutter anrufen?«

Andreas seufzte. »Taras Großmutter lebt nicht mehr.«

TEIL 2
GESCHWISTERLIEBE

Glilot, Israel

David Yassur saß stumm in dem großen Konferenzraum. Ihm gegenüber saß sein Chef Meir Pardo und sog an seiner erloschenen Pfeife. David starrte durchs Fenster nach draußen, über die Lichter des Feierabendverkehrs auf dem Highway 2 hinweg. Es war zu dunkel, um das Meer erkennen zu können.

Meir Pardo hatte Rachel Papo wenige Minuten nach ihrer Landung auf Ben Gurion erreicht und ihr einen kurzen und ungeschönten Bericht über das erstattet, was passiert war. Jetzt waren sie alle drei verabredet, um mögliche Maßnahmen zu besprechen. Rachel machte ihn immer nervös. Sie strahlte so etwas Unangenehmes aus. Oder auch nicht. Vielleicht war gerade das das Unangenehme. Sie wirkte so feminin, fast zerbrechlich. Gleichzeitig wusste er, dass sie aggressiv war, unberechenbar und labil bis an die Grenze zum Suizid. Sie war eine eiskalte Mörderin, die für die Einheit 101 mindestens zwanzig Jobs im Alleingang erledigt hatte. Nach allem, was ihm zu Ohren gekommen war, hatte auch der Auftrag in Somalia ein blutiges Ende genommen. Wie ging es ihr jetzt? Wie wurde sie mit der schrecklichen Nachricht fertig?

Meir klopfte seine Pfeife am Rand eines großen silberfarbenen Aschenbechers aus. Dann holte er einen kleinen Plastikbeutel hervor und begann, die Pfeife neu zu stopfen. Warum er stets Tabak in der Pfeife hatte, wenn er sie doch nicht anzünden durfte, war ein Rätsel. Im ganzen Gebäude herrschte Rauchverbot. Der Mossad-Chef war schweigsam, seit er erfahren hatte, dass Tara verschwunden war. Vor dem Konferenzraum waren schnelle Schritte zu hören, und noch ehe David sich erheben konnte, ging die Tür auf. Aus irgendeinem Grund hatte er Rachel immer größer in Erinnerung, und jedes Mal, wenn er sie traf, war er überrascht, wie klein sie tatsächlich war. Sie trug einen eng anliegenden schwarzen Rollkragenpullover, eine schwarze Armeehose und hohe Schnürstiefel. Die Haare hatte sie zu einem Knoten gebunden. Ihre Augen waren gerötet. Sie nickte ihnen stumm zu und nahm an der gegenüberliegenden Seite des Konferenztisches Platz. Meir erhob sich, ging zu ihr und streckte die Hände aus. Zuerst blieb sie sitzen, versuchte, ihn zu ignorieren und starrte auf den Tisch, aber dann schluckte sie, stand auf und umarmte ihn. Ihr Widerstand brach, und sie begann zu weinen. Eine ganze Weile standen sie eng umschlungen da. Die zierliche Person verschwand beinahe in Meirs breitem Körper. Die plötzliche Intimität gab David das Gefühl, ein Eindringling zu sein, und er blickte wieder aus dem Fenster. Meir flüsterte Rachel etwas ins Ohr und half ihr, sich zu setzen. Dann ließ er sich schwerfällig auf dem Stuhl neben ihr nieder.

Rachel schlug die Hände vors Gesicht, offenbar bemühte sie sich, die Fassung zurückzugewinnen. Leise fragte sie: »Woher wusste Akim, wo meine Schwester wohnt?«

»Aus derselben Quelle, aus der er sich auch deine Adresse besorgt hat. Er hat sich mit gefälschten Dokumenten in Herzliya Zugang zu deiner Akte verschafft, das Personal dort dachte, er sei zur Akteneinsicht befugt. Aufgrund seiner Position war er das wohl auch, gewissermaßen.«

David lehnte sich vor und senkte die Stimme. »Ich habe alle Einsatzkräfte mobilisiert, um Tara zu finden. Wir überwachen die Grenzen, hoffentlich ist sie noch im Land. Wir werden sie finden. Wir glauben nicht, dass sie vorhaben, ihr etwas anzutun.«

»Und wieso nicht?« Der Sarkasmus in ihrer Stimme war nicht zu überhören.

»Dann wären sie anders vorgegangen. Sie hätten es direkt vor Ort getan. Stattdessen sind sie ein großes Risiko eingegangen, um sie zu entführen. Sie konnten nicht wissen, wie schnell wir die Adresse ausfindig machen würden, in dem Haus hätte sie alles Mögliche erwarten können. Das deutet darauf hin, dass sie deine Schwester lebend haben wollten.«

Zum ersten Mal sah Rachel ihn direkt an. Ihre Stimme war kühl. »Ihr werdet Tara nie finden. Ich muss mit Akim reden, das ist die einzige Möglichkeit.«

Meir blickte David an, der leicht den Kopf schüttelte. »Wie du dir denken kannst, wird er im Moment einem intensiven Verhör unterzogen. Unsere Verhörspezialisten halten sich genau an ihre Vorgaben. Es liegt in deinem eigenen Interesse, ihrer Kompetenz zu vertrauen. Außerdem bezweifle ich, dass es einen vernünftigen Dialog geben würde. Akim steht unter Drogen, du würdest nichts Verwertbares aus ihm herausbekommen.«

Rachel wandte sich an Meir. Jetzt war sie es, die seine Hand nahm. »Tara ist mein Leben. Das weißt du. Ich muss mit Akim sprechen, und wenn es nur für ein paar Minuten ist. Ich kann mit ihm umgehen. Einfluss auf ihn nehmen. Glaub mir, das ist unsere einzige Chance.«

Sie beugte sich näher zu ihm.

»Ich bitte dich.«

Meir schwieg. Lange. Er sog an seiner Pfeife und schloss die Augen. Dann legte er die Pfeife mit der freien Hand auf den Tisch und sah Rachel in die Augen.

»Du kannst mit ihm sprechen. Aber er ist sehr wichtig für uns. Du darfst ihn auf keinen Fall angreifen oder bedrohen. Außerdem ist er im Moment unsere einzige Verbindung zu deiner Schwester. Verstehst du, was ich sage? Wenn du ihn besuchst, musst du dich daran halten. Du darfst ihm unter keinen Umständen auch nur ein Haar krümmen. Okay?«

Rachel antwortete nicht, sie starrte nur vor sich auf die Tischplatte.

Stockholm, Schweden

Eric hatte in der Bank angerufen, aber Hanna war nicht da. Jens wusste nicht, wo sie war, und ihre jüngere Schwester Judith hatte seit Tagen nichts von ihr gehört. Obwohl er vor Sorge außer sich war, versuchte Eric, sich auf die Dokumente zu konzentrieren, die vor ihm auf dem Küchentisch lagen. Er war im Begriff, seinen Anteil an der Firma zu verkaufen; nach allem, was passiert war, brachte er es nicht über sich, mit Mind Surf weiterzumachen. Er würde wieder unterrichten und die Forschung an den Nagel hängen, jedenfalls für eine Weile. Außerdem war das Projekt wegen der Virusbereinigung vorläufig auf Eis gelegt worden, alle klinischen Tests waren eingestellt, bis Mona aus dem Netz verschwunden war. Trotz der Probleme mit dem Virus hatte die Universität Ericsson ins Boot holen können, und der Elektronikkonzern hatte angeboten, Erics Aktien aufzukaufen. Eric verstand all die Diagramme, Cashflows und Zuwachsprognosen nicht so ganz. Er begriff nur, dass er eine Menge Geld erhalten würde. Dasselbe galt für Mats Hagströms Witwe. Er erinnerte sich an Philippa Hagström als eine stolze und starke Frau. Ob er sich mal bei ihr melden sollte? Nachfragen, ob er etwas für sie tun konnte? Er schob die Unterlagen beiseite und trank einen Schluck von dem kalten Kaffee, der seit über einer Stunde unberührt dort gestanden hatte. Dann griff er zum Telefon und suchte Philippas Nummer heraus. Er warf einen schnellen Blick zur Uhr am Herd. 21:30. War das zu spät? Ein Anrufbeantworter meldete sich. Eric hinterließ eine Bitte um Rückruf. Nachdem er aufgelegt hatte, saß er eine Weile mit dem Telefon in der Hand da. Plötzlich hörte er Geräusche an der Tür, und dann einen Schlüssel im Schloss. Er lief in die Diele.

»Was ist los? Wo warst du?«

Hannas Haare waren zerzaust und ihre Augen geschwollen.

»Tut mir leid, ich glaube, ich habe mich blamiert.« Er half ihr aus der Jacke, legte den Arm um sie und führte sie in die Küche. Sie setzte sich an den Küchentisch. Im Kühlschrank fand er eine offene Flasche Riesling, vielleicht war der Wein schon zu alt und sauer geworden, aber wenigstens war er kalt. Er füllte zwei Gläser und reichte ihr eines.

Sie nahm den Wein, trank aber nicht, sondern starrte nur auf das Glas und schien in Gedanken versunken. Schließlich begann sie zu sprechen, ohne den Blick von dem hellgelben Wein abzuwenden. »Ich habe versucht, die Superheldin zu spielen. Bin zu Cryonordic gefahren, auf eigene Faust.«

Eric stöhnte auf. »Du hättest wenigstens anrufen können.«

»Der Akku war leer. Du weißt, wie das manchmal ist, wenn man das Handy am dringendsten braucht, ist es tot.«

Eric zog einen Stuhl hervor und setzte sich neben sie. »Was ist passiert?«

»Ich war da schon mal, in meinen Albträumen. Monas

Träumen. Das war der Tempel. Der Ort, an dem ich sterben sollte … Das hat mich umgehauen.«

Sie zog eine Schachtel Marlboro hervor. Hanna rauchte nur, wenn es ihr schlecht ging. Eric schob sein Weinglas weg, irgendwie störte es ihn immer, wenn Hanna sich ihrem Laster so offen hingab.

»Eigentlich sind es gar keine richtigen Träume, eher … Vorahnungen.«

»Vorahnungen wovon? Was siehst du?«

»Die Welt nach Mona. Nach der Pandemie. Alles ist schimmlig, rostig und verfallen.«

Sie sog an der Zigarette.

»Es beginnt mit dem alten Wecker. Im Traum finde ich ihn in einer roten Wüste. Der Fehler ist, dass ich ihn aufziehe, dadurch erwacht alles zum Leben. Es ist der Anfang vom Ende.«

Sie lehnte sich resigniert zurück.

»Ich hatte einen Nervenzusammenbruch, als der Arzt auftauchte. Er sah genauso aus wie der Mann im Traum. Ich bin vollkommen hysterisch geworden.«

»Was haben sie da gemacht?«

»Was hätten sie denn machen sollen? Sie mussten das Ganze abbrechen. Ich wurde in einen Ruheraum gebracht, um mich abzuregen. Dort bin ich eingeschlafen, und als ich wieder wach wurde, haben sie mir ein Taxi gerufen. Mein Gott, wie peinlich.«

»Das ist alles meine Schuld. Du hast mich gefragt, ob ich es für eine gute Idee halte, dir Blut abnehmen zu lassen, und ich habe dich dazu gedrängt. Ich hätte vorsichtiger sein müssen.«

»Ich möchte Thomas und den anderen immer noch helfen.«

»Wir finden eine Lösung. Man kann sich überall Blut abnehmen lassen. In jeder ganz normalen Arztpraxis. Aber nächstes Mal gehen wir zusammen hin.«

Er lächelte sie an. »Vielleicht solltest du dir professionelle Hilfe suchen? Ich meine, wegen der Träume.«

Sie trank einen Schluck Wein. »Einen Psychologen?«

»Um darüber hinwegzukommen. Um zu vergessen.«

Hanna antwortete nicht. Sie warf einfach die Zigarettenkippe ins Weinglas, stand auf und ging zum Schlafzimmer. Eric blieb am Tisch sitzen und versuchte, seine Eindrücke zu sortieren. Schließlich stand er auf und spülte die Gläser ab.

Wüste Negev, Israel

David Yassur betrachtete die verbissene Frau neben ihm auf dem Rücksitz des Autos. Er unternahm noch einen Versuch, ein Gespräch anzufangen.

»Die IDF benutzt diesen Teil der Negev als Übungsgebiet für ihre Marschflugkörper. Es ist wohl nur eine Frage der Zeit, bis sie ein Kulturdenkmal treffen.«

Es klang hohl und idiotisch. Rachel Papo antwortete nicht. Auch David sagte nichts mehr. Nach zwanzig Minuten Fahrt durch die Staubwüste bremste der schwarze BMW ab und bog auf das Gefängnisgelände ein. Yanis Solman erwartete sie vor dem Verwaltungsgebäude. Er war merklich gereizt, begrüßte sie aber trotzdem höflich.

»Wir fahren sofort nach unten. Akim Katz hat heute Morgen noch keinen Ton von sich gegeben. Soweit ich informiert bin, hatte er eine harte Nacht.« Er wandte sich an Rachel. »Es ist fast schlimmer, von den Präparaten runterzukommen, als auf den Trip geschickt zu werden. Wir sind uns noch nicht ganz im Klaren, ob das eine Nebenwirkung oder ein Bonus ist.«

David war sich nicht sicher, ob das ein Scherz sein sollte. Als sie mit dem Fahrstuhl, der groß genug für ein Krankenbett war, nach unten fuhren, zog er Grimassen, um den Druck aus den Ohren zu bekommen. Rachel machte ein noch verbisseneres Gesicht. Sie hatte die Hände zu Fäusten geballt und die Lippen fest aufeinandergepresst. Sie hierherzubringen war ein großer Fehler. Eine von Meirs schlechteren Ideen. Aber Meir war nicht hier, und wenn etwas passierte, würde man ohnehin ihm, David, die Schuld geben.

Sie passierten eine Sicherheitstür, die von zwei schwer bewaffneten Wachleuten bewacht wurde, und kamen in die »achteckige Lounge«, einen großen, nüchternen Raum mit einigen Sofas und Tischen. Hier ruhte sich das Personal aus, trank Kaffee und vertrieb sich die Zeit mit Fernsehen, bis wieder ein Gefangener zum Verhör gebracht oder davon abgeholt werden musste. In die acht Verhörräume, die gleichmäßig um die Lounge verteilt waren, wurden die Gefangenen durch Hintertüren direkt vom Zellenblock gebracht.

Yanis machte eine einladende Handbewegung. »Kann ich euch einen Kaffee anbieten?«

David schüttelte den Kopf. »Wir überspringen den Cappuccino. Ist er bereit?«

Yanis zeigte auf eine weiße Tür gleich rechts, auf der übergroß die Ziffer vier prangte.

David sah Rachel an.

»Wir gehen beide rein.«

Yanis nickte und lächelte angestrengt. Dann wandte er sich an Rachel. »Bitte kommen Sie ihm nicht zu nahe. Er ist zwar gefesselt, aber trotzdem. Manchmal spucken sie. Bleiben Sie einfach auf Ihrem Platz sitzen und stellen Sie Ihre Fragen. Sie haben zehn Minuten. Ich beobachte das Ganze aus dem Überwachungsraum.«

Er zog an dem massiven Handgriff, und die schwere Tür ging auf. Dahinter befand sich ein schwach erleuchteter Raum mit zwei weiteren Türen. Er öffnete die linke Tür, nickte ihnen zu und verschwand.

David suchte Rachels Blick. »Bist du sicher, dass du das tun willst?«

»Ganz sicher.«

»Du gehst direkt hinein und setzt dich an den Tisch. Nimm den rechten Stuhl. Da bleibst du sitzen, bis wir so weit sind. Verstanden?«

»Verstanden.«

David legte die Hand auf den Türgriff und wartete. Eine kleine Lampe neben der Klinke leuchtete rot. Einen Moment später wechselte sie zu grün, und es klickte. Er drückte die Tür auf.

Im Raum standen zwei Stahlrohrstühle und davor ein Metalltisch. Hinter dem Metalltisch, Rachel schätzte den Abstand auf zwei Meter, saß Akim Katz. Er war nackt und magerer als an dem Tag, an dem sie ihn vor seinem Haus in Jerusalem geschnappt hatte. Man hatte ihm den Schädel rasiert. Als sie vor ihm stand, empfand sie eine beinahe grenzenlose Ohnmacht. Er hatte es in der Hand, Tara zu retten. Sie hätte ihn am liebsten angebettelt, ihm gezeigt, dass sie zu allem bereit war, ihm liebend gern alles geben würde, nur um Tara in Sicherheit zu bringen. Die Angst brannte in ihrer Brust. Sie schluckte, wollte sich gegenüber Akim nicht schwach zeigen, aber sie hatte Mühe, ihre Tränen zurückzudrängen. Sie sank auf einen Stuhl und schloss die Augen.

Ihr blieben nur ein paar Minuten und es gab so vieles, was sie fragen und erfahren musste. Sie versuchte, die richtigen Worte zu finden.

»Rachel, du kleines Luder.«

Sie schlug die Augen auf und blickte in Akims lächelndes Gesicht. Es war eher ein schiefes Grinsen, vielleicht funktionierten die Gesichtsmuskeln nicht richtig. Ein Auge war blutunterlaufen, wahrscheinlich waren die Adern geplatzt. Seine Lippen waren trocken und aufgesprungen.

»Ich weiß, warum du hier bist. Du bist wunderbar. Du bist meine Antwort.«

Rachel zwinkerte die Tränen weg. Sie suchte immer noch nach den richtigen Fragen, der richtigen Einleitung. Im Auto war alles so klar gewesen, aber jetzt war es nur noch diffus und unzusammenhängend.

Akim senkte die Stimme. »Haluza, genau hier in der Negev, ist der Ort, an dem Hagar, Abrahams Geliebte und die Mutter von Ismael, einen mächtigen Engel traf.«

Sie richtete sich auf. »Akim, ich weiß, dass …«

Er unterbrach sie. »Ich bin dieser Engel. Hörst du, was ich sage? Ich entscheide, wer leben und wer sterben wird.«

David nahm einen Stift und machte sich Notizen in einem schwarzen Heft, das er mitgebracht hatte. Rachel schlug einen schärferen Ton an, um ihre Verzweiflung zu verbergen.

»Du entscheidest überhaupt nichts. Du bist in der Hölle, und du wirst ewig darin brennen.« Sie beugte sich vor. »Du wirst mir jetzt erzählen, welcher von deinen verdammten Schoßhunden Tara in der Gewalt hat und wo wir sie finden können. Du wirst es mir sagen, denn wenn du es nicht tust, werden viele Menschen leiden, nicht nur du, sondern dein ganzes Volk. Wir werden jeden Einzelnen jagen und töten, bis niemand mehr übrig ist. Verstehst du? Wir werden jedes verdammte Dorf niederbrennen und jedes eurer stinkenden Lager ausräuchern.«

David runzelte die Stirn und blickte sie an. »Rachel, bleib sachlich.«

Akims Augen wurden schmal. »Wir haben dafür gesorgt, dass sie am Leben bleibt, glaub mir. Es ist erstaunlich, wie viele Organe man entbehren kann, jedenfalls für eine Weile, und wie viele Schmerzen man aushalten kann, ohne das Bewusstsein zu verlieren. Das Geheimnis ist …«

Mit einem Schrei sprang Rachel auf. In einer einzigen fließenden Bewegung stieß sie David zurück, griff sich den Stift vom Tisch und sprang auf Akim zu. David rief etwas, aber nichts konnte sie aufhalten. Sie schwang sich rittlings auf den nackten Körper und presste den Stift fest auf Akims Hals. Sie wusste, dass die Spitze auf seine Schlagader drückte, sie spürte den Pulsschlag seines Blutes bis in ihre Finger. Den Pulsschlag des Lebens. Ein kurzer Stoß, und er wäre tot. Sie starrte in seine aufgerissenen Augen.

»Vielleicht bist du ein Engel, Akim. Was weiß ich? Aber ich bin der Teufel.«

Sie hörte einen Tumult hinter ihrem Rücken, barsche Stimmen, schwere Stiefel. Die Sicherheitsleute mussten in den Raum gekommen sein. Sie drehte sich nicht um, sondern presste ihr Gesicht an Akims. Ihre Lippen drückten sich in seine Wange.

»Du gibst mir meine Schwester zurück. Verstanden? Wenn nicht, werde ich …«

Eine starke Hand packte ihren Arm und riss sie vom Stuhl. Sie taumelte zurück, warf sich herum und streckte abwehrend die Arme aus. Einer der Wachleute wollte sich gerade auf sie stürzen, als David rief: »Stopp!«

Er blickte Rachel scharf an. »Tu nichts, was du bereuen würdest. Rachel? Hörst du mich?«

Sie atmete heftig und starrte den Wachmann vor sich an. Dann senkte sie langsam die Arme und wandte sich zu Akim um. Ein dünner Streifen Blut lief ihm den Hals hinunter. Er fing ihren Blick auf und lächelte schief.

»Du bist jetzt ganz allein, Rachel. Ganz allein.«

Stockholm, Schweden

Jens Wahlberg hatte die Berichterstattung über den neuen Virus übernommen. Die anderen Redakteure zeigten noch relativ wenig Interesse an dem Thema, und der Nachrichtenchef schien nicht bemerkt zu haben, dass eine Reportage über NCoLV bisher ausgeblieben war. Jens vermied es bewusst, über den Virus zu schreiben, er wollte nicht dazu beitragen, ein Fantasiemonster zu erschaffen, und außerdem wollte er Hanna schützen. Er konzentrierte sich stattdessen auf den anstehenden Verkauf von Cryonordic. Die englische Investmentbank rechnete damit, innerhalb einer Woche ein verbindliches Angebot zu erhalten. War es jedem x-beliebigen Interessenten erlaubt, auf ein Labor zu bieten, das Armageddon in kleinen Reagenzgläsern verwahrte? Wer kontrollierte die Bieter? In den Zuständigkeitsbereich welcher Behörde fiel es, diese Art von Geschäften abzusegnen?

Aus den Augenwinkeln bemerkte er Jonas Bjäreman. Jens hob den Kopf. Jonas kam auf ihn zugestürmt und wedelte mit einem Blatt Papier. Jens verschränkte die Arme vor der Brust. Was war denn jetzt wieder los? Der Nachrichtenchef erreichte seinen Schreibtisch und hielt ihm triumphierend den Ausdruck hin.

»Jetzt ist es so weit, Jens. Jetzt musst du verdammt noch mal was darüber schreiben!«

»Schreiben? Worüber?«

»Sie ist tot.«

»Wer?«

»Pia Haglund. Die Krankenschwester.«

Jens überflog den Computerausdruck. Um 3:47 Uhr war auf der I64 im Krankenhaus Huddinge der Tod der Patientin Haglund festgestellt worden. Todesursache: Ersticken infolge akuten Lungenversagens, verursacht durch den NCoL-Virus. Jens blickte auf und wollte etwas sagen, aber der Nachrichtenchef war schon wieder weg. Über die Schulter rief er zurück: »Hau in die Tasten, Maestro. Wir kommen als Erste damit raus … Der Weltuntergang ist nah!«

Jens starrte mit leerem Blick in die Redaktion. Dann knüllte er die Mail zusammen und warf sie in den Papierkorb.

Tel Aviv, Israel

Die Sonne stand hoch am Himmel, und es war fast vierzig Grad heiß. Rachel Papo lief schnell, mit kurzen Schritten, und die Arme auf Hüfthöhe angewinkelt. Normalerweise verbrannte sie eintausendfünfhundert Kalorien auf der Route vom Hotel Dan Panorama, aber heute, bei der Hitze und ihrem jetzigen Tempo, würden es deutlich mehr sein. David Yassur war außer sich vor Wut gewesen nach dem abgebrochenen Verhör von Akim Katz. Rachel hatte sich damit entschuldigt, dass der Druck zu groß gewesen sei und sie die Beherrschung verloren habe. David hatte sich schließlich wieder beruhigt, aber Akim würde sie nicht wiedertreffen können.

Sie erreichte die vier Kilometer lange Zielgerade, die an der Retsif Herbert Samuel und am Charles-Clore-Park entlangführte. Plötzlich bemerkte sie ein Auto, das dieselbe Geschwindigkeit hielt wie sie. Sie riskierte einen schnellen Seitenblick: schwarzer BMW, dunkle Scheiben, zusätzlicher Seitenspiegel, drei Antennen. Ein Regierungswagen. Oder vom Mossad. Sie ignorierte ihn. Auf dem letzten Kilometer hatte sie das Gefühl, als würde ihr Brustkorb explodieren, und als sie endlich das Ende ihrer Tour erreicht hatte, lief sie armeschwingend weiter auf den Strand hinaus, wo sie sich zitternd und nach Luft ringend fallen ließ. Mit gespreizten Armen und dem Gesicht auf dem heißen Sand lag sie still da, ihr Körper war klitschnass, und das Blut pochte in ihren Schläfen.

»Rachel? Lebst du noch?«

Sie erkannte die Stimme. Meir Pardo. Mühsam rollte sie sich auf den Rücken und blinzelte in die grelle Sonne. Meirs Silhouette ragte über ihr auf, ein großer schwarzer Schatten mit leuchtendem Glorienschein.

»Mein Gott, du gibst mir das Gefühl, uralt zu sein. Wir sind dir sechs Kilometer hinterhergefahren, und du bist so gerannt, dass der Fahrer Mühe hatte dranzubleiben.«

Ihr Puls beruhigte sich langsam, und sie atmete fast schon wieder normal. Sie wischte sich mit dem T-Shirt den Schweiß vom Gesicht und schaute hinauf zum Mossad-Chef. Sein Blick war besorgt.

Sie spuckte Sand aus und zwang sich zu fragen: »Was ist passiert?«

Meir nickte zu den Parkbänken an der Strandpromenade. »Komm, wir setzen uns.«

Rachel stand auf und ging auf steifen Beinen zur nächsten Bank. Drei Bodyguards standen im Umkreis von zehn

Metern verteilt. Meir ließ sich schwerfällig neben ihr nieder.

»Willst du was trinken? Ich glaube, ich habe Wasser im Auto.«

Sie schüttelte den Kopf und blickte hinaus auf die großen Wellen, die an den Strand schlugen, donnernde, schäumende Brecher.

»Was willst du mir erzählen?«

Meir schaute ebenfalls hinaus aufs Meer. »Wir haben Kontakt.«

Rachel zuckte zusammen, drehte den Kopf und sah ihn flehend an. »Und?«

»Tara scheint es gut zu gehen. Jedenfalls sagen sie das.«

»Haben wir irgendwelche Beweise, dass sie nicht verletzt ist?«

»Nur ihre Zusicherung.«

»Das heißt gar nichts. Sie kann genauso gut tot sein.«

»Sie wollen einen Tausch, ein Gefangener gegen den anderen.«

»Akim Katz?«

Meir nickte.

»Wann?«

Er zögerte, schien ihr keine weiteren Informationen geben zu wollen. Sie wiederholte ihre Frage. »Wann?«

Meir sah sie lange an. Sein Schweigen beunruhigte sie. Was war mit ihm los? Warum antwortete er nicht einfach? Endlich erwiderte er, merklich unwillig:

»Es genügt, dass du weißt, Tara ist am Leben. Überlass uns den Rest.«

»Wir reden hier von meiner Schwester.«

»Ebendarum.«

Rachel merkte, wie die Wut in ihr hochschoss, ihre Wangen wurden heiß. »Nach allem, was passiert ist. Allem, was ich getan habe. Traust du mir nicht?«

Meir fühlte sich deutlich unwohl in seiner Haut. »Das letzte Mal, als ich mich über die Regeln hinweggesetzt habe, indem ich dir den Besuch bei Akim gestattete, hast du mich bitter enttäuscht. Ich kann nicht riskieren, dass so etwas noch einmal vorkommt.«

Rachel schluckte. Mit wachsender Panik suchte sie nach einer Möglichkeit, ihn umzustimmen. Sie musste einfach mehr erfahren.

»Die Sache in Ketziot war ein großer Fehler, und es tut mir unendlich leid. Es war eine absurde Situation, Auge in Auge diesem Schwein gegenüberzustehen. Und was er alles gesagt hat ... Ich habe einfach nur noch rotgesehen. So etwas wird sich nicht wiederholen. Ich verspreche dir, ich halte mich raus, aber ich bitte dich inständig, sag es mir.«

Sie legte ihre Hand auf seine.

»Meir, ich schlafe nicht mehr, ich esse nicht mehr. Und jetzt das ... Die Ungewissheit macht mich verrückt.« Sie starrte ihn flehend an.

Meir seufzte. »Ich begreife wirklich nicht, warum ich immer wieder diese offensichtlichen Fehler mache, wenn es um dich geht. Siehst du nicht, dass du mich in eine Menge unnötiger Schwierigkeiten bringst? Mich angreifbar machst?«

Rachel lächelte leicht.

Meir fuhr fort: »Du musst mir hoch und heilig versprechen, dass du dich wie ein Profi benimmst. Du wirst keinen Unfug machen, haben wir uns verstanden?«

Sie nickte und fragte leise: »Wann findet der Austausch statt?«

»Übermorgen um siebzehn Uhr. Auf Zypern.«

»Wo auf Zypern?«

»In Nikosia, auf dem alten internationalen Flughafen. Wie du vielleicht weißt, ist das heute eine Art Geisterstadt, die ganze Anlage wurde aufgegeben, als die Türken einmarschiert sind. Flugzeuge, Wartehallen, Geschäfte, das steht alles noch genauso da, wie es vor vierzig Jahren verlassen wurde. Ein seltsamer Ort.«

»Wie inszenieren wir das Ganze? Zwei vorgeschobene Kontaktstellen für die Übergabe? Abgesichert durch Scharfschützen?«

»Rachel …«

»Akim mit einem Sender präparieren und dann ein Drohnenangriff zehn Minuten nach Übergabe? Oder vielleicht eine ferngesteuerte Ladung Sprengstoff direkt an seinem Körper?«

»Rachel!«

»Was?«

Meir starrte unverwandt hinaus auf die Wellen, er schaffte es nicht, ihr in die Augen zu sehen. »Es gibt keine Übergabe.«

»Wie meinst du das?«

»Israel verhandelt nicht mit Terroristen. Und Akim ist zu wertvoll. Er muss abgeschöpft werden und dann verschwinden. Ich denke, du verstehst. Aber sieh es trotzdem positiv. Jetzt haben wir Kontakt, wir wissen, dass Tara lebt, und wir kennen außerdem die Motive der Entführer.«

Rachel sprang auf und stellte sich vor ihn hin, zu aufgeregt, um still sitzen zu können.

»Und das Treffen? Wir müssen sie dazu bringen, mit Tara dorthin zu kommen. Wir erwarten sie, egal ob Sinon dabei ist oder nicht.«

»Rachel, das sind keine Anfänger. Vergiss nicht, dass es

eine Organisation ist, die den gefährlichsten Computervirus der Welt entwickelt, die Knesset unterwandert und deine Wohnung in die Luft gejagt hat. Eine vorgetäuschte Übergabe wäre sehr gefährlich für deine Schwester. Außerdem sind unsere Beziehungen zu Zypern ohnehin schon frostig genug, eine Befreiungsaktion, die aus dem Ruder läuft, wäre eine Katastrophe.«

»Was zum Teufel tun wir dann? Wie ist der Plan?«

»Wir warten auf die nächste Kontaktaufnahme. Versuchen, auf Zeit zu spielen. Währenddessen setzen wir die Verhöre von Akim fort. Und natürlich Davids Informationsbeschaffung. Du hast uns ja eine gute Spur aus Somalia mitgebracht. Die Bankquittung.«

»Warten? Du sagst doch selbst, dass sie keine Anfänger sind. Sie werden Tara umbringen. Verstehst du?«

Meir antwortete nicht.

Rachel ging vor ihm in die Hocke und legte die Hände auf seine Knie. »Du weißt, dass ich geplant hatte, ihn an dem Morgen vor seinem Haus zu töten. Alles war vorbereitet. Ein Rettungswagen sollte ihn bei seiner Fahrradrunde überfahren, aber du hast das verhindert. Du hast Nein gesagt. Ich habe mich gefügt, und jetzt wurde meine Schwester gekidnappt. Steh zu deiner Verantwortung. Hilf mir, die Sache in Ordnung zu bringen. Lass uns den Austausch machen. Ich finde Akim wieder, darauf hast du mein Wort.«

Meir legte ihr die Hand auf die Schulter. »Glaub nicht, dass ich mir keine Vorwürfe wegen der Fehler mache, die wir begangen haben, aber diesmal werde ich meine Meinung nicht ändern. Außerdem habe ich mich mit Ben Shavit abgestimmt, und er hat ganz klar zum Ausdruck gebracht: Wir verhandeln nicht mit Terroristen.«

Rachel wurde schwindlig. Tara irgendwo auf der Welt

ganz allein und voller Angst, und sie opferten sie. Israel gab Akim den Vorzug vor ihrer Schwester. Ohne ein Wort nahm sie die Hände von Meirs Knien und sah ihm ein letztes Mal in die Augen, dann drehte sie sich um und begann, die Retsif Herbert Samuel hinunterzurennen. Meir rief ihr etwas nach, aber sie lief nur noch schneller. Das Weinen saß ihr wie ein Kloß im Hals und sie lief, obwohl sie keine Kraft mehr hatte. Sie stolperte den Radweg entlang und wäre mehrmals beinahe mit spielenden Kindern und dahinschlendernden Badegästen zusammengestoßen.

Uppsala, Schweden

Henrik Dahlström stand vor dem Fenster seines Arbeitszimmers bei Cryonordic. Das Büro lag im ersten Stock, und die großen Fenster boten Aussicht auf den Parkplatz und den gepflegten Rasen, der sich bis zum Zaun am Waldrand erstreckte. Die Sonne schien, und ein leichter Wind blies hübsche Wellenmuster in das Laub der großen Eiche am Parkplatz. Was hatte Hanna Söderqvist derart verängstigt? Als er ihr im Wartezimmer zum ersten Mal begegnet war, hatte sie auf ihn den Eindruck einer ausgeglichenen Frau gemacht, ruhig und gefasst. Aber als er dann in den Probenentnahmeraum kam, war sie hysterisch geworden. Zum Glück war es ihm gelungen, den kleinen Rest von dem Blut zu retten, das die Schwester ihr abgenommen hatte, aber das reichte nicht, um auch nur die wichtigsten Tests durchzuführen.

Das Handy in seiner Kitteltasche vibrierte. Er holte es heraus, warf einen Blick aufs Display und verzog das Gesicht. Es war Robert Bromberg, Cryonordics Vorstandsvorsitzender und zugleich Haupteigentümer.

»Hallo, Robert.«

»Hallo, mein Lieber, wie geht's?«

Weit hinten am Hang bemerkte Henrik ein Reh, das direkt vor dem Zaun äste.

»Ich habe eine Reihe vorläufiger Tests durchgeführt, aber ...«

»Und? Was meinst du? Sehen wir schon eine Reaktion?«

»Das auf jeden Fall. Aber wir ...«

»Ein Impfstoff, wie weit entfernt?«

Henrik beobachtete das Reh gereizt.

»... haben nicht genügend Material.«

»Was meinst du damit?«

»Wir haben zu wenig Blut. Wir müssen Frau Söderqvist erreichen und ihr mindestens zweihundert oder dreihundert Milliliter abnehmen. Im Moment kommen wir nicht weiter. Nicht ohne weiteres Ausgangsmaterial.«

Am anderen Ende blieb es still, was für Roberts Verhältnisse sehr ungewöhnlich war. Henrik schwieg. Anscheinend versuchte das Reh, mit den Vorderhufen die Erde an der Unterkante des Zauns aufzugraben.

Nach einem kurzen Moment war Roberts scharfe Stimme zu hören: »Henrik, du musst dafür sorgen, dass die Frau zu einer neuen Blutabnahme erscheint.«

»Natürlich, wir tun alles, was wir können. Aber schon jetzt kann ich sehen, dass der Virus das Blut an sich bindet. Der Angriff ist aggressiv.«

»Ausgezeichnet, das sind genau die Nachrichten, die ich brauche, Nachrichten, die ich dem Verkaufsteam in London schicken kann. Das treibt die Gebote in die Höhe.« Robert klang wieder enthusiastisch.

Henrik schüttelte den Kopf. »Wir sollten noch nichts darüber verlauten lassen, wir wissen zu wenig.«

»Mach dir keine Sorgen, Professor. Kümmere du dich um deins, ich kümmere mich um den Rest. Man kann nicht auf jedem Gebiet gut sein, oder? Du kennst dich aus mit Molekularbiologie, ich mit PR. Wir ergänzen uns. Verstehst du?«

»Ich verstehe. Aber ...«

»Gut. Ruf mich an, sobald ihr mehr Blut habt.«

Damit war das Gespräch beendet. Henrik lehnte den Kopf an die Glasscheibe. Ungeachtet aller sonstigen Umstände würde der Verkauf zumindest ein Positives bewirken: Cryonordic würde einen neuen Vorstandschef erhalten. Hoffentlich einen besseren. Zweifellos einen besseren.

Das Reh hob den Kopf und spitzte die Lauscher. Dann drehte es sich um und verschwand im dichten Wald.

Riad, Saudi-Arabien

Zu Enes Al-Twaijris Imperium, das sich um die Ölgesellschaft als Kern rankte, gehörten Fluggesellschaften, Banken, Biotechnologiefirmen, Sicherheitsunternehmen, Telefongesellschaften und zwei weltweite Hotelketten, deren Eigentumsstrukturen durch eine vielfältige Verschachtelung von Holdings und Strohfirmen geprägt waren. Die undurchsichtigen Besitzverhältnisse verschafften ihm zahlreiche Möglichkeiten in Bezug auf Steuern, Wechselkurse und Wettbewerbsbeschränkungen. Neben den Wirtschaftsunternehmen unterhielt Enes eine Reihe von Non-Profit-Unternehmen, eine große Zahl von Stiftungen und eine Reihe sogenannter politischer Investitionen, die in erster Linie aus der mehr oder minder offiziellen Finanzierung von islamischen Initiativen rund um den Globus bestanden, von Imamschulen in Afrika bis zu Moscheen in Russland und militanten Aktivisten in Europa und dem Nahen Osten. Das Mona-Projekt, das er über die Hisbollah finanziert hatte, war eine solche politische Investition gewesen. Eine überaus lohnende Investition, denn vierundzwanzig Stunden vor der Entdeckung der verheerenden Virusattacke hatte er überall auf der Welt Leerverkäufe von großen Aktienpaketen getätigt. Im Normalfall waren die politischen Investitionen jedoch als Zuwendungen und Geschenke zu betrachten. Sinons Einschleusung in die Knesset war ebenfalls eine politische Investition gewesen. Und nun auch der Versuch, ihn zu retten.

Die Brüder von Akim Katz hatten die jüdische Frau entführt, und Enes finanzierte die ganze Sache. Geplant war, Akim freizupressen. Die Frau befand sich jetzt in einem seiner Privatjets auf dem Flug nach Riad. Er hatte beschlossen, sie auf seinem Anwesen unterzubringen, vielleicht eine riskante Entscheidung, aber es war ja nur für kurze Zeit. Falls die Israelis dem Austausch zustimmten, würde sie schon morgen nach Zypern weiterfliegen. Falls nicht, würde sie hingerichtet oder verkauft werden, und ob nun das eine oder das andere eintrat, handelte es sich in jedem Fall nur um eine Einquartierung für wenige Tage. Enes glaubte keine Sekunde lang, dass die Israelis Akim gegen eine geistig zurückgebliebene Frau austauschen würden, die für Premierminister Ben Shavit keinen Wert besaß, aber es würde interessant sein zu verfolgen, welche Entwicklung die ganze Sache nahm. Falls Akim wider Erwarten freikommen sollte, würde er von Nutzen sein. Er war tatkräftig, intelligent und loyal, was eine ebenso ungewöhnliche wie attraktive Kombination war.

Enes setzte sich auf dem Sofa etwas bequemer zurecht. Er liebte das große Sofa, auf dem man in einem endlosen Kissenmeer versank. Das einzige Problem war, daraus wieder hochzukommen, sein schwerer Körper war nicht mehr so gelenkig wie früher. Das Arbeitszimmer war über dreihundert Quadratmeter groß, mit einer Deckenhöhe von fünf Metern. Von der Sitzgruppe aus hatte man eine herrliche Aussicht auf das Poolgelände und den dritten und siebten Fairway des Golfplatzes. Zwei Greenkeeper stutzten sorgfältig das Gras, die Halme wurden sozusagen mit der Nagelschere gekürzt, damit sie die gleiche Länge hatten. Alles war perfekt. Nicht nur die Aussicht, sondern sein ganzes Leben. Die sterile Perfektion und die artifizielle Wirklichkeit langweilten ihn. Es musste etwas passieren, etwas Außergewöhnliches, und er wusste auch schon, was … Das neue Projekt, dem er den Namen Jawdah gegeben hatte, besaß das Potenzial zu etwas ganz Großartigem. Außerdem konnte es sich als lukrativ erweisen. Im selben Moment, in dem die WHO zu dem Ergebnis kam, dass ein hinreichend großes Risiko für eine Pandemie bestand, würden weltweit Einkaufsbeschlüsse für Impfstoffe gefasst werden. Wer dann das Patent auf das richtige Präparat besaß, konnte jeden beliebigen Preis diktieren.

Es gab allerdings noch einiges, was erledigt werden musste, bevor Jawdah realisiert werden konnte. Zuerst einmal musste Enes das kleine Forschungslabor Cryonordic kaufen. Das war der eigentliche Kern des Plans. Er hatte durch eine Strohfirma ein aggressives Angebot abgegeben, das deutlich über dem vom Verkäufer geforderten Basispreis lag, und damit sollte der Handel so gut wie besiegelt sein. Nach Angaben der Investmentbank war das Labor auf einem guten Weg, einen Impfstoff gegen NCoLV zu entwickeln. Enes nickte vor sich hin. Er spürte, wie Energie und Lebensgeister zurückkehrten. Sein Blick folgte einem Poolboy, der mit schwungvollen Bewegungen seinen Kescher durch das blaue

Wasser zog. Was im Grunde sinnlos war, der Kescher glitt ohnehin nur durch sauberes, frisches Wasser. Aber die Säuberungsprozedur wurde trotzdem immer durchgeführt, tagein und tagaus, alles, um die makellose und perfekte Fassade aufrechtzuerhalten. Der Ölmilliardär hinter den schusssicheren Panoramafenstern schnaubte verächtlich. Die Zeit der Veränderung nahte bereits, und die Zukunft würde ein anderes Gesicht tragen. Man musste nur dafür sorgen, dass man die richtige Position auf dem Schachbrett innehatte, dann würde man reich belohnt werden.

Jerusalem, Israel

Ben Shavit lockerte die Krawatte und öffnete den obersten Kragenknopf. Als Israels Premierminister hatte er selten Zeit für private Kulturveranstaltungen, und ein freier Abend war eine Seltenheit. Er betrachtete seine Frau, die neben ihm im Fond des großen Mercedes saß. Er sah ihr an, dass sie müde war, aber auch zufrieden. Das Tanzensemble Batsheeva hatte eine fantastische Vorstellung gegeben. Er unterdrückte ein Gähnen, legte den Arm um Sarah und zog sie an sich. Er liebte den leicht fruchtigen Duft ihres Parfüms, wie hieß es noch gleich? Ein Mann sollte den Namen des Parfüms seiner Frau kennen, aber er war ihm entfallen, wie weggeblasen. Nach einigen Minuten einschläfernder Stille bremste der Wagen und hielt. Ben stieg aus und nickte den Sicherheitsleuten am Zaun der großen grauen Villa zu, schön gelegen am Beit Aghion. Er half seiner Frau aus dem Auto, und Arm in Arm gingen sie den knirschenden Kiesweg zum Haupteingang hinauf. Ein Wachmann salutierte und öffnete die massive Eichentür. Im Haus war es still, die Beleuchtung gedämpft. Die Kinder schliefen und die Bediensteten sicher auch, Sarah hatte ihnen freigegeben. Sie gingen die breite Treppe hinauf, Sarah stolperte und kicherte wie ein beschwipster Teenager. Als sie im Obergeschoss angekommen waren, zwinkerte sie ihm zu und verschwand im Bad. Ben ging ins Schlafzimmer. Er nahm die Krawatte ab und knöpfte das Oberhemd auf. Als er das Deckenlicht einschaltete, schnappte er nach Luft. In einem der beiden Sessel am Fenster saß eine junge Frau, ganz in Schwarz gekleidet. Sie deutete mit einer ruhigen Handbewegung auf den zweiten Sessel.

»Schalom, Herr Premierminister, bitte nehmen Sie Platz.«

Eine Einbrecherin. In seinem Schlafzimmer. Wie viele waren es? Er hörte das Plätschern der Dusche weiter hinten im Flur. Die Frau im Sessel musterte ihn, sagte aber nichts. Schließlich kapitulierte er und ging zu dem freien Sessel gegenüber der schwarz gekleideten Einbrecherin. Das war etwas, wovor er sich immer am meisten gefürchtet hatte, dass einer der Feinde des Landes den Weg hierher finden würde, bis hinein in den Kern und in seine Familie. Bevor er sich setzte, zeigte er auf sie und erhob die Stimme, sorgfältig darauf achtend, nicht so laut zu werden, dass man ihn im Bad hören konnte.

»Wenn Sie in irgendeiner Weise meine Familie in Angst versetzen oder ihr etwas antun, dann können Sie sicher sein, dass ich …«

Die Frau unterbrach ihn. »Ihrer Familie wird nichts geschehen. Ich bin kein Feind, im Gegenteil, ich arbeite für Sie. Genau genommen sind Sie mein Chef.«

Ben sah sie verständnislos an. Die Frau fuhr fort:

»Ich weiß, ich habe einen unpassenden Weg gewählt, um

Sie zu treffen, aber ich hatte leider keine andere Wahl. Sie müssen mir helfen, mit einer Notsituation fertigzuwerden. Einer Krise. Für mich, aber auch für Israel.«

Der Premierminister warf einen schnellen Blick zur weit offenen Schlafzimmertür und setzte sich dann in den Sessel.

»Wer sind Sie?«

Die Frau streckte die Hand aus.

»Rachel Papo.«

Ben ignorierte die Hand und durchsuchte sein Gedächtnis, der Name kam ihm bekannt vor.

»Und Sie arbeiten wo?«

»Mossad, Team Mona.«

»Warum sind Sie in mein Haus eingebrochen?«

»Ich bin hier, weil ich um Ihre Hilfe bitte. Wenn jemand den Ernst der Situation versteht, dann Sie, und Sie können sicher eine Lösung anordnen.«

»Was denn für eine Situation? Und was soll ich anordnen?« Seine Stimme klang zunehmend ärgerlicher.

»Wissen Sie, dass eine israelische Frau mitten am helllichten Tag in Haifa gekidnappt wurde? Und dass diejenigen, die sie verschleppt haben, mit ihr den Spion Sinon freipressen wollen, Ihren ehemaligen Berater Akim Katz?«

Als der Name des alten Familienfreundes fiel, zuckte Ben zusammen und seine Augen verdunkelten sich. »Ich habe davon gehört, eine sehr ernste Sache.«

»Wir können nicht zulassen, dass eine unschuldige jüdische Frau von Terroristen gefangen gehalten wird. Wenn sie Akim nicht freibekommen, werden sie die Frau höchstwahrscheinlich töten. Sie ...« Rachel kämpfte um Fassung, sie stockte. Nachdem sie sich gefasst hatte, fuhr sie fort: »Wir übergeben ihnen Akim, und wenn wir die Frau freibekommen haben, finden wir ihn und holen ihn uns zurück.

Wir schaffen das, aber zuerst müssen wir uns auf ihr Spiel einlassen: Sinon im Tausch gegen die Frau.«

Ben hörte, wie die Dusche abgestellt wurde, Sarah konnte jeden Moment ins Schlafzimmer kommen. Sollte er versuchen, den Alarm auszulösen? Er schielte zu dem roten Knopf am Kopfende des Bettes. Die Frau starrte auf den Parkettfußboden. Er beugte sich vor, der Sessel unter ihm knackte.

»Ist Ihnen klar, was Akim diesem Land angetan hat?«

»Mit allem Respekt, Herr Premierminister, ich weiß genau, was er getan hat. Ich war selbst Ziel einer seiner Bomben. Und ich war es, die ihn geschnappt hat. Aber trotz meiner Verletzungen habe ich ihn verschont, nur damit Ihre Leute ihn verhören können. Eine idiotische Entscheidung, die jetzt zu der feigen Verschleppung geführt hat.«

Deshalb also kam ihm ihr Name bekannt vor. Rachel Papo, die Frau, die Sinon enttarnt und gefangen hatte. Er blickte zur Schlafzimmertür und dann wieder zu Rachel. Sein Ton wurde etwas milder.

»Ich bin völlig Ihrer Meinung, dass wir eine Möglichkeit finden müssen, die entführte Frau zu befreien, aber es überrascht mich, dass Sie einen Austausch vorschlagen. Sie wissen, dass wir niemals mit Terroristen verhandeln, und in diesem Fall ist ja sonnenklar, nach welcher Seite sich die Waage neigt ... Der größte Feind des Landes im Tausch gegen *eine* Frau? Ich sage nicht, dass sie nicht wichtig ist, aber *so* etwas Besonderes ist sie nun nicht. Das ist niemand.«

Rachel hob den Kopf. »Da irren Sie sich, gerade diese Frau ist etwas ganz Besonderes. Und sie hat einen Namen: Tara Papo. Wenn Sie nicht bereit sind, es für sie zu tun, dann tun Sie es für mich. Ich habe Dinge für Israel getan, die Sie sich nicht mal im Traum vorstellen könnten. Schmutzige

Aufträge, die es Ihnen ermöglicht haben, vor die Fernsehkameras zu treten und Stabilität und Sicherheit zu versprechen, Aufträge, die Ihnen wochenlang Albträume verursachen würden, wenn ich sie Ihnen beschriebe, alles nur, um unsere zerbrechliche Fassade zu wahren. Also, Ben Shavit, wenn nicht für Tara, dann tun Sie es für mich.«

Ben lehnte sich zurück. Meir Pardo hatte ihm von Rachel Papo erzählt. Sie war hochgefährlich und labil. Jetzt stand sie außerdem unter starkem Druck und sah aus, als hätte sie tagelang nicht geschlafen. Die entführte Frau war also ihre Schwester. Wenn er jetzt einen Fehler machte, konnte es schlimm ausgehen, Gott weiß, wozu sie fähig war. Andererseits hatte er seine Meinung nicht geändert; wenn Rachel nicht so emotional involviert wäre, hätte sie verstanden, dass ein Austausch nicht infrage kam.

»Es tut mir wirklich leid, Rachel, glauben Sie mir. Wir werden einen Weg finden, Ihre Schwester zu befreien, aber ich kann nicht zulassen, dass wir Akim hergeben. Das wird nicht passieren.«

Rachel starrte ihm in die Augen. Es war ein Kräftemessen, und er hielt ihrem Blick stand. Plötzlich erhob sie sich so abrupt, dass er zusammenfuhr. Sie zuckte die Schultern und ging zur Tür.

An der Schwelle drehte sie sich um, die Fäuste geballt. »Sie haben sich entschieden, Ben. Jetzt müssen Sie mit den Konsequenzen leben.«

Sie verschwand. Ben saß im Sessel und atmete schwer. Sollte er Alarm schlagen? Etwas sagte ihm, dass es sinnlos war, Rachel war bereits weg. Was waren das für Konsequenzen, von denen sie gesprochen hatte? Was hatte sie vor?

»Howdy, Stranger.« Sarah stand in der Tür, nur in ein großes Badehandtuch gehüllt. Ihr Lächeln verschwand, als sie seinen Gesichtsausdruck sah. »Was ist los? Du siehst aus, als hättest du den Tod persönlich getroffen.«

Er stand auf und lächelte müde. »Gar nichts, mein Engel, gar nichts.«

Aber als er sie in den Arm nahm, fragte er sich, ob er nicht genau das getan hatte.

Buschehr, Iran

Als Prinz Abdullah bin Aziz die fünfundsechzig Meter lange Benetti-Jacht gekauft hatte, ließ er eine Totalrenovierung vornehmen, unter anderem wurde sämtliches Metall in den Privaträumen durch pures Gold ersetzt. Jetzt lag das Schiff in der persischen Bucht vor Anker, hundertfünfzig Meter vor dem erleuchteten Hafen von Buschehr. Die Nacht war warm, und die Fenster im großen Salon waren geöffnet, morgen würde es südwärts gehen, durch den Golf von Oman, die enge Straße von Hormus und weiter durch das Arabische Meer und den Indischen Ozean. Ziel war Südafrika und die jährliche Pferdemesse.

Saja war erschöpft. Vor ihnen lagen viele Wochen auf See, und da der Prinz sich weigerte zu schlafen, wenn die Motoren liefen, würde die Reise doppelt so lang werden. Sie saß allein, versunken in einem der großen Sessel, und richtete ihre Aufmerksamkeit abwechselnd auf den Film und die Jungen. Sie war erstaunt, dass sie immer noch wach waren, vor allem Nabil, er war erst neun. Sie aßen Schokolade, und sie wartete nur darauf, braune Fingerspuren auf den weißen Sofapolstern zu sehen. Der Prinz interessierte sich für nichts anderes als den Film. Und dafür, krachend Pistazien zu essen. Er knackte sie mit den Zähnen und spuckte die

Schalen in eine Glasschüssel, die er auf den Knien balancierte. Die neuen Mädchen waren auch dabei und durften sich den Film ansehen. Sie unterhielten sich in einer europäischen Sprache, die sie nicht verstand, und kicherten die ganze Zeit. Als jüngste Frau des Prinzen sollte sie sich nicht mit ein paar billigen Hyänen aus Europa im selben Raum aufhalten müssen. Der Film war ein amerikanischer Kostümschinken vom Bürgerkrieg. Abdullah liebte Kostümfilme, sie dagegen hasste sie, vielleicht gerade, weil er sie liebte.

Sollte sie genau in dem Moment, als Nabil schließlich seine Schokoladenhand auf das weiße Sofa drückte, die Mädchen in eine weitere hysterische Kichersalve ausbrachen und der Prinz Pistazienschalen spuckte, sollte sie genau in diesem Moment gewünscht haben, dass alle einfach verschwänden, so wurde ihr Wunsch erhört. Sie wusste es nur noch nicht.

Plötzlich stand er da, der kleine, magere Mann. Mitten im Raum. Er sah beinahe aus wie ein Jugendlicher mit seinem freundlichen, etwas pausbackigen Gesicht, und er war sehr gut angezogen. Wie war er in den Salon gekommen? Keiner der Wächter hatte ihn gebracht. War er ein Freund des Prinzen? Sie blickte verstohlen zu ihrem Mann. Abdullah saß weiterhin auf dem Sofa und rührte sich nicht. Niemand aus der Gesellschaft hatte sich erhoben. Sie waren alle müde, sie hatten ein allzu langes und allzu üppiges Abendessen zu sich genommen. Der Film lief hinter dem Rücken des Mannes weiter. Er setzte sich nicht, obwohl der Prinz eine einladende Handbewegung machte. Stattdessen begann er, Fragen zu stellen. Er rasselte eine Menge Namen herunter und fragte, ob der Prinz einen von ihnen kannte. Prinz Abdullah antwortete nicht, aber Saja sah ihm an, dass er nervös war. Schließlich räusperte sich der Prinz und fragte, ob der Besucher auch einen Namen habe. Der Mann, der eher wie ein Junge aussah, lächelte und entschuldigte sich, dass er versäumt hatte, sich vorzustellen. Er sagte, sein Name sei Avner Grant und er arbeite für den israelischen Mossad, Einheit 101. Dann erschoss er die Mädchen. Es ging so schnell, dass Saja nicht einmal Zeit hatte zu schreien. Er schoss ihnen in den Kopf. Ein Schalldämpfer saß auf der Pistole, und sie tötete ohne ein Geräusch. Sie hatte schon lautlose Pistolen gesehen, aber nur im Film. Der Mann, der sich Avner nannte, stellte noch mehr Fragen: Wer hatte Samir Mustaf gesponsert, den Chefprogrammierer des Mona-Virus? Wer hatte die Cyberattacke gegen Israel finanziert? Als Abdullah nicht antwortete, goss Avner etwas über einem der Jungen aus, eine Flüssigkeit, die er in einer kleinen grünen Flasche bei sich hatte. Nabil brüllte auf. Sein Gesicht zerlief vor ihren Augen. Saja versuchte zu schreien, aber sie bekam keine Luft. Süßer, geliebter Nabil. Seelenruhig wiederholte Avner seine Fragen. Jetzt weinte und schluchzte der Prinz, aber er antwortete immer noch nicht. Da schüttete Avner Flüssigkeit auf Adim, den ältesten Sohn des Prinzen. Abdullah bat winselnd um Gnade. Flehte den Mann an, seine Kinder zu verschonen, aber es war zu spät. Der Gestank war entsetzlich. Avner packte den Kopf des Prinzen und schüttete ihm den Rest der Flasche in den Mund. Der Körper des Prinzen zuckte und krümmte sich. Aus irgendeinem Grund konnte sie den Blick nicht von seinen Füßen abwenden, die Zehen bogen sich im Krampf nach innen. Sie hatte die Füße ihres Mannes immer geliebt, sie waren weich und schön geformt. Das Goldkettchen um seinen Knöchel hatte sie ihm vor zwei Jahren zum Geburtstag geschenkt.

Als alle tot waren, setzte sich Avner schließlich auf das große Sofa. Saja wagte nicht zu atmen. Er fragte, ob es etwas zu essen gebe, und sie brachte ihm eine Schale Feigen. Avner aß und nickte mehrmals beifällig. Er sagte, es gebe nichts Besseres als frische Feigen, und die persischen seien die besten. Dann stand er auf, wischte sich sorgfältig den Mund ab und schoss ihr in die Brust. Auch diesmal war die Pistole stumm, genau wie im Film.

Haluza, Israel

Die Bushaltestelle tauchte im Scheinwerferlicht auf. Die Station lag anderthalb Kilometer vom ersten Zaun entfernt und zwei Kilometer von der eigentlichen Mauer. Sie bestand aus einem windschiefen Pfosten mit dem Fahrplan, einer Bank und einem verbeulten Abfalleimer. Rachel Papo bremste und hielt an. Die Tür knirschte, als sie aus dem rostigen Pick-up stieg. Der Motor knackte und dampfte nach der wilden Fahrt von Be'er Scheva. Rachel blickte sich um. Die Nacht war kalt und windstill. Der Sternenhimmel war prachtvoll, und in der schwarzen Wüste schien die Bushaltestelle beinahe frei im All zu schweben. War dies in Wirklichkeit die letzte Haltestelle der Welt? Der Ort, an dem die Passagiere einstiegen, um die Erde für immer zu verlassen und in die Ewigkeit zu fahren? Für sie war es tatsächlich so, dies war der Ort, an dem sie alles zurückließ, woran sie einmal geglaubt hatte, alles, wofür sie gekämpft hatte, und alles, was sie versprochen hatte zu verteidigen. Dies war der Ort, an dem sie das Licht hinter sich ließ und in die Dunkelheit ging. *Du bist jetzt ganz allein, Rachel.* Das hatte Akim Katz gesagt, bevor sie das Verhörzimmer verließ. Seine Stimme hatte so selbstsicher geklungen, und er hatte recht gehabt, von jetzt an war sie ganz allein. Sie stand still neben dem verbeulten Abfalleimer und schaute auf die Silhouette der mächtigen Anlage: Ketziot, das sicherste Gefängnis der Welt.

Der Plan war ebenso irrwitzig wie riskant, und in einer Stunde würde sie entweder tot sein oder selbst in einer Zelle in Sektion fünf sitzen. Sie streifte den kleinen Rucksack ab und legte ihn sorgsam in den Abfalleimer. Der nächste Bus würde erst in vielen Stunden kommen, und sie konnte nicht riskieren, den Rucksack mitzunehmen. Darin lagen drei Pässe, alle mit ihrem Foto, aber auf verschiedene Nationalitäten und Namen ausgestellt, zwei Rollen Panzerband, eine selbst gemachte Attrappe, die aus einiger Entfernung wie eine Sprengladung aussah, und eine halb automatische Glock 38. Sie setzte sich wieder ans Steuer, ließ den Motor an, legte den Gang ein und fuhr entschlossen auf die erste Sicherheitskontrolle zu. Sie warf einen Blick zur Uhr: fünf vor vier. Als sie die Absperrung erreicht hatte, hielt sie an und machte den Motor aus. Der Schlagbaum war heruntergelassen, doch das Wachhäuschen war leer. Diese Kontrollstelle hatte keine eigentliche Sicherheitsfunktion und wurde nachts nicht besetzt. Aber man wusste, dass sie da war. Eine kleine Kamera hatte das Auto ins Visier genommen, ein kaltes Fischauge an einem Pfahl neben dem Schlagbaum, ein allsehendes Panoptikum, das niemals blinzelte. Rachel starrte in die Linse und wartete. Würden sie herauskommen und sie abholen, oder würde man sie bis zum Tor fahren lassen? Nach fast zehn Minuten hob sich der Schlagbaum mit einem leisen Surren. Rachel fuhr die letzten fünfhundert Meter bis zum großen Stahltor in der Gefängnismauer. Nach einer weiteren Minute ging ein kräftiger Scheinwerfer an, der ein Areal, so groß wie ein Fußballfeld, in steriles blauweißes Licht tauchte. Drei junge Wachposten mit Automatikwaffen lösten sich aus der Lichtquelle. Einer von ihnen kam zum Auto und bedeutete ihr mit einer Handbewegung, dass sie aussteigen solle. Alle drei hielten ihre Waffen auf sie gerichtet. Sie stieg aus und hob demonstrativ die Hände über den Kopf, in der rechten Hand hielt sie ihren Ausweis. Sie achtete darauf, sich langsam und vorsichtig zu bewegen, die Wachen waren sicherlich alarmiert wegen des unangemeldeten Besuchs so früh am Morgen, und der verrostete Pick-up machte die Sache auch nicht besser. Der Wachmann, der ihr am nächsten stand, schien sich ein wenig zu entspannen, als er sah, dass er eine junge Frau vor sich hatte. Sie kannte diese Reaktion schon, fast alle Männer machten denselben Fehler.

Er nickte ihr zu. »Dies ist ein Sicherheitsbereich. Sie haben sich sofort zu entfernen.«

Rachel lächelte, immer noch mit erhobenen Händen. »Mein Name ist Rachel Papo, ich arbeite für den Sicherheitsdienst. Sie können meine Identität überprüfen. Ich bin hier, um mit Yanis Solman zu sprechen.«

»Er hat keinen Besucher angekündigt. Worum geht es?«

»Das ist vertraulich. Es geht um eine sehr wichtige Sache.«

Die drei Männer wechselten Blicke. Dann senkte der Wachmann neben ihr die Waffe und streckte stattdessen die Hand aus. »Ihren Ausweis bitte.«

Sie gab ihm den Ausweis und versuchte, so gelassen wie möglich zu wirken. Sie lehnte sich an den Pick-up und starrte hinunter auf den glitzernden Sand. Der Wachmann kehrte in die Scheinwerferglut zurück. Die beiden anderen blieben, wo sie waren, hatten aber ihre Waffen ein wenig abgesenkt, die Gewehrmündungen zeigten jetzt nicht mehr auf ihre Brust, sondern eher auf ihre Knie. Rachels äußerliche Ruhe stand in krassem Gegensatz zu ihrer inneren Verfassung. Das hier war einer der heikelsten Punkte in ihrem Plan. Wenn sie nicht zu Yanis durfte, war alles verloren. Wie würde er darauf reagieren, dass die Frau, die versucht hatte, seinen wertvollsten Gefangenen umzubringen, um vier Uhr morgens vor seiner Tür stand? Die Gewehrmündungen zeigten jetzt auf ihre Füße. Irgendwo im Licht schlug eine Tür zu, und kurz darauf erschien der Wachposten wieder. Er hatte ein Walkie-Talkie am Ohr und lauschte konzentriert, während er ihren Blick suchte. Dann nickte er und senkte das Funksprechgerät.

»Yanis weiß nichts von einer vertraulichen Sache, und ich habe Anweisung, dafür zu sorgen, dass Sie diesen Bereich umgehend verlassen.«

Die Gewehrmündungen wanderten wieder in Brusthöhe.

Rachel schüttelte den Kopf. »Ich bestehe darauf.«

Der Wachmann wirkte gereizt. »Wir überprüfen im Moment Ihre Identität und werden Ihren direkten Vorgesetzten informieren. Ihr Verhalten ist wirklich bemerkenswert. Sie werden hier auf gar nichts bestehen, Sie werden genau das tun, was ich sage. Setzen Sie sich in Ihre Rostlaube und fahren Sie denselben Weg zurück, den Sie gekommen sind. Haben Sie verstanden?«

»Kann ich wenigstens über Funk mit ihm sprechen? Sonst wäre ich ja den ganzen Weg umsonst gefahren.« Sie legte den Kopf schräg.

Der Mann murmelte etwas vor sich hin, hob das Walkie-Talkie und wartete auf Rückmeldung. Es war offensichtlich, dass es ihm nicht passte, Yanis noch einmal stören zu müssen. Nach einem kurzen Wortwechsel, den sie nicht verstehen konnte, hielt er ihr das Funksprechgerät hin. Sie zwinkerte ihm zu und drückte den Sendeknopf.

»Yanis?«

»Verdammt noch mal, was gibt es denn so Dringendes?«

Rachel wandte sich ab, sodass der Wachposten sie nicht hören konnte. »Lev Solman.«

Am anderen Ende war es still. Dann knackte es, und Yanis' blecherne Stimme kehrte zurück. »Was ist mit meinem Vater?«

»Ich habe ein Foto, das ich Ihnen zeigen möchte. Es wurde vor weniger als zwei Stunden aufgenommen, und Ihr Vater ist darauf. Ich denke, Sie werden es sehen wollen.«

»Mein Vater ist zu Hause und schläft. Was zum Teufel ist denn in Sie gefahren?«

Rachel warf einen Seitenblick auf den Wachmann, der ein ungeduldiges Gesicht machte.

»Sie haben ganz recht, er ist zu Hause in Be'er Scheva, genauer gesagt in seiner alten grünen Villa am Tel Hai Nummer sieben. Es würde mich jedoch wundern, wenn er schliefe. Wenn Sie das Foto sehen, werden Sie wissen, wieso. Und, Yanis …«

»Was ist denn noch?« Yanis klang plötzlich unsicher.

»Er vermisst sein kleines Genie, seinen kleinen jiddischen Kop.«

Rachel wartete gespannt. Es knackte wieder, als Yanis den Sendeknopf drückte. »Geben Sie das Funksprechgerät an Elijah zurück.«

Sie wandte sich zu dem Wachmann um. »Ich nehme an, Sie sind Elijah?« Sie hielt ihm das Walkie-Talkie hin. »Er will mit Ihnen reden.«

Sie brauchte dreiundvierzig Minuten, um die Sicherheitskontrollen zu passieren. Als sie den Wagen schließlich auf dem großen Parkplatz vor dem Gefängnishauptgebäude abstelle, war der Himmel bereits hellrosa. Eine Frau in strenger beigefarbener Uniform holte sie am Eingang ab und brachte sie in eine leere Cafeteria.

»Kaffee?«

Rachel nickte und nahm dankbar eine dampfende Tasse entgegen. Das Koffein brauchte sie jetzt, sie bezweifelte, dass sie in den nächsten Tagen zum Schlafen kommen würde. Sie setzte sich an einen der weißen Kunststofftische. Den Blackberry legte sie vor sich auf die Tischplatte. Wenige Minuten später ging die Tür auf, und Verhörleiter Yanis Solman betrat den Raum. Seine Augen waren gerötet und seine Haare ungekämmt. Er trug Jeans und ein weißes T-Shirt.

»Was zum Teufel soll das alles?« Ehe sie antworten konnte, fuhr er fort: »Ich habe versucht, meinen Vater anzurufen, aber er nimmt nicht ab. Ich habe Sonya geweckt, seine Nachbarin, und sie gebeten, bei ihm zu klingeln. Er macht nicht auf. Wo ist er?«

Rachel griff zu ihrem Handy. »Das habe ich doch schon gesagt. Er ist zu Hause.«

»Und warum geht er dann weder ans Telefon noch an die Tür?«

»Weil er nicht kann.«

Ohne den aufgebrachten Mann anzusehen, blätterte sie durch ihre Fotos. Als sie das gesuchte Bild gefunden hatte, gab sie ihm das Handy und beobachtete seine Reaktion. Er schnappte nach Luft und riss die Augen auf.

»Warum ist er gefesselt? Und was um Gottes willen ist da auf seiner Brust befestigt?« Er wurde laut. »Antworten Sie! Was für ein Ding hat er da auf seiner Brust?«

»Das Ding hat zwei verschiedene Zünder. Einen Bewegungssensor, der die Detonation auslöst, wenn er sich zu befreien versucht, und einen GSM-Trigger. Mit anderen Worten, ich kann es per Telefon fernzünden.«

Yanis sank auf den Stuhl. Er hielt das Telefon immer noch krampfhaft in der Hand. Sie sah ihm an, dass tausend Gedanken durch sein gerade erst erwachtes Bewusstsein schossen. Nach einer Weile sagte er leise: »Ich kann Sie festnehmen lassen, hier und jetzt. Ich habe Ihr Mobiltelefon, Sie können also nicht anrufen. Ich schicke ein Sprengstoffteam zum Haus meines Vaters und lasse die Bombe entschärfen.«

Rachel nickte.

»Sicher, aber wer sagt, dass ich allein arbeite? Jemand anderes könnte anrufen. Und wollen Sie wirklich riskieren, dass irgendein kriegsgeschädigter, labiler Veteran oder, noch schlimmer, ein pickeliger Wehrpflichtiger sich an den Klebestreifen zu schaffen macht?«

Yanis' Hände zitterten, als er ihr resigniert das Telefon zurückgab. Mit Tränen in den Augen sah er sie an. »Aber … warum? Was habe ich Ihnen getan?«

Sie nahm das Handy entgegen und betrachtete das Foto. Lev saß festgezurrt auf einem Stuhl, mit einem höchst gefährlich aussehenden Paket auf seiner Brust. In Wirklichkeit waren es zwei mit Klebestreifen verbundene Zigarettenschachteln sowie ein paar Drähte, eine Batterie und eine blinkende Leuchtdiode. Nichts, was einer genaueren Untersuchung standgehalten hätte, aber auf dem Foto wirkte es verblüffend echt. Die Attrappe war nicht einmal an Yanis' Vater befestigt, sondern lag in dem Rucksack an der Bushaltestelle. Es war ein riskantes Spiel, denn wenn die Nachbarin einen Schlüssel zur Wohnung hatte oder jemand die Tür aufbrach, würde man Lev wohlbehalten, wenn auch gefesselt auf einem Stuhl in der Küche vorfinden. Die Zeit arbeitete gegen sie, und sie musste schnell handeln.

»Warum? Weil meine jüngere Schwester in genau derselben Lage ist wie Ihr Vater. Und verlassen Sie sich darauf, ich
bin bereit, Ihren Vater für sie zu opfern.«

»Ich … Ich weiß, was mit Ihrer Schwester passiert ist.
Es tut mir leid. Wirklich. Und glauben Sie mir, ich habe
versucht, etwas Verwertbares aus Akim Katz herauszube-
kommen. Wir haben alle Methoden angewandt, die es gibt,
und …«

Rachel unterbrach ihn. »Was Sie dort unten machen, ist
zwecklos, das wird Tara nicht retten. Ich habe keine Zeit,
mit Ihnen zu diskutieren, ich will, dass Sie einfach tun, was
ich sage.«

Yanis antwortete nicht. Rachel fuhr fort: »Eigentlich ist
es ganz einfach. Wie Sie es anstellen, ist mir egal, aber Sie
werden mir Akim überlassen. Dafür erhalten Sie von mir
eine Telefonnummer, mit der Sie die Zünder abschalten
können.«

»Ich soll was?«

»Mir Akim Katz überlassen. Er wird mit mir zusammen
von hier wegfahren. Nennen Sie es eine geheime Verlegung
oder was auch immer. Aber tun Sie es.«

Yanis starrte sie an. »Ist Ihnen klar, was Sie da verlangen?
Er ist der am schärfsten bewachte Gefangene des Landes …«

»Ich weiß, aber Sie sind für ihn verantwortlich. Alle hier
kennen Sie, jeder vertraut Ihnen. Sie kriegen das hin. Fäl-
schen Sie Papiere, lügen Sie, töten Sie, wenn es sein muss.
Aber tun Sie es.«

»Selbst wenn ich es wollte, würde es nicht gehen. Niemals, dazu gibt es zu viele Sicherheitsvorkehrungen. Ich
kann nicht.«

Rachel blickte ihm lange in die Augen. Sie versuchte, betrübt auszusehen, vielleicht gelang es ihr sogar. Dann schüt-

telte sie enttäuscht den Kopf, griff nach ihrem Handy und lehnte sich zurück. Sie drückte eine Kurzwahltaste mit einer vorbereiteten Telefonnummer und schaltete auf Mithören. Ein Rufsignal ging hinaus. Yanis sprang von seinem Stuhl auf.

»Was machen Sie da? Sie können nicht …«

»Der Zünder ist auf acht Rufsignale eingestellt. Wissen Sie, warum? Das ist die Lieblingszahl meiner Schwester.«

Er warf sich über den Tisch und versuchte, ihr das Handy zu entreißen. Sie wich ihm einfach aus. Wieder ertönte ein Rufsignal.

»Wenn Sie dachten, ich bluffe, haben Sie sich gründlich geirrt. Wissen Sie, es ist mir egal, was aus Ihrem Vater wird. Dann muss ich mir eben etwas anderes überlegen, um meine Schwester zu befreien.«

Das dritte Signal ertönte, laut und Unheil verkündend. Yanis war den Tränen nahe.

»Ich kann nicht … Sie müssen …«

Viertes Signal. Jetzt wurde auch Rachel nervös. Yanis musste sie stoppen, er musste einknicken, sonst würde der Bluff in ein paar Sekunden auffliegen. Sie setzte alles auf eine Karte.

»Er hat geweint, als ich gegangen bin, wissen Sie, warum? Er hat gesagt, Sie würden ihn nicht retten. Er sagte es auf Jiddisch: Sie sind kein Mentsh, kein guter Mensch. Er wusste, dass Sie ihn im Stich lassen würden.«

Fünftes Signal. Yanis ballte die Fäuste.

»Warten Sie!«

»Was ist?«

»Ich werde …«

Rachel spürte, wie ihr der kalte Schweiß auf die Stirn trat, aber sie gab nicht nach. »Ich höre Sie nicht.«

Das sechste Rufsignal. Yanis knickte nach vorn und blieb mit dem Oberkörper auf dem Tisch liegen. Es wurde totenstill, alles, was man hörte, waren Yanis' keuchende Atemzüge. Rachel beugte sich zu ihm und wiederholte ihre Anweisungen.

»Ich halte es für das Beste, Sie sagen, dass er in eine andere Anlage verlegt wird, warum nicht in die Mossad-Zentrale in Glilot? Ich warte am Auto auf dem Parkplatz. Sorgen Sie dafür, dass er ordentlich betäubt ist, geben Sie ihm nach Möglichkeit etwas, das ihn ein paar Stunden außer Gefecht setzt. Wir legen ihn in den Pick-up, und Sie sorgen dafür, dass ich unbehelligt wegkomme. Ich rufe Sie fünfzehn Minuten später an und gebe Ihnen eine Telefonnummer, die die Bombe entschärft.«

Yanis hob den Kopf und sah sie an. Seine Stimme war belegt.

»Wer garantiert mir, dass Sie mir die richtige Nummer geben? Dass ich nicht die Explosion auslöse?«

Rachel lächelte.

»Niemand.«

Glilot, Israel

Meir Pardo war kein Mensch, dem schnell der Kragen platzte. Er war der oberste Chef einer der effektivsten Spionageorganisationen der Welt und verantwortlich für gut dreißigtausend Angestellte rund um den Globus, da war Gelassenheit eine wichtige und wertvolle Tugend. Viertel nach fünf Uhr morgens betrat er die Mossad-Zentrale durch die dicken Glastüren des Haupteingangs, ignorierte die freundlichen Grüße des Wachpersonals und steuerte direkt auf die

Aufzüge zu. Seine alte Kriegsverletzung am Bein schmerzte, aber er hatte keine Zeit gehabt, den Stock mitzunehmen. Während er allein in der Aufzugkabine stand, sammelte er seine Gedanken. In der Nacht war bei Ben Shavit eingebrochen worden, Rachel Papo hatte ihn bedroht und verlangt, dass er einem Gefangenenaustausch zustimmte. Wie zum Teufel konnte sie etwas so Hirnverbranntes tun? War sie betrunken gewesen? Er hatte schon viel mitgemacht, aber das gehörte weiß Gott zum Schlimmsten. Rachel musste sofort aus dem Dienst entfernt werden. Sie musste angeklagt und verurteilt werden. Der Aufzug erreichte die oberste Etage, und die Tür glitt auf. Eilig ging er an einer Reihe leerer Büros vorbei, die Sonne schien durch die großen Glasfenster im Gang. Er beschleunigte seine Schritte, trat durch die offene Tür zu seinem Büro und bemerkte David Yassur, der leicht gebeugt an seinem Schreibtisch stand und konzentriert in den Hörer des Festnetztelefons lauschte. In all den Jahren, die sie zusammenarbeiteten, hatte er David noch nie zu so früher Stunde im Büro angetroffen. Und schon gar nicht in seinem Zimmer, wenn er selbst nicht dabei war. Meir ließ sich auf einem Besucherstuhl nieder und holte seine Pfeife heraus, er konnte ebenso gut warten, bis David das Telefonat beendet hatte, mit wem auch immer. Er war offenbar außer sich vor Wut.

»Ich höre mir den Mist nicht länger an, du erzählst mir das alles jetzt zum dritten Mal, und ich habe schon beim ersten Mal begriffen, dass ihr Scheiße gebaut habt. Ich will sicher sein können, dass wir alle Grenzen dichtgemacht haben. Und wenn ich dicht sage, meine ich dicht. Luftdicht. Und überwacht das Handy, verfolgt jeden Anruf, aber greift um Himmels willen nicht ein, solange ihr keine Anweisung habt. Und sorgt dafür, dass wir ihre Kreditkarte unter Kontrolle haben, ihre alternativen Identitäten, Mailadressen und dergleichen. Und noch was, check alle sicheren Adressen von Naharija bis Eilat.«

David knallte den Hörer auf. Dann drehte er sich um und sah Meir an. »Hast du schon gehört?«

»Rachel ist durchgedreht. Ben tobt und stellt die Kompetenz des gesamten Nachrichtendienstes infrage. Ein Glück nur, dass sie nicht noch weitergegangen ist und ihn angegriffen hat.«

David schüttelte den Kopf. »Du hast es also nicht gehört. Der Vorfall bei Ben ist nichts gegen das, was anschließend passiert ist …«

Meir nahm die Pfeife aus dem Mund und beugte sich vor. »Raus mit der Sprache. Was kann schlimmer sein, als beim Premierminister einzubrechen?«

»Heute Nacht gegen zwei Uhr ist Rachel ins Haus von Yanis Solmans Vater in Be'er Scheva eingedrungen. Sie hat eine Sprengladung an ihm befestigt und dann Fotos mit ihrem Handy davon gemacht.«

Meir saß stockstill, irgendwie wusste er schon, was nun kommen würde.

»Anschließend ist sie nach Ketziot rausgefahren. Sie hat Yanis gedroht, seinen Vater in die Luft zu sprengen, und ihn so dazu gebracht …« David blickte an die Decke. »… Akim Katz herauszugeben.«

Meir hatte immer gewusst, dass Rachel ein Risikofaktor war, aber er hatte trotzdem auf sie gesetzt. Ihr vertraut. Viele hatten den Kopf geschüttelt und an seinem Urteilsvermögen gezweifelt, und jetzt stand er da wie ein Idiot. Zu Recht. Seine Leichtsinnigkeit hatte sie gerade die Kontrolle über den wichtigsten Gefangenen des Landes gekostet. Er hätte jetzt am liebsten seine Pfeife angezündet, aber vermutlich würden die Rauchmelder Alarm schlagen. David schien etwas auf seinem Handydisplay zu lesen. Meir legte die Pfeife auf den Tisch neben dem Stuhl.

»Sie ist unterwegs nach Zypern. Sie wird versuchen, den Austausch vorzunehmen.«

David sah ihn an und schien abzuwägen, wie wahrscheinlich diese Vermutung war. Nach einer kurzen Denkpause nickte er und wählte eine Nummer auf seinem Handy. Als jemand abnahm, wurde seine Stimme scharf und streng.

»Verstärkt die Bewachung der Häfen. Und auch die auf den kleineren, privaten Flugplätzen. Um kein Risiko einzugehen, will ich, dass 101 sofort jemanden nach Nikosia schickt.«

Meir ballte die Fäuste, sagte aber nichts. Er sah ein, dass es keine andere Möglichkeit gab. Rachel war verloren. David beendete das Telefonat und sah ihn an, vielleicht mit so etwas wie Mitleid im Blick.

»Ich weiß, was in dir vorgeht, und ich sage nichts dazu. Aber du musst Ben dazu bringen, eine rote Order zu unterschreiben, und zwar sofort. Einheit 101 muss freie Hand haben, wenn uns überhaupt eine Chance bleiben soll, diese Katastrophe zu stoppen.«

Meir blickte aus dem Fenster. Wie viele rote Order hatte Rachel während ihrer Jahre bei 101 nicht selbst erhalten. Diesmal würde ihr eigener Name auf dem Tötungsbefehl stehen. Welcher ihrer früheren Kollegen würde den Auftrag ausführen? Meir spürte einen bitteren Geschmack im Mund. Er nahm die Pfeife vom Tisch und stand auf.

»Ich besorge die Order. Und, David …«

»Ja?«

»Sieh zu, dass die von 101 ihren besten Mann schicken.«

Stockholm, Schweden

Jens Wahlberg war früh in der Redaktion, was ganz ungewöhnlich für ihn war, denn er war ein Nachtmensch. Normalerweise kam er gegen Mittag und arbeitete bis weit nach
Mitternacht. Aber heute nicht. Er fühlte sich irgendwie unwohl und hatte kaum geschlafen. Der Tod der Krankenschwester Pia Haglund bedrückte ihn. Er hatte die strenge
Schwester mit ihren blinzelnden stahlgrauen Augen sehr
gemocht. Der *Expressen* brachte die Meldung auf der Titelseite: »Unbekannter Stockholmvirus tötet Krankenschwester, Ärzte entsetzt«. Eine schlimmere Schlagzeile konnte er
sich nicht vorstellen. Und Nachrichtenchef Jonas Bjäreman
raste vor Wut, dass sie den Aufmacher nicht selbst gebracht
hatten, trotz des Insidertipps nur wenige Minuten nach To-
deseintritt. Jens hatte sich damit herausgeredet, dass das Re-
daktionssystem den Artikel irgendwie gelöscht haben musste – eine fadenscheinige Lüge, die leicht zu widerlegen war,
aber hoffentlich hatte Jonas zu viel um die Ohren, um das
nachzuprüfen.

Es war nicht nur Pias Tod, der ihn bedrückte. Der Verkauf von Cryonordic machte ihm ebenfalls Sorgen. Im Laufe der Nacht war eine Art Übereinkunft getroffen worden,
und im Prinzip hatte Cryonordic den Besitzer gewechselt.
Käufer war Crystal Globe Enterprises, angeblich ein inter-
nationaler Pharmakonzern, von dem er jedoch noch nie gehört hatte. Die Firma hatte keine Website, und bei Google
fanden sich nur wenige Einträge: ein kleineres Hilfsprojekt
im Sudan, eine Patentanmeldung in Asien und schließlich
noch eine Stellenausschreibung für einen Chefposten. In
der Pressemitteilung der Investmentbank Wilson & Sterner hatte gestanden, dass Crystal Globe einer Stiftung mit

Sitz in Singapur gehörte. Als es Jens gelungen war, die Stiftung aufzutreiben, stellte sich heraus, dass die wiederum von einer Investmentgesellschaft in Montevideo, Uruguay, kontrolliert wurde. Sowohl Stiftung als auch Investmentgesellschaft hatten keine Websites, und Google brachte für beide keinen einzigen Treffer. Wilson & Sterner schrieben, der neue Eigentümer werde in N-Gate investieren, Cryonordics konkurrenzlosen NCoLV-Impfstoff. Das Labor entwickelte also bereits einen Impfstoff? Das waren ja gute, wenn auch erstaunliche Neuigkeiten. Warum wurde für einen so begrenzt auftretenden Virus wie NCoLV ein Impfstoff benötigt?

Jens betrachtete nachdenklich das Logo von Crystal Globe auf dem Bildschirm. Drei silberne Buchstaben in futuristischem Font, CGE, und darunter eine silbergraue Glaskugel, die den Erdball zu umschließen schien.

Vor Aschdod, Israel

Der Frachter MS Limassol verließ den lebhaften Hafen von Aschdod, vierzig Kilometer südlich von Tel Aviv, und nahm Kurs auf die offene See. Die aktuelle *deadweight tonnage,* also das Gesamtgewicht aus Ladung, Treibstoff, Wasser und Besatzung, betrug achttausend Tonnen, das waren rund fünfhundert Tonnen mehr als erlaubt. Für die Reederei, die Roseman Shipping Company, war Gewinnmaximierung wichtiger als die Sicherheit der Besatzung. Die Eigner waren selbst nicht an Bord, die saßen sicher und trocken in Südafrika und zählten ihr Geld. Der Erste Offizier Zafer Pavlou war dagegen an Bord, und die Überladung machte ihm Sorgen. Ihn würde man zur Verantwortung ziehen, wenn es eine Inspektion gab oder, noch schlimmer, falls das Schiff unterging. Es lag zu tief im Wasser, das Ladedeck kam der Wasseroberfläche irrwitzig nahe. Zafer hatte jedoch die Wetterkarten genau studiert, und es deutete nichts darauf hin, dass sie auf der Strecke zwischen Aschdod und Limassol etwas anderes zu erwarten hatten als leichten Wind und Sonnenschein. Er entspannte sich ein wenig. In den letzten Stunden war die Anspannung groß gewesen, im Hafen hatte es von Polizisten und Sicherheitsleuten gewimmelt, ohne dass er wusste, warum. Wahrscheinlich suchten sie etwas oder jemanden, das war an und für sich nichts Ungewöhnliches. Aschdod war Israels größter Hafen, dort wurde alles Mögliche umgeschlagen, von importierten Waffensystemen bis hin zu Hilfsgütern auf dem Weg nach Gaza. Sicherheitskontrollen und Polizeirazzien gehörten zum Alltag.

Zafer zog eine zerdrückte Packung Karelia Slim hervor und steckte sich eine an. Eigentlich mochte er die zyprischen Zigaretten nicht, aber während der Liegezeit im Hafen hatte er zu viel zu tun gehabt, um es hinunter zum Taxfree-Shop zu schaffen. Er ließ den Blick über die bunten Containerreihen schweifen. Seit dreiundzwanzig Jahren fuhr er jetzt zur See, und er hatte weiß Gott eine Menge erlebt. Kaum aus der Schule, hatte er auf einem türkischen Tanker als Matrose angeheuert. Für ihn als griechischen Zyprer war es ein ständiger Kampf gewesen, und nicht selten war er abends mit gebrochenen Rippen, blutender Nase und aufgesprungenen Lippen eingeschlafen. Das Leben auf See war mit nichts zu vergleichen. Hier draußen herrschten ein anderer Rhythmus, eine andere Kultur und vor allem andere Gesetze. Im Laufe der Zeit wurde man süchtig danach. Kaum war er an Land, sehnte er sich zurück auf See.

Mit dem aktuellen Gewicht konnte die MS Limassol eine Maximalgeschwindigkeit von sechzehn Knoten halten. Das bedeutete, dass sie gut vierzehn Stunden von Israel nach Zypern brauchen würden. Der Kapitän hatte sich schon eine ganze Weile nicht mehr blicken lassen, wahrscheinlich lag er in seiner Kajüte und schlief seinen Rausch aus. Er hatte schon vor Stunden eine Fahne gehabt. Dass der Käpt'n soff, war ein weiterer Punkt, der ihm Sorgen machte, und zusammen mit der Überladung war das alles andere als gut.

Zafer nahm einen tiefen Zug aus der Zigarette und blickte nach backbord, hinüber zum israelischen Festland. Ein kleiner schwarzer Punkt war dort hinten zu erkennen, nahe Holon, unmittelbar südlich von Tel Aviv. Er beschattete die Augen mit einer Hand und schaute genauer hin. Das war ein Boot. Ein kleines Schlauchboot. Ihn beschlich ein ungutes Gefühl. War das die Küstenwache? Eine mobile Inspektion? Nein, es sah nicht so aus. Es schien eher ein ziviles Sportboot zu sein, weiß und schwarz. Mit einem einsamen Passagier. Zafer beugte sich vor, steckte sich eine neue Zigarette an der alten Kippe an und spuckte ein paar Tabakkrümel über die Reling. Das kleine Boot ließ ihn an Abel denken. Er hatte ihn jetzt seit über zwei Jahren nicht mehr gesehen. Es war nicht leicht, den Kontakt zu halten, jetzt, wo Abel bei seiner Mutter lebte. Das letzte Mal hatten sie sich in Thessaloniki gesehen. Er war mit ihm zum Angeln hinausgefahren, und das Boot, das sie gemietet hatten, war schwarz und weiß gewesen, genau wie das Schlauchboot dahinten. Was für ein Datum war heute? Abel wurde bald elf. Er durfte seinen Geburtstag nicht wieder vergessen, nicht den Fehler vom letzten Jahr wiederholen.

Das kleine Boot hatte ein ordentliches Tempo drauf, es hüpfte über die Wellen und schien direkt auf die Limassol zuzuhalten. Die Person, die es steuerte, war eine Frau, ihre Haare flatterten im Wind. Zafer ging zur Treppe, stieg hinunter aufs Ladedeck und stellte sich an die untere Reling. Wenige Minuten später drehte das Schlauchboot bei und legte sich längsseits des großen Frachters. Zafer lief an der Reling entlang auf das Boot zu, um nachzusehen, was die Bootsführerin wollte. Sie entdeckte ihn und gestikulierte. Täuschten ihn seine Augen, oder lag da ein Mann neben ihr? Was war los? War es ein Notfall? Aber warum war sie dann nicht in die andere Richtung gefahren, zum Festland, um Hilfe zu holen? In Notsituationen handelten Menschen selten vernünftig, vielleicht war sie in Panik geraten.

Zafer blickte sich um, aber außer ihm war niemand an Deck. Er überlegte rasch. Es gab eine Putzplattform, die sie benutzten, um das große Roseman-Shipping-Logo zu säubern, das auf die Bugseiten gemalt war, leuchtend weiße Buchstaben auf dem grünen Schiffsrumpf. Die Eigner legten großen Wert darauf, dass der Firmenname immer blitzblank war. Wo war diese Plattform jetzt? Er lief zwischen den Containern hindurch nach steuerbord und beugte sich über die Reling. Dahinten war sie, die Plattform hing hochgezogen zwischen den Hebekränen. Er kehrte zurück nach backbord mittschiffs. Für einen Moment dachte er, das Schlauchboot wäre verschwunden, aber dann tauchte es wieder tief unter ihm auf. Die Frau hatte Mühe, das Boot längsseits des großen Schiffes zu halten, es fiel immer wieder zurück und drohte im aufgewirbelten Kielwasser zu kentern. Er gestikulierte, sie solle auf die andere Seite fahren. Sie schien etwas zu rufen, aber es war nicht zu verstehen. Dann gab sie Gas, fuhr etwa hundert Meter voraus und wendete. Zafer lief die Reling entlang und hinüber zu den Kränen auf der anderen Seite. Es war streng untersagt, die Putzplattform während der Fahrt zu benutzen. Wenn ihn welche von der Besatzung sahen, würden sie denken, dass er verrückt geworden war. Aber er war der zweithöchste Vorgesetzte, und da der Kapitän betrunken unter Deck lag, hatte er jetzt das Kommando. Und dies war eine Notsituation.

Er schaltete den Strom ein und löste die Haken, die die Taljen sicherten. Dann drückte er auf den großen schwarzen Abwärtsknopf, und die Plattform glitt langsam an der Bordwand hinunter. Die Frau dort unten hatte große Mühe, das Boot auf Kurs zu halten. Das Vorhaben war der pure Wahnsinn, zwar würde die Plattform die Wasseroberfläche erreichen, aber wie sollte die arme Frau einen erwachsenen Mann bei voller Fahrt auf die Plattform bekommen? Der Plan war lebensgefährlich und würde garantiert in die Hose gehen. Und er war schuld, wenn jemand dabei verunglückte. Er hätte lieber auf die Brücke gehen und die Maschinen stoppen lassen sollen. Aber dann würden sie sich verspäten, und sie hatten ihren festgelegten Slot in Limassol. Wenn sie den verpassten, würden die Eigner ausrasten. Die Ankunftszeit war der Reederei heilig.

Er verzog das Gesicht. Scheiße, jetzt war es ohnehin zu spät zu zögern oder die Strategie zu ändern. Die Plattform war schon unten an der Wasserlinie, sie pendelte heftig und schlug im Fahrtwind über den schäumenden Wellen hin und her. Er musterte die Hebevorrichtung besorgt, die Ketten ruckten und zerrten an der Motorwinsch. Das war wirklich eine richtige Scheißidee. Konnte das ganze Ding vielleicht abreißen?

Als er wieder nach unten schaute, stockte ihm der Atem. Der große Mann lag bereits auf der Plattform. Wie war er dorthin gekommen? Wie zum Teufel hatte sie es geschafft, ihn auf die Plattform zu bugsieren und gleichzeitig das Boot zu steuern? Zafer beugte sich weit über die Reling, um der Frau mit Gesten klarzumachen, dass er jetzt anfangen würde, die Plattform hochzuziehen, denn zwei Personen würde sie nicht tragen. Er rief, so laut er konnte, aber da machte die Frau plötzlich eine Art akrobatischen Sprung und landete auf der Plattform. Das Schlauchboot raste nach steuerbord davon und verschwand außer Sicht. Die Verankerungen des kleinen Krans knirschten gefährlich. Zafer fluchte und drückte den Aufwärtsknopf, mochte Gott sehen, was passierte, und seine schützende Hand über sie halten. Die Plattform bewegte sich langsam nach oben, die Ketten sangen und der kleine braune Motor ächzte. Er brüllte ihn an. »Halt durch, du elender Schrotthaufen. Hörst du! Halt durch!«

Nach langen Minuten voller Knirschen und Ächzen erschien die Plattform endlich an der Reling, und Zafer half, den schweren Körper an Bord zu ziehen. Für einen Moment glaubte er, der Mann sei tot, aber als er seine Handgelenke packte, fühlte er, dass sie warm waren. Gemeinsam schafften sie es, ihn über die Reling zu hieven. Der Mann schlug hart auf dem Deck auf und rührte sich nicht. Die Frau schwang sich geschmeidig über die Reling und landete auf beiden Füßen neben ihm. Sie trug einen kleinen Rucksack über der Schulter. Die Haare hingen ihr in Strähnen ums Gesicht. Sie war triefnass und außer Atem, schien ansonsten aber unverletzt zu sein. Zafer selbst war fix und fertig, er sank auf das geriffelte Stahldeck und versuchte, wieder zu Atem zu kommen. Die Frau hockte sich neben den bewusstlosen Mann und untersuchte ihn. Er trug eine rote Trainingsjacke, eine sackartige grüne Hose und blaue Gummistiefel, die Frau einen schwarzen Rollkragenpullover, eine schwarze Militärhose mit großen Taschen auf den Beinen und schwarze Militärstiefel. Nach einer Weile blickte sie auf und begegnete Zafers Blick. Sie lächelte.

»Danke für die Hilfe.«

Zafer griff in die Brusttasche und holte das zerdrückte Zigarettenpäckchen heraus. Auf dem Deckboden sitzend und an die rostige Bordwand gelehnt, steckte er sich eine Zigarette an und inhalierte tief. Dann erwiderte er leise: »Keine Ursache.«

Uppsala, Schweden

Henrik Dahlström blinkte und scherte auf die Gegenfahrbahn aus. Mit einem Einspritzmotor von vierhundertsiebzig PS waren Überholmanöver undramatisch, sein Aston Martin DB9 beschleunigte geschmeidig vorbei an der Kolonne der Volvos und BMWs. Er kehrte auf die rechte Spur zurück und schaltete mit den silberfarbenen Wippen am Lenkrad hoch. Es war sein freier Tag, und eigentlich hatte er vorgehabt, im Garten zu arbeiten, aber der Anruf von Cryonordic hatte seine Pläne durchkreuzt. Alle Angestellten sollten sich umgehend einfinden, um siebzehn Uhr wollten die neuen Eigentümer sich vorstellen, und sie hatten um eine vertrauliche Unterredung mit dem Forschungsleiter gebeten. Es waren gut fünfzig Kilometer von Henriks Villa in Edsbacka zum Labor am Stadtrand von Uppsala, und bei einer Geschwindigkeit von knapp unter zweihundert Stundenkilometern würde er bald da sein. Er dachte an NCoLV. Gestern hatte er begonnen, mit dem Virus zu arbeiten. Er war anders als alles, was er bisher gesehen hatte, und je mehr er über den Virus herausfand, desto erschreckender fand er ihn. Die Variante, die sie aus dem Karolinska-Universitäts-klinikum erhalten hatten, war in Bezug zur Nullvariante, also der ursprünglichen Variante, die Hanna Söderqvist infiziert hatte, bereits zehnmal mutiert. Die neue Version war klassifiziert als Virämie der zweiten Phase, was bedeutete, dass der Virus nun den Blutkreislauf nutzte, um sich schneller im Körper zu verbreiten. Am meisten beunruhigte ihn, dass NCoLV jetzt deutlich stabiler war als früher. Er durfte auf keinen Fall eine so hohe Stabilität erreichen, dass er außerhalb des Körpers überlebte und über die Luft übertragen werden konnte. Ein über die Luft übertragbarer NCoLV wäre eine Katastrophe.

Henrik ging vom Gas, als er weiter vorn einen Streifenwagen bemerkte, und warf einen schnellen Blick auf das Armaturenbrett. Die Informationsveranstaltung würde in fünfundzwanzig Minuten beginnen. Vorstandsvorsitzender Robert Bromberg hatte nur eine kurze Nachricht auf seiner Mobilbox hinterlassen, in der er mitteilte, dass die Firma verkauft war, dass die neuen Eigentümer versprochen hatten, der Arbeit an dem Impfstoff gegen NCoLV höchste Priorität zu geben, und dass sie über eine Menge Geld verfügten, das dem kleinen Unternehmen in Uppsala zugutekommen sollte. In der Pressemitteilung hatte auch nicht viel gestanden, nur dass es sich bei dem Käufer um Crystal Globe Enterprises handelte, ein Pharmakonzern, der Henrik unbekannt war. Der Streifenwagen blinkte und bog nach Knivsta ab. Henrik schaltete, der Motor knurrte und der Tacho kletterte auf zweihundertdreißig Stundenkilometer. Er nahm die Ausfahrt Skölsta, und wenige Minuten später bremste er ab und hielt am Kontrollposten von Cryonordic. Nach einer ungewöhnlich umständlichen Sicherheitskontrolle fuhr er den schmalen Asphaltweg hinauf zum Labor. Als er auf den Parkplatz vor dem Hauptgebäude bog, bremste er scharf, sechs schwarze Mercedes standen aufgereiht vor dem Eingang. Er fuhr einen Bogen und parkte nach einigem Hin und Her auf seinem gewohnten Platz. Dann ging er mit eiligen Schritten über den Parkplatz.

Der Lichthof hinter den Eingangstüren war voller Mitarbeiter, die in kleinen Gruppen zusammenstanden und plauderten, Sektglas in der einen und Pappteller mit Schnittchen in der anderen Hand. Er grüßte ein paar Kollegen, lehnte dankend ein Glas Sekt ab und stellte sich an die Seite der ovalen Bühne, die normalerweise von einem der Glasboote des Künstlers Bertil Vallien beherrscht wurde. Jetzt hatte man dort stattdessen ein Rednerpult aufgebaut. Darauf prangte ein Firmenlogo, eine Kristallkugel, die einen stilisierten Erdball umschloss. Über dem Logo stand in silbernen Buchstaben »CGE«. Henrik fragte sich, wo das Kosta-Boot abgeblieben war.

»Mr Dahlström?«

Eine junge dunkelhaarige Frau stand plötzlich neben ihm.

»Ja?«

»Bitte folgen Sie mir.« Sie sprach Englisch mit britischem Akzent.

Er sah auf seine Armbanduhr. »Aber was ist mit der Präsentation?«

»Um die brauchen Sie sich nicht zu kümmern. Kommen Sie einfach mit mir.«

Er folgte ihr durch die Menge im Lichthof und weiter in den Korridor, der zum Sitzungszimmer des Vorstands führte. Sie klopfte, öffnete die Tür jedoch sofort, ohne auf Antwort zu warten.

»Sie werden erwartet.«

Zwei Männer im dunklen Anzug standen am Kopfende des langen Konferenztisches aus Mahagoni. Sie waren mitten in einer Diskussion, verstummten jedoch, als er eintrat.

Der jüngere der beiden legte ein iPad weg, öffnete die Arme und lächelte breit. »Ah ... Henrik Dahlström. Was für eine Ehre.«

Henrik ging unsicher auf den Mann zu und streckte die Hand aus. Der Mann schüttelte sie herzlich.

»Mein Name ist Craig Winter. Das ist Nicholas Moreman, er wollte gerade gehen.«

Der ältere Mann ignorierte Henriks ausgestreckte Hand und verließ den Konferenzraum wortlos.

Henrik blickte sich um. »Sie wollten mich sprechen? Aber nun verpasse ich die Präsentation.«

Craig lachte. »Ach wo, Sie verpassen nichts. Unser Kommunikationschef wird nur mitteilen, dass die Belegschaft mit sofortiger Wirkung entlassen ist.«

»Die Belegschaft ist was?«

»Entlassen. CGE hat sein eigenes Personal.«

»Aber die Leute stehen doch da draußen und trinken Sekt und ... Das meinen Sie doch nicht im Ernst? Das sind meine Kollegen, Mitarbeiter, die ich persönlich ausgewählt und eingestellt habe. Dies ist außerdem ein Hochsicherheitslabor. Hier kann nicht jeder arbeiten. Es gibt Vorschriften, Sie können nicht ...«

»Oh, wir können. Glauben Sie mir. Wir haben die Veränderung bereits mit dem SMI abgestimmt. Und ich wage zu behaupten, dass Sie nicht enttäuscht sein werden, wenn Sie Ihre neuen Mitarbeiter kennenlernen, die sind alle Weltklasse auf ihrem Gebiet. Sie werden mir dankbar sein.«

Henrik schüttelte benommen den Kopf. »Und wer sind Sie?«

»Ich bin der neue Vorstandsvorsitzende von Cryonordic. Vorstandsvorsitzender und …«, er lächelte entschuldigend, »… Forschungsleiter.«

Henrik fühlte sich matt. Er hätte sich jetzt zu Hause in seinem Garten um die Apfelbäume kümmern können. Stattdessen stand er vor einem wildfremden Mann und erhielt seine Kündigung.

Craig schien seine Gedanken zu lesen.

»Nein, Sie werden nicht gekündigt. Im Gegenteil. Sie werden oberster Chef von N-Gate sein, einem überaus wichtigen Projekt. Tatsächlich das wichtigste von allen. Sie werden Ihre gesamte Zeit darauf verwenden, einen Impfstoff gegen NCoLV zu entwickeln. In Ihrer neuen Position werden Sie von allem bürokratischen Ballast befreit sein, und Sie sind mir direkt unterstellt.«

Henrik fiel keine einzige vernünftige Erwiderung ein. Durch die Tür konnte er hören, dass der Redner im Lichthof gerade begonnen hatte.

Craig beobachtete ihn. Sein Blick hatte etwas Kühles, Distanziertes. Plötzlich lächelte er wieder.

»NCoLV ist der gefährlichste Virus, den die Welt je gesehen hat. Weder WHO noch ECDC noch die nationalen Infektionsschutzinstitute haben die Gefahr erkannt, aber wir schon. Crystal Globe kann nicht riskieren, dass die Welt schutzlos einer NCoLV-Epidemie gegenübersteht, und wenn man bedenkt, wie der Virus mutiert, ist das nur eine Frage der Zeit. Wir müssen einen Schritt voraus sein und N-Gate auf die Beine stellen. Die Nachfrage ist im Moment vielleicht noch nicht da, doch wer weiß, wie das morgen aussieht.«

»Aber ich verstehe nicht ganz. Wie sollte NCoLV sich verbreiten können? Wir haben den Virus doch isoliert. Er ist gestoppt.«

»Wohl wahr. Aber lassen Sie uns trotzdem N-Gate aufbauen, die Zukunft ist ungewiss.«

Aufgebrachte Rufe waren durch den Korridor zu hören und dann tumultartiger Lärm.

Craig schüttelte den Kopf. »Wie es scheint, besitzen Ihre Kollegen keine Würde, offenbar fällt es ihnen schwer, ihr Schicksal zu akzeptieren. Aber keine Sorge, unser Sicherheitspersonal räumt auf.«

»Räumt auf? Verdammt, Sie reden von meinen Freunden!«

Craig ignorierte ihn und nahm stattdessen sein iPad vom Tisch. Sein Lächeln war verschwunden. »Sagen Sie, warum haben Sie nicht mehr Blut von Patient Null abgenommen?«

Henrik antwortete grimmig: »Die Patientin hatte eine Panikattacke, als sie hier war. Es ist uns nicht gelungen, sie zu bewegen, noch einmal zu uns zu kommen.«

Er versuchte eine Entscheidung zu treffen, wie er sich verhalten sollte. War es besser, auf der Stelle zu kündigen, oder sollte er versuchen, eine Art Übereinkunft auszuhandeln? Eine Vereinbarung, die beinhaltete, dass seine Mitarbeiter bleiben konnten? Craig tippte auf dem iPad herum. Eine Karte erschien, Henrik konnte gerade noch das Wort Utrecht erkennen, ehe Craig den Browser schloss und stattdessen ein leeres Notizfenster öffnete.

»Kann ich die Telefonnummer der Frau haben?«

Henrik überlegte. Hatte er die Nummer von Hanna Söderqvist? Als er sein Telefon hervorzog, merkte er, dass seine Hände zitterten. Schließlich fand er die Nummer. Craig schrieb sie sich auf, dann legte er das iPad weg, griff zu einem kleinen schwarzen Handy und wählte die Nummer.

»Frau Söderqvist? Bitte entschuldigen Sie, dass ich Englisch spreche. Mein Name ist Craig Winter, ich bin der neue

Chef von Cryonordic. Ich möchte direkt auf den Punkt kommen. Wir müssen die Probenentnahme abschließen, und ich möchte, dass Sie gleich morgen zu uns kommen. Wir schicken Ihnen selbstverständlich einen Wagen.« Sein Blick wurde dunkel. »Tut mir leid, aber die Entscheidung liegt nicht bei Ihnen. Ein Impfstoff ist sehr wichtig, und wir brauchen Ihr Blut.«

Henrik wusste, was Hanna antwortete. Er hatte selbst versucht, sie zu überreden.

Craig wandte sich den großen Fenstern zu, die zum Wald zeigten. »Nein, Sie können sich das Blut nicht woanders abnehmen lassen. Das ist ganz ausgeschlossen. Nur wir haben die nötige Kompetenz dazu.«

Henrik sah, wie Craig seine freie Hand zur Faust ballte.

»Bitte hören Sie mir genau zu. Sie werden morgen um Punkt fünfzehn Uhr abgeholt. Richten Sie es ein, dass Sie dann zu Hause sind.«

Hanna sagte etwas, und Craig antwortete kurz und knapp. »Was passiert, wenn Sie nicht zu Hause sind? Nun, lassen Sie es mich so sagen. Sie würden ein großes Risiko eingehen.«

Craig legte auf, starrte aber weiter aus dem Fenster. Henrik traute seinen Ohren kaum, hatte Craig ihr gerade gedroht? Worum zum Teufel ging es hier eigentlich?

Craig drehte sich zu ihm um. Sein Lächeln war zurück.

»Sie war ja richtig nett, ich freue mich darauf, sie kennenzulernen. So, wollen Sie mich jetzt vielleicht herumführen? Ich bin natürlich neugierig zu sehen, was wir gekauft haben.« Er machte eine ausholende Geste Richtung Tür. »After you, Professor.«

Mittelmeer

Solange sie aktiv blieb, konnte sie die Angst und die Zweifel im Zaum halten. Solange sie sich auf die Aufgabe konzentrierte, gelang es ihr, jedenfalls zeitweise, die verzweifelte Stimme im Kopf zu ersticken. Rachel Papo saß zusammengekrümmt im engen Stauraum gleich hinter dem vordersten Bordkran. Der Raum schien dafür vorgesehen zu sein, ein Rettungsboot zu beherbergen. Warum kein Rettungsboot vorhanden war, wusste sie nicht, aber der Hohlraum schützte vor dem feuchten Wind und war besser als die nach Diesel stinkende, brütend heiße Schiffswerkstatt, die Zafer Pavlou ihr angeboten hatte. Sie wollte draußen in der Nacht sein, allein unter dem sternenfunkelnden Himmel.

Sie ging noch einmal die Computerausdrucke durch, die sie im Rucksack hatte. Nikosia International Airport lag acht Kilometer westlich der Stadt Nikosia, im Vorort Lakatamia. Anfang der Dreißigerjahre hatte ihn die englische Luftwaffe angelegt. Er war nach und nach ausgebaut und schließlich zum offiziellen Flughafen Zyperns geworden. Am 15. Juli 1974 hattten griechische Nationalgardisten gegen die Regierung geputscht und den demokratisch gewählten Präsidenten Makarios gestürzt. Fünf Tage später besetzten türkische Streitkräfte den Norden der Insel. Der Flughafen wurde bombardiert und nie wieder in Betrieb genommen, außer für sporadische UN-Operationen. Heute war das Gebiet eine abgesperrte Schutzzone. Rachel studierte zwei Luftaufnahmen von Google Earth, die sie ausgedruckt hatte. Es gab eine lange Startbahn und eine kürzere, die sich kreuzten. Am nordöstlichen Ende der langen Bahn lagen die Terminals. Nach den Fotos zu urteilen, die sie im Internet gesehen hatte, sah es dort aus wie in einer Geisterstadt. Die großen Wartehallen, die Tax-free-Läden und Business-Lounges, alles war öde, staubig und tot. Draußen auf dem Flugfeld standen immer noch die rostigen Passagiermaschinen mit leeren Fensterhöhlen und hängenden Tragflächen. Wo also sollte der Austausch stattfinden? Wo würde Tara stehen? Wie sollte sie eine Möglichkeit finden, Akim Katz unter Kontrolle zu behalten und gleichzeitig ihre Schwester zu beschützen? Sie war allein, und die Kidnapper waren garantiert schwer bewaffnet. Es würde schwer werden – »unmöglich« war ein Wort, das sie nicht benutzte. Es wäre einfacher gewesen, wenn sie Hilfe gehabt hätte, aber wie Akim so einfühlsam festgestellt hatte, war sie ganz allein.

Ein klapperndes Geräusch. Sie löschte die Taschenlampe, griff in den Rucksack und schloss die Hand um die Glock. Wartete mit angehaltenem Atem und ohne einen Muskel zu bewegen.

»Du sitzt hier draußen? Du musst verrückt sein.«

Rachel entspannte sich. Der große Mann mit der wettergebräunten Haut beugte sich im Mondlicht zu ihr herunter. Zafer schüttelte den Kopf und setzte sich neben sie auf die Persenning.

»Du kannst in der Dunkelheit doch gar nichts sehen.«

Rachel ließ die Taschenlampe kurz aufblinken.

»Ach so. Aber sei vorsichtig, die Besatzung darf nicht merken, dass wir blinde Passagiere an Bord haben. Das würde unseren Eignern nicht gefallen. Hier, leuchte mal.«

Er hielt etwas hoch. Sie knipste die Taschenlampe an und lächelte leicht. Eine Flasche Ouzo. Und ein Baguette.

»Ich dachte, du könntest mir beim Abendessen ein bisschen Gesellschaft leisten.«

Sie sagte nichts. Er brach ein Stück Brot ab und reichte

es ihr. Im milchweißen Mondlicht konnte sie nur eine Hälfte seines Gesichts sehen.

»Ist es nicht das, was ihr macht? Brot brechen?«

Sie nickte und biss ein Stück ab. Sie war nicht hungrig, aber sie wusste, dass sie bei Kräften bleiben musste. Er hielt ihr die Flasche hin. Sie nahm sie entgegen, zögerte jedoch, es waren keine sechzehn Stunden mehr bis zum Austausch. Sie hätte nichts lieber getan, als die Stimmen in ihrem Kopf ertränkt, aber auf dem Schiff war sie nicht sicher, und der Alkohol würde ihre Sinne benebeln. Akim Katz lag gefesselt und eingesperrt in der Schiffswerkstatt. Zafer hatte akzeptiert, dass der bewusstlose Mann ihr Gefangener war. Er hatte keine Fragen nach dem Warum gestellt, sondern ihr einfach geholfen, ihn an einen der Heizkörper hinter Fräsen, Schweißgeräten und Pumpen zu fesseln. Ein merkwürdiger Mann, dieser Zafer. Sie hatte zweifellos Glück gehabt, dass sie ihn getroffen hatte.

Er grinste sie an. »Worauf wartest du? Bist dir wohl zu fein für griechischen Schnaps?«

Sie schloss die Augen und nahm einen großen Schluck. Der Alkohol ging ihr direkt ins Blut und fand sofort alle schmerzenden, verspannten Stellen im Körper. Sie gab ihm die Flasche zurück. Er sagte nichts, trank einfach und starrte auf einen Punkt weit jenseits der Reling. Sie lehnte sich zurück und folgte seinem Blick über das im Mondlicht schimmernde Meer. Sie wurde vom effektivsten Geheimdienst der Welt gejagt, aber sie wusste, wie man vom Radarschirm verschwand. Keine Kontakte mit Freunden. Keine bekannten Adressen. Niemals mit dem Handy telefonieren oder mit der Kreditkarte bezahlen. Überwachungskameras und fotografierende Touristen meiden, nicht ins Internet einloggen. Niemals irgendwelche Spuren hinterlassen, niemals unvorsichtig werden. In der digitalisierten Welt konnte der analoge Mensch unsichtbar werden.

»Delfine.« Zafer deutete mit einem Kopfnicken aufs Meer.

Jetzt bemerkte auch sie die kleinen schwarzen Silhouetten weit draußen. Sie nahm wieder die hingehaltene Flasche entgegen und trank mit viel zu großen Schlucken. Sie wollte so gern eine kleine Nische irgendwo im Vergessen finden, vielleicht sogar ein paar Stunden schlafen.

Anfangs sprachen sie nicht viel. Sie saßen meist schweigend da, jeder versunken in seinem eigenen Labyrinth aus Sehnsucht, Angst und Hoffnungslosigkeit. Es war nichts Fremdes oder Angespanntes zwischen ihnen, im Gegenteil, es fühlte sich beinahe vertraut an. Entrückt und träumerisch. Als die Flasche leer war, zauberte Zafer eine Zigarre hervor, die sie gemeinsam rauchten. Er erzählte leise von seiner kaputten Familie, von seiner toten Tochter und dem Sohn, den er nie sah. Von der unglücklichen Liebe zu seiner Exfrau und von dem bösartigen Knoten in seinem Nacken. Und sie erzählte ihm von sich. Sie begann damit, dass sie ihm ihre Sehnsucht nach dem schwedischen Professor beichtete. Sie schüttelte den Kopf und lachte bitter über ihre eigene Naivität. Und ehe sie es sich versah, hatte sie ihm erzählt, wer sie war, wer der gefesselte Mann und warum sie unterwegs nach Zypern war. Sie erzählte, dass sie höchstwahrscheinlich keine vierundzwanzig Stunden mehr zu leben hatte. Er hörte aufmerksam zu. Schließlich war die Zigarre aufgeraucht. Er zog sie an sich, streichelte ihren Hals und küsste sie. Sie ließ es geschehen.

Als sie danach zusammengerollt auf der weißen Persenning lag, den Kopf auf seinem Schoß und seine großen Hände auf ihren Augen, flüsterte er leise, kaum hörbar durch das Dröhnen der Motoren: »Ich komme mit dir, Rachel. Hörst du? Ich komme mit.«

Stockholm, Schweden

Die Ampel sprang auf Grün, und Eric fuhr weiter den Tegeluddsvägen hinunter. Er sah Jens an.

»Ist das nicht ein Ding, dass er ihr gedroht hat?«

Jens schüttelte den Kopf. »Unglaublich, aber ich habe schon so was geahnt.«

»Was?«

»Die ganze Sache mit Cryonordics neuen Eigentümern kommt mir komisch vor. Ich kann keine echte Firma und keine natürlichen Personen finden, die hinter Crystal Globe stehen, nur einen Dschungel aus Holdings, Strohfirmen und Stiftungen. Und niemand, den ich darauf anspreche, scheint sich daran zu stören, obwohl sie ein Haus voller tödlicher Viren gekauft haben. Das stinkt doch zum Himmel.«

»Hanna hat sich das sehr zu Herzen genommen. Und warum soll es nicht möglich sein, dass sie sich woanders Blut abnehmen lässt?«

»Sie haben eine Heidenangst, nicht die Einzigen zu sein, die Zugang zu ihrem Blut haben. Anscheinend sind sie bereit, ganz schön weit zu gehen, um zu kriegen, was sie wollen.«

Eric schwieg. Er dachte daran, wie aufgewühlt Hanna nach dem Telefonat gewesen war. Sollte er den Mann anrufen und ihm die Meinung sagen? Sollte er die Firma anzeigen?

Sie fuhren über die Lidingöbrücke. Die Morgensonne war grell, er tastete im Türfach nach seiner Sonnenbrille, aber sie war nicht an ihrem gewohnten Platz. Jens schnaubte.

»Was ist?«

»Dieser Besuch, ich weiß nicht, warum ich mitkommen musste. Ich kenne die Frau gar nicht. Hab sie nie gesehen. Und mitten in ihrer Trauer?«

Eric lächelte. »Du bist mein moralischer Beistand. Glaub mir, ich kann ihn brauchen. Du wirst sie mögen.«

»Ich will kein moralischer Beistand sein. Nicht heute. Ich warte im Auto.«

»Ach hör auf, du kommst mit. Wir wollen nur sehen, wie es ihr geht. Und bei der Gelegenheit erzähle ich ihr von dem Verkauf von Mind Surf.«

»Ich glaube, deine Geschäfte sind ihr herzlich egal. Philippa Hagström ist eine der reichsten Witwen Schwedens, und wenn ich mich nicht irre, betrauert sie ihren verstorbenen Mann. Wenn sie deine Anrufe nicht beantwortet, dann deswegen, weil sie ihre Ruhe haben will.«

»Schon möglich, und wenn dem so ist, verabschieden wir uns wieder. Aber sie kann es uns ja wohl nicht übel nehmen, dass wir mal nach ihr schauen. Danach lade ich dich zum Essen ins Gåshaga ein, okay?«

Eric warf Jens einen Blick zu; sein Freund schien schon etwas positiver gestimmt. Auf dem nördlichen Kungsvägen herrschte kaum Verkehr, und wenig später bogen sie in den Elfviksvägen. Eric nahm den Fuß vom Gas und begann, nach der Hausnummer Ausschau zu halten.

Jens schüttelte den Kopf. »Du bist nervös.«

»Warum sollte ich nervös sein?«

»Ich kenne dich besser als du. Glaub mir, du bist nervös.«

Jens hatte recht, er war nervös. Aber warum? Weil er ihre Trauer scheute? Nein, weil er ihr Urteil scheute. Weil sie ihm vielleicht die Schuld dafür gab, dass ihr Mann infiziert worden war.

Da, eine Villa auf der rechten Seite, Nummer zweiundsechzig. Zwei Autos standen auf der Auffahrt, ein grauer Porsche Cayenne und ein schwarzer Maserati. Eric bog auf das Grundstück und hielt hinter dem Porsche.

Jens verzog das Gesicht. »Darf hier wirklich ein schnöder Volvo parken?«

»Die Nachbarn denken sicher, das ist die Putzfrau. Jetzt komm.«

Jens verschränkte die Arme. »Nö, ich bleibe im Auto. Du gehst allein rein, das ist besser. Wir müssen ja nicht gleich mit doppelter Truppenstärke aufmarschieren. Du hast wenigstens einen richtigen Grund für deinen Besuch.«

Eric hatte Jens wirklich als Unterstützung dabeihaben wollen. Als Schild. Er schüttelte den Kopf, angelte über die Rückenlehne nach hinten und griff sich die Mind-Surf-Unterlagen und den Blumenstrauß vom Rücksitz.

»Es dauert nicht lange.«

Er ging die gepflasterte Auffahrt hinauf und kam zum Eingang der Villa, der fast komplett von dicht belaubten Birken verdeckt wurde. Das Haus war an einen Hang gebaut, mit einem Untergeschoss zum Wasser hin, und deutlich größer, als es von der Straße den Anschein hatte. Er klingelte und wartete. Nach einer Weile zog er sein Hemd zurecht, es klebte an seinem verschwitzten Rücken. Dann klingelte er noch einmal. Er hörte kein Läuten im Haus. War die Klingel kaputt? Er wollte gerade anklopfen, als er bemerkte, dass die Tür nicht ganz geschlossen war. Als er sie vorsichtig öffnete und lauschte, meinte er das Miauen einer Katze zu hören. Sonst nichts. Es roch nicht gut da drinnen. Muffig irgendwie.

Er räusperte sich und rief in die Diele: »Hallo, Frau Hagström? Jemand zu Hause?«

Er warf einen Blick über die Schulter zurück. Er konnte nur ein Vorderrad des Autos direkt hinter dem großen Porsche sehen, die Birken versperrten die Sicht. Sollte er es wagen, ins Haus zu gehen und nach dem Rechten zu sehen, oder sollte er einfach den Blumenstrauß und die Dokumentenmappe hinter der Tür ablegen? Er konnte nicht reingehen. Nicht unangemeldet. Er beugte sich in die Diele und legte die Mappe auf eine Kommode. Die Blumen legte er obenauf. Er zog die Tür wieder heran und machte sich auf den Weg zurück zum Wagen. Plötzlich überkam ihn ein ungutes Gefühl, irgendwas stimmte da nicht. Zwei Autos vor dem Haus, das musste bedeuten, dass Philippa zu Hause war. Sie reagierte nicht auf sein Klingeln, aber die Tür war offen. Eric blieb stehen, schüttelte den Kopf, machte kehrt und trat erneut in die Diele. Eine Wand war bedeckt mit Garderobenschränken, in denen sich vermutlich Straßenkleidung und Schuhe verbargen. Gegenüber hing ein großes Gemälde mit einer dicken Frau in einem Ruderboot. Er beugte sich vor, studierte die Signatur und nickte vor sich hin. Anders Zorn.

Von der Diele gingen drei Türen ab, er entschied sich für die größte und kam in einen schönen Salon mit Fenstern vom Fußboden bis zur Decke. Von hier hatte man eine herrliche Aussicht hinunter aufs Wasser, komplett mit Bootsklub und Miniaturbooten. Im Raum gab es fast keine Möbel, nur einige große, merkwürdige Gipsplastiken und vier niedrige Sessel. Vor dem Panoramafenster stand ein Fernrohr auf einem Stativ. Die Katze scharrte und miaute. Das Geräusch kam von rechts. Eric ging ein paar Schritte in den Raum hinein und entdeckte eine Wendeltreppe aus Stahl, die ins Untergeschoss führte. Hier war der muffige Geruch stärker. Irgendwo mussten offene Lebensmittel vor sich hin schimmeln, der Gestank erinnerte daran, wie es an manchen Stellen im Wald roch, nach Pilzen. Er rief die Treppe hinunter.

»Frau Hagström? Sind Sie zu Hause?«

Keine Antwort. Nur das schabende, kratzende Geräusch, jetzt noch intensiver. Langsam ging er die Treppe hinunter. Dort unten war es dunkler, auch in diesem Geschoss gab es große Fenster, aber hier waren die Vorhänge zugezogen. Ebenso wie das Wohnzimmer war auch dieser Raum sparsam möbliert. Darin stand nur ein großer Esstisch mit etwa zwanzig Stühlen. Gemälde an allen Wänden. Er blieb auf der untersten Treppenstufe stehen und horchte. Mit jeder Faser seines Körpers spürte er, dass hier etwas nicht stimmte. Dass gar nichts stimmte. Er verzog das Gesicht. Der Gestank war jetzt so stark, dass ihm übel wurde.

Das Kratzen kam aus einem Flur am anderen Ende des Zimmers. Als er den Raum durchquerte, trat er auf etwas, das unter seinen Füßen zerbrach. Er bückte sich. Ein iPad mit zersplittertem Display. Er schnappte nach Luft. Das Glas war völlig blutverschmiert. Aus dem Flur kam ein klägliches Wimmern. Die Katze! Es hörte sich an, als läge sie im Sterben. *Ich muss sie rauslassen.* Aber er wollte nicht in den Flur hineingehen. Unbewusst – oder bewusst – ahnte er schon, was der Grund für den Gestank war. Den Arm schützend über Mund und Nase gelegt, ging er in den dunklen Flur hinein. Auch hier gab es drei Türen, jeweils eine links und rechts und eine dritte geradeaus am Ende. Er öffnete die erste Tür und warf einen Blick hinein, ein kleines Zimmer mit einem ordentlich gemachten Bett und einem Sessel, wahrscheinlich ein Gästezimmer. Das Rollo war heruntergezogen. Er drehte sich um und öffnete die gegenüberliegende Tür. Dort drinnen war es pechschwarz, er tastete mit der freien Hand, bis er den Lichtschalter gefunden hatte. Als das Licht anging, wich er erschrocken zurück. Es war ein Badezimmer. Mit einem großen Spiegel, Doppelwaschbecken und einem Jacuzzi für mindestens vier Personen. Aber der Spiegel war zerbrochen und der ganze Raum blutbesudelt und mit etwas Braunschwarzem beschmiert. Er atmete heftig hinter seinem Arm. Der Gestank war unerträglich. Was zur Hölle war hier passiert? Er lehnte sich an die Wand und versuchte, das Gleichgewicht wiederzufinden. Da war das Kratzen wieder. Er drehte den Kopf und schaute widerwillig zu der großen Tür am Ende des Flurs. Es war, als brüllte die Tür ihm zu: Komm nicht her! Verschwinde! Vergiss, was du gesehen hast! Aber er riss sich zusammen und ging mit weichen Knien durch den Flur. Mit der Hand auf der Türklinke hielt er inne, jetzt zitternd vor Angst. Er schluckte und drückte die Tür auf. Eine magere Siamkatze huschte an seinen Beinen vorbei hinaus in den Flur.

Alles, was er sich vorgestellt, alles, worauf seine Fantasie ihn vorzubereiten versucht hatte, verblasste vor diesem Anblick. Entsetzt presste er die Hand auf den Mund. Der Raum war groß, ein Schlafzimmer. Die Vorhänge waren zugezogen, aber die Sonne stahl sich durch die Lücken. Überall lagen Papiere, vollgekritzelt und blutverschmiert. Wände, Fußboden, alles war voller Blut. Etwas, das aussah wie Erbrochenes, bedeckte Nachttisch und Teppich. Auf dem Bett, zwischen der verdreckten Bettwäsche, lag Philippa Hagström, nackt bis auf einen silberfarbenen Slip. Ihr Gesicht war blau, und ihre Augen starrten ihn blind an. Die aufgequollene Zunge füllte den ganzen offenen Mund aus, und ihr Körper war übersät von großen schwarzen Beulen. Eric taumelte zurück, ein Schrei schnitt in seine Ohren, vielleicht war er es, der schrie, vielleicht Philippa. Er hetzte voller Panik durch den Flur zurück ins Esszimmer, stolperte die Treppe hinauf, durch den Salon, stieß die Gipsfiguren um, rannte durch die Diele und aus dem Haus.

»Wow! Immer mit der Ruhe. Du erschreckst Mieze ja zu Tode.«

Jens stand vor dem Haus und hatte die kleine Siamkatze auf dem Arm. Er sah Eric fragend an, und sein Lächeln verschwand.

»Was zum Teufel ist denn los?«

Eric antwortete nicht. Er hob abwehrend die Hand und stolperte hinüber zu den Autos. Noch bevor er sie erreicht hatte, begann die Welt sich im Kreis zu drehen, und seine Beine versagten. Er fiel hart gegen den Cayenne und sank zu Boden. Dort blieb er sitzen, den Rücken gegen die sonnenwarme Fahrertür gelehnt.

Jens rief etwas und kam auf ihn zugelaufen. Sein Gesicht war verschwommen und weit weg. »Was war denn? Was ist los mit dir?«

Eric versuchte, sich zu sammeln. Steif deutete er auf die weit offene Haustür. »Da drinnen. Ich habe ihn gesehen ...«

Jens blickte ängstlich über die Schulter zurück. »Was? Wovon redest du?«

Eric atmete schwer. »NCoLV.«

Akrotiri, Zypern

Der große Chinook-Hubschrauber ohne Abzeichen landete sanft auf der asphaltierten Plattform am Ende der drei Kilometer langen Landebahn des RAF Akrotiri, dem wichtigsten Flugplatz der NATO auf Zypern. Das Dröhnen der doppelten Turbotriebwerke nahm nicht ab, obwohl der

Hubschrauber jetzt sicher auf dem Boden stand. Ein längerer Aufenthalt war nicht vorgesehen, er sollte nur seine Fracht absetzen und anschließend zum Stützpunkt im israelischen Tel Nof zurückkehren. Der Chinook war einer der stärksten Transporthubschrauber der Welt, mit einer Tragfähigkeit von über zweiundzwanzig Tonnen, aber seine heutige Fracht wog nur siebzig Kilo, plus ein paar Kilo mehr, wenn man das Gepäck mitrechnete. Aver Grant sprang heraus und schob die Tür hinter sich zu. Er schulterte die grüne Reisetasche und lief geduckt hinüber zum Jeep, der in sicherem Abstand wartete. Hinter ihm hob der Chinook mit ohrenbetäubendem Röhren ab und verschwand Richtung Küste. Ohne den Fahrer zu grüßen, stieg Avner in den Jeep, und auch während der kurzen Fahrt zur provisorischen NATO-Ankunftshalle verlor er kein Wort. Dreißig Minuten später verließ er den Stützpunkt in einem gemieteten Ford Escort. Er passierte den großen Salzsee und bog bei Kolossi nach rechts auf die A 6. Es war ein klarer, schöner Tag mit einer Temperatur von zweiunddreißig Grad. Er hatte das Fenster heruntergelassen, und der warme Fahrtwind zerrte an seinem dünnen Leinenhemd. Nikosia lag sechzig Kilometer entfernt, aber die tatsächliche Strecke war etwas länger, da die Autobahn in einem Bogen um das Hochland von Kornos verlief. Elf Uhr vormittags. Er lag gut in der Zeit, das Treffen würde erst in sechs Stunden stattfinden. Der Wagen passierte die Abfahrt nach Limassol, und Avner bog auf die A 1 Richtung Nikosia. Weit hinten im Westen sah er den schneebedeckten Gipfel des Olympos.

Der Auftrag im Iran hatte ihnen keine Antworten geliefert. Prinz Abdullah bin Aziz hatte die Mona-Terroristen bei sich aufgenommen, aber trotzdem behauptet, er wisse nichts von einem Mona-Virus, von Samir Mustaf oder einem Cyberangriff auf Israel. Wenigstens hatte er nichts darüber gesagt, obwohl sich seine Söhne vor seinen Augen in nichts aufgelöst hatten. Vielleicht hatte Avner die Säure etwas vorschnell auf ihn vergossen. Der Mossad suchte fieberhaft nach dem Geldgeber hinter Mona, und vielleicht hätte der Prinz doch noch einen Namen ausgespuckt oder etwas Wichtiges gesagt, wenn er mehr Geduld gehabt hätte. Avner studierte die Wegweiser, die an ihm vorbeiflogen. Er sollte sich in Nikosia mit zwei lokalen Helfern treffen. Die Verstärkung war ein ausdrücklicher Befehl des Sektionschefs von 101, aber Avner hasste es, mit anderen Leuten zusammenzuarbeiten. Er beschloss, sie vom eigentlichen Zielgebiet fernzuhalten. In der Tasche lag die neueste Version der IMI Galil Sniper SA, ein halb automatisches Scharfschützengewehr mit Schalldämpfer. Eigentlich mochte er keine Schusswaffen. Damit war es zu einfach. Er liebte die Jagd, das Adrenalin, die Herausforderung. Sein eigenes Können unter Beweis zu stellen, dem Gegner Auge in Auge gegenüberzustehen. Und die Säure einzusetzen. Es war eine alberne und theatralische Requisite, aber ihm gefiel sie. Die Säure war sein Markenzeichen. Er hatte auch zwei rote Order dabei, eine für den Terroristen Akim Katz und eine für seine ehemalige Kollegin Rachel Papo. Eine schöne Frau, er hatte mehrere Fotos von ihr auf seinem Computer. Würde er eine Möglichkeit erhalten, sie einzuschmelzen? Ein leichtes Kitzeln lief durch seinen Körper, und er packte das Steuer fester. Vielleicht, wenn er sie mit dem Gewehr nur anschoss. Er kam an einem weiteren Richtungsanzeiger vorbei, noch dreißig Kilometer bis Nikosia. Er trat aufs Gaspedal und streckte den rechten Arm hinaus in den warmen Fahrtwind. Er bezweifelte, dass der Mossad-Chef es über sich bringen würde, die Fotos seines ehemaligen Schützlings anzusehen, wenn er den Auftrag erfolgreich abgeschlossen hatte.

Nikosia, Zypern

16:15 Uhr, noch fünfunddreißig Minuten bis zum Treffen. Rachel Papo fasste die Haare zum Pferdeschwanz zusammen. Zafer Pavlou saß neben ihr und schwitzte. Es war kochend heiß in dem alten Volvo, bei abgestelltem Motor funktionierte die Klimaanlage nicht. Zafer warf einen grimmigen Blick auf Akim Katz, der an Händen und Füßen mit Panzerklebeband gefesselt auf dem Rücksitz lag. Vier Stunden zuvor, im Hafen von Limassol, hatte Rachel den Mann dazu gezwungen, von einer Telefonzelle aus eine Nummer anzurufen, die er offenbar auswendig kannte. Jemand hatte abgenommen, und Akim hatte bestätigt, dass der Austausch wie geplant stattfinden würde. Und jetzt war es bald so weit. Rachel hob das große Seemannsfernglas an die Augen, das sie vom Schiff mitgenommen hatte. Sie hatte die Seitenscheibe heruntergelassen und beugte sich aus dem Fenster, um einen besseren Blickwinkel zu haben. Der Wagen parkte neben einem alten Tunnel, und drei Kilometer weiter lag der Flugplatz.

Zafer schwieg, etwas sagte ihm, dass er sie nicht stören durfte. Er dachte an die letzte Nacht und an die Frau, die wie eine verzauberte Nixe aus dem Meer aufgetaucht war. Sie war anders als alles, was er bisher erlebt hatte. Sie strahlte eine Kraft aus, eine unerschütterliche Entschlossenheit, die er nur bewundern konnte. Aber da war auch Angst und, wie er zugeben musste, Wahnsinn. Ihr Körper war übersät von Wunden, Narben und Tattoos. Er konnte nur raten, wie das Leben ihr mitgespielt hatte. Liebte er sie? Konnte man so etwas nach nur einer Nacht sagen? Vielleicht ja. Vielleicht konnte man genau das. Er würde ihr helfen, ihre Schwester zurückzubekommen. Es lag ein Sinn darin. Es war eine gute, eine gottgefällige Tat, die etwas von dem wiedergutmachen konnte, was er sich in seinem Leben hatte zuschulden kommen lassen. Und vielleicht würde sie Rachel an ihn binden. Dass der Auftrag gefährlich war, daran dachte er nicht. Er hatte in seinem Leben schon so viel mitgemacht, und wenn sie alles genauso machten wie die Kidnapper, würde schon alles gut gehen. Und Rachel wirkte ganz ruhig. Ruhig und konzentriert.

Sie war so unruhig und unkonzentriert. Schon seit sie von Bord gegangen war. Sie hatte mit einem Empfangskomitee vom Zoll gerechnet oder im schlimmsten Fall vom Mossad, aber nichts dergleichen war passiert. Hatte sie deswegen ein so ungutes Gefühl? Da, ein Lichtblitz. Sie zuckte zusammen und umgriff das Fernglas fester. Ein Reflex. Nur eine Millisekunde lang, aber er war ihr nicht entgangen. Sie hielt das Fernglas ganz still und wartete. Irgendwann würde sich wieder etwas bewegen, sie musste nur Geduld haben. Die Fenster im Flughafengebäude waren zerschlagen, die breiten Eingangstüren standen halb offen, und im Inneren war es pechschwarz. Ein paar rostige Autowracks standen auf dem Parkplatz. In Gedanken ging sie noch einmal die Instruktionen durch, die Akim nach seinem kurzen Telefonat wiederholt hatte. Sie sollte durchs Tor fahren und weiter bis zum Parkplatz an der Abflughalle. Dort sollte sie aussteigen und deutlich demonstrieren, dass Akim unverletzt war. Anschließend sollte sie weitere Anweisungen abwarten. Das ganze Arrangement konnte nur in einer Katastrophe enden. Wenn sie erst einmal auf dem Parkplatz war, würde sie keinerlei Kontrolle mehr über den Ablauf der Dinge haben. Eine Trumpfkarte hatte sie allerdings, vielleicht war sie nicht viel wert, aber immerhin. Die Kidnapper glaubten, sie sei allein … Zafer war ihr Joker. Jedenfalls etwas. Sie warf ihm einen Blick zu und lächelte. Er lächelte zurück.

»Kannst du was sehen?«

Sie nickte. »Dahinten sind Leute, ich weiß aber nicht, wie viele.«

Er blinzelte zum gespensterhaften Flugplatz hinüber. »Als Teenager habe ich da ein paarmal in den Sommerferien gejobbt.«

Sie antwortete nicht, betrachtete ihn nur nachdenklich. Dann ließ sie den Motor an und legte den ersten Gang ein.

»Zafer, ich bin dir sehr dankbar, dass du mir hilfst. Wirklich. Keine Ahnung, warum du das tust, aber es ist … Es bedeutet mir viel. Wenn du doch lieber abspringen willst, ist dies deine letzte Chance.«

Er klemmte sich eine krumme Zigarette in den Mundwinkel. »Ich bin in meinem Leben von viel zu viel Zügen abgesprungen, diesmal bleibe ich an Bord.«

»Jetzt runter mit dir, damit dich keiner sieht. Sie dürfen nicht wissen, dass du dabei bist. Wenn ich anhalte und aussteige, machst du genau, was wir besprochen haben.«

Zafer nickte, schob den Sitz zurück und tauchte in den Fußraum ab. Irgendwie schaffte er es, seinen langen Körper zwischen Sitz und Armaturenbrett zusammenzufalten. Rachel warf einen Blick zu Sinon auf dem Rücksitz, zog eine Grimasse und ließ die Kupplung kommen. Langsam rollte der Wagen auf das große Tor zu.

Glilot, Israel

Meir Pardo saß in einem der abgenutzten cognacfarbenen Ledersessel in seinem geräumigen Wohnzimmer. Er war allein. Der Raum lag im Halbdunkel, die schweren Vorhänge waren zugezogen. Der Kristallkronleuchter an der Decke glühte schwach orange, auf ein Minimum heruntergedimmt. Dicke Perserteppiche bedeckten den Boden, und die Wände waren voller Bücher. Er rauchte Pfeife und starrte auf den alten Globus, der vor ihm auf dem Tisch stand. Der Globus war ein Geschenk des Premierministers. Meirs Blick ruhte auf dem kleinen Punkt mitten im Meer zwischen der Türkei, Ägypten und Syrien. Die große goldfarbene Rokoko-Pendeluhr schlug fünf Mal. 17:00 Uhr, der Zeitpunkt des Austauschs. Meir beugte sich vor und starrte auf die kleine tropfenförmige Insel im Mittelmeer. Zypern.

»Es tut mir leid, Rachel. Unendlich leid.«

Nikosia, Zypern

Die Torflügel standen halb offen, Rachel Papo brauchte nicht auszusteigen, sondern sie nur mit der Stoßstange aufzudrücken. Der Volvo rollte den staubigen Schotterweg entlang auf den Terminal zu, ein dreistöckiges, weiß und blau gestrichenes Betongebäude. Sie war auf alles Mögliche gefasst, aber nichts passierte, und sie hielt dreißig Meter von der halb offenen Eingangstür entfernt auf dem Parkplatz. Sie machte den Motor aus, um Stimmen oder Schritte besser hören zu können. Aber es war alles still, bis auf das Zirpen der Grillen und hin und wieder ein Knacken des Autoblechs. 17:00 Uhr, und es war immer noch heiß. Sie stieg aus und sah sich um, wohl wissend, dass sie sich damit zur Zielscheibe machte. Sie öffnete die Beifahrertür, tat, als würde sie es sich anders überlegen, und öffnete stattdessen die hintere Tür, beugte sich über den Rücksitz und half Akim Katz aus dem Wagen. Er war ganz steif nach dem stundenlangen Liegen mit angezogenen Beinen und hatte anfangs Probleme, aufrecht zu stehen. Sie holte ihr Taschenmesser hervor und schnitt das Klebeband durch, mit dem seine Hände und Füße gefesselt waren. Dann richtete sie sich auf, steckte das Messer zurück in die Hosentasche und blickte sich wieder um. Akim war über einen Kopf größer als sie, und wie sie da so dicht neben ihm stand, spürte sie die Spannung in seinem Körper. Auch Akim sah sich um, sein Blick war nervös. Der Mund war immer noch zugeklebt. Durch die offene Beifahrertür sah Rachel die Silhouette von Zafer. Sie hatte ihm die Glock überlassen, jetzt war es seine Aufgabe, ihr Feuerschutz zu geben, falls etwas passieren sollte. Sie bezweifelte, dass er jemals zuvor eine Pistole benutzt hatte. Egal, jetzt gab es kein Zurück.

Plötzlich hörte sie ein knarrendes Geräusch und drehte sich zum Eingang um. Sie schnappte nach Luft. Wo eben noch tote, staubige Dunkelheit gewesen war, stand jetzt das schönste Geschöpf der Welt. Sie war mager und ihr Haar zerzaust, und sie trug ein Kleid, das Rachel noch nie gesehen hatte. Tara starrte ins Leere, als stünde sie unter Drogen, und auch der Anblick von Rachel weckte keinerlei Reaktion. Akim lallte etwas unter dem Klebestreifen und nickte zur Tür, er wollte hingehen, aber Rachel hielt ihn am Arm fest. Zwei Männer tauchten hinter Tara auf, sie trugen Jeans, T-Shirts und dunkle Sonnenbrillen. Beide waren bewaffnet, der eine mit einer Pumpgun, der andere mit einer Maschinenpistole. Der Mann mit dem Schrotgewehr packte Tara hart im Nacken und ging auf Rachel zu. Der andere stellte sich breitbeinig hin und richtete die Maschinenpistole auf Rachel. Jetzt wurde es ernst. Rachel ließ Tara keine Sekunde aus den Augen und versuchte die ganze Zeit, eine Reaktion bei ihr hervorzurufen. Tara stand definitiv unter Drogen, wahrscheinlich Beruhigungsmittel. Rachel konnte schon spüren, wie es sein würde, sie zu umarmen. Ihren Körper aufzufangen und nie wieder loszulassen. Fünfzehn Meter entfernt blieb der Mann mit Tara stehen. Er rief irgendwas.

Rachel riskierte es und antwortete auf Englisch, den Blick immer noch auf ihre Schwester gerichtet. »Alles in Ordnung! Geht weiter, wir kommen euch entgegen!«

Um zu zeigen, dass sie es ernst meinte, packte sie Akim am Arm und ging auf die beiden zu. Als sie nur noch wenige Meter voneinander entfernt waren, erschien auf Taras Gesicht endlich ein Lächeln.

»Schwester?«

Rachel lächelte zurück, ging schneller und zog den taumelnden und stolpernden Akim gewaltsam mit sich. Plötzlich war es, als würde die Luft zusammengepresst, die Welt schien stillzustehen, und dann explodierte der Kopf des Mannes, der neben Tara stand. Sein Körper fiel in einer Kaskade von Blut auf Tara und warf sie zu Boden. Tara schrie hysterisch, aber ihre Stimme wurde von dem kopflosen Körper gedämpft, der über ihr lag. Der andere Mann, der noch am Eingang stand, brüllte etwas auf Türkisch. Mit klopfendem Herzen ging Rachel in die Knie, ohne den Griff zu lockern, mit dem sie Akim gepackt hielt. Sie versuchte, zu Atem zu kommen und zu überlegen. Sie konnte Tara unter dem toten Mann nicht sehen. Was zur Hölle war hier los? Ihr erster Gedanke war Zafer, hatte er geschossen?

Nein, die Glock würde nie einen solchen Schaden verursachen können.

Sie rief nach Tara: »Liebling! Bleib still liegen! Hörst du? Lieg ganz still!«

Sie warf einen Blick über die Schulter und sah Zafer hinter dem Lenkrad, seine Augen waren entsetzt aufgerissen. Plötzlich ließ er den Motor an. Warum zum Teufel machte er das? Er musste ihren Blick missverstanden haben, wahrscheinlich meinte er darin zu lesen, dass er zu ihr fahren sollte. Der Mann am Eingang begann, wild in die Luft zu schießen, tack-tack-tack. Unter der Leiche drang Taras gedämpftes Weinen hervor, und hinter Rachel näherte sich der Volvo. Akim wand sich unter ihren Händen und versuchte, sich loszureißen. Sie drehte sich um, wollte Zafer dazu bringen, den Wagen anzuhalten, als die Frontscheibe sich in einer Wolke aus Blut und Splittern auflöste. Der Volvo wurde langsamer und kam drei Meter hinter ihr zum Stehen, immer noch mit laufendem Motor. Wer hatte geschossen? Ihr Herz hämmerte. Sie musste sich um Tara kümmern, alles andere war unwichtig.

Plötzlich riss Akim sich los und rannte weg. Sie rief ihm hinterher, konnte aber nicht riskieren, sich aufzurichten. Der leblose Körper über Tara zuckte, ein großes Loch klaffte plötzlich auf seinem Rücken. Er war wieder getroffen worden, aber auch diesmal hatte sie keinen Schuss gehört. Sie begriff, was los war. Ein Scharfschütze mit Schussdämpfer hatte sie im Visier. Rachel blickte sich hastig um. Sie konnte nirgends eine Bewegung oder Reflexe wahrnehmen, aber es gab hundert Stellen, wo sich jemand verbergen konnte. Sie wandte sich wieder zu Tara um. Hatte der letzte Schuss sie getroffen? Sie war zu weit weg, um mit einem Satz bei ihr zu sein. Akim hatte sich hinter dem toten

Terroristen verschanzt, der auf Tara lag. Er verharrte bewegungslos wie im Gebet. Sollte sie es riskieren und auch hinüberlaufen? Konnte sie es schaffen? Akim brauchte nicht so viel Zeit, um sich zu entscheiden. Er warf sich herum und stemmte mit beeindruckender Kraft den blutigen Körper beiseite. Rachel sah, wie Tara sich auf den Unterarm aufstützte und sich verwirrt umsah. Akim umgriff ihre Taille, riss sie hoch, als wäre sie eine Stoffpuppe, und lief mit ihr unter dem Arm auf den Eingang des Flughafengebäudes zu. Er rannte, so schnell er konnte, und schlug immer wieder Haken. Rachel, nun völlig ungeschützt, richtete sich auf und rief ihm verzweifelt nach.

»Nein! Halt ... Akim!«

Akim rannte auf den zweiten Kidnapper zu, den Mann mit der Uzi. Jede Sekunde konnte ihn eine Kugel des Heckenschützen treffen. Der Kidnapper fuchtelte mit den Armen und schien etwas zu rufen, aber gerade, als Akim bei ihm ankam, traf den Mann ein Schuss in die Brust, und sein Körper flog nach hinten. Akim stolperte, hätte Tara beinahe aus dem Griff verloren, aber er fing sich wieder, sprang über die blutüberströmte Leiche und verschwand im Flughafengebäude.

Rachel fluchte und sprintete in die andere Richtung, auf den Volvo zu. Wie durch ein Wunder erreichte sie den Wagen, riss die Tür auf und warf sich auf den blutigen Beifahrersitz. Zafers Körper saß noch hinter dem Lenkrad, der größte Teil seines Gesichts war weg. Im Auto roch es metallisch nach Blut und Öl. Zafers Hand hielt immer noch die Gangschaltung umklammert. Es knallte scharf, und der Wagen wackelte, eine Kugel hatte die Karosserie durchschlagen. Rachel schnitt sich die Hände auf, als sie versuchte, den schweren Körper durch die Fahrertür nach draußen zu drücken, weg vom Fahrersitz. Schließlich fiel er schwer auf den Asphalt, und Rachel kroch auf seinen Platz hinterm Steuer, sorgfältig darauf bedacht, mit dem Kopf unterhalb der Windschutzscheibe in Deckung zu bleiben. Sie hielt den Atem an, legte den ersten Gang ein, ließ die Kupplung los und trat das Gaspedal durch, ohne auch nur den Blick zu heben. Das Auto schoss vorwärts. Sie hielt das Steuer fest, ohne etwas zu sehen. Es krachte ohrenbetäubend, als der Wagen durch die Eingangstür schoss, und gleich darauf war die Fahrt abrupt zu Ende. Rachel knallte gegen das Armaturenbrett, und ein Schauer aus Glassplittern, Bakelit und Plastik regnete auf sie herab. Sie lag lang ausgestreckt über den Vordersitzen, hustete und keuchte. Konnte sie sich bewegen? Vorsichtig versuchte sie, einen Arm zu heben. Sie winkelte langsam ein Bein an, dann das zweite. Was zum Teufel war hier los? Der Heckenschütze hatte ohne Unterschied auf sie und auf die Kidnapper geschossen. Wie passte das zusammen? Und wo war Tara? Rachel richtete sich mühsam auf, stützte sich auf die Ellbogen und begann, langsam rückwärts aus dem Wagen zu kriechen. Glassplitter regneten auf sie herab, als sie neben dem Autowrack zu Boden sank.

Avner Grant stützte den Kopf auf die staubige Tischkante und versuchte, sich zu beruhigen. Ladehemmung, der Patronengurt hatte sich verhakt. Er war ein Perfektionist, so etwas war ihm noch nie vorgekommen. Dabei hatte es so gut angefangen, vom alten Kontrollturm hatte er eine gute Sicht auf das ganze Gelände gehabt und das Schauspiel am vierhundert Meter entfernten Terminal in aller Ruhe beobachten können. Sein erster Schuss hatte sauber getroffen, der Kidnapper war wie ein Stein umgefallen. Aber dann fingen die Probleme an. Gerade als er Rachel perfekt im Visier hatte, machte der Patronennachschub Ärger. Und dann hatte er Akim verfehlt, als der über den Parkplatz rannte. Fazit: drei Tote, aber seine Primärziele waren noch am Leben. Eine erstklassige Katastrophe. Aber eine, die sich immer noch reparieren ließ. Avner klappte die Teleskopbeine am Gewehr ein. Dann sammelte er die Geschosshülsen vom Boden auf und hängte sich das Gewehr über die Schulter. Die Flasche mit der Säure hatte er in der Innentasche, hoffentlich konnte er sie benutzen, bevor das alles hier vorbei war. Die beiden Zyprer bewachten die Ausfahrt, Akim und Rachel konnten das Gelände also nicht verlassen. Wahrscheinlich waren sie im Terminalgebäude. Avner blickte sich ein letztes Mal um, ehe er den Kontrollraum verließ. Jetzt begann die eigentliche Jagd.

Rachel war verwundet, wie schwer, wusste sie nicht. Als sie sich vorsichtig neben dem demolierten Volvo aufrichtete, merkte sie, wie es in ihrer linken Körperseite brannte, und nachdem sie die Glassplitter von den Handflächen gewischt hatte, sah sie, dass sie an beiden Händen blutete. Sie stand still und wartete, bis die Schmerzen in ihrer Seite etwas nachgelassen hatten. Dann legte sie den Rucksack aufs Autodach und zog mühsam den schwarzen Rollkragenpullover aus. Nur im BH dastehend, nahm sie den Trikotstoff zwischen die Zähne und biss ein Loch hinein. Anschließend riss sie den Stoff in lange Streifen. Sorgfältig verband sie die Hände mit den Stoffstreifen, nahm den Rucksack und entfernte sich hinkend vom Autowrack. In der großen Eingangshalle sah sie mehrere alte Sicherheitskontrollen und dahinter verfallene Türen zum Vorfeld und zu den verschiedenen Gates. An der einen Wand führten mehrere Treppen hinauf ins Obergeschoss. Ein schwarzer Vogel flog an ihr vorbei zu einem der ehemaligen Check-in-Schalter. Tara konnte überall sein.

Ein dumpfes Poltern ließ sie zusammenzucken. Sie schloss die Augen und lauschte. Es kam aus dem Obergeschoss, aus Richtung der Business-Lounges. Mit steifen Schritten ging sie zur nächstgelegenen Treppe. Während sie die Stufen hinaufstieg, verzog sie das Gesicht, die Schmerzen waren unerträglich. Oben angekommen, blieb sie stehen. Jetzt war alles still, aber sie war sich sicher, dass das Poltern aus dieser Etage gekommen war.

Ein Schild an der Wand listete die verschiedenen Lounges auf, und Pfeile zeigten in den schmalen Gang. Sie ging an einem verwüsteten Café und an Boutiquen mit zertrümmerten Schaufenstern vorbei und kam zu zwei blauen Türen, von denen die Farbe abblätterte. An der rechten war ein goldfarbenes Schild befestigt, Executive Business-Lounge. Sie zögerte. Die Glock hatte sie im Auto vergessen. Sie hatte keine Ahnung, was sie hinter dieser Tür erwartete. Was, wenn sie hineinging und der Raum voller Terroristen war? Vorsichtig schob sie die Tür mit dem Fuß auf und spähte hinein. Im Raum war es hell, die Luft heiß und stickig. Sie sah lange Reihen von roten Sofas und schwarzen Tischen. Der Fußboden war übersät mit Müll, Glasscherben, Kaffeebechern, Plastiktüten und alten Werbeplakaten. Mehrere der Fenster zur Startbahn waren zertrümmert, und Staubkörnchen schwebten im grellen Sonnenlicht. Die Lounge war vollkommen verlassen. Rachel trat ein und ließ die Tür hinter sich zufallen. Es gab noch zwei weitere Türen im Raum, eine führte offenbar zu den Toiletten und die andere zu einer Küche oder einer Art Personalraum, die Symbole auf den Schildern waren schwer zu deuten.

Sie ging auf die Tür zu, hinter der sie eine Küche vermutete, als ein erneutes Geräusch sie innehalten ließ. Sie lauschte zuerst gespannt, dann entsetzt und schüttelte den Kopf. Nein. Nein! Das durfte nicht wahr sein! Sie lief zum Fenster, schlug mit dem Ellbogen ein paar scharfe Scherben aus dem Rahmen und beugte sich hinaus. Auf der holprigen, von Unkraut überwucherten Startbahn rollte ein kleiner goldfarbener Jet. Sie schüttelte heftig den Kopf, als könnte ihre Verzweiflung etwas ändern, als könnte sie dadurch den Piloten bewegen, abzubremsen und zum Terminal zurückzukehren. Warum hatte sie das nicht vorhergesehen? Natürlich war das der Grund gewesen, warum die Kidnapper einen Flughafen als Treffpunkt ausgesucht hatten. Das Heulen der Jetmotoren wurde lauter, und das Flugzeug beschleunigte. Rachel hatte Mühe zu atmen und musste sich mit beiden Händen am Fensterrahmen festhalten. Mit brennenden Augen verfolgte sie, wie der Jet die Asphaltbahn entlangraste und abhob, das Fahrwerk einzog und in den blauen Himmel stieg, direkt hinein in die gleißende Sonne. Resigniert lehnte sie sich gegen den warmen Fensterrahmen und schloss die tränenerfüllten Augen.

»Rachel Papo!«

Sie zuckte zusammen und drehte den Kopf Richtung Eingang.

»Ich weiß, dass du da drinnen bist. Mach keine Dummheiten, ich will nur mit dir reden.«

Der Mann jenseits der Türen sprach akzentfrei Hebräisch. Und er kannte ihren Namen. Zuerst begriff sie nicht. Versuchte verwirrt, sich zu sammeln. Auf einmal wurde ihr klar, wer der Schütze gewesen war. Alles passte zusammen. Der Schütze hatte sowohl auf sie als auch auf die Kidnapper geschossen, er hatte versucht, den Austausch zu verhindern. Das musste jemand vom Mossad sein, Einheit 101. Und das war auch der Grund, warum in Limassol kein Empfangskomitee auf sie gewartet hatte. Sie hatten es vorgezogen, direkt nach Nikosia zu fahren. Sie blickte sich um. Die Küchentür war der einzige Ausweg, die Toiletten waren eine sichere Todesfalle. Sie begann zu laufen, der glühende Schmerz in der Seite war wieder da. Sie stolperte über Geschirr, Bierdosen und alte Kartons, riss die Tür auf und kam in einen Lagerraum ohne Fenster oder weitere Türen, eine Sackgasse voller Pappkartons, leeren Getränkekisten und großen Plastiksäcken mit grauen Toilettenpapierrollen.

»Wo hast du dich versteckt?«

Die Stimme klang nah. Der Mann musste schon in der Lounge sein, also war es zu spät zum Umkehren. Rachel suchte den Lagerraum mit den Augen ab. Es gab immer einen Ausweg. Eine Lösung. Mit wachsender Verzweiflung ging sie mehrmals durch die kleine Kammer, durchwühlte den Müll und die Kartons, tastete mit den Händen die Lüftungsöffnung ab. Dann richtete sie sich auf und holte tief Luft. Es gab keinen Ausweg. Diesmal nicht.

Avner Grant hatte immer noch das Gewehr über der Schulter, und in der Hand hielt er seine spezialangefertigte Sig Sauer. Es war ein Kinderspiel gewesen, ihr zu folgen, sie hatte Blutspuren am Treppengeländer, auf dem Fußboden im Korridor und an der Loungetür hinterlassen. Im selben Moment, als er die Lounge betreten wollte, wurde er vom Start des kleinen Jets überrascht. Damit stand es also fest: Akim Katz war entkommen und der halbe Auftrag im Eimer. Was für eine Schande, was für eine Demütigung. Er mochte gar nicht daran denken, wie er das in Tel Aviv erklären sollte. Aber die andere Hälfte des Auftrags war noch da. Sie versteckte sich hier irgendwo, blutend und verwundet. Avner sah die roten Spuren auf dem staubigen Fußboden und an der braunen Tür zum Lagerraum.

So beruhigend wie möglich rief er: »Wir sind Kollegen, du und ich. Und ich weiß, in welcher beschissenen Lage du jetzt bist. Glaub mir, ich will dir helfen, wirklich. Hörst du mich? Zusammen holen wir das Mädchen zurück, allein schaffst du das nie.«

Er drückte die Klinke herunter, die Tür war unverschlossen.

»Rachel, wir können doch wenigstens reden. Ich komme jetzt rein, bleib schön cool. Keine Tricks.«

Vorsichtig schob er die Tür mit dem Knie auf und warf einen schnellen Blick hinein. Er entdeckte sie sofort. Sie lag zusammengekauert auf einem Stapel Zeitungen im hinteren Teil des Raums. Ihr Oberkörper war schmutzig und blutig, sie sah halb tot aus. Die berüchtigte Agentin so zu sehen, enttäuschte ihn. Er hätte es vorgezogen, wenn sie lebendiger gewesen wäre. Er wollte ihre Augen sehen, wenn er ihr die Säure ins Gesicht schüttete. Er ging ein paar Schritte in den dunklen Raum hinein.

»Allmächtiger, wie du aussiehst. Wie geht es dir?«

Sie antwortete nicht, sah ihn nur aus trüben Augen an. Sie atmete flach und stoßweise. Er ging näher heran. Sie hielt etwas krampfhaft an die Brust gedrückt.

Er lächelte. »Das wird wieder. Ich habe Hilfe angefordert. Bleib ganz ruhig, dann wird alles gut.«

Sie antwortete mit schwacher Stimme: »Nichts ... wird gut. Ich werde sterben.«

»Ach was, das ist überhaupt nicht sicher.«

Er musste noch näher an sie heran, um die Säure verspritzen zu können.

Sie hustete. »Doch, das ist sicher. Und du … auch.«

Er schüttelte belustigt den Kopf. »Ich? Ich werde auch sterben?«

»Du auch.«

Mit den Worten nahm sie eine Hand von der Brust und er sah, was sie umklammert hielt: ein dickes Päckchen, mit silbernem Panzerband umwickelt, mehrere bunte Drähte und eine kleine blinkende Leuchtdiode. Er erstarrte und senkte die Pistole.

»Hör zu, niemand wird sterben, weder du noch ich. Ich bin nicht dein Feind. Ich kann dir helfen. Verstehst du? Leg den Scheiß da weg.«

»Zuerst legst du die Pistole weg. Ich habe nichts zu verlieren. Ich bin ja jetzt schon tot.«

Blitzschnell wägte er die Alternativen ab. Er hatte immer noch das Gewehr über der Schulter, es war geladen und funktionierte auch gut auf kurze Distanz. Und außerdem trug er ein Messer unter dem linken Arm. Rachel war offensichtlich schwer verletzt, vielleicht würde sie jeden Moment abkratzen, also konnte er ebenso gut mitspielen. Er würde bald in eine bessere Position kommen.

Langsam legte er die Pistole auf den Boden.

»Zufrieden? Jetzt mach das Ding da aus.«

Sie hatte die Taktik bei al-Qaida gelernt. Tu so, als seist du schwerer verletzt, als du bist. Press Blut aus deinen Wunden, möglichst viel Blut, gib dich müde und schwach. Atme stoßweise. Das gibt deinem Gegner Selbstvertrauen und veranlasst ihn, dich zu unterschätzen. Der Trick schien zu funktionieren, aber sie wusste, sie hatte nur diese eine Chance. Der Mann würde den Bluff mit der Bombenattrappe schnell durchschauen. Er war topfit und ausgeruht, ein Elitesoldat in Bestform, und sie war unbewaffnet und schwach. Ihr einziger Vorteil war der Überraschungsmoment.

Sie hustete hohl, verlagerte vorsichtig das Körpergewicht und sagte mit hörbarer Anstrengung: »Wie ... willst du ... mir helfen?«

Er schien sich etwas zu entspannen, aber sein Blick hing immer noch an dem blinkenden Paket.

»Als Erstes kann ich deine Wunden versorgen. Und dann kann ich herausfinden, wohin das Flugzeug unterwegs ist. Ich stehe in Direktkontakt mit Tel Aviv, das dürfte also nicht schwer sein.«

Sie tat, als würde sie über das Angebot nachdenken. Schließlich murmelte sie kaum hörbar: »Komm näher. Ich ... kann nicht so laut reden.«

Der Mann steckte die Hand in die Jacke, schien nach etwas zu greifen. Dann lächelte er und beugte sich vor. Jetzt oder nie. Rachel stemmte die Hände auf den Boden und trat mit aller Kraft nach seinem Gesicht, doch er war schneller und zog den Kopf weg. Sie traf ihn an der Brust, aber bei Weitem nicht so kraftvoll, wie sie beabsichtigt hatte. Fluchend taumelte er rückwärts und griff nach seinem Gewehr. Rachel wich zurück, wusste aber, dass sie nirgends Schutz finden würde. Die Chance war vertan.

Plötzlich riss der Mann die Augen auf, ließ das Gewehr fallen und zerrte verzweifelt an dem Jackenstoff über seiner Brust. Er brüllte und schrie markerschütternd. Ein furchtbarer Gestank verbreitete sich im Raum, der Mann schlug auf die Jacke, riss daran, versuchte mit aller Gewalt, den Reißverschluss zu öffnen. Mit einem heiseren Röcheln fiel er vornüber, zuerst auf die Knie und dann mit dem Gesicht auf den Boden.

Rachel betrachtete den Mann verwundert, während sie

langsam zur Seite kroch, weg von dem wild zuckenden Körper. Sie angelte nach der Pistole und erhob sich. Der Mann lag jetzt ganz still. Sie zögerte, dann stieß sie ihn mit dem Fuß an, aber es kam keine Reaktion. Als sie es schließlich geschafft hatte, ihn auf den Rücken zu drehen, schnappte sie erschrocken nach Luft. Jacke und Hemd schienen sich tief in seinen Körper gefressen zu haben. Sie hatte so etwas noch nie gesehen, es sah aus, als hätte ihn eine Granate in die Brust getroffen. Als sie begriff, dass er tot war, verließ sie das letzte bisschen Kraft. Sie sank auf dem Fußboden zusammen, der Schmerz in ihrer Seite war zurückgekehrt.

Ein Plakat an der Wand ihr gegenüber zeigte eine junge Frau, die von einem Trampolin in die Luft schnellte, im Hintergrund glitzerte das türkisblaue Meer. Rachel ließ die Pistole fallen und schloss die Augen.

Nikosia, Zypern

Marios sah auf die Uhr, sicher zum zehnten Mal innerhalb der vergangenen halben Stunde. Sein letzter Kontrollblick lag erst drei Minuten zurück. Die MP5 war ihm zuerst leicht wie eine Feder erschienen, jetzt war sie heiß und schwer. Er schielte zu Christos hinüber, der überhaupt keine Probleme mit seiner wesentlich schwereren Kalaschnikow zu haben schien. Er stand kerzengerade da und starrte unablässig hinüber zum Flughafengebäude. Es war schon eine ganze Weile her, dass sich dort etwas getan hatte. Sie hatten Schüsse gehört und ein Krachen. Dann nichts mehr. Dann war ein kleiner Düsenjet gestartet und Richtung Osten verschwunden. Und seitdem war alles still. Marios hatte vorgeschlagen, dass sie sich hinsetzen sollten, es konnte sie ja keiner erwischen; sie hatten das Tor mit Ketten und Hängeschlössern gesichert und konnten außerdem das ganze Gelände bis zum Flugplatz überblicken. Aber Christos hatte nur den Kopf geschüttelt, irgendwas von Disziplin gemurmelt und darauf beharrt, dass der Israeli ihnen strikte Anweisungen gegeben hatte. Aber was für einen Sinn hatte es eigentlich, dass sie hier standen? Sie waren ja völlig abgeschnitten von allen Aktionen.

Marios spuckte in den Sand und wandte sich an Christos: »Also, mir reicht das jetzt hier. Komm, wir gehen rüber zum Terminal und sehen nach, ob Mr Grant Hilfe braucht.«

Christos sah ihn gereizt an. »Ein Soldat, der nicht mal einfache Befehle befolgen kann, taugt überhaupt nichts. Was genau hast du an Mr Grants Anweisungen nicht verstanden? Wir sollen hier stehen, genau hier, und aufpassen, dass keiner rein- oder rauskommt.«

»Ja, ja, das weiß ich. Aber doch nur für eine begrenzte Zeit. Wenn die abgelaufen ist, wird er erwarten, dass wir handeln. Nenn das meinetwegen Anpassung. Fähigkeit zur Eigeninitiative.«

»Ist dir klar, was für ein verdammtes Durcheinander das geben würde, wenn jeder Befehle so auslegen würde wie du? Wenn alle …«

Sein Kopf explodierte wie ein Wasserballon unter zu hohem Druck. Den einen Moment stand er da und redete, und im nächsten flog sein kopfloser Körper in einer Kaskade von rosa Blut nach hinten. Marios blieb die Luft weg, panisch fummelte er am Feuerwahlhebel der MP5 herum, schaffte es schließlich, ihn auf Dauerfeuer zu stellen, und begann wild um sich zu schießen. Er hatte keinen Schuss gehört. Wo war der Feind? Nach einigen Sekunden beruhigte er sich etwas und duckte sich atemlos in eine halb sitzende Stellung. Es pfiff in seinen Ohren. Was sollte er tun? Sechs, sieben Meter entfernt war ein Gebüsch. Sollte er versuchen, dorthin zu kommen? Er konnte nicht hier hocken bleiben wie ein Idiot, er war eine hervorragende Zielscheibe. Er schaute hinüber zu den Büschen. Zögerte. Schluckte, richtete sich auf und wurde von einer *hollow point boat tail* in die Brust getroffen, einer Spezialmunition für Präzisionsschüsse auf kurze Distanz. Die Kugel schlug mit einer Geschwindigkeit von achthundert Metern pro Sekunde in die linke Brust ein, zeriss die Lunge und trat am Rücken wieder aus. Marios Körper blieb als grünschwarzer Fetzen am verrosteten Zaun liegen, die Augen starrten verwundert direkt in den Himmel.

Zehn Minuten später kam ein weißer Ford Escort aus Richtung des Flughafengebäudes gefahren, raste, ohne abzubremsen, durch das versperrte Tor und weiter den Schotterweg entlang auf das Zentrum von Nikosia zu.

Stockholm, Schweden

Der Wind hatte kräftig aufgefrischt, und bis auf einen einsamen Jogger mit einem Hund an der Leine war die Promenade am Djurgårdskanal menschenleer. Die Luft hatte sich über Nacht verändert, war härter geworden, und es schien, als hätte der Sommer sich mit dem gestrigen Tag verabschiedet. Sie waren im Djurgårdsbrunns Värdshus zum Essen verabredet. Eric hätte am liebsten draußen gesessen, aber es war zu kalt, Hanna würde frieren. Es fiel ihm schwer, sich drinnen aufzuhalten; der Schock von gestern, der Geruch und die Erinnerungen an Philippa Hagströms Villa erschienen ihm in geschlossenen Räumen noch uner-

träglicher. Der Anblick von Philippas aufgedunsenem Körper hatte sich in seine Netzhaut gebrannt. Verbissen folgte er dem Ober im Restaurant zu einem Tisch neben dem
offenen Kamin. Das Feuer knisterte gemütlich, es duftete
nach brennenden Birkenscheiten. Er setzte sich und legte
die Speisekarte beiseite, ohne sie zu öffnen. Hanna würde
direkt von der Bank hierherkommen, sie hatte dort ihre erste wöchentliche Besprechung nach ihrer Krankschreibung.
Jens hatte Abgabeschluss für seinen Artikel über Philippa
und würde sich etwas verspäten. Es spielte keine Rolle, Eric
hatte sowieso keinen Appetit. Er bezweifelte, dass er jemals
wieder etwas essen konnte. Oder schlafen.

Zum Glück hatte er nicht noch einmal in die Villa gehen
müssen, Jens und er hatten an der Einfahrt auf Polizei und
Rettungswagen gewartet und nach ihrem Eintreffen sofort
das Grundstück verlassen. Allerdings hatten sie ins Karolinska fahren müssen, um sich Blut abnehmen zu lassen, da
das Risiko bestand, dass sie sich infiziert hatten. Eric musste einen Schock gehabt haben, denn er erinnerte sich an so
gut wie gar nichts während der Stunden im Krankenhaus,
alles war ein einziger Nebel aus Gesichtern, Neonlampen
und Nadelstichen. Nichts konnte die entsetzlichen Bilder
aus Philippas Schlafzimmer verdrängen.

Erst als Forschungsleiter Sven Sahlgren sie in die Cafeteria mitnahm, kehrte Eric langsam wieder in die Realität zurück. Sven war Leiter der Gruppe von Virologen, die versuchten, ein Gegenmittel für NCoLV zu finden. Er hatte
eine Reihe von Fragen gestellt und sich Erics Schilderung
aufmerksam angehört. Zuvor war Sven von Jens interviewt
worden, und als sie das Krankenhaus verließen, einigten sie
sich darauf, dass kein anderer als Sven Sahlgren Hannas Blut
erhalten sollte.

Ein Kellner hockte sich neben den Kamin und legte Holz nach. Geistesabwesend betrachtete Eric die schwarz-weißen Birkenscheite. Der *Expressen* hatte seine heutige Titelseite mit riesigen Lettern zugeknallt: »Tödlicher Komavirus verbreitet sich explosionsartig.« In dem Artikel wurde Philippa Hagström nicht erwähnt, Jens' Zeitung *Aftonbladet* würde als Erste mit der sensationellen Nachricht herauskommen. Expressen enthüllte jedoch etwas wesentlich Schlimmeres: In Holland hatte man zehn Fälle von NCoLV entdeckt. Bei der Vorstellung, dass der Virus begonnen hatte, sich in ganz Europa auszubreiten, überkam ihn das kalte Grausen. Er hoffte, dass Hanna keine Zeit gehabt hatte, die Zeitung zu lesen. Die Nachricht, dass Philippa tot war, konnte er ihr nicht verheimlichen, aber die Details konnte er ihr ersparen. Die Verbreitung in Holland war etwas anderes, das war eine Katastrophe.

»Bruder!« Jens tauchte hinter ihm auf und strubbelte ihm durchs Haar. »Du hast den Kamin mit Beschlag belegt, gute Arbeit.« Er ließ sich auf dem Stuhl nieder, der dem Feuer am nächsten stand, und nickte zur Eingangstür. »Hanna ist gleichzeitig mit mir gekommen, sie wollte sich nur die Frisur richten.«

»Hat sie die Schlagzeile vom *Expressen* gesehen?«

»Das war das Erste, worauf sie mich angesprochen hat, als wir uns trafen. Sie ist zutiefst erschrocken.« Jens betrachtete ihn forschend. »Wie geht's dir? Hast du dich erholt?«

Eric schüttelte den Kopf. »Davon erholt man sich nicht, wenigstens nicht mehr in diesem Jahr.«

Jens seufzte. »Nein, wohl wahr. Vielleicht wird es besser, wenn du was Gutes isst?«

Er griff nach der Speisekarte. Sein Appetit war offenbar nicht beeinträchtigt, aber er hatte Philippa ja auch nicht gesehen. Plötzlich blickte er auf und erhob sich. »Ah, meine Liebe, komm und wärm dich auf.«

Eric drehte sich um. Hanna fuhr sich nervös mit den Händen über ihren Blazer, als wollte sie einen eingebildeten Fleck oder irgendwelche Fussel wegwischen.

»Danke, Jens.«

Eric beugte sich zu ihr und umarmte sie. Für einen langen Moment drückte sie sich an ihn. Ihr Haar roch nach Zigarettenrauch. Er legte die Lippen an ihr Ohr. »Willst du lieber nach Hause? Sollen wir das Essen überspringen?«

Sie schüttelte den Kopf und antwortete etwas zu munter: »Nein, natürlich essen wir.«

Eric zog den Stuhl neben Jens hervor und wartete, bis sie sich gesetzt hatte.

»Wie war's in der Bank?«

»Wir sind endlich dabei, den Mona-Virus in den Griff zu bekommen. Zum Glück waren die meisten unserer Daten auf sauberen Festplatten gesichert, deshalb ist der Schaden offenbar nicht so groß, wie wir zuerst befürchtet hatten.«

Sie verstummte. Ihre Stimme hatte mechanisch und ausweichend geklungen. Jens versuchte, das Thema zu wechseln, und erzählte von einem Kollegen, der eine halbe Million Kronen in der Postleitzahlenlotterie gewonnen hatte.

Hanna unterbrach ihn. »Was stand im *Expressen*? Ich habe nur die Titelseite gesehen.«

»In Holland sind mehrere Fälle von NCoLV aufgetreten, in Utrecht.«

»Woher weiß man, dass es NCoLV ist?«

»Der Virus lässt sich anscheinend relativ leicht feststellen. Die holländische Variante scheint allerdings aggressiver als die schwedische zu sein, die Infizierten sind schon in einem kritischen Zustand.«

»Aggressiver? Inwiefern?«

»Der holländische Virus greift eine Reihe von Organen an und benutzt außerdem den Blutkreislauf, um sich im Körper zu verbreiten.«

Hanna wollte gerade etwas erwidern, wurde aber von der Bedienung unterbrochen, die an den Tisch kam, um ihre Bestellungen aufzunehmen. Eric hatte immer noch keinen Hunger. Hanna schien auch keine große Lust zu haben, etwas zu essen. Jens war dafür mit seiner Bestellung umso schneller.

»Ich nehme einen Toast Skagen und den Saibling. Mit extra viel Soße. Und mit dem Spargel, den Sie eigentlich zum Dorsch anbieten. Wir trinken einen Jean-Claude Bessin, also den weißen Burgunder, möglichst 2007er, falls Sie den haben.«

Die Bedienung notierte alles auf ihrem Block und sah Hanna an, die wiederum zu Eric blickte.

»Ich nehme, was du nimmst.«

Eric zuckte die Schultern. »Wir nehmen dasselbe wie Jens.«

Die Kellnerin nickte, sammelte die Speisekarten ein und verschwand Richtung Küche. Am Nachbartisch lachte jemand laut.

Eric nickte Jens zu. »*Aftonbladet* kommt morgen auch mit einer ziemlich schockierenden Geschichte …«

»Das stimmt, und zum Glück für mich, denn Bjäreman ist immer noch stinksauer auf mich, weil ich so viele Storys rund um NCoLV verpasst habe. Dass Philippa Hagström tot aufgefunden wurde, ist ein Knaller. So wie die Mediendynamik funktioniert, wird das einen ordentlichen Wirbel machen.«

Er wandte sich an Hanna. »Da sind alle Zutaten für eine

saftige Artikelserie drin. Ein tödlicher Virus, der sich unkontrolliert verbreitet, ein bekannter schwedischer Finanzinvestor samt Gattin, die daran sterben, und eine offenbar schockstarre Ärzteschar.«

Hanna schwieg. Eric traute Jens zu, dass er sich insgeheim auf den Medienrummel freute.

Jens senkte die Stimme: »Wie ihr wisst, habe ich einige ganz gute Kontaktleute bei der Polizei. Einer meiner Freunde ...«, er malte mit Zeige- und Mittelfinger Gänsefüßchen in die Luft, »... war bei Philippa Hagström. Also in der Villa, nachdem wir, das heißt Eric, sie gefunden hatte ... Da vor Ort konnte ich nicht mit ihm reden, aber als ich wieder in der Redaktion war, habe ich ihn sofort angerufen.«

Eric wollte nichts mehr hören, der Tonfall verriet ihm, dass Jens gleich etwas sagen würde, das Hannas relative Ruhe zunichtemachte. Er griff nach ihrer Hand und bereitete sich auf den Torpedo vor, den er kommen ahnte.

»Philippa Hagström hat Tagebuch geführt.«

Jetzt schrillten alle Alarmglocken bei Eric. Er starrte Jens an, als könnte er ihn so dazu bringen, den Finger vom Abzug zu nehmen. Manchmal fehlte Jens wirklich jedes Feingefühl, jegliche Sensibilität.

Jens fuhr fort: »Ich habe noch nichts in der Hand, keine Kopie oder so, aber mein Polizeikontakt hat mir ein paar Seiten am Telefon vorgelesen.«

Er blickte sich verschwörerisch um, als hätte er Angst, jemand könnte mithören.

»Am Anfang kam nur das Übliche. Guten Morgen, liebes Tagebuch, heute spiele ich Tennis. Guten Abend, liebes Tagebuch, heute habe ich Bridge gespielt. Aber dann wurde Mats krank, und da hat sie angefangen, detaillierter zu schreiben. Über seinen Gedächtnisverlust, über seine Übelkeit und über seine ...«

Jens verstummte und sah Hanna an. Vielleicht wurde ihm nun doch bewusst, dass er zu weit gegangen war, aber jetzt war es zu spät, jetzt wollte Hanna es wissen.

»Seine was?«

Eric hielt den Atem an.

»Träume.«

Hanna zuckte zusammen und schlug sich unwillkürlich die Hand vor den Mund. Eric starrte Jens wütend an. Fahr zur Hölle.

Jens ließ den Blick wieder durchs Lokal wandern, eher er fortfuhr: »Bevor Mats kollabierte, hatte er Halluzinationen, angeblich sollen die ja alle NCoLV-Opfer haben. Aber wir haben bisher nie erfahren, wovon diese Halluzinationen eigentlich handeln.«

Er sah Hanna an. »Ich weiß ja, dass du auch geträumt hast. Das hast du uns beim Abendessen auf Dalarö erzählt, weißt du noch? Von dem kleinen Mädchen? Von dem Wecker ... und vom Weltuntergang?«

Er wartete auf Bestätigung von Hanna, aber sie schwieg, völlig erstarrt. Jens schluckte.

»Ja, also ... Mats hat genau die gleichen Sachen geträumt.«

Riad, Saudi-Arabien

Enes Al-Twaijri hatte zu einem großen Dinner geladen, um die »Heimkehr des Helden« zu feiern. Akim Katz kannte keinen der Gäste – eine Anzahl älterer Männer sowie alle Frauen und Kinder von Enes. Der Gastgeber hatte nach westlichem Brauch an sein Glas geschlagen und mit Donnerstimme verkündet, dass der Ehrengast des Abends etwas erreicht hatte, was vor ihm noch niemandem gelungen war. Als Sinon, der Spion im Machtzentrum der Ungläubigen, hatte er dem Heiligen Krieg eine große Menge an entscheidenden Informationen verschafft. Informationen, die früher oder später die zionistischen Besetzer zu Fall bringen würden. Akim hatte keinen Bissen gegessen. Die Zeit in der Gefangenschaft war seinem Magen nicht bekommen, das meiste, was er aß, erbrach er wieder. Alle Lobeshymnen und Segensworte von Enes perlten an ihm ab. Früher einmal hatten ihn Schmeicheleien erfreut, damals, als er nach Bewunderung und Lob strebte. Aber das war, bevor er nach Ketziot kam, bevor die Folter ihn den allmächtigen Gott sehen ließ. Heute stand er über dem Lob, über allen materiellen Erfolgen. Er war auserwählt. Allah hatte ihn verschont, ihn beschützt und getröstet. ER war es, der ihm die Rettung in Gestalt der teuflischen Hure geschickt hatte. ER hatte ihn unversehrt durch den Kugelhagel in Nikosia geleitet und ihn zu Enes' Palast geführt. Noch wusste Akim nicht, warum Allah ihn von einer Wüste in die nächste geschickt hatte, aber er war überzeugt, dass er die Antwort darauf bald erhalten würde. Dass er bald erfahren würde, welches sein heiliger Auftrag war. Allah tat nichts ohne guten Grund. Alles war ein Teil von al-Qadar, der göttlichen Vorsehung.

Nach dem Essen bat Enes ihn in sein großes Arbeitszimmer. Obwohl Akim sehr müde war, folgte er ihm. Sie saßen sich in zwei tiefen Sesseln gegenüber. Enes bot ihm eine Nargile, eine Wasserpfeife, an, aber er lehnte dankend ab, Tabak war das Letzte, was ihn interessierte, er hatte genug Gift im Blut.

Enes schmauchte seine Pfeife und musterte ihn lange,

ehe er schließlich sprach. »Lieber Bruder, wie geht es dir? Wie hast du es überstanden?«

Akim zögerte mit der Antwort. Wie ging es ihm? Sein altes Leben erschien ihm fern und unwirklich, wie eine verblasste Fotografie, ohne Nostalgie oder Sentimentalität. Er vermisste nichts. Zaida, seine Frau, die Kinder Abra und Adar … Nur leere Namen, ohne jede Bedeutung. Er hatte kein Interesse, die Verbindung zu ihnen jemals wieder herzustellen.

Enes fuhr mit sanfter Stimme fort: »Du musst nicht antworten. Ich verstehe, dass es belastende Erinnerungen sind und es dir schwerfällt, zu ihnen zurückzukehren.«

Akim zog es vor, nicht zu antworten. Enes sog an seiner Pfeife. Dann lächelte er und breitete die Arme aus.

»Dass du hier bist! Es ist wirklich ein Wunder. Ich muss zugeben, ich hatte kein Vertrauen in den Plan. Er war einfach zu abwegig. Ich hätte nie gedacht, dass die Zionisten sich darauf einlassen, einen so wichtigen Gefangenen gegen eine debile Null einzutauschen. Aber ich habe mich geirrt. Inschallah.«

Akim nickte. »Inschallah.«

Enes nuckelte an seiner Pfeife. Durch die großen Fenster in seinem Rücken sah Akim eine schwach beleuchtete Golfbahn. Enes zeigte mit dem Mundstück auf ihn. »Es gibt da etwas, worüber ich mit dir reden will. Etwas wirklich Großes, eine wichtige Aufgabe.«

Akim schwieg.

Enes fuhr fort, jetzt mit leiserer Stimme: »Du wirst wahrscheinlich deinen Ohren nicht trauen, aber lass es mich trotzdem erklären. Wie du weißt, bin ich ein Mann, der viele Eisen im Feuer hat, unter anderem investiere ich in sogenannte Lifesciences. Du weißt, was das ist?«

Akim nickte, und Enes lachte auf.

»Natürlich weißt du das, ich vergaß, dass du einer von Israels Spitzenpolitikern warst. Du liebe Güte, entschuldige. Israel gehört zu den führenden Nationen auf dem Gebiet. Wie auch immer, jedenfalls kam einem meiner Angestellten vor einer Woche ein merkwürdiges Gerücht zu Ohren. Ich muss sagen, ich dachte zuerst, das ist ein Scherz.« Er inhalierte den Rauch aus seiner Pfeife.

Akim unterdrückte ein Gähnen. »Und was ist das für ein Gerücht?«

Enes legte den Schlauch auf den Tisch und beugte sich näher zu ihm. »Dass ein neuer Virus in Skandinavien eine biologische Mutation von Mona ist.«

Er sah Akim triumphierend an. Als keine Antwort kam, fuhr er fort: »Der Virus soll irgendwie vom Computer auf den Menschen übergesprungen sein.«

Er lachte und schlug klatschend in die Hände.

Akim schüttelte den Kopf. »Das ist doch völlig unmöglich.«

Enes schien zu überlegen, ob er fortfahren sollte.

»Ja, das ist es wohl, aber es spielt eigentlich auch keine Rolle. Die Hauptsache ist, dass wir unsere Freude an dem Virus haben werden, ganz gleich, ob er ein Abkömmling von Mona ist oder nicht.«

»Unsere Freude? Inwiefern?«

»Wer profitiert davon, wenn ein Virus sich ausbreitet? Wer ist derjenige, bei dem die Kassen klingeln?«

Akim unterdrückte wieder ein Gähnen. »Der, der den Impfstoff hat?«

»Exakt! Genau wie bei Mona. Wer den Antivirus hat, hat die Macht. In dem Fall ging es darum, die ungläubigen Besatzer zu Fall zu bringen. Ein genialer Plan, der dank dir beinahe geglückt wäre. Geld hat keine Rolle gespielt …«

Er zögerte bei dem letzten Satz, war sich nicht sicher, wie viel er gegenüber Akim preisgeben sollte. Aber offenbar beschloss er, mit offenen Karten zu spielen.

»In erster Linie habe ich das Mona-Projekt der Hisbollah finanziert, weil ich den Zionistenstaat zerschlagen wollte. Natürlich. Aber ich bin auch ein Geschäftsmann …«

Akim sah ihn ausdruckslos an. »Inwiefern hast du vom Mona-Virus profitiert?«

Enes senkte das Mundstück und begegnete seinem Blick. Vielleicht war da ein Funke Unsicherheit, vielleicht bereute er, was er gerade gesagt hatte.

»Ich habe Leerverkäufe von großen Posten israelischer Aktien getätigt. Als die Virusgeschichte bekannt wurde und die Börsenkurse abstürzten, habe ich mehrere Hundert Millionen Gewinn gemacht. So konnte ich zwei Fliegen mit einer Klappe schlagen. Israel war gedemütigt, und ich habe Geld verdient. Geld, das dem Dschihad zugutekommt.«

Akim blickte hinunter auf seine Hände. Das also war das wirkliche Motiv von Enes gewesen, Mona zu finanzieren. So viele waren in Gaza gestorben. Er selbst hatte sein Leben riskiert, war verhaftet und gefoltert worden. Das Projekt war ein erniedrigender Verlust für die Hisbollah gewesen … Aber Enes war also noch reicher geworden. Akim blickte hinaus auf den Golfplatz und beobachtete ein komisches kleines Fahrzeug. Mit blinkenden Lichtern zog es seine Kreise auf den Greens, immer rundherum, wahrscheinlich eine Art Wassersprüher oder Rasenmäher. Er empfand plötzlich tiefe Verachtung für den massigen Mann ihm gegenüber.

Enes nickte hinaus zum Golfplatz. »Siebenundzwanzig Löcher, entworfen von Kyle Philipps, einem der besten Golfplatzarchitekten der Welt. Wir können morgen zusammen spielen, wenn du willst.«

Akim hatte Mühe, seine Abscheu zu verbergen. Dennoch gelang es ihm, sich zu einem Lächeln zu zwingen. »Ich spiele nicht. Erzähl mir mehr von der wichtigen Aufgabe.«

»Der Virus trägt den Namen NCoLV, Novel Corona Like Virus. Nach allem, was ich gehört habe, ist es ein sehr gefährlicher Virus, der immer schlimmer wird, je mehr Personen er infiziert.«

Akim versuchte, sich trotz seiner Müdigkeit zu konzentrieren.

Enes fuhr fort: »Es gibt da ein schwedisches Biotechlabor, Cryonordic, das an der Entwicklung eines Impfstoffes forscht. Das Unternehmen hat Zugang zum NCoL-Virus und arbeitet daran, ihn zu modifizieren, natürlich in einer streng kontrollierten und sicheren Umgebung.«

Er unterbrach sich und ließ die Information wirken, ehe er weitersprach.

»Cryonordic wurde vor wenigen Tagen von Crystal Globe Enterprises gekauft. Ein Konzern, den ich kontrolliere. Nicht offiziell, aber trotzdem. Meine Idee ist, die Mona-Strategie zu wiederholen, nur diesmal mit einem biologischen Virus.«

Akim richtete sich auf, jetzt etwas wacher.

»Du willst Israel also mit einem tödlichen Virus angreifen?«

Enes war aus dem Konzept gebracht. Er lachte trocken.

»Nein, das hatte ich nicht vor … Aber jetzt, wo du es sagst … Vielleicht können wir das irgendwie einbinden. Wie auch immer, mein Plan ist, alle ordentlich zu erschrecken. Und wenn ich sage alle, dann meine ich alle. Die ganze Welt. Jeder einzelne Mensch soll nachts wach liegen und vor der neuen Virusgefahr zittern. Und dann, Trommelwirbel …«

Er wirbelte theatralisch mit den Händen durch die Luft.

»... dann tritt Cryonordic an die Öffentlichkeit und verkündet, dass es ihnen endlich gelungen ist, einen Impfstoff zu entwickeln. Was glaubst du, was dann passiert?«

Akim war wieder in den Sessel zurückgesunken. Er antwortete matt, unfähig, seinen Zorn zu verbergen: »Alle kaufen den Impfstoff, und du wirst noch reicher.«

Enes nickte. »Der Wert von Cryonordic wird durch die Decke gehen. Ich werde reicher. Und du auch, mein Freund. Du auch.«

Er schwieg. Akims Tonfall war ihm völlig entgangen, er schien stattdessen auf Beifall zu warten. Als der ausblieb, fügte er eilig hinzu: »Glaub mir, es wäre nicht das erste Mal, dass so etwas passiert. Im Gegenteil, in der Pharmabranche ist das die Regel. Nimm die Schweinegrippe ... da war das auch so. Es gibt festgelegte Protokolle für diese Sachen. Die WHO kann ihren Mitgliedsstaaten vorschreiben, nationale Massenimpfungen durchzuführen. Wenn ein Virus auf ihrer Pandemieskala hoch genug eingestuft wird, ist die Sache klar. Bum, alle müssen kaufen. Genau das ist bei der Schweinegrippe passiert, dem Reinfall des Jahrhunderts. Nimm zum Beispiel Schweden, dieses kleine Drecksland, in dem Cryonordic sein Labor hat. Weißt du, wie viele Dosen Pandemrix Schweden gekauft hat?«

Enes wartete die Antwort nicht ab. »Achtzehn Millionen. Und das Beste an der ganzen Sache: Die haben das Zeug bestellt, bevor überhaupt ein einziger Schwede gestorben ist. Reine Sicherheitsroutine. Eine Bestellung, aufgegeben nach vorgegebenen Regeln, aufgrund politischer Beschlüsse und aus Angst.«

Akim öffnete und schloss die Fäuste, um den Blutkreislauf in Gang zu bringen. Ihm war kalt. Enes dagegen hatte große Schweißflecken auf seinem Hemd.

Akim nickte in seine Richtung. »Und wie willst du die Welt aufscheuchen?«

Der Blick des Ölmagnaten nahm eine gewisse Schärfe an. »Der Codename ist Jawdah. Projekt Jawdah. Zuerst infizieren wir ein paar Leute im Westen, gut verteilt. Dann warten wir die Schlagzeilen ab. Unsere PR-Leute heizen das Ganze an, und die Lobbyisten sorgen dafür, dass das Thema auf die politische Tagesordnung kommt. Wenn das erledigt ist, lancieren wir die Nachricht, dass es einen Impfstoff gibt, der nur von Cryonordic bezogen werden kann.«

Enes machte eine Kunstpause und fuhr dann in ruhigerem Ton fort: »Projekt Jawdah ist bereits angelaufen. Gleich nach dem Kauf des Labors habe ich den Großteil der Mitarbeiter auswechseln lassen, um sicher sein zu können, dass Jawdah ganz nach Plan verläuft. Der neue Chef vor Ort ist ein Virologe namens Craig Winter.«

Enes lehnte sich im Sessel zurück.

»Craig würde für Geld alles tun. Seine Karriere hat einen Knick bekommen, nachdem er an einigen ziemlich zweifelhaften Projekten mitgewirkt hatte, jedenfalls waren sie das in westlichen Augen.«

Akim sah ihn fragend an. »Inwiefern zweifelhaft?«

»Er war nicht immer sehr wählerisch, was seine Arbeitgeber betraf. Unter anderem hat er für unsere Brüder im Iran an Viren geforscht. Und er hat Saddam Hussein bei gewissen Dingen geholfen. Für mich sind das hervorragende Referenzen, aber im Westen sieht man das offenbar anders. Craig war eine Weile arbeitslos. Aber er ist gut. Und loyal. Er tut, was nötig ist, und stellt keine Fragen. Er ist froh, endlich etwas Sinnvolles tun zu können.«

»Und jetzt ist er für Cryonordic verantwortlich?«

»Er hat das operative Geschäft übernommen. Mach dir

keine Sorgen, wir haben ihm geholfen, seinen Lebenslauf zu putzen … Er hat jetzt sogar einen neuen Namen. Unter Craigs Leitung hat das Labor eine modifizierte Variante von NCoLV hergestellt, mit der wir ausgewählte Infektionen ausgelöst haben. Der Virus hat eine kurze Inkubationszeit, die Opfer werden sehr schnell sehr krank und dürften innerhalb weniger Tage sterben. All das, um eine richtige Hysterie auszulösen. Wir haben in Holland begonnen, und bisher scheint alles nach Plan zu verlaufen.«

Akim machte ein skeptisches Gesicht. »Besteht nicht die Gefahr, dass ihr eine echte Pandemie damit auslöst? Dieser Virus lässt sich doch wohl kaum bis ins Detail steuern.«

Enes nickte beifällig, erfreut darüber, dass Akim den Finger auf den wunden Punkt legte. Und natürlich hatte er eine Antwort darauf parat.

»Das wäre natürlich nicht gut, wir brauchen ja nur ein paar ausgewählte Infizierte an einigen ausgewählten Orten. Das sollte reichen, jedenfalls wenn wir die Schweinegrippe als Maßstab nehmen, und deshalb wurde der Virus auf diesen Zweck zugeschnitten. Ich kenne den genauen Bauplan nicht, aber offenbar hat es etwas mit der Stabilität des Virus zu tun, er kann außerhalb des Körpers nicht überleben, was die Ansteckung verlangsamt. Er muss den ausgewählten Opfern injiziert werden, damit sie krank werden. Sie bekommen im Gedränge einen kleinen Stich verabreicht, im Zug oder in der Warteschlange vor einem Fußballstadion, wahrscheinlich merken sie nicht einmal was davon. Der Virus ist also für seine Aufgabe maßgeschneidert worden, was seine weitere Verbreitung verhindert. Jedenfalls hat man mir das so erklärt.«

Akim fand nicht, dass Enes sehr überzeugend klang.

»Und der Impfstoff?«

»Da läuft es nicht ganz so gut, aber sie sind dran. Offenbar brauchen sie das Blut einer ganz speziellen Person.«

»Blut?«

»Eine Frau, ich erinnere mich nicht an ihren Namen. Sie nennen sie Patient Null. Sie ist die Einzige, die den Virus überlebt hat und wieder gesund geworden ist, und das Labor meint, dass ein bestimmter Stoff in ihrem Blut die Basis für einen Impfstoff sein kann. Damit stellt die Frau gleichermaßen eine Chance wie ein Problem dar. Wir müssen ja sicherstellen, die Einzigen zu sein, die an ihr Blut kommen.«

»Wo genau liegt das Problem?«

»Die Frau war im Labor, aber irgendwas hat sie in Panik versetzt, und man musste die Blutentnahme abbrechen. Craig hat allerdings versprochen, dafür zu sorgen, dass sie zurückkommt. Unterstützung wird er von Blacksky erhalten, einer englischen Sicherheitsfirma, die sich nicht vor etwas heikleren Aufgaben scheut. Zufällig bin ich Teilhaber auch dieses Unternehmens. Die Frau muss schnellstens wieder im Labor erscheinen, bevor irgendwelche anderen ihr Potenzial erkennen. Sie ist ein lebendes Patent. Unser Patent.«

Enes schwieg einen Moment, dann schüttelte er den Kopf. »Weißt du, was das Ironische an der Sache ist?«

»Nein.«

»Sie ist Jüdin.«

Akim blickte ihn erstaunt an. Dann lächelte er sarkastisch. »Dein großer Plan ... Wie hast du ihn noch genannt?«

»Jawdah.«

»Jawdah ... hängt also von einer Jüdin ab?«

»So ist es.«

Enes verschränkte die Arme vor der Brust und sah ihn gespannt an, offenbar erwartete er eine Art Stellungnahme.

Akim dachte daran, was Enes zu Beginn des Gesprächs gesagt hatte.

»Du sagst, der Virus hat etwas mit Samirs Computervirus zu tun, mit Mona?«

Enes lehnte sich über den Tisch vor. »Laut Arztbericht hat der Ehemann der Frau das behauptet. Er hat offenbar eine Art Videospiel erfunden, das mit dem Gehirn kommuniziert. Der Computer, auf dem das Spiel lief, wurde infiziert, und als seine Frau gespielt hat, wurde sie krank. In der Notaufnahme behauptete der Mann steif und fest, dass es der Computervirus war, der sie infiziert hat. Der behandelnde Arzt hat die Theorie als unsinnig abgetan, sie aber trotzdem in seinem Bericht vermerkt, und der wurde dann später im Internet veröffentlicht.«

Enes schwieg und sah Akim an, um sicherzugehen, dass er zuhörte. Dann fuhr er fort: »Ich verstehe nichts von IT und noch weniger von Virologie, aber sogar mir ist klar, dass so etwas unmöglich ist. Ich fand aber trotzdem, dass es der ganzen Sache eine interessante Wendung gibt. Deshalb beschloss ich, das schwedische Labor zu kaufen. Es liegt eine schöne Symbolik darin, dass wir fortsetzen, was Samir begonnen hat, auch wenn es nur ein absurdes Hirngespinst ist.«

Akim schaute wieder zu dem kleinen Fahrzeug draußen auf dem Golfplatz. Die grünen Lichter sahen vor dem schwarzen Hintergrund wie Raubtieraugen aus. Projekt Jawdah. Er wusste jetzt, dass dies seine Aufgabe war. Das war al-Qadar, seine göttliche Bestimmung. Er zweifelte nicht mehr daran, dass es Mona war, die eine neue Gestalt angenommen hatte. Mit Gottes Hilfe gab es keine Barrieren, und nichts war unmöglich. Allah hatte seine Loyalität auf die Probe gestellt, seine Ausdauer und seinen Mut. Er hatte die Probe bestanden und war aus der Gefangenschaft gerettet worden. Jetzt stand sein Auftrag klar vor ihm. Akim spürte, wie ihn eine heiße Befriedigung durchströmte.

Enes hatte die Wasserpfeife wieder in Gang gebracht und saugte schmatzend daran. »Eine schöne Symbolik«, hatte er gesagt. »Fortsetzen, was Samir begonnen hat.« Das klang alles gut und schön, aber genau wie bei Mona war es wieder das Geld, das Enes lockte. Egal. Das einzig Wichtige war jetzt, dass Enes ihm Jawdah so schnell wie möglich anvertraute.

Enes blickte ihm in die Augen. »Akim, ich weiß, dass du ein fähiger Mann bist. Klug, zuverlässig und loyal. Ziemlich seltene Eigenschaften in der Welt, in der wir leben. Ich bin überzeugt, dass es einen höheren Sinn hat, warum du zu mir zurückgekommen bist. Und jetzt möchte ich dir die Verantwortung für die Realisierung von Jawdah übertragen. Es ist ein sehr heikles Projekt, das Sinn für Details, absolute Integrität und kompromisslose Entschlossenheit erfordert, Eigenschaften, von denen ich weiß, dass du sie besitzt.«

Enes erhob sich mühsam aus dem niedrigen Sessel und ging zum Schreibtisch unter den hohen Fenstern. Er zog eine Schublade auf und nahm eine rote Plastikmappe heraus. Akim erhob sich ebenfalls. Seine Müdigkeit war einer neuen Energie gewichen, er fühlte sich rastlos.

Enes kehrte zurück und reichte ihm die Mappe. »Meine Leute haben einen vollständigen Bericht über das Projekt erstellt. Ich will, dass du schnellstmöglich das Ruder übernimmst.«

Akim griff nach der Mappe, aber Enes hielt sie fest und sah ihm in die Augen.

»Du hast mein Angebot noch nicht angenommen.«

Akim erwiderte seinen Blick, ohne mit der Wimper zu

zucken. »Ich fühle mich geehrt. Und ich nehme dein Angebot an.«

Enes ließ die Mappe los. Dann beugte er sich vor, küsste Akim auf beide Wangen und umarmte ihn fest. Er roch nach Knoblauch und Rasierwasser.

Akim machte sich los.

»Danke für das Festmahl und für deine großherzige Gastfreundschaft. Ich werde sofort auf mein Zimmer gehen und mit der Arbeit beginnen. Ich brauche einen Computer und ein sicheres Telefon.«

Enes nickte. »Dafür werde ich sorgen.«

Er ging zurück zum Schreibtisch. Plötzlich drehte er sich um und sah Akim mit listigem Gesichtsausdruck an. »Während du auf die Sachen wartest, möchtest du dich vielleicht amüsieren?«

»Amüsieren?«

»Mit einer Frau …«

Akim musste wieder darum kämpfen, seine Verachtung zu verbergen. »Nein danke, ich bin nicht interessiert.«

Enes schüttelte den Kopf. »Du hast mich missverstanden, das ist nicht irgendeine Frau. Sie ist vom selben Fleisch und Blut wie die Hündin, die so viele unserer Brüder getötet hat. Die Schwester der Frau, die dich hat hochgehen lassen. Das Paket, das du aus Zypern mitgebracht hast. Ich weiß nicht, was wir mit ihr machen werden, aber jedenfalls ist sie erst mal hier.«

Akim blickte ihn nachdenklich an. »Dann möchte ich sie gerne treffen.«

»Dachte ich mir doch. Adara, meine Sekretärin, wird dir zeigen, wo du sie findest. Leider musst du dich ins Kellergeschoss begeben. Und ich muss dich warnen, es ist kalt und ungemütlich dort, normalerweise benutzen wir den Keller nur als Lager. Andererseits seid ihr dort unten ganz allein, niemand wird euch stören.«

Stockholm, Schweden

Djurgårdsbrunns Värdshus war jetzt voll besetzt, und der Lärmpegel war hoch. Das Feuer im Kamin brannte mit neuer Kraft. Jens war gerade mit seinem Hauptgericht fertig, Hanna und Eric hatten ihr Essen nicht angerührt. Wie sehr Eric sich auch anstrengte, er konnte sich auf die Träume, von denen Jens berichtet hatte, keinen Reim machen. Philippa hatte in ihrem Tagebuch vereinzelte Traumszenen aus Mats' Fieberschüben geschildert. Mats hatte von einem ausgestorbenen Stockholm erzählt. Von Bergen nackter Körper und gigantischen Leichenfeuern. So weit konnte es vielleicht Zufall sein, es gab nur gewisse Ähnlichkeiten mit Hannas Träumen. Aber dann hatte Mats ein kleines Mädchen im schmutzigen Kleid und mit zerzausten Haaren erwähnt. Und einen alten Wecker. Damit hörte alle Logik auf. Der Ingenieur in Eric protestierte energisch. Was Jens behauptete, war schlicht nicht möglich. Die Bedienung kam an den Tisch, Jens bestellte und blickte fragend zu Eric, der den Kopf schüttelte. Kurz nachdem Mats ins Koma gefallen und ins Karolinska eingeliefert worden war, hatten sich auch bei Philippa Krankheitssymptome gezeigt. Sie hatte ihr Tagebuch weitergeführt, und auch sie hatte begonnen zu träumen, immer intensiver und immer düsterer. Was so unfassbar daran war: Auch Philippa hatte von der zerstörten Welt geträumt. Sie hatte die weiße Asche beschrieben, die vom Himmel regnete, und sie war in der roten Wüste gewesen. Alles stimmte fast bis aufs Wort mit dem überein, was Mats und Hanna erlebt hatten. Im Traum hatte auch Philippa den alten Wecker gefunden, und sie hatte ebenfalls eine zerbrochene Glaskugel gesehen. Gerade das schien ihr wichtig gewesen zu sein, denn im Tagebuch hatte sie das in Großbuchstaben aufgeschrieben und extra unterstrichen. Eric schluckte, blickte sich im Restaurant um und fuhr sich mit der Hand durchs Haar. Es musste eine andere Erklärung dafür geben. Dass Philippa das Gleiche träumte wie Mats, war vielleicht gar nicht so abwegig, er hatte ihr ja bereits von seinen Traumerlebnissen erzählt. Und die Ähnlichkeiten mit Hannas Träumen mussten Zufall sein. Konnten nur Zufall sein.

»Eric, findest du nicht auch?«

Jens sah ihn fragend an. »Was?«

»Dass es eine verdammte Unverschämtheit war, Hanna zu drohen?«

Eric nickte zerstreut. »Ja … ich habe so etwas noch nie gehört.«

Er blickte zu Hanna, die mit ihrem Löffel in einer Crème Caramel stocherte. Er hatte gar nicht bemerkt, dass die Desserts serviert worden waren.

»Es war so beängstigend. Nicht nur, was er sagte, sondern wie er es sagte. So furchtbar … kalt.«

Eric wandte sich an Jens, der gerade den letzten Rest seines Apfelkuchens mit Vanillesoße verputzte. »Was weißt du über ihn?«

»Über Craig Winter? Die neuen Eigentümer haben ihn gerade erst zum CEO von Cryonordic gemacht. Er hat offenbar so gut wie alle bisherigen Mitarbeiter gefeuert, was meinst du, wie die Gewerkschaft tobt. Wenn man der knappen Pressemitteilung glauben darf, war er stellvertretender Forschungsleiter bei Bayer. Und davor CEO bei einer Finanzierungsgesellschaft, die teilweise dem ägyptischen Staat gehört.«

Jens schob den Teller von sich und lehnte sich zurück.

»Meine Theorie ist, dass es um Erwartungen und Versprechungen geht. Für den Käufer, Crystal Globe Enterprises, scheint der NCoLV-Impfstoff höchste Priorität zu haben, verständlich, wenn man bedenkt, dass der Virus sich immer mehr verbreitet. Es würde mich nicht wundern, wenn die Verkäufer von Cryonordic behauptet hätten, dass sie auf dem besten Weg sind, ein Serum zu entwickeln, und damit den Verkaufspreis in die Höhe getrieben haben. Das würde erklären, warum Craig Winter solchen Druck macht.«

Er sah Hanna an. »Deshalb hat er dir verboten, dir irgendwo anders Blut abnehmen zu lassen.«

Hanna schüttelte sich. »Und aus genau diesem Grund sollen wir zu diesem Forscher gehen, von dem ihr erzählt habt. Der vom KI.«

»Genau, Sven Sahlgren heißt er und scheint ein richtig guter Mann zu sein. Aber Craig Winter wird vor Wut toben.«

Jens legte seine Hand auf Hannas Arm. »Wenn ich bedenke, wie es dir im Moment geht, Hanna, und wegen all dem Mist, den ich gerade erwähnt habe – einschließlich des immer lauter werdenden Medienrummels –, finde ich, dass ihr die Stadt für eine Weile verlassen solltet. Fahrt aufs Land.«

Er sah Eric an. »Es gibt wohl nicht viele, die von eurem Häuschen auf Dalarö wissen?«

»Nein, das ist ziemlich unbekannt.« Eric dachte nach. »Aber ich glaube, ich habe eine bessere Idee.« Er warf einen Blick zu Hanna. »Ich habe die Schlüssel zu Jarmos Haus. Jarmo ist unser Nachbar. Er ist den ganzen Monat verreist, vielleicht können wir uns in seinem Gästehaus einquartieren. Ich werde ihn anrufen und fragen, aber ich bin sicher, dass er nichts dagegen hat. Da kann uns dann wirklich keiner finden. Da haben wir unsere Ruhe.«

»Gut, dann macht das. Morgen fahrt ihr zu Sven Sahlgren ins KI und liefert Blut ab. Anschließend nehmt ihr euch einen kleinen wohlverdienten Urlaub. Okay?«

Eric sah Hanna in die Augen. Vielleicht war das tatsächlich das Beste, die Drohung von Craig Winter war wirklich sehr belastend. In Jarmos Gästehaus gab es nicht einmal einen Fernseher, und wenn Eric alle Einkäufe erledigte, würde Hanna auch keine Zeitungen zu Gesicht bekommen. Sie würde zwar ihrer Arbeit fernbleiben müssen, aber das würde schon gehen. Er wusste, dass Hanna die Idee nicht gefiel, aber es war ja nur für ein paar Tage, bis das Schlimmste vorbei war.

Er wandte sich an Jens. »Und du, was willst du machen?«

»Ich werde der Sache mit Cryonordic auf den Grund gehen. Noch aus der Zeit vor dem Verkauf habe ich eine Interviewzusage von einem ihrer leitenden Mitarbeiter, Henrik Dahlström, er ist einer der wenigen, die noch da sind. Das ist doch schon mal ein guter Anfang. Wenn ich erst einen Fuß in der Tür habe, kann ich bestimmt auch die Leichen im Keller ausgraben. Darin bin ich gut.«

Er zog sein Portemonnaie hervor und legte seine Visakarte auf die Rechnung.

»Ihr wisst ja, was ich schon die ganze Zeit gesagt habe. Irgendwas ist faul an der Sache. Verdammt faul.«

Uppsala, Schweden

Henrik Dahlström hatte sechs Anrufe verpasst, alle von Paula. Kein Wunder, er hätte schon vor mindestens drei Stunden zu Hause sein sollen. Um Viertel nach neun an diesem Morgen hatte er die Information über die ersten beiden Fälle von NCoLV in Holland erhalten. Die Alarmmeldung war vom Universitätsklinikum UMC in Utrecht gekommen, einer Stadt, die mit ihren gut dreihunderttausend Einwohnern die viertgrößte der Niederlande war. Vierzig Minuten nach der Meldung vom UMC gab es wieder Alarm, diesmal aus dem St. Antonius, ebenfalls ein Akutkrankenhaus in Utrecht. Dort hatte man weitere vier Fälle von NCoLV diagnostiziert. Alle sechs Patienten lagen bereits im Koma. Vor zwei Stunden dann war wieder eine Meldung aus dem UMC gekommen, wieder vier neue NCoLV-Patienten. Der Krankheitsverlauf war aggressiv, mit schweren Blutungen, plötzlicher Atemnot und Herzinsuffizienz. Bei drei der Patienten war der Zustand höchst kritisch, und das dreizehn Stunden nach Auftreten der ersten Symptome. Aber wie waren die zehn Personen in Holland, die untereinander offenbar in keinerlei Verbindung standen, mit dem Virus in Kontakt gekommen? Das war im Moment noch ein Rätsel. Vor einer halben Stunde war es ihm endlich gelungen, den Arzt im UMC dazu zu bringen, ihm die DNA-Sequenzen der holländischen NCoLV-Varianten zu schicken. Bis der Arzt seine Berichte fertig hatte und sie mailen konnte, würde es allerdings noch eine Stunde dauern. Henrik war rastlos. Er versuchte sich zu entspannen, aber nachdem er minutenlang mit dem Fuß auf den Boden geklopft hatte, griff er sich seine Jacke und verließ den Raum.

Es war nicht mehr so einfach, sich innerhalb der Anlage

zu bewegen – Blacksky, Cryonordics neue Securityfirma, hatte strenge Sicherheitsroutinen eingeführt. Die Wachleute waren bewaffnet, patrouillierten mit grimmiger Miene über das Gelände und führten scharfe Berechtigungskontrollen durch. Es hatte keinen Sinn, das Laborgelände zu verlassen, nur um bei der Rückkehr noch einmal alle Kontrollprozeduren durchlaufen zu müssen. Henrik beschloss, stattdessen an der Innenseite der hohen Umzäunung entlangzugehen und sich ein bisschen die Beine zu vertreten. Er stolperte über ein paar herumliegende Zweige und schrammte sich den Fuß an einem spitzen Stein auf, die dünnen Lederschuhe waren denkbar ungeeignet für einen Waldspaziergang. Die Luft war kühl und die Abenddämmerung voller Gerüche und Farben. Irgendwo hämmerte ein Specht, vielleicht an einer der hohen Eichen.

Irgendetwas hatte er übersehen. Seit dem ersten Bericht aus Holland klingelte eine Alarmglocke in seinem Kopf. Es war etwas Wichtiges, an das er sich erinnern müsste, etwas, das am Rand seines Bewusstseins entlangkroch wie ein flüchtiger Schatten, aber wie sehr er sich auch anstrengte, er kam nicht drauf. Er beschloss, nicht weiter darüber nachzugrübeln und sich stattdessen auf die Frage der Ansteckung zu konzentrieren. NCoLV verbreitete sich nur durch direkten Kontakt, also waren die holländischen Infizierten entweder mit einem schwedischen Virusträger in Berührung gekommen, oder – Gott behüte – es gab noch mehr Infektionsfälle da draußen, die sie bisher nicht kannten, einen oder mehrere unbekannte Virusträger, die noch nicht isoliert waren. Philippas Virus war fast identisch mit der Variante, die bei Mats Hagström isoliert worden war. Da NCoLV in jedem Wirt mutierte, war auch jede Virusvariante einzigartig, ebenso individuell wie ein Fingerabdruck. Deshalb war es relativ einfach zu bestimmen gewesen, dass Mats seine Frau angesteckt hatte.

Henrik hatte das kurze Ende der Einzäunung erreicht, wo das Gras in trockenen, steinigen Boden überging. Er steckte die Hände in die Jackentaschen, drehte sich um und ging zurück zum Glaskomplex. Es war inzwischen dunkel geworden, und der Parkplatz lag in grellem Scheinwerferlicht. Er blickte hinauf zu seinem Zimmer im ersten Stock, das Fenster schien wie ein Rechteck aus Licht auf der ansonsten schwarzen Fassade zu schweben. Offenbar war er der Einzige, der Überstunden machte.

Er ging ins Haus, durchquerte den großen Lichthof und fuhr mit dem Aufzug in seine Abteilung. Eilig trabte er den dunklen Gang entlang zu seinem Büro und lief erwartungsvoll zu seinem Rechner. Eine einsame Datei lag in seinem Mailfach.

UTRECHT_STRAIN_1_2.PDF

Gerade als er sich an den Rechner setzte, wäre ihm beinahe eingefallen, was er übersehen hatte … Er starrte grübelnd auf den Bildschirm und versuchte, die flüchtige Erinnerung einzufangen. Er wusste, dass es wichtig war. Schließlich gab er es auf, schüttelte ärgerlich den Kopf und öffnete die Datei, die das holländische Krankenhaus geschickt hatte. Lange Reihen der Buchstaben A, G, C und T erschienen auf dem Bildschirm. Im Programm BLAST verglich er die holländische Variante mit einigen der schwedischen Mutationen. Schnell erkannte er mehrere Abschnitte im Utrechter Virus wieder, die DNA enthielt Sequenzen, die die Membranproteine und die Hämagglutinin-Esterase des Coronavirus codierten. Das bedeutete, dass der Virus wahrscheinlich eine mutierte Version der schwedischen Variante war. Henrik suchte weiter und fand eine Reihe bekannter Punktmutationen in der Utrecht-Sequenz. Nach einer halben Stunde konzentrierter Arbeit war er sich sicher: Der holländische Virus hatte seinen Ursprung in Doktor Thomas Wethjes Virusvariante, bei der es sich um exakt dieselbe Version handelte, die Cryonordic für Sequenzierung, Vermehrung und Mutationen nutzte. Das war ein ganz außergewöhnliches Zusammentreffen. Die Wahrscheinlichkeit, dass solche Übereinstimmungen auf natürliche Weise zustande kamen, war kleiner als eins zu einer Milliarde. Er hob den Blick vom Bildschirm und überlegte. Über den Server müsste er an Craig Winters neueste Forschungsergebnisse kommen. Sein Handy vibrierte, und eine neue SMS blinkte wütend auf dem Display. Paula jagte ihn. Er ignorierte das Telefon, loggte sich ins Firmennetz ein und klickte sich zu Craigs Dateiordner durch. Als er versuchte, die letzte NCoLV-Variante zu öffnen, erschien eine Warnmeldung auf dem Bildschirm.

KEINE ZUGRIFFSBERECHTIGUNG

Henrik runzelte die Stirn und versuchte es noch einmal. Mit demselben Ergebnis. Frustriert wählte er die nächstältere Version aus. Auch die ließ sich nicht öffnen. Was war das? Seine Zugriffsrechte sollten sich nicht geändert haben, trotz seiner neuen Position. Er ging zu einer noch älteren Version zurück und klickte darauf. Das klappte. Neue DNA-Sequenzen wurden vor seinen Augen aufgelistet. Er verglich die beiden Virusvarianten, und genau wie er vermutet hatte, wurde jetzt deutlich, dass sie vom Subtypus Thomas Wethje abstammten. Craig hatte danach seine Version mit verschiedenen Viren aus Cryonordics eigener Probenbank mutieren lassen. Die Variante aus Utrecht war auch mutiert, sicherlich durch einen oder mehrere Wirte. Henrik nahm einen Stift vom Schreibtisch, legte die Spitze an den Monitor und verfolgte sorgfältig die langen Codereihen. Sein Atem wurde schneller.

»Aber …«

Er beugte sich noch dichter an den Bildschirm, schüttelte den Kopf und wechselte mehrere Male zwischen den beiden Dateien hin und her. Ein kalter Schauer lief ihm über den Rücken, seine Nackenhaare sträubten sich. Das Handy vibrierte schon wieder, er beachtete es nicht. Craigs Variante enthielt die üblichen Identifikationsblöcke, Cryonordics Signatur. Kleine Spezialsequenzen, die in den DNA-Code eingebettet wurden und als Copyrightstempel des Labors fungierten. Alle Forschungszentren hatten ihre eigenen Kombinationen. Der Utrechtvariante fehlten diese Signaturen, natürlich, das war ja ein Wildvirus, also ein Virus, der sich außerhalb der Labors eigenmächtig entwickelt hatte. Aber die Sequenzen aus Holland wiesen unerklärliche Zwischenräume mit nicht codierender DNA auf, sogenannter *junk-DNA*, und wenn die Codestränge nebeneinander angeordnet wurden, zeigte sich, dass diese Zwischenräume sich an genau denselben Stellen befanden wie die Signaturen in Cryonordics Version. Da das unmöglich ein Zufall sein konnte, gab es dafür nur eine Erklärung, und die war ebenso erschreckend wie unfassbar. Die vorhandenen Signaturen waren gelöscht worden. Jemand hatte seinen Namen ausradiert. Jemand von Cryonordic. Aber dann musste Craig …

»Was machen Sie denn so spät noch hier?«

Henrik fuhr zusammen und ließ vor Schreck den Stift auf den Boden fallen.

Craig Winter stand in der Tür. Er trug einen dunkelblauen Anzug und darunter ein aufgeknöpftes weißes Hemd. In der Hand hielt er sein iPad. Als Henrik den Tablet-PC sah, fiel ihm plötzlich ein, was er übersehen hatte. Das, woran er sich seit dem Morgen so krampfhaft zu erinnern versuchte. Utrecht! An dem Tag, als er Craig zum ersten Mal traf, hatte der einen Stadtplan auf seinem iPad gehabt. Und obwohl er den Plan schnell weggeklickt hatte, war es Henrik gelungen, den Namen der Stadt zu lesen … Das war vor einigen Tagen gewesen, lange bevor das Auftauchen des Virus in Utrecht bekannt geworden war.

Craig musterte ihn kühl. Henrik versuchte, irgendwas Sinnvolles zu erwidern, aber sein Hals war wie zugeschnürt. Schließlich gelang es ihm, ein paar Worte hervorzustottern.

»Ich … gehe nur ein paar PCR-Daten durch.«

Craigs Blick wanderte durchs Büro. »Gibt's was Neues zu N-Gate?«

Henrik umklammerte die Armlehnen, er fühlte sich schwindelig, als würde der Stuhl, auf dem er saß, in freiem Fall durch die Luft sausen. Er musste weitersprechen, musste natürlich wirken. »Wir kommen nicht weiter. Nicht ohne Frau Söderqvist.«

Craig schien nicht zuzuhören, oder er ignorierte seine Antwort einfach. »Die Entwicklung in Holland ist höchst alarmierend. Ich habe gerade erfahren, dass jetzt auch in Dänemark und Deutschland Fälle von NCoLV entdeckt worden sind. Wir müssen den Impfstoff schnellstmöglich entwickeln.«

Henrik versuchte verzweifelt, eine logische Erklärung für das zu finden, was er gerade entdeckt hatte. Craig stand wie angewachsen da und starrte auf einen Punkt hinter Henriks Rücken. Zuerst dachte Henrik, er würde gedankenverloren aus dem Fenster schauen, aber dann fiel ihm ein, dass er die beiden NCoLV-Varianten noch auf dem Bildschirm hatte. Verzweifelt tastete er mit dem Fuß nach dem Stromkabel, konnte er den Stecker aus der Steckdose ziehen? Nein, sie war zu weit weg. Sollte er mit dem Stuhl weiter nach links rollen, um den Bildschirm zu verdecken?

Craig zuckte gleichgültig die Schultern. »Seien Sie unbesorgt, wir werden Hanna Söderqvist schon überzeugen. Sie bekommen Ihr Blut, das verspreche ich.«

Henrik nickte mechanisch. Craig sah ihn lange an, schien etwas in seinen Augen zu suchen. Dann drehte er sich um und ging hinaus auf den dunklen Korridor.

Im Weggehen rief er über die Schulter zurück: »Machen Sie nicht mehr zu lange, Professor. Wir wollen doch nicht, dass Sie sich totarbeiten.«

Nikosia, Zypern

Rachel Papo hatte sich für das unscheinbare kleine Crown Inn Hotel in der Philellinonstraße entschieden, im Stadtteil St. Andreas im Nordwesten von Nikosia. Das dreistöckige Haus lag an einer belebten Straßenkreuzung und sah aus wie ein graues Tortenstück. Sie hatte bar bezahlt und einen erfundenen Namen ins Gästebuch eingetragen. Niemand an der Rezeption hatte Fragen gestellt, obwohl sie hinkte und mehrere offene Wunden im Gesicht hatte. Das Zimmer, das sie bekam, lag im obersten Stock und hatte einen kleinen Balkon zum Hinterhof. Ausgestattet war es mit zwei Betten unter fleckigen roten Tagesdecken, dünnen orangefarbenen Vorhängen vor der Balkontür, einem winzigen Nachttisch und einem hässlichen Wandbild mit einem

Blumenstrauß. Eine überdimensionierte Klimaanlage saß über der Balkontür an der Wand und rauschte vor sich hin. Rachel lag lang ausgestreckt auf dem Bett und starrte an die schmutzige Decke. Der Schmerz in der Seite hatte nachgelassen, hoffentlich war es nur eine gebrochene Rippe.

Auf dem Parkplatz in Nikosia war sie so nahe dran gewesen. Immer wieder sah sie vor ihrem geistigen Auge, wie der kopflose blutige Körper auf Tara fiel, hörte Taras verzweifelte Schreie und sah, wie Akim Katz mit ihr im Flughafengebäude verschwand. Wie weit konnte ein vollgetankter Learjet fliegen? Bestimmt dreitausend Kilometer. Was lag innerhalb dieses Radius? Ganz Europa, die arabische Welt, Afrika … Sie fuhr sich mit ihren verletzten Händen übers Gesicht. Sie war vollkommen fertig. Es war, als wären Angst und Wut von einer übermächtigen Müdigkeit aufgefressen worden.

Durchs Balkonfenster sah sie verschwommen die Fassade des gegenüberliegenden Hauses. Die kleinen Fensterhöhlen sahen aus wie Zellenfenster. Der Mossad hatte eine rote Order auf ihren Namen ausgestellt. Der Agent auf dem Flugplatz hatte den Mordbefehl bei sich gehabt, Ben Shavit hatte ihn unterschrieben, und Einheit 101 würde alles daransetzen, ihn zu vollstrecken.

Der Luftstrom der Klimaanlage an der Wand machte ihr Gänsehaut. Was sollte sie tun? Sie hatte immer noch ein paar nützliche Kontakte in der arabischen Welt. Konnte sie an ihr Geld kommen? Kaum. Die Kreditkarte zu benutzen war ausgeschlossen. Sie hatte mehrere Pässe, aber der Mossad kannte jeden der Namen, auf die sie ausgestellt waren. Alles, was sie besaß, war ein kleiner Rucksack, ein Buch von einem alten jiddischen Dichter, eine Pistole und eine Bombenattrappe. Sie schloss die Augen. Könnte sie nur in diesem kleinen Hotel bleiben. Die Tür abschließen, das Rollo herunterziehen und schlafen. Schlafen und nie wieder aufwachen.

Uppsala, Schweden

Als die Eingangstüren des Cryonordic-Gebäudes sich hinter ihm schlossen, seufzte Henrik Dahlström erleichtert auf, er hatte schon gedacht, er würde nie mehr rauskommen. Er fühlte sich benommen, fast wie betäubt, wahrscheinlich hatte er eine Art Schock. Die NCoLV-Fälle in Dänemark und Deutschland machten alles noch schlimmer. Insgesamt gab es nun neunzehn bestätigte Fälle in Europa. Und das innerhalb von nur vierundzwanzig Stunden. Er sehnte sich nach Paula und bereute, dass er auf ihre Anrufe und SMS nicht reagiert hatte.

Die Nacht war sternenklar und windstill. Er ging zu seinem Auto, das einsam auf dem großen Parkplatz stand. Wie sollte er mit seinem Verdacht umgehen? Wenn es stimmte, dass Craig Winter hinter den Infektionen in Utrecht steckte, und wenn es wirklich ein Virus von Cryonordic war, der die Verbreitung in Holland ausgelöst hatte, vielleicht auch in Dänemark und Deutschland – dann war das eine Katastrophe. Ein entsetzliches Verbrechen. Aber wem sollte er davon erzählen? Der Polizei? Dem SMI? Sven Sahlgren vom Karolinska-Institut? Er öffnete den Kofferraum und legte seine Aktentasche hinein, setzte sich ans Steuer und drehte den Zündschlüssel. Nichts passierte. Er drehte noch einmal. Der Motor des Aston Martin blieb stumm. War die Batterie leer? Nein, die Anzeigen am Armaturenbrett waren beleuchtet, nur der Motor gab keinen Mucks von sich.

Er versuchte es ein drittes Mal: Murphy's Gesetz. Der Motor war tot.

Jemand klopfte energisch an die Seitenscheibe. Henrik fuhr heftig zusammen, er war überzeugt gewesen, allein auf dem Parkplatz zu sein. Cryonordics Sicherheitschef Nicholas Moreman und einer der Wachleute von Blacksky standen neben dem Wagen. Henrik hatte sie nicht kommen sehen. Er schluckte und öffnete die Tür.

Nicholas lächelte. »Probleme?«

»Der Motor springt nicht an. Das ist noch nie passiert, der Wagen ist ganz neu.«

»Wenn Sie wollen, kann ich Ihnen ein Taxi rufen.«

»Tja, ich würde den Wagen nicht gerne stehen lassen.«

»Verstehe, das würde ich auch nicht. Gut, dann lösen wir das anders …« Er sah den schwarz gekleideten Wachmann an. »Steve kann Sie abschleppen. Ist das okay, Steve?«

Der Securitymann nickte wortlos und trabte im Laufschritt Richtung Garage.

Nicholas sah auf die Uhr. »Sie haben Überstunden gemacht? Irgendein wichtiger Durchbruch?«

Henrik zwang sich zu einem Lächeln. »Eher Rückschläge.«

Das Tor der Garage glitt auf, und ein schwarzer Hummer rollte mit dumpfem Dröhnen heraus, fuhr einmal um den Parkplatz und hielt vor Henriks Wagen. Steve stieg aus, umrundete den Hummer und begann, ein langes Abschleppseil von einer Rolle zu ziehen, die unter der Stoßstange saß.

Nicholas nickte dem Mann zu. »Steve hat schon ganz andere Sachen gedeichselt, bei ihm sind Sie in sicheren Händen. Viel Glück und gute Nacht.«

Ehe Henrik etwas sagen konnte, hatte Nicholas sich umgedreht und ging mit schnellen Schritten auf die offene Garage zu.

Wenige Minuten später rollte der Hummer mit dem Aston Martin im Schlepptau vom Laborgelände. Henrik war zu müde und zu nervös, um sich Gedanken darüber zu machen, was mit seinem Auto los war, er wollte nur noch nach Hause. Gemeinsam mit Paula konnte er dann darüber nachdenken, wie er weiter vorgehen sollte. Nach ein paar Kilometern auf der dunklen Landstraße erreichten sie die Autobahn, und der Hummer beschleunigte. Zuerst reagierte Henrik nicht darauf, aber dann begann er, nervös auf den Tacho zu starren. Hundertdreißig Stundenkilometer. Hundertvierzig. Verdammt, man durfte doch niemanden in einem solchen Tempo abschleppen. Ihm fiel ein, dass er sich nicht angeschnallt hatte, er griff nach dem Gurt und zog daran. Der Gurt bewegte sich nicht. Er schnitt eine Grimasse und zog kräftiger, aber der Gurt saß fest. Um ihn herum sauste es immer lauter und das Lenkrad vibrierte heftig, der Tacho zeigte jetzt einhundertfünfzig Stundenkilometer.

Henrik nahm den Blick für einen Moment von der Straße und beugte sich über die Rücklehne, um den Gurt loszubekommen. Da entdeckte er auf der schmalen Rückbank mehrere dunkle Objekte. Verwundert machte er das Innenlicht an. Drei grüne Kanister lagen da auf dem Rücksitz. Er warf hastig einen Blick nach vorn, großer Gott, die Tachonadel stand jetzt bei hundertsechzig. Mit der einen Hand krampfhaft am Lenkrad, tastete er mit der anderen Hand nach hinten, erwischte den Verschluss eines Kanisters und schraubte ihn auf. Der Deckel flog ab und der Inhalt schwappte ihm über die Hand. Stechender Benzingeruch erfüllte den Innenraum. Was zur Hölle …? Er suchte verzweifelt nach einer Erklärung. Hatte Paula die Kanister auf den Rücksitz gelegt? Aber dann hätte er sie doch sehen müssen, als er am Morgen losfuhr?

Der Wagen machte jetzt einen Heidenlärm, pfiff und rüttelte und schaukelte. Die Abfahrt nach Knivsta kam näher. Die Tachonadel hatte inzwischen hundertsechzig überschritten, der Fahrer des Hummers musste verrückt geworden sein. Henrik hupte wie wild und blendete immer wieder das Fernlicht auf, aber der schwarze Wagen vor ihm reagierte nicht. Weit und breit waren keine anderen Autos zu sehen, die Autobahn war völlig leer. Henrik grub in seinen Taschen nach dem Handy. Hundertsiebzig jetzt. Er fand das Mobiltelefon, versuchte verzweifelt, 112 zu wählen, aber die Panik machte es ihm unmöglich. Direkt an der Ausfahrt Knivsta scherte der Hummer plötzlich aus. »Was? Nein!« Der Hummer mähte die Betonelemente am Straßenrand um und das Stahlseil schlitzte den Beton auf. Das Manöver war perfekt ausgeführt, es gab nichts, was Henrik hätte tun können, die Betonstücke kamen auf ihn zu wie Kanonenkugeln. Das Letzte, woran er dachte, waren die drei Benzinkanister auf dem Rücksitz.

Riad, Saudi-Arabien

Akim Katz war auf das Dach des mittleren Gebäudes gestiegen, um den Sonnenaufgang zu erleben. Der Palast hatte sein eigenes Minarett, und er genoss den Ruf des Muezzin. Er begriff, dass es lange her war, seit er einen echten Adhan gehört hatte. Die Luft war trocken, aber weich, mit einem leichten Blumenduft, sicher aus dem großen Garten; der Wind kam von dort.

In der Nacht war Akim das Material durchgegangen, das Enes ihm gegeben hatte. Als er damit fertig war, hatte er wach gelegen, den Kopf voller Gedanken und Ideen. Obwohl er beim Abendessen so müde gewesen war, dauerte es fast drei Stunden, bis er einschlief, aber andererseits hatte er die Zeit nutzen können, um größere Teile seines neuen Plans zu formulieren. Jawdah war nun etwas, das Enes sich nie hätte träumen lassen. Das Thema Geld war vom Tisch, das Projekt war jetzt so viel größer. So viel wichtiger. Göttlich. Aber er würde alle in seinem Umfeld belügen müssen, einschließlich Enes. Wenn jemand erkannte, was er im Begriff war zu tun, würden sie keine Mittel und Wege scheuen, um ihn daran zu hindern.

Akim verfolgte zwei Putzfrauen mit dem Blick. Sie gingen einen der vielen Wege entlang, die durch den Garten und über die Rasenflächen führten. Hanna Söderqvist war ein Risiko, das die gesamte Existenz des Projekts bedrohte. Ein Impfstoff durfte nie realisiert werden, deshalb war es wichtig, sie zu finden. Wie schwer konnte es sein, eine Frau in einer Großstadt wie Stockholm aufzuspüren? Wenn sie denn noch dort war. Was, wenn sie solche Angst bekommen hatte, dass sie ins Ausland geflohen war? Oder in der nordischen Wildnis untergetaucht? Jede Minute konnte sie eine Arztpraxis aufsuchen und sich ihr kostbares Blut abnehmen lassen. Das war ein unhaltbarer Zustand. Aber wenn Blacksky sie nicht finden konnte, wer dann? Wer konnte eine Frau aufspüren, die sich rein theoretisch an jedem Ort der Welt aufhalten konnte? Enes hatte Kontakte, die man nutzen könnte, aber Akim wollte ihn nicht fragen. Je weiter der Ölmagnat vom neuen Jawdah entfernt war, desto besser.

Die Putzfrauen waren verschwunden, und Akim betrachtete stattdessen den rot-weißen Windsack neben der Hubschrauberplattform. Er dachte an die gestrige Begegnung mit Tara Papo. Es war eine willkommene Gelegenheit gewesen, sich abzureagieren. Etwas von der Wut loszuwerden, die sich während der Wochen seiner Gefangenschaft in ihm angesammelt hatte.

Plötzlich kam ihm eine Idee, sie tauchte auf, als er an Tara dachte. Die Idee war verrückt, sicher, aber auch komisch. Eine Herausforderung und im Grunde nicht ohne Ironie. Vielleicht war sie geradezu genial. Akim hob den Blick und schaute hinaus in die gelbbraune Wüste. Am Horizont startete ein Flugzeug, der King Khalid Airport lag irgendwo dort hinten. Bei dieser Art von ernsten Situationen war es erlaubt, in ganz neuen Bahnen zu denken. Es war geradezu notwendig. Rachel Papo! Wenn jemand Hanna Söderqvist finden konnte, dann sie. War es das Risiko wert? Rachel war effektiv, aber auch gefährlich und unberechenbar. Diesmal war er es jedoch, der die Fäden in der Hand hielt. Rachel würde wer weiß was tun, um die Gefangene in Enes' Keller zu beschützen. Wenn sie Erfolg hatte, konnte sie Hanna an Nicholas Moreman und Blacksky übergeben. Akim hätte beinahe laut gelacht. Nach allem, was passiert war, würde er seine ganz persönliche Mossad-Agentin haben, eine tödliche Marionette, die blind seinem leisesten Wink folgte. Vielleicht würde Rachel die verschwundene Schwedin nicht finden, aber der Versuch kostete ja nichts. Wenn sie den Auftrag ausgeführt hatte, brauchte er nur die Schnüre zu kappen und die Puppe fallen zu lassen. Akim kannte ihre Telefonnummer auswendig, er hatte sie selbst aus der Mossad-Informationszentrale in Herzliya besorgt. Wenn Allah es gut mit ihm meinte, dann hatte sie noch dieselbe Nummer. Er ging auf die Treppe zu, die vom Dach nach unten führte. Das hier war wirklich inspirierend. Verrückt, aber inspirierend.

Stockholm, Schweden

Jens nahm den Fuß vom Gaspedal und warf einen Blick aufs Navi. Der blaue Punkt auf dem GPS näherte sich dem roten, er musste gleich da sein. Sieben Minuten später bremste er vor einem rot-weißen Schlagbaum und einem Wachhäuschen. Zwei Männer in schwarzen Uniformen beäugten ihn misstrauisch. Jens stellte den Motor ab, ließ die Seitenscheibe herunter und lächelte den nächststehenden Wachmann an.

»Ich habe um elf einen Termin bei Henrik Dahlström.«

Der Wachmann zog ein iPad hervor. »Ihr Name?«

»Jens Wahlberg.«

Jens bemerkte, dass der Wachmann, der ein paar Meter entfernt stand, bewaffnet war. Die beiden Männer wirkten eher wie Soldaten.

Der Mann mit dem iPad sah Jens scharf an. »Sie sind spät dran.«

Bevor Jens antworten konnte, winkte er seinem Kollegen zu, und der verschwand im Wachhäuschen. Einen Moment später öffnete sich der Schlagbaum geräuschlos. Als Jens durch die Absperrung fuhr, bemerkte er Warnschilder zu beiden Seiten der Durchfahrt: BIOKONTAMINATION.

Am großen Glaskomplex wurde Jens von zwei weiteren Sicherheitsleuten erwartet. Nachdem er seinen Presseausweis gezeigt und eine Reihe von Fragen beantwortet hatte, durfte er endlich die helle, durch Frischluft klimatisierte Halle betreten. Er blickte sich um. Es war eine Art Lichthof, fast zehn Meter hoch und mit schönen Skulpturen, die überall auf dem schwarzen Marmorboden verteilt standen. Er räusperte sich.

»Hallo?«

Seine Stimme hallte von Steinboden und Fensterfronten wider. Nichts geschah. Er ging ein paar Schritte in den Lichthof hinein und entdeckte ein Kunstwerk, das er aus dem Internet kannte. An dicken Drähten hoch über ihm hing eine enorme Glaskugel, in der eine kleinere silberne Erdkugel eingeschlossen war. Das Firmenlogo von Crystal Globe.

»Herr Wahlberg?«

Er zuckte zusammen und drehte sich um. Eine junge Frau im grauen Kostüm stand direkt hinter ihm, er hatte sie gar nicht kommen hören.

»Tut mir leid, ich habe mich ein bisschen verspätet, ich musste durch eine Menge Sicherheitskontrollen.«

»Es gibt da leider ein kleines Problem.«

Jens runzelte die Stirn. »Was denn für ein Problem?« Er versuchte, unbeschwert zu klingen.

Die Frau ging auf die Aufzüge zu. »Das wird Ihnen unser CEO erklären. Bitte folgen Sie mir.«

»Ich hoffe wirklich, das Interview kann stattfinden.«

Er sprach zu dem strammen Haarknoten in ihrem Nacken.

»Ich bin extra den ganzen Weg von Stockholm hierhergefahren.«

Die Frau antwortete nicht, sondern hielt einfach die Fahrstuhltür auf.

Er betrat die Kabine und drehte sich um. »Es gibt doch ein Interview?«

Sie beugte sich vor und drückte auf den Knopf für die erste Etage. Die Tür schloss sich lautlos. Er würde jetzt also Craig Winter kennenlernen, das Schwein, das Hanna gedroht hatte. Aber was war mit dem Interview mit Henrik Dahlström?

Die Tür ging auf, und Jens trat hinaus in eine helle, luftige Lounge. Hier gab es noch mehr Kunst, große abstrakte Aquarelle, eine Reihe von silbernen Skulpturen und durchsichtige Plastiksessel mit dazu passenden ovalen Glastischen. Durch die hintere Glaswand sah er sein Auto unten auf dem Parkplatz stehen.

Ein kleiner dunkelhaariger Mann in elegantem Anzug löste sich von einer der hinteren Skulpturen.

»Herzlich willkommen bei Cryonordic, ich bin Craig Winter.«

Der Mann streckte ihm die Hand entgegen. Er sah gut aus, fast wie aus einer Modereklame. Südländischer Typ, streng nach hinten gegeltes Haar, neugieriger, wachsamer Blick.

Jens schüttelte seine Hand. »Die Dame, die mich unten abgeholt hat, sagte etwas von einem Problem?«

Craig sah plötzlich betrübt aus. »Es ist furchtbar, wir stehen alle noch unter Schock. Henrik …« Der CEO verstummte und blickte aus dem Fenster.

Jens hakte nach. »Was ist mit ihm?«

»Er hatte einen Verkehrsunfall.«

»Schlimm?«

Craig nickte. »Er ist tot.«

Seine Augen waren wie schwarze Steine, unmöglich, in ihnen zu lesen.

»Sie werden mit mir vorliebnehmen müssen. Ich denke, ich kann Ihnen die Fragen beantworten, die Sie Henrik stellen wollten.«

Er zeigte auf die transparente Sitzgruppe. »Kann ich Ihnen etwas anbieten? Tee? Wasser?«

Die Trauer in seiner Stimme war verschwunden, da war jetzt nichts als geschäftsmäßige Freundlichkeit. Jens zögerte.

Dann schüttelte er den Kopf und ließ sich in einem der Sessel gegenüber des L-förmigen Sofas nieder. Er registrierte erstaunt, wie weich der scheinbar harte Plastiksessel war, wenn man erst einmal Platz genommen hatte. Was für ein merkwürdiges Material.

Craig setzte sich aufs Sofa und nickte ihm zu. »Ist das nicht unglaublich? Das Material ist eine Mischung aus Industriegelatine und Plastik, ich habe solche Möbel zum ersten Mal auf einer Vernissage im Hamburger Bahnhof in Berlin gesehen.«

Jens nickte kurz, während er überlegte, wie er weiter vorgehen sollte. Dass Henrik tot war, hatte ihn völlig aus der Bahn geworfen. Craig als Person und die Art, wie er kühl und distanziert über den Unfall gesprochen hatte, waren ihm irgendwie unsympathisch. Was also sollte er ihn zuerst fragen? Er durfte nicht gleich mit der Tür ins Haus fallen. Am besten, er schickte erst einmal ein paar harmlose Fragen voraus, damit sich der CEO entspannte. Jens betrachtete die Skulpturen im Raum. Einige schienen zu kriechen, andere standen aufrecht, sahen aber aus, als wollten sie sich verstecken. Eine hatte die Hände vors Gesicht geschlagen und schien zu zählen.

Craig schlug die Beine übereinander und strich eine Falte in der Hose glatt. »Maria Miesenberger. Die Installation heißt Kurragömma, Versteckspiel. Sie war schon hier, als ich kam, vielleicht hat Henrik sie sogar gekauft. Die Plastiken sind aus Aluminium. Ein fantastisches Material, trotz der Unglückszahl.«

»Unglückszahl?«

»Aluminium hat die Ordnungszahl dreizehn im Periodensystem. Die Figuren sind hohl und wiegen fast nichts.«

Jens blätterte in seinem Notizblock. Craig fuhr nachdenklich fort: »Ich finde, die Statuen repräsentieren unser menschliches Ideal, den postmodernen Fortschritt.«

Er fing Jens' Blick auf.

»Wir spiegeln uns in der Oberfläche unseres Gegenübers, wetteifern darum, wessen Äußeres am glänzendsten und härtesten ist. Aber niemand interessiert sich für das Innere. Keiner stört sich daran, dass die Vorbilder hohl sind.«

Jens schlug eine leere Seite seines Notizblocks auf. Er hatte beschlossen, seinem Bauchgefühl zu vertrauen und die Fragen kommen zu lassen, wie sie wollten.

»Sie sprechen die Seele an – sind Sie religiös?«

Craig lächelte. »Haben Sie schon einmal Viren unter dem Elektronenmikroskop gesehen? Sie sind unglaublich schön. Wie Meerestiere, mit einer unendlichen Vielfalt an Formen und Farben. Heute wissen wir, dass es über eine Million distinkter Virentypen gibt, alle vollkommen einzigartig.«

Er faltete die Hände im Schoß.

»Aber die Schönheit eines Virus reicht weiter, sie umfasst auch, wie er sich bewegt und interagiert. Für mich ist das wie ein Liebespaar. Die Fähigkeit des Virus, sich mit seinem Wirt zu entwickeln. Wie er sich ausschließlich an die genau passende Zelle heftet. Wie er mit der Zelle verschmilzt und sie erobert, mit ihr zusammenarbeitet und sie schließlich vernichtet. Wenn wir uns begegnen, sind wir füreinander bestimmt. Der eine passt nur zu dem anderen. Wir verlieben uns ineinander. Wir begehren einander. Wir umarmen uns, klammern uns aneinander, lieben uns. Aber mit der Zeit gewinnt einer unmerklich die Oberhand über den anderen. Zerstört das Schöne. Saugt ihm alle Kraft aus, bis nur noch der Tod bleibt. Und dann zieht der Überlebende weiter zu seinem nächsten Opfer. Zur nächsten Liebesaffäre. Das ist die Dramaturgie des Lebens.«

Jens machte sich sporadisch Notizen auf seinem Block. Es war Zeit, Farbe zu bekennen. Er schlug einen anderen Ton an. »Erzählen Sie mir von Ihrem Impfstoff, N-Gate.«

»Wir rechnen damit, innerhalb der nächsten Wochen in die klinische Phase gehen zu können. Die Ereignisse in den Niederlanden und in anderen Teilen Europas sind besorgniserregend, und das SMI, das Institut für die Kontrolle von Infektionskrankheiten, drängt auf die Fertigstellung eines Impfstoffes.«

»Nach meinen Informationen sind Sie noch weit von einem wirksamen Impfstoff entfernt. Sie sind auf das Blut einer bestimmten Person angewiesen, aber trotz unverhohlener Drohungen ist diese Person nicht gewillt, Ihnen entsprechende Blutproben zu überlassen. Stimmt das?«

Das kühle, etwas herablassende Lächeln, das um Craigs Lippen gespielt hatte, war schlagartig verschwunden.

Jens fuhr fort: »Meine Theorie ist, dass Sie in einer verzweifelten Zwangslage sind. Sie haben Ihren Aktionären versprochen, den Impfstoff entwickeln zu können, aber ohne Hanna Söderqvists Blut sind Sie aufgeschmissen.«

Jens merkte, dass er etwas zu laut geworden war, dass er zu gereizt klang. So etwas war nie gut, schon gar nicht in so einer Situation. Er blätterte in seinem Block und schüttelte den Kopf.

»Ich habe versucht zu verstehen, wer sich eigentlich hinter dem Eigentümer dieses Labors verbirgt, aber trotz des Firmenlogos und des Namens ist Crystal Globe alles andere als transparent.«

Craig schwieg immer noch, er blickte jetzt auf seine Hände.

Jens ließ nicht locker: »Es würde mich nicht überraschen, wenn sich herausstellt, dass sich dieses Unternehmen in

Händen einer Gruppe halb krimineller Risikoinvestoren befindet. Falls Sie mich nicht vom Gegenteil überzeugen können, werden Sie morgen einen höchst kritischen Bericht darüber in der Zeitung lesen. Einen Bericht, der Ihren Verhandlungen mit dem schwedischen Staat nicht gerade förderlich sein dürfte. Ich denke, Sie werden verstehen, dass die Wahrheit endlich ans Tageslicht kommen muss. Und die Wahrheit ist, dass es keinen Impfstoff gibt.«

So, nun war es raus. Wie eine Ohrfeige. Jetzt musste der schweigsame Mann ihm gegenüber reden, ihm blieb schlicht keine andere Wahl. Jens starrte Craig herausfordernd an. Eine ganze Weile verging, ohne dass einer von ihnen etwas sagte.

Schließlich nickte Craig zu einer der Miesenberger-Statuen. »Ein weiterer Vorteil, wenn man aus Aluminium ist: Man kann nicht krank werden.«

Als er Jens wieder ansah, hatte er eine mitleidige Miene aufgesetzt. »Aber im Gegensatz zu ihnen bestehen wir aus lebender Materie. Aus Aminosäuren. Proteinen. Unsere Stärke gegenüber den Statuen ist gleichzeitig unsere Schwäche. Wir können leicht zerstört und getötet werden.«

»Ist das Ihre ganze Antwort?«

»Meine Antwort lautet, dass Cryonordic im Augenblick das Einzige ist, was zwischen der Menschheit und einer möglichen Pandemie steht. Wissen Sie, NCoLV ist unendlich gefährlicher als alles, was wir bisher gesehen haben. Er muss gestoppt werden, und Tatsache ist, dass wir auf einem guten Weg sind. Ich kann Ihnen versichern, dass N-Gate höchst real ist, und wie ich bereits sagte, stehen wir kurz vor der klinischen Erprobung.«

»Dann müssen Sie bereits Hunderte von Tests an Tieren durchgeführt haben ... Wenn Sie in Kürze mit der Erprobung an Menschen beginnen wollen, muss es einen eindeutigen Nachweis für die Wirksamkeit des Impfstoffs geben. Zeigen Sie mir, was Sie haben.«

Craig schien zu überlegen, was er antworten sollte. Jens wartete. Jetzt ging es nur noch darum, die Fakten wirken zu lassen. Er fühlte sich siegessicher. Craig stand mit dem Rücken zur Wand, und er wusste es. Wegen einzigartigen Momenten wie diesem war er Journalist geworden. Dem Moment, in dem sein Gegenüber die Hosen runterlassen musste.

Craig nickte. »Also gut, es widerspricht zwar unseren Gepflogenheiten, aber da ein fehlerhafter Zeitungsartikel sehr schaden würde – nicht unbedingt uns, sondern der gesamten schwedischen Bevölkerung –, will ich eine Ausnahme machen. Sie sollen Ihren Beweis erhalten.«

Er erhob sich.

»Ich muss jedoch erst ein paar Dinge vorbereiten. Wenn Sie die Freundlichkeit haben würden, hier zu warten, es dauert nicht lange, höchstens eine halbe Stunde.«

Jens zögerte, damit hatte er nicht gerechnet.

Der CEO musterte sein Gesicht. »Sind Sie sicher, dass Sie nichts trinken möchten? Sie sehen etwas blass aus.«

Jens schüttelte den Kopf. Er legte den Block auf den Tisch und lehnte sich zurück.

»Was haben Sie vor? Worauf soll ich warten?«

Craig lächelte. »Sie dürfen in die Höhle des Löwen. In unser Labor. Es liegt zwei Stockwerke unter der Erde und ist wie ein U-Boot aus voll verschweißtem Stahl konstruiert. Im Inneren herrscht Unterdruck, so können Kontaminationen nicht nach außen gelangen. Sie werden einen Vollschutzanzug tragen, in dem Überdruck herrscht, was Sie zusätzlich schützt, falls der Anzug undicht werden sollte. Wären Sie bereit dazu?«

Jens versuchte, Craigs wirkliche Absicht hinter dem Angebot zu ergründen. Versuchte er, Zeit zu gewinnen? Hoffte er, ihn täuschen zu können? Er nickte.

»Ich warte hier, geben Sie mir einfach Bescheid, wenn Sie so weit sind. Aber lassen Sie sich nicht zu viel Zeit, ich will rechtzeitig vor Redaktionsschluss zurück sein.«

Craigs Augen wurden eine Idee schmaler. Dann drehte er sich um und ging entschlossenen Schrittes zu den Aufzügen.

Jens starrte auf den Block, der vor ihm auf dem Tisch lag. Henrik Dahlströms tragischer Tod schien den aalglatten CEO nicht zu berühren. Jens griff zu seinem Handy, suchte die Nummer seines Kollegen Carl Öberg beim *Aftonbladet* heraus und schrieb ihm eine SMS. Vielleicht konnte Carl mehr über den Autounfall herausfinden. Er schickte die SMS ab, dann saß er mit dem Telefon in der Hand da und starrte auf die spielenden Statuen. Eine harte, glänzende Oberfläche, ein leeres, dunkles Inneres … Die Statuen hatten keine Gesichter. Er dachte an Hannas Träume. An das kleine Mädchen und den Mann ohne Gesicht. Daran, dass der Mann im Traum seine Opfer zu Cryonordic brachte. Hier war es, wo er sie mit seinem silberfarbenen Stab erstach. Vielleicht war es kein Silber, vielleicht war es Aluminium.

Jens hatte sich komplett umziehen müssen, nicht einmal Unterhose und Unterhemd durfte er anbehalten. Stattdessen trug er jetzt lange weiße Unterwäsche, dünne orangefarbene Latexhandschuhe, die mit silbernem Klebeband an seinen Handgelenken befestigt waren, hohe Gummistiefel, am Beinabschluss ebenfalls mit Klebeband umwickelt, und darüber den weiten Schutzanzug, der fast aussah wie ein

Raumanzug für Astronauten. Als er ans Luftsystem angeschlossen wurde, blies er sich ballonartig auf, und ein dicker
Schlauch versorgte ihn mit Sauerstoff. Im Gesichtsbereich
bestand der Anzug aus durchsichtigem Plastik, das bei jedem Atemzug von innen beschlug, was das Sehen erschwer-
te. Zwei junge Frauen halfen ihm und Craig in die Anzüge.
Neben Jens' Ohr knisterte es.

»Hören Sie mich?«

Das war Craigs metallische Stimme. Sie schnitt ihm in
die Ohren.

»Ich höre.«

Jens fühlte sich hilflos in dem plumpen Anzug mit den
dicken Gummistiefeln und den baumelnden Schläuchen.
Die Machtbalance war gekippt, jetzt war Craig in seinem
Element und Jens nur ein verirrter Tourist. Die Frau neben
ihm zog seine Schläuche heraus und der Anzug fiel in sich
zusammen. Dann drückte sie ihm das Bündel Schläuche in
die Hand. Craig zeigte auf eine Stahltür am anderen Ende
des Raums. Sie gingen zu der Tür, und Craig gab ein paar
Ziffern auf einer Tastatur ein. Mitten auf der Tür saß das
rote Symbol für Biogefährdung, und die Beschriftung darüber war unmissverständlich.

SICHERHEITSSTUFE 4
LEBENSGEFAHR

Die Tür öffnete sich mit leisem Zischen, und Craig nickte ihm zu, dass sie nun hineingehen würden. Hinter der
Tür befand sich ein kleiner, enger Raum mit großen Duschköpfen an der Decke. Craig wartete, bis sich die Tür zum
Umkleideraum geschlossen hatte, und gab dann eine Reihe
neuer Ziffern auf einer anderen Tastatur ein. Das Plexiglas

vor Jens' Gesicht war wieder beschlagen, er versuchte, die Stirn an die Scheibe zu legen, um besser sehen zu können. Er bekam Platzangst in dem Anzug und schwitzte wie ein Tier. An seinem Ohr knisterte es.

»Denken Sie daran, was ich Ihnen eingeschärft habe, fassen Sie nichts an und tun Sie genau, was ich sage.«

Die Tür ging auf, und sie betraten ein großes, helles Labor. An allen Wänden entlang verliefen Sicherheitswerkbänke mit Spritzschutz in Gesichtshöhe. Weiterhin gab es eine Reihe Zentrifugen, kleine blaue Kühlschränke, mehrere Computer und eine Anzahl großer Elektronenmikroskope. Craig schloss die Schläuche an eine Scheibe mit Mundstücken an, die an Schienen unter der Decke lief. Der Anzug füllte sich wieder mit Luft, und Jens kam sich vor wie das Michelinmännchen. Die Druckluft rauschte leise in seinen Ohren, und die Plastikscheibe vor seinem Gesicht war wieder beschlagen. Er blickte zu Craig, der sich über ein kleines Computerterminal beugte. Er tippte etwas auf der Tastatur und hielt dann sein Gesicht vor eine Kameralinse an der Wand. Nach einer Sekunde beugte er sich zur Seite und sagte etwas in ein Mikrofon.

Jens räusperte sich. »Was machen Sie?«

»Das Distributionssystem ist extrem gut gesichert. Außer durch den persönlichen Zugangscode wird meine Identität durch Iris-Scan und Stimmenidentifizierung festgestellt. Nur ich habe Zugriff auf die potentesten Pathogene.«

Craig sah zur Digitaluhr an der Wand.

»Jetzt warten wir nur noch auf unseren Sicherheitschef, Nicholas Moreman.«

»Er soll dabei sein? Hier drinnen?«

»Das war die Bedingung, damit er einen nicht sicherheitsklassifizierten Besucher im Labor duldet.«

Craig nickte zur Tür. »Da ist er ja, pünktlich wie immer.«

Jens drehte sich um, gerade als sich die Tür hinter einem weiteren Mann im Schutzanzug schloss. Der Mann hob grüßend die Hand und nickte Craig zu, der sich wieder dem Computerterminal widmete.

Craig sprach, ohne den Blick vom Monitor an der Wand abzuwenden. »Ich bestelle jetzt ein lebendes Exemplar der neuesten NCoLV-Variante.«

»Der neuesten?«

»Damit Sie verstehen, wie effektiv N-Gate ist, werde ich den Impfstoff an unserer potentesten Version von NCoLV demonstrieren. Sie ist noch nicht ganz vollkommen, aber fast.«

Jens stellte sich dicht hinter Craig und atmete schwer in dem verschwitzten Schutzanzug.

»Eine interessante Wortwahl ... vollkommen.«

»Bei unseren Vorbereitungen auf den worst case ist es wichtig zu wissen, auf welchen Feind wir möglicherweise treffen werden. Wir tun deshalb alles, um den Virus zu modifizieren und seine Potenz zu erhöhen, in der Fachsprache nennt sich das gain-of-function. Dieses Vorgehen ist nicht unumstritten, aber ich glaube, dass wir künftigen Bedrohungen nur auf diese Weise begegnen können.«

Jens sagte nichts. Er bereute, dass er sich auf dieses ganze Spektakel eingelassen hatte. »Never kill a good story« war ein alter Journalistenspruch, der bedeutete: Wenn du beisammenhast, was du brauchst, dann stell keine weiteren Fragen und hör auf zu recherchieren. War er nun im Begriff, die »große Enthüllungsstory« zu killen? Sollte sich etwa herausstellen, dass Cryonordic tatsächlich einen Impfstoff in der Schublade hatte?

Craig Winter hatte seine Aufmerksamkeit wieder auf

den Computer gerichtet. »Sämtliche unserer hochpathogenen Viren werden in Behältern mit Flüssigwasserstoff, sogenannten Kryotanks, unter dem Labor aufbewahrt. Dort unten gibt es eine Art mechanische Krake, die mit ihren Armen schnell alle Tanks erreicht. Über unser Verteilersystem lasse ich nun NCoLV 7.1 kommen.«

Jens lächelte ironisch. »Witzig, dass Sie ihn mit Versionsnummern versehen. Klingt fast wie ein Computerprogramm.«

Craig nickte. »Es gibt tatsächlich eine Reihe von Ähnlichkeiten zwischen einem Virus und einem Computerprogramm.«

Er drehte sich um und hielt die Hand vor eine ovale Klappe in der Wand. Eine grüne Diode leuchtete auf, und die Klappe öffnete sich mit einem leisen Klick. In dem kleinen Hohlraum lag eine Kristallkugel. Craig nahm die Kugel vorsichtig heraus und hielt sie hoch.

»Darf ich Ihnen unser neuestes Raubtier vorstellen: NCoLV 7.1.«

Jens trat unwillkürlich einen Schritt zurück. Er versuchte, gelassen zu klingen. »Beeindruckend. Aber das könnte genauso gut ein Glas voll Leitungswasser sein.«

Craig betrachtete die Kugel einen Moment, dann schüttelte er langsam den Kopf. »Ich versichere Ihnen, das ist alles andere als Wasser.«

Er ging zu einem der großen Mikroskope und drückte eine Reihe von Knöpfen an der Seite. Im Inneren des Apparats ging ein schwach fluoreszierendes Licht an. Dann nahm er zwei dünne Glasplatten und legte sie unter das Schutzglas einer der Sicherheitswerkbänke.

»Eine helfende Hand wäre jetzt nicht schlecht, aber ich denke, ich mache es doch lieber allein.«

Jens nickte dankbar. Craig nahm ein kleines stählernes Instrument vom Tisch und stach ein Loch in die Kugel. Dann ließ er einen Tropfen der klaren Flüssigkeit auf eine der Glasplatten fallen und setzte die Kugel vorsichtig auf ein Gestell aus rotem Plastik. Er deckte die erste Glasplatte mit der zweiten ab und kehrte damit zum Mikroskop zurück. Er bückte sich und schob die Platten in eine Öffnung an der linken Seite des Geräts.

»Jetzt werden Sie sehen, was ich gemeint habe, als ich sagte, dass ein Virus schön sein kann.«

Jens ging zu ihm, sorgfältig darauf bedacht, die Schläuche mitzunehmen. Der Sicherheitschef stand unbeweglich einen Meter neben der Tür und beobachtete ihn scharf. Er hatte immer noch keinen Ton gesagt. Jens legte seine behandschuhten Hände auf den Tisch, beugte sich über das Mikroskop und schaute durch etwas, das wie ein Fernglas aussah. Anfangs hatte er Mühe, den Blick zu fokussieren, aber dann gewöhnten sich die Augen daran. Vor ihm schwebte eine Anzahl runder Viruspartikel. Sie waren kräftig lila gefärbt, und ihre Oberfläche war übersät von spitzen Stacheln.

»Wir wissen bisher noch nicht, woher die fluoreszierende Farbe kommt. NCoLV ist dank seiner Größe gut zu unterscheiden, das Virion hat einen Durchmesser von über hundert Nanometern und ist damit größer als die meisten anderen Viren.«

Jens studierte die Viruskörper. Sie waren wirklich schön. Hypnotisierend. Er richtete sich auf. »Faszinierend, aber ich habe nie bezweifelt, dass Sie den Virus besitzen. Meine Zweifel bezogen sich auf den Impfstoff. Wo ist N-Gate?«

Craig nickte. »Richtig. Aber bevor ich Ihnen N-Gate vorführe, müssen wir Micky holen.«

»Wen?«

»Micky. Kommen Sie mit.«

Craig ging zu einer Stahltür und tippte eine Ziffernfolge an einem weiteren Panel ein. Das Schloss öffnete sich, und Craig zog die Tür auf. Der Raum dahinter zuckte im Licht der aufflammenden starken Neonröhren an der Decke. Nicholas hatte sich ihnen wortlos angeschlossen. Jens machte große Augen.

»Wow, das hier würde PETA nicht gefallen.«

Vom Boden bis zur Decke waren die Wände mit Regalen voller kleiner Käfige bedeckt, und in jedem saß eine schneeweiße Maus. Alle Käfige trugen eine Beschriftung: C57BL/6J, C57BL/7J, C57BL/8J. Craig öffnete einen der Käfige und fischte eine kleine zappelnde Maus heraus.

Jens betrachtete sie angewidert. »Micky?«

Craig lachte. »Die heißen alle Micky. Aber sie haben natürlich alle ihre eindeutige Identifikationsnummer. Dies hier ist zum Beispiel C57BL/6J. Halten Sie ihn mal bitte.«

Er drückte Jens die Maus in die Hand. Jens wich überrascht ein paar Schritte zurück, während er sich bemühte, die kleine Maus einzufangen, die flink an seinem Arm hochgeklettert war.

»Himmel! Hey du, warte! Okay, ich hab ihn.«

Craig beobachtete ihn amüsiert. Dann sagte er plötzlich mit ernster Stimme: »Moment. Als Sie sich eben bewegten, habe ich etwas gesehen … Einen Spalt.«

Jens hielt die Maus fest und sah ihn fragend an. »Was?«

Craig nickte Nicholas zu, der hinter Jens trat.

»Einer Ihrer Schläuche scheint nicht ganz fest zu sitzen. Es besteht keine Gefahr, aber wir müssen das in Ordnung bringen, bevor wir in den Laborraum zurückgehen. Halten Sie mal still, Nicholas kümmert sich darum.«

Jens versuchte, sich auf die Maus zu konzentrieren, die er mit beiden Händen festhielt. Sie sah ihn mit ihren roten Augen an und ihre Nase schnupperte mit kleinen ruckartigen Bewegungen. Er merkte, wie Nicholas an den Schläuchen in seinem Rücken hantierte. Für einen kurzen Moment fiel der Anzug um seinen Körper zusammen, aber dann kehrte der Druck zurück und der Anzug füllte sich wieder mit Luft.

»So, alles in Ordnung. Ich werde ein ernstes Wort mit Sofia reden müssen, sie hat Ihnen in den Anzug geholfen.«

Alle drei gingen zurück ins Labor. Der Sicherheitschef stellte sich wieder an der Tür auf, und Craig nahm Jens die Maus ab.

»Ich muss Micky in den Injektionsraum mitnehmen. Er ist nebenan, ich bin gleich zurück.«

Jens blickte ihn misstrauisch an. »Was wollen Sie injizieren?«

»Er bekommt eine Dosis N-Gate. Sie warten hier. Fassen Sie nichts an, wir sind in wenigen Minuten wieder da.«

Bevor Jens etwas sagen konnte, war Craig schon an der Tür, gab den Öffnungscode ein, nickte ihm kurz zu und verschwand in der Sicherheitsschleuse mit den Duschköpfen. Nicholas folgte ihm dicht auf den Fersen, und die Stahltür schloss sich mit einem scharfen Klicken. Jens beugte sich über das Mikroskop und betrachtete die lilafarbenen Viruspartikel. Wie konnte etwas so Schönes so gefährlich sein? Er richtete sich auf und schaute zur Wanduhr. Wie lange würde Craig brauchen? Warum war der Sicherheitschef mitgegangen? Hätte er nicht viel eher bleiben und den »nicht sicherheitsklassifizierten« Besucher im Auge behalten müssen? Nach einigen Minuten wurde er nervös. Was war hier los? Wie lange sollte er hier noch herumstehen? Er musste zurück in die Redaktion. Plötzlich knisterte es an seinem Ohr.

»Jens, hören Sie mich?«

Jens blickte sich um. Craig war nirgends zu sehen.

»Ich höre Sie. Wie lange brauchen Sie noch?«

»Haben Sie etwas Merkwürdiges gespürt, während Sie warteten?«

»Wovon reden Sie?«

»Ich habe Ihnen gar nichts von Micky erzählt. Ja, nicht dem Micky, den ich mitgenommen habe, sondern einem der anderen Mickys. Er heißt eigentlich C57BL/9J, aber wie gesagt, wir nennen sie alle Micky.«

»Craig, wo zum Teufel sind Sie?«

Er bewegte sich mit schweren, plumpen Schritten auf die Tür zu.

»Jens, ich habe Ihnen gesagt, Sie sollen sich nicht von der Stelle rühren. Das habe ich doch, oder? Wenn ich Sie wäre, würde ich mich daran halten.«

Jens blieb stehen. Die Scheibe vor seinem Gesicht war wieder beschlagen, und er spürte leichte Panik aufsteigen. Irgendetwas an Craigs Stimme war beängstigend.

Er keuchte ins Mikrofon. »Jetzt reicht's. Machen Sie die Tür auf und lassen Sie mich raus. Ich hab das alles satt hier. Die Quittung finden Sie morgen in der Zeitung, das verspreche ich Ihnen.«

Nichts geschah. Er zögerte.

»Craig? Haben Sie gehört, was ich gesagt habe?«

»Ich bin hier. Wo war ich stehen geblieben? Ach richtig, Micky. Der Micky, von dem ich rede, ist besonders interessant, speziell für Sie.«

Jens fluchte in sich hinein und ging die restlichen zwei Schritte bis zur Tür. Er klopfte hart gegen den Stahl.

Craig fuhr ungerührt fort: »Sie müssen wissen, Micky ist nicht gesund. Haben Sie gehört? Jens, sind Sie noch da?«

»Craig, Sie verdammtes Arschloch. Machen Sie die Tür auf!«

»Jens, mein Freund. Wie gut sind Sie in Mathematik? Ich will Ihnen eine interessante Aufgabe stellen. Was ergibt die Funktion von C57BL/9J und NCoLV 7.1?«

Jens lehnte den Kopf gegen die geschlossene Stahltür und versuchte, sich zu beruhigen. Was wollte Craig ihm damit sagen? Gleich darauf war die Stimme wieder da.

»Sie brauchen nicht zu antworten, Ihre Schulzeit liegt ja schon eine ganze Weile zurück. Die Antwort ist: eine sehr unangenehme kleine Maus. Es gab übrigens gar kein Problem mit Ihrem Schlauch dort drinnen bei den Käfigen, mein Kollege Nicholas brauchte nur einen Vorwand, um Ihren Anzug zu öffnen. Gut, zurück zu Micky, ihr habt euch vielleicht noch nicht kennengelernt, die Luft im Anzug sorgt ja für eine Menge Platz ... aber wenn wir das hier machen ...«

Das schwache Rauschen verstummte und der Anzug fiel in sich zusammen. Jens drehte sich um und blickte entsetzt auf das leuchtende Elektronenmikroskop.

»Craig, was zum Teufel machen Sie denn? Sie haben NCoLV hier drinnen freigesetzt. Schalten Sie das Gebläse wieder ein!«

»Ach, machen Sie sich keine Sorgen wegen der NCoLV-Probe. Der Virus überträgt sich nicht durch die Luft, und selbst wenn, er würde nie durch den Anzug kommen. Nichts kann hinein. Und nichts hinaus.«

Jens spürte plötzlich etwas, das sich an seinem Bein bewegte, direkt über dem Stiefelschaft. Er schüttelte das Bein wie wild.

»Was zur Hölle!«

Craigs metallische Stimme kehrte zurück. »Ich habe doch

gesagt, Sie sollen sich nicht bewegen, Sie erschrecken den kleinen Micky. Es ist nicht gut, ihn zu erschrecken.«

Er spürte plötzlich ein Brennen in der Kniekehle, einen scharfen, stechenden Schmerz.

»Au, verdammt! Er hat mich gebissen. Der kleine Teufel hat mich gebissen!«

Jens schlug sich immer wieder ans Bein und merkte, dass er einen weichen Klumpen traf. Er hörte nicht auf zu schlagen. Schließlich lehnte er sich an die Tür.

»Craig! Machen Sie die Tür auf! Das Mistvieh hat mich gebissen, das muss desinfiziert werden. Geben Sie mir eine Spritze gegen Wundstarrkrampf. Beeilen Sie sich!«

»Sie haben mir offenbar überhaupt nicht zugehört. Sie brauchen keine Spritze gegen Wundstarrkrampf, Sie brauchen N-Gate. Verstehen Sie? Das Problem ist nur, dass wir noch nicht so weit sind. Jetzt, wo wir uns ein bisschen näher kennengelernt haben, will ich ehrlich sein. Wir haben keinen Impfstoff. Um den zu entwickeln, brauchen wir tatsächlich mehr Blut von Frau Söderqvist. Aber ich verspreche Ihnen, wir werden sie dazu bringen, es uns zu geben. Das liegt ja auch in Ihrem Interesse, aber leider glaube ich nicht, dass es für Sie noch rechtzeitig kommt.«

Jens sackte zu Boden. Craig bluffte nicht, er war infiziert.

»Ich weiß, dass Sie dort drinnen über vieles nachdenken müssen, aber versuchen Sie trotzdem, das Positive an der ganzen Sache zu sehen. Sie helfen uns, die Botschaft zu verbreiten. »The media is the message«, heißt es nicht so? Sie sind eine wandernde Produktwerbung. Sie müssen zugeben, das ist doch hübsch, ein NCoLV-kranker Journalist. Das gibt bestimmt tolle Schlagzeilen. Wird der ganzen Sache ein bisschen Dampf machen ...«

Jens fühlte sich elend.

»Ich werde alles aufdecken. Ich werde darüber berichten, wie ich infiziert wurde.«

»Sie sind ehrgeizig, das ist sicher sehr gut für einen Reporter, aber leider werden Sie innerhalb weniger Stunden ins Koma fallen. Da der Virus direkt in Ihre Blutbahn gelangt ist, dürfte die Inkubationszeit sehr kurz sein. Aber vielleicht ist es gar nicht so verkehrt, die Sache schnell hinter sich zu bringen, oder was meinen Sie? Machen Sie sich keine Sorgen, bald werden Sie schlummern wie ein Kind. Ich würde unser Gespräch ja gerne fortsetzen, aber leider muss ich Sie jetzt allein lassen. Also dann, gute Nacht, und träumen Sie schön.«

Das Licht ging aus, und um Jens wurde es stockdunkel. Wenige Sekunden später knackte etwas neben seinem Ohr, Craig hatte das Kommunikationssystem abgeschaltet. Das Einzige, was er jetzt noch hörte, war sein eigenes Keuchen. Er spürte, wie der feuchte Atem sich an dem Plastik vor seinem Gesicht niederschlug. Es war zwecklos, um Hilfe zu rufen. Er würde hier nie mehr rauskommen. Er meinte, den Virus in seinem Blut zu fühlen, glaubte zu spüren, wie der tödliche Eindringling sich im Körper verbreitete. Konnte er das irgendwie aufhalten? Gab es irgendetwas, womit er die Infektion bekämpfen konnte? Wohl kaum, das hier war keine gewöhnliche Grippe. Das hier war ein gezüchteter Supervirus, darauf programmiert, größtmöglichen Schaden anzurichten. Minuten vergingen, vielleicht Stunden. Er saß ganz still auf dem Fußboden und atmete schwer. Die Übelkeit war schlimmer geworden, er hatte das Gefühl, sich gleich übergeben zu müssen. Er versuchte aufzustehen, aber die Beine trugen ihn nicht mehr, er fiel hart zurück auf den Boden und blieb auf der Seite liegen. Er musste Hanna warnen. Es reichte nicht, dass sie und Eric sich im Gästehaus ihres Nachbarn versteckten. Cryonordic würde sie finden.

Plötzlich kam ihm eine Idee. Das Handy! Er war geistesgegenwärtig genug gewesen, das Mobiltelefon mit ins Labor zu schmuggeln, in der Hoffnung, heimlich ein paar Fotos machen zu können. Er war selbst überrascht gewesen, dass sie nichts gemerkt hatten. Als die Assistentin ihm den Reißverschluss hochzog, hatte er das Handy unbemerkt in den Overall fallen lassen. Es musste jetzt irgendwo unten über den Stiefeln sein. Er tastete nach dem Reißverschluss. Zögerte, den Anzug auszuziehen, dachte an die Virusprobe auf den Glasplatten, keine drei Meter entfernt. Aber was zum Teufel spielte das noch für eine Rolle? Er zog den Reißverschluss auf, riss die Schläuche ab, schälte sich aus der Plastikhaube um seinen Kopf und holte tief Luft. Er spürte einen metallischen Geschmack im Mund und hatte dröhnende Kopfschmerzen. Er wusste alles über die Symptome. Bald würde er Halluzinationen bekommen, schwarze, wahnsinnige Albträume, und dann würde er gelähmt sein. Und er würde sich erbrechen und anfangen zu bluten.

Er steckte die Hand in den Anzug und suchte fieberhaft das Hosenbein ab, riss und zerrte am Plastikmaterial, um bis zum Stiefel hinunterzukommen. Er fühlte etwas Weiches, Matschiges. Micky. Er würgte, ein Schwall Mageninhalt stieg ihm den Hals hinauf, er konnte nicht dagegen ankämpfen und erbrach sich krampfhaft. Erschöpft blieb er auf dem Boden liegen, nach Luft schnappend wie ein Fisch, eingehüllt in den scharfen Gestank von Magensaft. Nach einer Weile setzte er sich mühsam auf und fuhr fort, in seinem Hosenbein zu graben. Plötzlich spürte er die kantige, vertraute Form unter den Fingern. Er packte zu und angelte das Telefon heraus. Ein Stich fuhr ihm durch den Bauch und er schrie laut auf. Das Telefon fiel scheppernd zu Boden. Der Schmerz war unerträglich. Er fraß seine Innereien auf.

»Nein, nein.« Er kroch schnaufend im Kreis herum und suchte mit den Händen den Boden ab. Kalter Schweiß lief ihm übers Gesicht, und alles um ihn herum bewegte sich in großen, rollenden Wellen. Er stieß mit den Fingern gegen das Handy und sank erschöpft darüber zusammen. Nach einer kurzen Verschnaufpause stützte er sich mühsam auf den Unterarm und hob zitternd das Telefon vors Gesicht. Die Displaybeleuchtung ging an, und in dem schwachen Schein erkannte er seine vollgekotzten Stiefel und etwas, das Blut zu sein schien. Er sah auf die Zeitanzeige. Er war jetzt seit über drei Stunden im Labor. Mühsam scrollte er durch seine Kontaktliste, die Schrift verschwamm zu einer grauen Masse. Wo zur Hölle war die Nummer? Er atmete schwer und hätte das Telefon beinahe wieder fallen lassen. Wie durch ein Wunder tauchte Erics Name auf. Er tippte darauf und das Nachrichtenfenster öffnete sich. Er atmete tief durch und schaffte es schließlich, mit zitternden Fingern eine kurze SMS zu schreiben. Als er sie abschickte, erschien eine Warnmeldung.

NACHRICHT KONNTE NICHT GESENDET WERDEN.
KEIN EMPFANG.

Er fluchte laut und versuchte, den Blick auf die Symbole zu fokussieren. Langsam ging ihm die brutale Wahrheit auf, das Handy fand kein Netz. Er sank in sich zusammen. Eine stechende Kälte kroch die Beine entlang, den Rücken hinauf und bewegte sich auf den Brustkorb zu. Alles um ihn herum schwankte. Sie hatten etwas von einem U-Boot gesagt. Genau, er war in einem U-Boot. Kein Wunder, dass das Handy keinen Empfang hatte, er befand sich mindestens hundert Meter unter dem Meer. Aber vielleicht konnte er die Nachricht später senden, wenn das U-Boot wieder auftauchte? Hoffentlich fanden sie das Handy nicht, bevor er die SMS abschicken konnte. Er musste es verstecken. Mühsam wälzte er sich auf die Seite, bekam den Arm unter den Bauch und schob das Handy zurück ins Hosenbein. Die Bauchschmerzen schlugen wieder zu, und sein Körper wand sich in heftigen Krämpfen. Der Schmerz war furchtbar, weiß und messerscharf. Er schnappte verzweifelt nach Luft, bekam keine und grub die Fingernägel in den Boden. Seine Augen füllten sich mit Tränen und aus den Ohren lief eine warme Flüssigkeit. Er schrie um Hilfe, die heiseren Rufe verhallten stumm in dem luftdichten Raum. Das U-Boot musste völlig zerstört sein, eiskalte Meereswellen brachen über ihn herein. Zermalmten ihn unter sich. Seine Augen starrten in die schwarze Dunkelheit, er bäumte sich auf, ruderte wild mit den Armen, um an die Oberfläche zu gelangen. *Das U-Boot sinkt! Um Gottes willen, werft die Pumpen an! Wir saufen ab! Wir …*

Er sackte keuchend in sich zusammen, die Hände suchten nach der Tür, aber nach einer Weile erlahmten die Bewegungen, und er lag still.

Nikosia, Zypern

Rachel Papo war immer noch in dem kleinen, nach Tabakrauch dünstenden Hotelzimmer in der Philellinonstraße. Der Tag war langsam vor dem Fenster vorbeigezogen. Eigentlich hatte sie vorgehabt, nach draußen zu gehen und etwas zu essen, aber nachdem sie sich die schmutzigen

Socken, die Hose und das weite T-Shirt angezogen hatte, war sie am Ende ihrer Kraft. Sie hatte das Zimmermädchen weggeschickt und lag nun auf dem ungemachten Bett und starrte auf das hässliche Bild an der Wand. Zum ersten Mal seit sehr langer Zeit dachte sie an ihre Mutter. Sie hatte leidenschaftlich gern gemalt, schöne, dramatische Bilder mit immer demselben Motiv: das aufgewühlte, schäumende Meer. Im stinkenden Flüchtlingslager in Sderot wurden die Bilder zu Toren in eine andere Welt, eine Welt voll salziger Stürme, donnernder Wellen und Abenteuer, und vor allem: Freiheit. Freunde hatten ihr Reklamekugelschreiber von Hilfsorganisationen geschenkt, Kohlestückchen, getrockneten Lehm und manchmal Tuschpinsel oder Wasserfarben, alles, was sich verwenden ließ, um Kunst zu erschaffen. Rachel hatte stundenlang auf die Bilder in den selbst gezimmerten Rahmen gestarrt und sich hineingeträumt. Oder hinaus.

Sie war überzeugt, dass ihre Mutter sie jetzt sehen konnte, wie sie da lang ausgestreckt auf dem Bett lag. Was dachte sie über ihre Unfähigkeit, Tara zu beschützen? Über ihr Versagen in Nikosia? Und über ihre Kapitulation, ihren feigen Rückzug in ein schäbiges Hotelzimmer? Rachel öffnete die Augen, die Nachmittagssonne schien durch die dünnen Vorhänge und tauchte den Raum in ein trübes orangefarbenes Licht. Tara war irgendwo dort draußen und rechnete fest mit ihrer großen Schwester. Das hatte sie immer getan.

Sie musste etwas unternehmen.

Rachel setzte sich auf, schwang die Beine über die Bettkante und sah sich um. Ihr Blick fiel auf den Blackberry auf dem Fußboden. Seit sie das Gefängnis in Ketziot verlassen hatte, war das Handy ausgeschaltet gewesen. Sie wusste, dass der Mossad es orten würde, sobald sie es einschaltete.

Wie lange würden sie brauchen, bis sie die Standortkoordinaten hatten? Höchstens vier Minuten. Sie nahm das Telefon vom Boden auf und drehte es nachdenklich zwischen den Fingern. Der Mossad kannte die meisten ihrer Kontakte, aber es gab ein paar Namen, von denen sie nichts wussten, Kontakte, über die sie nie Bericht erstattet hatte. Konnte sie die nutzen? Sie musste an Ajeeb in Deir ez-Zor in Syrien denken. Wenn er noch lebte, konnte er ihr einen syrischen Pass besorgen, von dem niemand im Mossad etwas wusste. Sie musste sich frei bewegen können, wenn sie die geringste Chance haben sollte, Tara zu finden. Ein anonymer Pass war deshalb eine Grundvoraussetzung, um Erfolg zu haben. Aber wie sollte sie nach Syrien kommen? Um das Problem konnte sie sich später kümmern, zuerst musste sie Ajeeb erreichen. Um nicht geortet zu werden, müsste sie sich eine Prepaidkarte besorgen und damit anrufen, aber Ajeeb würde nie einen Anruf von einer unbekannten Nummer annehmen. Also blieb ihr nichts anderes übrig, als die eigene SIM-Karte zu benutzen. Wie lange würde sie brauchen, um seine Nummer in der Kontaktliste zu finden, nachdem sie das Handy eingeschaltet hatte? Zwanzig Sekunden? Dreißig? Wenn er nach acht Klingelsignalen nicht abgenommen hatte, würde sie auflegen und das Handy abschalten müssen. Bestimmt war es ein idiotischer Fehler, es überhaupt einzuschalten, im Moment wusste der Mossad nämlich nicht, ob sie tot oder lebendig war, und das verschaffte ihr einen Vorsprung. Wenn sie das Mobiltelefon einschaltete, würde 101 ihr sofort neue Killer auf den Hals hetzen.

Sie fluchte und drückte die Einschalttaste. Der Blackberry vibrierte leicht, als er sich in das Netz von PrimeTel einbuchte. Jetzt kam es auf jede Sekunde an. Sie scrollte rasch durch ihre Kontaktliste und fand schließlich den gesuchten Namen, eine Pizzeria am Stadtrand von Tel Aviv. Sie fügte die Ziffern 963 hinzu, die Landesvorwahl von Syrien, und drückte die Anruftaste. Gebannt beobachtete sie die Zeitanzeige auf dem Display, das Handy war jetzt seit vierundzwanzig Sekunden eingeschaltet. Es klingelte, aber niemand ging ran. Sie wartete. Zehn Signale. Elf Signale. Zwölf. Es hatte keinen Sinn, noch länger zu warten. Enttäuscht legte sie auf. Sie hatte sich geschworen, das Handy gleich wieder auszuschalten, aber jetzt zögerte sie. Sollte sie versuchen, noch einmal anzurufen?

Inzwischen war genau eine Minute vergangen. Nein, das Risiko war zu groß. Sie legte den Finger auf die Powertaste und wollte das Handy gerade ausschalten, als es klingelte. Sie zuckte zusammen und starrte aufs Display. Unbekannter Anrufer. Es war unmöglich, dass der Mossad ihre Position so schnell geortet hatte, aber vielleicht riefen sie an, um sie davon abzuhalten, das Telefon auszuschalten. Damit sie im Netz blieb, bis sie ihre Position geortet hatten. War es vielleicht einer ihrer alten Kollegen, der jetzt am anderen Ende saß und wartete? David Yassur? Vielleicht sogar Meir Pardo? Sie verharrte still, den Finger auf der Powertaste, als könnte die geringste Bewegung sie verraten. Es klingelte wieder. Eine Minute und zehn Sekunden waren seit dem Einschalten vergangen. Sie nahm das Gespräch an, legte das Handy ans Ohr und lauschte.

»Hilf mir … bitte.«

Sie schnappte nach Luft und sprang auf, das Adrenalin schoss wie ein Blitz durch ihren Körper.

»Tara?«

Es rauschte und knisterte, die schlechte Verbindung ließ die dünne Stimme nur stotternd durch.

»Rach… warum lässt du … ich …«

»Tara … Ich bin hier! Liebes, hab keine Angst. Wo bist du …?«

»Rachel Papo?«

Sie erkannte die Stimme sofort. Akim Katz. Sie starrte aus dem Fenster, ohne etwas wahrzunehmen.

»In Salamis gibt es einen privaten Flugplatz. Sei in genau eineinhalb Stunden dort. Neunzig Minuten, nicht früher und nicht später.«

»Und warum sollte ich auf ein Schwein hören?«

»Weil es deine einzige Chance ist, Tara wiederzusehen.«

Rachel senkte den Kopf und versuchte, ihren rasenden Puls zu beruhigen. Die Uhr auf dem Display zeigte, dass genau drei Minuten und zweiunddreißig Sekunden vergangen waren. Inzwischen konnte Signalfahndungseinheit 8200 ihren Standort ermittelt haben.

»Weiter, ich höre.«

»Du wirst am westlichen Ende der Landebahn stehen. Unbewaffnet. Der Platz wird selten benutzt, du wirst also wissen, wann dein Flugzeug kommt. Sprich mit niemandem, steig einfach ein, schnell und unauffällig. Keine Mätzchen, kein Aufsehen. Die Besatzung gibt dir weitere Anweisungen.«

»Und wo fliege ich hin?«

Es war still am anderen Ende. Für einen Moment dachte sie, das Gespräch wäre abgebrochen. Sie warf einen nervösen Blick auf die Netzanzeige, aber die Verbindung stand noch. Vier Minuten und zehn Sekunden.

»Nach Schweden.« Er legte auf.

Hastig warf sie das Telefon aufs Bett. Sie hatte keine Sekunde zu verlieren. Sie griff nach ihrem Rucksack und verließ das Zimmer. Lief den schmalen Gang entlang, die

Treppen hinunter und kam auf den belebten Bürgersteig. Es hatte angefangen zu dämmern, die Straße war voller Autos und Mopeds. Sie sah sich um. Sie brauchte ein Transportmittel. Das Auto, mit dem sie vom Flughafen hierhergefahren war, stand drei Straßen weiter, den Schlüssel hatte sie in den Fußraum geworfen. Konnte sie riskieren, es noch einmal zu benutzen? Ob es überhaupt noch da war? Mit schnellen Schritten ging sie in Richtung der Stelle, wo sie es geparkt hatte. Die Luft war schwer von Abgasen, es roch nach brennendem Holz und fettigem Essen. Im Fernsehen wurde ein Fußballspiel übertragen, durch mehrere offene Fenster sah sie Bildschirme mit Spielern in blau-weißen Trikots. Sie ging an einem voll besetzten Straßencafé vorbei, jemand pfiff anerkennend. Sie schlug die Augen nieder.

Dalarö, Schweden

VERSTECK HANNA VOR CN
GILLÖGA
SCHLÜSSEL UNTER DER TREPPE

Eric las die kryptische SMS zum hundertsten Mal. Er versuchte erneut, Jens anzurufen, aber wieder sprang nur die Mailbox an. CN musste Cryonordic sein. Gillöga … Da hatte Jens sein Ferienhaus, weit draußen in den Schären. Verdammt, Jens konnte doch nicht eine so rätselhafte SMS schicken und dann nicht ans Telefon gehen. Ob ihm etwas passiert war? Er rief Hanna an, aber sie nahm auch nicht ab, sie war immer noch beim Yoga. Er hatte versucht, sie davon abzuhalten, sie sollte im Haus bleiben und nicht in Dalarö unterwegs sein, sie waren schließlich hier, um unterzutauchen, aber es war zwecklos. Hanna hatte erklärt, sie werde noch durchdrehen, sie müsse unbedingt raus und sich bewegen, und Yoga werde ihr guttun. Sie sagte, sie müsse mal wieder unter normale Menschen, was immer sie damit auch gemeint hatte. War er etwa nicht normal? Aber sie hasste das kleine Haus, das der Nachbar ihnen zur Verfügung gestellt hatte. Es gab kaum Möbel, und alles roch muffig.

Er sah auf die Uhr, in einer halben Stunde würde sie nach Hause kommen. Was sollte er ihr sagen? Sie würde außer sich sein vor Sorge um Jens. Und um sich selbst. Eric hatte versucht, Jens in der Zeitungsredaktion zu erreichen, aber dort wusste auch keiner, wo er steckte. Er war morgens kurz in der Redaktion gewesen, hatte sich seitdem aber nicht mehr blicken lassen. Vielleicht war er krank geworden? Sollte er zu seiner Wohnung am Mariatorget fahren und nachsehen, ob Jens im Bett lag, mit einem Eisbeutel auf dem Kopf? Eric bückte sich und legte noch ein Stück Holz ins Kaminfeuer. Die Dunkelheit kam jetzt schon merklich früher, sie drückte den Tag von beiden Enden her zusammen. Beim Essen im Djurgårdsbrunn hatte Jens irgendwas darüber gesagt, was er vorhatte, aber Eric konnte sich nicht mehr erinnern, was es war. Irgendein Interview. Er sank zurück in den wackeligen Ikea-Sessel. Plötzlich fiel es ihm wieder ein. Jens wollte doch zu Cryonordic! Die SMS war vor fast vier Stunden abgeschickt worden. War Jens in Uppsala angekommen? Oder schon wieder weggefahren? Ob er versuchen sollte, den Forschungsleiter anzurufen, den Jens interviewen wollte? Obwohl es schon so spät war? Er öffnete Google auf dem Handy und suchte nach »Forschungsleiter« und »Cryonordic«. Eine Reihe Artikel und Links zu Henrik Dahlström tauchten in der Ergebnisliste auf. Eric scrollte nach unten und hielt abrupt bei einem aktuellen Link von

Uppsala Nya Tidning inne. Er klickte den Link an und öffnete den Artikel.

Cryonordic-Chef bei Autounfall getötet
Ein schwerer Verkehrsunfall auf der E 4 hat in der vergangenen Nacht ein Menschenleben gefordert. Ein Motorradfahrer entdeckte das brennende Auto, einen Sportwagen der Marke Aston Martin, kurz nach Mitternacht in Höhe der Abzweigung Gredelbyleden. Für den 49-jährigen Fahrer, der später als ehemaliger Forschungsleiter des Hochsicherheitslabors Cryonordic identifiziert wurde, kam jede Hilfe zu spät.

Eric starrte auf die Zeitungsmeldung. Was für ein unwahrscheinlicher Zufall. Wenn Henrik Dahlström in der vergangenen Nacht ums Leben gekommen war, hatte Jens ihn nicht interviewen können. Was hatte er stattdessen getan? Eric suchte die Telefonnummer von Cryonordic heraus. Sicher war niemand mehr da, aber versuchen konnte er es ja. Er wartete nervös, während es am anderen Ende klingelte.

Plötzlich klickte es, und eine Frauenstimme meldete sich. »Cryonordic, guten Abend, was kann ich für Sie tun?«

Eric blickte instinktiv zur Uhr in der Küche, unglaublich, dass so spät noch jemand ans Telefon ging. Er räusperte sich. »Ich würde gerne wissen, ob ein Jens Wahlberg heute bei Ihnen war. Er ist Reporter beim *Aftonbladet*.«

Es blieb eine Weile still. Dann meldete sich die Frauenstimme wieder. »Einen Moment, ich verbinde Sie mit unserer Sicherheitsabteilung.«

Eric runzelte die Stirn. Sicherheitsabteilung? Das Holz im Kamin knackte, und kleine glühende Splitter landeten zu seinen Füßen auf dem Teppich. Er klemmte sich das Telefon zwischen Schulter und Wange und schlug die Glut mit einer Zeitung aus. Zu spät, sie hatte schon Spuren hinterlassen.

Eine dunkle Männerstimme meldete sich am Telefon. »Mit wem spreche ich?« Der Mann sprach Englisch, sein Ton war scharf und befehlend.

Eric legte auf. Er betrachtete die kleinen schwarzen Löcher im Teppich. Was war da los? Wo war Jens? Er wählte noch einmal Hannas Nummer, und sie meldete sich nach dem zweiten Klingeln.

»Hallo Liebling, tut mir leid, ich habe mich noch mit einer der Frauen unterhalten, ist alles okay?«

»Ich habe eine ganz komische SMS von Jens erhalten, und jetzt kann ich ihn nicht erreichen. Hast du was von ihm gehört?«

»Nein, heute noch nicht. Was ist das denn für eine SMS?«

Er konnte nicht am Telefon mit ihr darüber reden. Nicht, wie die Dinge im Moment lagen.

»Lass uns darüber sprechen, wenn du zu Hause bist. Fahr vorsichtig.«

Er beendete das Gespräch, legte das Telefon weg und starrte ins Feuer. Verdammt, das hatte jetzt gerade noch gefehlt. Dabei war die Blutentnahme so schön glattgelaufen. Professor Sven Sahlgren hatte sie persönlich in Empfang genommen, und Hanna war ganz ruhig und entspannt gewesen. Sahlgren hatte keinen Hehl aus seiner Begeisterung gemacht, dass – wie er es nannte – der Staat über das Kapital gesiegt hatte und das KI nun besaß, was Cryonordic so gern haben wollte. Nach der Blutabnahme waren sie sofort nach Dalarö rausgefahren. Aber nun war die Gefahr plötzlich greifbar geworden. Jens war kein Mann, der leichtfertig Alarm schlug. Sich im Haus des Nachbarn zu verstecken, genügte offenbar nicht, Hanna musste komplett von der Bildfläche verschwinden. Auf Gillöga würde sie niemand finden, aber andererseits war das ein extremer Schritt. Da draußen war es karg und ungemütlich. Eine menschenleere Insel weit draußen in einer unbewohnten Ecke des Schärengartens, die am Arsch der Welt lag, wie Jens es gern nannte. Ohne fließendes Wasser und ohne Strom.

Eric hörte Schritte vor der Tür, und gleich darauf kam Hanna in die Diele. Sie ließ Sporttasche und Yogamatte auf den Boden fallen und setzte sich auf die Kante des rustikalen Couchtisches. Er reichte ihr das Handy und beobachtete ihr Gesicht, während sie die Nachricht las. Ihr stiegen sofort die Tränen in die Augen.

»Hast du wirklich überall versucht, ihn zu erreichen?«

»Überall, aber ich glaube nicht, dass wir uns Sorgen machen müssen. Er sitzt bestimmt mit einem Kater zu Hause und hat das Telefon abgestellt. Vielleicht liegt er auch mit einer Frau im Bett. Oder er ist einer großen Sache auf der Spur und untergetaucht, es wäre ja nicht das erste Mal.«

Er hörte selbst, wie dünn das klang und wie schlecht er darin war, seine Angst zu kaschieren. Eilig fügte er hinzu:

»Wenn er sich heute Nacht nicht meldet, fahre ich morgen gleich nach dem Frühstück in die Stadt. Aber ich verspreche dir, er taucht wieder auf, das macht er immer. Vergiss nicht, wir reden von Jens.«

Er beugte sich vor, strich ihr behutsam die blonden Haare aus dem Gesicht und gab ihr einen Kuss auf die Stirn. Sie duftete nach den speziellen Räucherstäbchen, die sie beim Yoga immer abbrannten.

Hanna stand auf. »Ich will nur schnell unter die Dusche, wärm schon mal das Bett an.«

Sie ging ins Bad und zog die Tür mit einem Knall hinter sich zu. Eric erhob sich und schaltete alle Lampen aus. Draußen war es stürmisch geworden, er konnte hören, wie die Fenster im Wohnzimmer knackten und ächzten, wenn der Wind gegen die Scheiben drückte. Er ging ins kleine Schlafzimmer, nahm die Tagesdecke ab und zog sich aus. Dann nahm er eine Schachtel Streichhölzer, zündete die beiden Kerzen auf der Fensterbank an und kroch unter die Bettdecke. Er hätte jetzt gern Saties Gymnopedie gehört, hatte aber keine Lust, noch einmal aufzustehen.

Nach ein paar Minuten ging die Badezimmertür auf und gleich darauf kam Hanna ins Schlafzimmer. Er lächelte und schlug die Bettdecke zurück.

»Geht's dir jetzt besser?«

Sie antwortete nicht, sondern legte sich einfach neben ihn. Statt nach Räucherstäbchen roch sie jetzt nach Duschgel. Der Sturm hatte zugenommen, die Kerzenflammen flackerten. Er hörte, wie der Flaggenmast sang; sobald der Wind zunahm, begann die hohe Metallstange zu heulen und zu pfeifen. Hanna strich ihm über den Arm.

»Versprichst du mir, dass du Jens morgen suchst?«

»Ich verspreche es.«

»Wie es draußen stürmt. Hast du das Boot ordentlich festgemacht?«

»Hab ich, das reißt sich nicht los. Außerdem ist Jarmos Steg viel geschützter als unserer.«

Sie strich mit den Fingerspitzen über seinen Ehering und fuhr die Linien in seiner Handfläche entlang. »Wenn ich mir vorstelle, was du alles mitgemacht hast. Was du erzählst, kommt mir vor wie ein beängstigendes, unwirkliches Märchen. Oder ein Film. All diese Orte, all diese Schicksale.«

Sie hörte auf, ihn zu streicheln.

»Und all diese Menschen.«

Ihre Stimme klang merkwürdig. Angestrengt. Worauf wollte sie hinaus? So tiefschürfende Fragen stellte sie immer, wenn sie geduscht hatte.

Er schloss seine Finger sanft um ihre Hand und schaute zu den Kerzen am Fenster. »Denkst du an etwas Bestimmtes?«

Zuerst sagte sie nichts. Vielleicht beobachtete auch sie die tanzenden Kerzenflammen.

»Letzte Nacht. Du hattest ja ziemlich getrunken. Du hast tief geschlafen – und geträumt.«

»Aha? Du nicht?«

»Ich lag wach. Philippa Hagström, die NCoLV-Fälle in Europa, ich konnte einfach nicht schlafen.«

»Und?«

Sie zog ihre Hand zurück. »Du hast im Schlaf gesprochen. Einen Namen gesagt.«

Er starrte auf die zuckenden Schatten an der Decke. Da war es wieder. Sein Körper fühlte sich plötzlich schwer und steif an. Er wusste es nicht und wusste es doch. Verdammt, warum war sie immer noch in ihm? Warum ließ sie ihn einfach nicht los?

»Aha. Und jetzt fragst du dich, was zwischen uns war? Ob etwas passiert ist?«

Hanna antwortete nicht.

Eric griff nach ihrer Hand. »Rachel ist etwas Besonderes. In vielerlei Hinsicht. Ich habe sie getroffen, als ich völlig verzweifelt war, völlig ratlos. Jens weigerte sich, mit mir zu sprechen. Ich brauchte einen Freund. Jemanden, der … zuhören konnte. Wir haben zusammen gegessen und eine Menge getrunken. Und ja, danach gab es eine Situation. Oder, wie soll ich sagen, ein Angebot. Von ihr aus. Ich habe abgelehnt. Bin allein auf mein Zimmer gegangen. Und das war's.«

Sie hatten noch nie über Untreue gesprochen. Hanna war nicht eifersüchtig. Oder vielleicht doch, aber sie hatte nie einen Grund gehabt, es zu sein. Sie zog ihre Hand wieder zurück.

»Ist das alles, was du dazu zu sagen hast?«

»Das ist alles, was es dazu zu sagen gibt.«

»Das Wichtigste verschweigst du. Und damit meine ich nicht, dass du ihre Einladung abgelehnt hast.«

»Sondern?«

»Wie du auf sie reagiert hast. Was du empfunden hast.«

Er antwortete schnell, vielleicht zu schnell. »Nichts. Ich habe absolut nichts für sie empfunden. Ich war erschöpft, und ich habe mich nach dir gesehnt. Außerdem hat sich später herausgestellt, dass sie mich benutzt hat. Sie wurde dafür bezahlt, mir etwas vorzuspielen. Du kannst ganz beruhigt sein.«

»Ich kann beruhigt sein?«

»Rachel bedeutet mir nichts. Höchstens insofern, als sie sich am Ende fair gezeigt und mir geholfen hat, nach Hause zu kommen. Dafür bin ich ihr ewig dankbar. Aber ich denke nicht mehr an sie. Sie ist weit weg. In einem anderen Leben. Wir sind hier, und das allein zählt.«

Sie lagen schweigend nebeneinander, da war jetzt eine Distanz zwischen ihnen. Die Fahnenstange sang vor dem Fenster.

Nach einer ganzen Weile, als er schon fast eingeschlafen war, sagte sie leise: »Wenn sie dir nichts bedeutet ... warum hast du dann ihren Namen im Schlaf gesagt?«

Eine Windbö warf sich gegen das Haus, die Kerzenflammen flackerten und erloschen. Alle beide. Gleichzeitig.

Der Sturm war abgezogen und der Morgen sonnig und

windstill. Eric war mit dem Boot nach Dalaroby gefahren. Hanna schlief noch, als er aus dem Haus ging. Er hatte das Boot an der Tankstelle vertäut und war den steilen Hang hinaufgegangen, an der alten Kirche vorbei und weiter zum Bäcker. Es war noch nicht einmal neun Uhr, und trotzdem hatte sich vor der Kasse schon eine lange Schlange gebildet. Er stellte sich an und bemerkte zu seinem Ärger, dass die Croissants so gut wie ausverkauft waren. Warum backten sie davon immer so wenige? Misstrauisch musterte er die Schlange vor ihm, waren potenzielle Croissantkäufer dabei? Zwei der Leute sahen verdächtig aus. Ein Mann mit einem weinroten Schal, den er lässig um den Hals geschlungen hatte; mit Sicherheit ein Frankophiler. Und eine große Frau mit Jutetasche und zotteligen Haaren. Ökotyp. Das war nicht gut. Er wollte so gern mit warmen Croissants nach Hause kommen. Gerade heute. Hanna liebte Croissants, am liebsten mit einer Scheibe Manchegokäse. Vielleicht würde sie sich dann wieder besser fühlen. Es duftete nach Kaffee in dem kleinen Laden, und im Radio sang Marie Fredriksson. Ein perfekter, idyllischer Morgen. Bis auf die Tatsache, dass sich Jens noch immer nicht gemeldet hatte. Und dass sie sich in einem zugigen Ferienhaus verstecken mussten wie verzweifelte Flüchtlinge. Und dass er Rachels Namen im Schlaf gemurmelt hatte. Hannas Reaktion war absolut verständlich. Und berechtigt. Er war weit weg gewesen, ohne sie, und er hatte Dinge getan, die er sich nie hätte träumen lassen. Er hatte jede erdenkliche Grenze überschritten und viele merkwürdige Menschen getroffen. Manche von ihnen Frauen. Eine von ihnen Rachel.

Der Mann mit dem Schal bezahlte, er hatte keine Croissants gekauft. So viel zu vorgefassten Meinungen. Im geflochtenen Korb hinter dem Tresen lagen immer noch drei

Croissants. Zwei Leute waren vor ihm dran, ein junger Typ mit dicken Kopfhörern und dann die Ökofrau. Er dachte an seine letzte Begegnung mit Rachel, auf dem Flughafen in Tel Aviv. An ihre Hand, übersät mit hässlichen Schürfwunden. An ihre Augen, in denen die ganze Zeit etwas gelegen hatte, das herauswollte. Etwas Unausgesprochenes. Er dachte an die Tür, die sie hinter sich offen gelassen hatte, als sie ging. Er hatte die Symbolik darin überinterpretiert. Aber es war nichts passiert. Hanna hatte keinen Grund, eifersüchtig zu sein. Er hatte geweint, als das Flugzeug abhob, aber nicht, weil er Rachel verließ, sondern weil er endlich auf dem Weg nach Hause war.

Der junge Mann mit den Kopfhörern kaufte einen Cappuccino und … ein Croissant. Zwei waren noch übrig. Jetzt also Daumen drücken. Er hörte aufmerksam zu, was die Ökofrau bestellte. Ein Durumbrot, fünf Sesambrötchen, zwei Kardamomschnecken. Und? Nichts weiter, sie schien zufrieden und holte ihr Portemonnaie heraus. Die Verkäuferin reichte ihr die Tüten über den Tresen. Jetzt war er an der Reihe.

»Ich nehme ein Olivenbrot. Und die beiden Croissants.«

Hinter ihm seufzte jemand enttäuscht. Er spürte einen Anflug von Triumph, als er seine Tüten bekam, man musste die kleinen Siege genießen, besonders in schweren Zeiten, besonders als Flüchtling. Jetzt würden sie wenigstens schön frühstücken, und danach würde er gleich in die Stadt zu Jens fahren. Vielleicht konnte er ihn sogar dazu bringen, zum Abendessen zu ihnen nach Dalarö zu kommen. Er drängte sich an der Schlange vorbei, wartete ein paar Jugendliche ab, die lachend in den Laden stolperten, und trat hinaus auf die Straße. Die Sonne wärmte, aber die Luft war kühl. Er blieb einen Moment stehen, das Gesicht zur Sonne

gewandt. Dann drehte er sich um und wollte hinunter zum
Steg gehen. Er schnappte nach Luft und blieb abrupt stehen. Für eine Sekunde glaubte er, eine Halluzination zu haben. Dass seine Gedanken in der Bäckerei ihm einen wilden
Streich spielten. Aber wie unwahrscheinlich es auch war –
sie stand da, auf der anderen Straßenseite, mitten in der
Schärenidylle. Lässig an einen weißen Gartenzaun gelehnt,
umrahmt von großen, üppigen Rosenbüschen. Sie nahm
die Sonnenbrille ab und lächelte.

»Schalom.«

Glilot, Israel

Meir Pardo saß in der Cafeteria im Erdgeschoss. Über fünfhundert Menschen arbeiteten in der Mossad-Zentrale in
Glilot, und obwohl die Cafeteria voll besetzt war, saß er allein am Tisch, niemand wagte es, sich zum obersten Chef
zu setzen. Er trank eine Tasse grünen Tee. Neben der Tasse
lag ein Apfel, den er gekauft hatte, um ihn später zu essen;
so wie es aussah, würde es ein langer Arbeitstag werden.
So vieles war in so kurzer Zeit passiert. Er war sich sicher
gewesen, dass Rachel Papo tot war. Aber plötzlich war ihr
Handy auf den Bildschirmen von Einheit 8200 aufgetaucht.
Sie orteten es in Nikosia. Merkwürdig, dass sie ihnen die Gelegenheit dazu ließ, sie wusste ja, dass sie damit nicht länger als ein paar Minuten telefonieren durfte. Vielleicht war
sie am Ende ihrer Kräfte und hatte die Kontrolle verloren,
oder es war ihr egal. Neunzehn Minuten später erreichte die
Einsatzgruppe den Koordinatenpunkt, ein kleines Hotel am
Stadtrand, aber Rachel war nicht mehr da.

Das unerwartete Lebenszeichen von ihr hatte ihn gefreut, aber das durfte er niemanden wissen lassen. David schien sich über die durchgebrannte Agentin ebenso zu ärgern wie über den Verlust des Gefangenen, und er war fest entschlossen, die beiden aufzuhalten. Natürlich wollte auch Meir, dass sie aufgehalten wurden, aber er hätte es vorgezogen, Rachel einzufangen, anstatt sie zu töten. Sie war allerdings schon so gut wie tot gewesen, Einheit 101 hatte einen ihrer besten Agenten zu dem verlassenen Flugplatz geschickt. Einen Mann namens Avner Grant. Meir hatte bis dahin noch nie von ihm gehört. Avner hatte sich Unterstützung von zwei lokalen Hilfskräften geholt. Alle drei waren später tot aufgefunden worden. Ebenso wie zwei weitere Leichen, ein junger Mann mit syrischer Staatsbürgerschaft, in den Kopf getroffen von Avners Munition, wahrscheinlich einer der Kidnapper, und außerdem ein völlig unbekannter Zyprer. Im Nachhinein ließ sich der Ablauf der Ereignisse beim Austausch nur schwer rekonstruieren. Was war eigentlich passiert? Wer hatte die ersten Schüsse abgefeuert? Hatte Rachel ihre Schwester befreien können? War Akim immer noch bei ihr? Avner war von seiner eigenen Säure getötet worden, einer Waffe, die nicht zum üblichen Arsenal von 101 gehörte. Alberner Idiot. Als man ihn fand, hatte sich sein gesamter Brustkorb verflüssigt. Vielleicht ein Unfall, vielleicht auch nicht.

Ein kleiner Privatjet war vom Flugplatz gestartet, die israelische Luftwaffe hatte ihn auf dem Radarschirm gehabt. Der Jet war nach Dubai geflogen und kurz darauf weiter nach London, wo die englische Polizei ihn bereits erwartete. An Bord hatte sich außer der Besatzung nur ein saudischer Geschäftsmann befunden, der sich mit keinen verdächtigen Aktivitäten in Verbindung bringen ließ. Der Pilot behauptete, er habe auf dem stillgelegten Flugplatz in Nikosia wegen eines Problems mit einer der beiden Turbinen notlanden müssen. Er versicherte, dass während des Aufenthalts auf Zypern niemand an Bord gekommen sei oder die Maschine verlassen habe. Da man ihm kein Vergehen nachweisen konnte, hatten die Engländer ihn laufen lassen müssen. Der Pilot hatte natürlich das Blaue vom Himmel heruntergelogen, Akim und Tara waren sehr wohl in Nikosia an Bord gegangen, und wahrscheinlich waren sie beim Zwischenstopp in Dubai ausgestiegen.

David Yassur kam aus dem Aufzug, ihre Blicke trafen sich, und David steuerte auf seinen Tisch zu. Er zog einen Stuhl hervor und nahm Meir gegenüber Platz. Er rieb sich das Gesicht mit beiden Händen, offensichtlich müde.

»Wir haben alle Hebel in Bewegung gesetzt und trotzdem nichts in der Hand. Alle Fäden, die wir ziehen, scheinen lose Enden zu haben, und kurz bevor ich gegangen bin, hat Jacob Nachman von 8200 angerufen.«

Meir senkte die Teetasse. »Haben Sie den Anruf lokalisieren können, den Rachel erhalten hat?«

»Eine Sackgasse. Es fing gut an, der Anruf kam aus Saudi-Arabien, aber da haben sie das Signal verloren.«

Meirs Augen wurden schwarz. »Wie zum Teufel …«

David hob eine Hand. »Es war nicht ihre Schuld. Du weißt, dass die Zusammenarbeit mit den saudischen Mobilfunkprovidern problematisch ist. Jacob hat mich schon mehrmals darauf hingewiesen.«

Meir setzte die Teetasse ab und griff nach dem Apfel. »Aber sie haben doch andere Möglichkeiten?«

David nickte. »Natürlich. Als das Signal verschwand, haben sie getan, was sie in diesen Fällen immer tun, sie haben bei der NSA angefragt, ob sie auf deren Überwachungssatelliten zugreifen dürfen. Aber aus irgendeinem Grund ist das Ersuchen in der amerikanischen Bürokratie hängen geblieben. Als der Link endlich kam, war das Gespräch bereits beendet.«

Meir betrachtete den Apfel.

»Also haben wir die beiden verloren.«

David warf einen Blick auf die lange Schlange vor der Essensausgabe und sah dann wieder seinen Chef an.

»Ich versichere dir, wir haben alles in Bewegung gesetzt, was Beine hat. Wir tun, was wir können, um diese ganze beschissene Katastrophe wieder in Ordnung zu bringen.«

Meir schwieg lange. Dann lächelte er. »Habe ich dir erzählt, dass ich früher gejagt habe?«

»Gejagt? Was, Tiere?«

»Während meiner Stationierung in Deutschland. Überwiegend Hirsche.«

»Nein, das hast du mir nie erzählt.«

David schaute wieder zu der Schlange. Vermutlich hatte er Hunger, deswegen war er wohl nach unten gekommen.

Meir fuhr fort: »Ich war ziemlich bald der Beste in unserer Gruppe. Weißt du, warum?«

»Weil du am besten schießen konntest?«

»Es gab viel bessere Schützen als mich. Nein, weil ich still saß.« Er nickte nachdenklich. »Die anderen waren alle zu rastlos. Zu ungeduldig. Zu zappelig. Sie unterhielten sich. Wechselten ihren Standort. Öffneten Bierflaschen. Aßen Butterbrote. Pinkelten ins Gebüsch.«

»Und du nicht?«

»Ich nicht. Ich nahm meinen Posten ein, und dann saß ich da. Stundenlang. Den ganzen Tag, wenn es sein musste. Und es funktionierte immer, früher oder später tauchte der Hirsch auf.« Er legte den Apfel wieder auf den Tisch. »Das ist das Erfolgsgeheimnis eines guten Jägers. Einfach still zu sitzen. Also, wenn all unsere Leute in Bewegung sind, ist es genau das, was wir tun werden. Wir sitzen ganz still.«

Er schob David den Apfel hin.

»Früher oder später rühren sie sich, und dann sind wir bereit.«

Dalarö, Schweden

Sie saßen unten am großen Steg. Die Sonne schien von einem klaren hellblauen Himmel, das Wasser war spiegelglatt und die Luft frisch und kühl. Weit hinten bei Saltkråkan zog eine Inselfähre vorbei, ansonsten war der Jungfrufjärden ruhig und still. Eric fühlte sich, als würde er gleich in Ohnmacht fallen, er war nervös, schockiert, verlegen und aufgedreht, alles zugleich. Er wusste nicht, wohin mit seinem Blick, und sah abwechselnd liebevoll zu Hanna, unauffällig zu Rachel und hinüber zur fernen Inselfähre. Hanna hatte Jeans an, einen Collegesweater von der Kyoto University, der eigentlich ihm gehörte, und seine blaue Burberry-Jacke. Und Turnschuhe. Ihre Haare waren offen und ungekämmt. Rachel trug eine schwarze Hose, die nach Militär aussah; er erinnerte sich, dass sie so eine Hose auch getragen hatte, als sie ihn in der Zelle beim Mossad besuchte. Und außerdem eine dunkelgrüne Bluse, eine dünne schwarze Sportjacke und schwarze Stiefel. Ihr dickes Haar hatte sie zu einem strammen Knoten zusammengedreht. Hanna hielt ihre Teetasse mit beiden Händen und verfolgte ebenfalls die Inselfähre mit den Augen. Er wusste, dass sie durcheinander war, dass sie genau wie er mit widerstreitenden Gefühlen kämpfte.

Nachdem sie sich vor der Bäckerei getroffen hatten, war

Rachel im Boot mit ihm gefahren. Sie war verändert, wenigstens kam es ihm so vor. Kühl und distanziert. Vom Boot aus hatte er Hanna angerufen und ihr erzählt, dass er beim Brötchenholen die besagte Mossad-Agentin getroffen hatte, was ein geradezu wahnwitziger Zufall war. Hanna hatte ihm zugehört und dann einfach aufgelegt. Wortlos. Als er und Rachel beim Gästehaus ankamen, hatte er deshalb mit dem Schlimmsten gerechnet, entweder dass sie das Haus verlassen hatte und in die Stadt gefahren war oder dass sie vor Wut tobte, aber wie so oft überraschte sie ihn auch diesmal. Als er das Boot vertäute, kam sie mit einem Tablett hinunter zum Steg, darauf eine Teekanne, drei Tassen und Rhabarberkuchen, den sie weiß der Himmel wo aufgetrieben haben musste. Es schien ihr wichtig zu sein, dass Rachel und er nicht zum Gästehaus hinaufgingen, sondern unten am Steg blieben, so als könne sie es nur an diesem Ort ertragen, der fremden Frau zu begegnen, aber nicht, sie näher an sich heranzulassen. Als brauchte sie einen Sicherheitsabstand.

Aber nicht genug damit, dass sie Tee und Kuchen servierte; als Rachel aus dem Boot auf den Steg kletterte und ihr die Hand entgegenstreckte, schloss Hanna sie stattdessen in die Arme. Der Anblick der beiden Frauen, die einander umarmten, war so surreal, dass Eric den Blick abwenden und woanders hinschauen musste, um sein Realitätsgefühl wiederzufinden. Er würde Hanna nie ganz verstehen, sie hatte eine Seele, die so viel größer war als seine eigene. Rachel hatte Hanna gratuliert, dass sie wieder gesund geworden war, und ihr versichert, dass Eric sich große Sorgen um sie gemacht hatte, als er in Israel war. Hanna hatte genickt und sich sogar überwunden, Eric anzulächeln. Aber nach der Begrüßung, dem Austausch von Nettigkeiten und dem Servieren von Tee und Kuchen, zu dem Eric seine Croissants beisteuerte, schlief die Unterhaltung ein. Es war, als ob die Luft zwischen ihnen zäh würde und jeden Einzelnen von ihnen in eine Art individuelles Vakuum einschlösse. Die drückende Stille machte ihn verrückt. Wie zum Teufel war es möglich, dass sie hier war? Wie hatte sie ihn hier ausfindig gemacht? Ausgerechnet hier. Hanna musste glauben, dass es ein abgekartetes Spiel war, alles andere war ja absurd. Und das einen Tag nachdem er Rachels Namen im Schlaf gemurmelt hatte.

Er räusperte sich. »Wie hast du mich gefunden?«

Rachel legte den Kopf ein klein wenig schräg, eine Bewegung, an die er sich gut erinnerte. »Wir finden eine Stecknadel in der Wüste Sinai. Dich hier zu finden, war nicht sehr schwer.«

Er gab sich mit der Antwort nicht zufrieden, es war wichtig, dass Hanna begriff, dass er nichts damit zu tun hatte. »Aber wie hast du es gemacht? Wie hast du mich hier gefunden? Niemand weiß, dass wir hier sind …«

»Du hast einer Zeitung vor ein paar Jahren ein Interview gegeben, und darin hast du Dalarö erwähnt. Der Artikel steht im Netz.«

»Okay, mag sein, aber das erklärt noch nicht, woher du gewusst hast, dass ich in der Bäckerei war. Wie konntest du wissen, wo genau auf Dalarö ich bin?«

Er fing Hannas Blick auf, der unmöglich zu deuten war. Rachel hatte die Jacke ausgezogen und auf den Steg gelegt. Jetzt beugte sie sich vor und suchte in den Taschen. Sie fand ihr Handy und hielt es ihm hin, eine Karte von Dalarö füllte das Display aus. An der Nordostseite von Röudd blinkte ein kleiner roter Punkt.

»Du hast den Sender immer noch in dir.«

Er zuckte zusammen. »In mir?«

Sie nickte. Dann beugte sie sich zu ihm, nahm seine linke Hand, schob den Ärmel seines Pullovers hoch und fuhr mit den Fingerspitzen sanft über seinen Unterarm. Eric warf intuitiv einen Blick zu Hanna, sie sah ihm in die Augen, und er wusste, dass sie all seine Gefühle, Gedanken, seine Körpersprache las. Bestätigung für das suchte, was sie vermutete und fürchtete. Rachel hielt wenige Zentimeter über seinem Handgelenk inne, drückte ein wenig fester zu.

»Hier … Genau hier.«

Eric tastete mit der rechten Hand und fand eine kleine Verhärtung, etwa so groß wie eine Schmerztablette. Wieso hatte er die nicht schon früher bemerkt?

»Wie werde ich das Ding los?«

»Einfach aufmachen und herausnehmen.«

»Aufmachen?«

»Ein Schnitt mit einem Skalpell. Ganz einfach. Aber vielleicht lässt du es lieber eine Krankenschwester machen?«

»Und wie erkläre ich ihr, dass ich einen israelischen Spürsender im Arm habe?«

»Keine Ahnung. Wenn du willst, kann ich ihn gleich hier und jetzt entfernen.«

Eric entzog ihr den Arm.

Hanna stellte ihre Teetasse auf dem Steg ab und wandte sich an Rachel. »Warum sind Sie hier?«

Eric wusste, dass sie darauf gewartet hatte, diese Frage zu stellen, seit Rachel angekommen war.

»Ich bin hier, um Sie zu beschützen.«

Hanna warf Eric einen fragenden Blick zu. Er schüttelte ratlos den Kopf. »Beschützen? Warum sollte der Mossad Hanna beschützen? Wovor?«

»Was ich jetzt sage, ist streng vertraulich, aber vielleicht habt ihr ein Recht darauf, es zu erfahren.«

Hanna hatte die Arme vor der Brust verschränkt. Eric hätte sich gern zu ihr gebeugt und sie in den Arm genommen, war sich aber nicht sicher, wie sie reagieren würde. Feige, wie er war, rührte er sich nicht.

Rachel wandte sich ihm zu. »Wie du dich sicher erinnerst, war das FBI über die Krankheit deiner Frau sehr besorgt, sie vermuteten, dass der Virus für Terroranschläge verwendet werden könnte. Deshalb haben wir die Entwicklung aus der Ferne beobachtet. Die Verbreitung von NCoLV ist alarmierend. Zuerst sah es so aus, als wäre er beherrschbar ... Es gab nur wenige Fälle in Schweden, aber als er auch in Holland auftauchte, erhielt die Sache eine ganz andere Priorität. Wir haben nicht vergessen, was du gesagt hast – dass es eine Verbindung zwischen Mona und dem biologischen Virus gibt, was praktisch heißt, dass auch eine Verbindung zwischen Hisbollah und NCoLV besteht. Da läuten eine Menge Alarmglocken. Kürzlich haben wir außerdem einige beunruhigende Informationen über eines der Labore erhalten, die an einem Impfstoff gegen NCoLV arbeiten.«

Eric ballte die Fäuste. »Lass mich raten ... Cryonordic?«

»Gerüchten zufolge gibt es Verbindungen zu gewissen ... wie soll ich sagen ... problematischen Elementen.«

»Problematischen Elementen?«

»Unter den Eigentümern. Personen mit Risikoprofil.«

»Terroristen?«

»Möglicherweise, das wissen wir noch nicht.«

»Du hast nicht beantwortet, warum Hanna Schutz brauchen sollte.«

Rachel wandte sich an Hanna. »Sie haben als Einzige eine NCoLV-Infektion überlebt. Sie sind in Gefahr, mächtige Interessengruppen haben es auf Ihr Blut abgesehen. Und andere Mächtige wollen Sie aus dem Weg räumen, ein für alle Mal. Sie sind ein wandelnder Impfstoff. Diejenigen, die ein Medikament gegen NCoLV entwickeln, wollen keine Konkurrenz.«

»Cryonordic?«

»Vielleicht. Ganz gleich, wer dahintersteht, wichtig ist, dass Sie beschützt werden. Israel nimmt die Virusgefahr sehr ernst, gleichzeitig sind auch wir bestrebt, einen Impfstoff zu finden. Letztes Mal, bei der Mona-Attacke, wurden wir überrascht. Diesmal haben wir nicht vor, tatenlos abzuwarten, bis etwas passiert. Deshalb bin ich hier, um Sie zu beschützen, bis wir die Gefahr einschätzen und handhaben können.«

Eric fror innerlich. An den Wellen weit draußen konnte er sehen, dass der Wind aufgefrischt hatte. Das alles war ein gigantischer Albtraum, der immer schlimmer wurde. Wenn der Mossad einen Agenten nach Schweden schickte, war die Lage ernst, verdammt ernst. Es ging nicht mehr nur um ein paar Unverschämtheiten am Telefon, sondern um eine wirkliche Bedrohung. Aber Hanna hatte sich bereits Blut abnehmen lassen. Das KI besaß jetzt eine mehr als ausreichende Menge, damit sollte die Gefahr für Hanna doch vorbei sein. Diese Logik spendete wenig Trost, Hanna hatte noch mehr Blut im Körper und vielleicht war sie für Cryonordic jetzt, da ein anderer Akteur einen Vorsprung hatte, umso wichtiger geworden. Eric war außerdem überzeugt, dass Rachel ihnen nicht alles erzählt hatte. Sie hatte die Verbindung zum Terrorismus erwähnt. Er dachte daran, was mit dem Forschungsleiter von Cryonordic passiert war. Und jetzt war Jens verschwunden. Ihm fiel Jens' SMS wieder ein, er griff in die Hosentasche und holte sein Handy heraus. Dabei fiel sein Blick auf Hanna, sie war kreidebleich.

Er rutschte näher an sie heran und legte ihr den Arm um die Schulter. Sie reagierte steif und abweisend.

Eric öffnete Jens' Nachricht und reichte Rachel das Mobiltelefon. »Gestern habe ich diese SMS von einem meiner engsten Freunde erhalten. Er ist Journalist und wollte zu Cryonordic fahren, um sie in die Zange zu nehmen. Unter anderem wollte er herausfinden, wer die tatsächlichen Eigentümer sind. Jetzt ist er verschwunden. Und dann kam das ...« Er deutete mit einem Kopfnicken auf den Text.

Rachel starrte aufs Display. »Was steht da?«

Er lächelte flüchtig. »Ach ja, entschuldige. Da steht, wir sollen Hanna vor CN in Sicherheit bringen, damit ist wahrscheinlich Cryonordic gemeint. Jens will, dass wir uns in seinem Ferienhaus weit draußen in den Schären verstecken, auf einer Insel namens Gillöga.«

Er sah, dass Rachel zögerte. Also war sein Verdacht richtig gewesen, sie hatte ihnen nicht alles erzählt.

Rachel seufzte. »Wir wissen, dass Cryonordic seinen Investoren versprochen hat, einen Impfstoff zu entwickeln. Wenn sie es nicht schaffen, müssen sie Strafzahlungen leisten. Riesige Summen. Deshalb sind sie so scharf darauf, den Wirkstoff zu finden. Und Konkurrenz können sie dabei nicht gebrauchen. Sie haben eine englische Securityfirma angeheuert, Blacksky, offiziell mit der Begründung, dass sie die Laboranlage in Uppsala noch besser absichern wollen. Aber Blacksky zu engagieren, um ein paar Reagenzgläser zu bewachen, erscheint doch reichlich übertrieben. Die Mitarbeiter von Blacksky sind ehemalige Berufssoldaten. Eine Privatarmee, die Firmen in Krisen- und Kriegsgebieten Schutz anbietet. Was sie von vergleichbaren Securityfirmen unterscheidet, ist, dass sie sich allzu oft auf der falschen Seite des Zauns tummeln. Während andere Sicherheitsunternehmen amerikanische Interessen schützen, schließt Blacksky Verträge mit den Arabern ab. Sie haben syrische Regierungsanlagen ebenso bewacht wie iranische Politiker auf Auslandsreisen. Sicher sehr lukrativ.«

Eric drückte Hannas Schulter. »Und was haben diese Söldner mit Hanna zu tun?«

Rachel gab ihm das Handy zurück. »Ich glaube, sie werden – oder haben vielleicht schon – den Auftrag erhalten, Hanna ausfindig zu machen und zurück zum Labor zu bringen. Die SMS bestätigt das.«

Eric war ratlos. Sollte er versuchen, vom Tisch zu wischen, was Rachel gesagt hatte? Die Bedrohung als wilde Fantasterei abtun? Oder sollte er sie ernst nehmen und die Abreise nach Gillöga vorbereiten?

Hanna wirkte plötzlich gefasst. »Was sollen wir tun? Wir können ja wohl nicht einfach hier sitzen und auf sie warten?«

Eric sah sie liebevoll an. »Nein, das können wir nicht.« Er traf eine Entscheidung. »Ich werde gleich mal das Boot klarmachen. Der Tank ist fast voll, also das Benzin reicht. Wir fahren alle drei raus nach Gillöga. Nur für ein paar Tage, bis sich alles etwas beruhigt hat.«

Er stand auf, Rachel ebenfalls. Hanna blieb sitzen. Sie schaute hinaus auf das immer unruhiger werdende Meer.

»Ja, und Jens? Was machen wir mit ihm? Du hattest doch versprochen, dass du in die Stadt fahren wolltest?«

Rachels plötzlicher Besuch hatte ihn völlig aus der Bahn geworfen. Natürlich mussten sie Jens suchen.

Rachel verschränkte die Arme. »Das Wetter wird immer schlechter, wenn wir fahren wollen, dann sollten wir das so schnell wie möglich tun.« Sie wandte sich an Eric. »Betrachte mich als Hilfskraft. Möchtest du, dass ich in die Stadt fahre und versuche, deinen Freund zu finden? Oder sollen Hanna und ich lieber zur Insel vorausfahren?«

Eric zögerte. Er wollte sich nicht von Hanna trennen, sie nicht allein lassen. Aber sie war ja nicht allein, Rachel war bei ihr, eine mit allen Wassern gewaschene Mossad-Agentin. Und die Chance, dass er Jens fand, war größer, er kannte Jens' Lieblingsorte genau, all die Kneipen und die Frauen, bei denen er sein konnte. Und Rachels Auftrag war, Hanna zu beschützen.

Wieder legte er die Hände auf Hannas schmale Schultern. »Was meinst du? Soll ich in die Stadt fahren? Als Erstes suche ich Jens. Anschließend kann ich bei Sven Sahlgren im Karolinska vorbeifahren und mich erkundigen, wie sie mit dem Impfstoff vorankommen. Danach fahre ich dann direkt raus nach Gillöga. Ich kann bestimmt Jonas' Boot leihen.«

Hanna wollte antworten, schien aber den Faden verloren zu haben. Sie wirkte plötzlich unsicher.

»Ich weiß nicht … Diese ganze Idee mit Gillöga … Wir waren doch noch nie dort. Das kommt mir alles so komisch vor. So überstürzt.«

Offenbar hatte sie den Ernst der Lage nicht begriffen. Vielleicht war es sogar besser so. Aber auf Dalarö konnte sie nicht bleiben.

Eric lächelte sie an. »Gillöga ist gut, ich möchte, dass du dorthin fährst. Mit Rachel bist du dort sicher, so sicher, wie man nur sein kann. Sie ist ein außergewöhnlicher Mensch.«

Auf Hannas Gesicht erschien ein undefinierbarer Ausdruck. Es war, als hätte sie ihm nicht zugehört, oder vielleicht eher, als wäre der letzte Satz das Einzige, was sie gehört hatte. Sie machte sich los und wandte sich zu Rachel um. Ihre Stimme klang unnatürlich dünn, schien kaum zu tragen.

»Sie müssen wissen, dass Sie meinen Mann tief beeindruckt haben. Wirklich, ich habe so etwas noch nie erlebt. Er hat sogar im Schlaf von Ihnen gesprochen.«

Eric blickte hastig zu Rachel, er wusste, dass Hanna sie auf die Probe stellte.

Rachel lächelte. »Er hat mich auch beeindruckt.«

Angespannte Stille trat ein. Nach einer Weile bückte Rachel sich und wühlte in ihrem Rucksack. Als sie sich wieder aufrichtete, hatte sie ein gelb-schwarzes Buch in der Hand. Abraham Sutzkever. Der Anblick des zerfledderten Büchleins löste in Eric eine Kaskade von Erinnerungen aus. Er hätte lachen und weinen mögen, beides zugleich. Dieses kleine Buch dort war sozusagen sein gesamtes Leben, eingehüllt in einen dünnen nichtssagenden Umschlag, die ganze verzweifelte Reise, die Angst, die Liebe und die Sehnsucht.

Rachel reichte ihm das Buch. »Du hast in Israel etwas zurückgelassen, das du vielleicht schon vermisst hast ...«

Eric entging die Zweideutigkeit in ihren Worten nicht, und er war sicher, dass sie auch Hanna nicht entgangen war. Er nahm das Buch entgegen und nickte kurz.

»Danke. Ich habe ziemlich oft daran gedacht.«

Das Boot war beladen. Eric hatte alles zusammengesucht, was Kühlschrank und Vorratskammer hergaben, und es in eine große Ikea-Tasche getan. Die Tasche war jetzt unter dem Verdeck verstaut, zusammen mit einem Haufen warmer Pullover, dicker Jacken und Hannas Reisetasche. Hanna hatte nicht viel gesagt, sie hatte nie richtig bestätigt, dass sie es in Ordnung fand, mit Rachel auf eine einsame Insel zu fahren. Aber als Eric ihr an Bord half, blieb sie stehen und küsste ihn. Kurz und hart. Schwer zu sagen, was sie damit ausdrücken wollte. Ehe er eine Chance hatte, sie danach zu fragen, stellte sie sich ans Steuer und startete den Motor. Rachel saß schweigend auf dem Backbordsessel und studierte das GPS, in das Eric die kürzeste Strecke nach Gillöga eingegeben hatte. Der Schlüssel zum Haus lag laut Jens' SMS unter der Treppe, das hatte er Hanna mindestens zehnmal eingeschärft. Rachel hatte ihre Mobilnummer auf die Rückseite des Bäckereikassenzettels geschrieben, und Eric hatte den Zettel in sein Portemonnaie gesteckt. Das Meer war aufgewühlter als vorhin, aber für das neue Boot sollte das kein Problem sein. Als Eric schließlich allein oben auf dem Steg stand, wurde ihm plötzlich ganz mulmig, er wollte Hanna nicht allein lassen. Er konnte die Vorhaltungen, die Jens ihm machen würde, geradezu körperlich spüren. Der Motor tuckerte, und das Wasser am Bootsheck sprudelte und schäumte. Er sah Hanna an, suchte in ihren Augen nach so etwas wie Zustimmung. Sie nickte kurz, es wurde Zeit abzulegen. Eric löste die Leinen und warf sie ins Boot. Dann stieß er den Rumpf mit dem Fuß ab, Hanna legte den Gang ein und gab Gas. Das Boot schoss davon. Eric schattete die Augen mit der Hand ab und winkte ihnen nach. Für einen Moment begegnete er Rachels Blick, aber sie wandte sofort den Kopf ab. So stand er eine Weile da und sah dem immer kleiner werdenden Boot hinterher. Dann drehte er sich um und ging zurück zum Gästehaus, und während er die steilen Treppenstufen hinaufstieg, dachte er die ganze Zeit darüber nach, warum Rachel wohl den Kopf weggedreht hatte. Auf der letzten Treppenstufe hielt er inne und blickte über die aufgewühlte Bucht. Das Boot war nicht mehr zu erkennen.

Uppsala, Schweden

Die Personaldecke bei Cryonordic war deutlich geschrumpft, das Unternehmen konzentrierte sich jetzt ganz auf NCoLV und den Impfstoff N-Gate. Alle übrigen Projekte waren entweder auf Eis gelegt oder eingestampft worden. Es war still im Gebäudekomplex. Craig Winter saß allein in der Lounge. Das war ein Platz, der ihm sehr gefiel, und er kam oft hierher. Die luftige Raumhöhe, das Licht, das durch die großen Fenster fiel, und die vielen Statuen hatten eine beruhigende Wirkung auf ihn. Er trug Jogginghose, T-Shirt und abgenutzte Turnschuhe. Tausend Gedanken gingen ihm durch den Kopf, es war so viel passiert in den letzten Tagen. Er dachte an das Treffen, das hier in der Lounge vor weniger als vierundzwanzig Stunden stattgefunden hatte, das Treffen mit dem Journalisten Jens Wahlberg. Nicholas Moreman hatte auf eigene Faust gehandelt. Als Craig ihm von Jens' Enthüllung berichtete, hatte der Sicherheitchef seine Entscheidung getroffen. Einfach so, aus dem Bauch heraus … ein Impuls. Nicholas hatte darauf gepfiffen, ob die Geschäftsleitung sein Vorgehen billigte; Craig bezweifelte, dass sie überhaupt informiert war. Sein drastischer Schritt bedeutete eine große Abweichung vom beschlossenen Verbreitungsplan, aus dem explizit hervorging, dass sie mit Schweden warten wollten, um den Verdacht so weit wie möglich vom Labor fernzuhalten. Die schwedische Öffentlichkeit war bereits alarmiert, die Zeitungen brachten täglich neue Krisenschlagzeilen über den Virus. Der nächste Schritt war, die Gespräche mit dem schwedischen Institut für die Kontrolle von Infektionskrankheiten zu intensivieren. Schweden genoss großes Ansehen innerhalb der WHO; was dieses Land beschloss, konnte zur Richtschnur für den Rest der Welt werden.

Was Craig beunruhigte, war jedoch nicht der infizierte Journalist, sondern etwas viel Größeres. Er hatte gerade einen höchst merkwürdigen Anruf erhalten. Als er zu seiner täglichen Joggingrunde aufbrechen wollte, rief ein Mann an, der sich als Sinon vorstellte, nur das, kein Nachname. Dieser Sinon gab sich als neuer Chef von Jawdah aus und machte zweifelsfrei klar, dass alles, was mit dem Projekt zu tun hatte, mit ihm abzusprechen sei. Sinon erkundigte sich nach der Jagd auf Hanna Söderqvist, der Arbeit mit dem Impfstoff und der laufenden Verbreitung in Europa. Craig hatte nach bestem Vermögen geantwortet, dabei aber das Gefühl gehabt, dass der Mann am anderen Ende gar nicht zuhörte, sondern eigentlich über etwas ganz anderes reden wollte. Als sie etwa zehn Minuten telefoniert hatten, zeigte sich, dass ihn sein Gefühl nicht trog.

Sinon drängte darauf, sogenannte *Gain-of-function*-Experimente durchzuführen, die beinhalteten, dass das Labor die Potenz des Virus erhöhte. Daran war an und für sich nichts Ungewöhnliches, obwohl es immer Wissenschaftler gab, die jegliche Verstärkung von Viren ablehnten. Spektakulär war dagegen das Ausmaß von Sinons Forderung. Er verlangte keine kleineren Justierungen, er verlangte eine völlig neue Generation von NCoLV. Die schwedischen Behörden zierten sich ein bisschen, man musste ihnen Angst machen, um sie zurück an den Verhandlungstisch zu zwingen. Der neue Virus sollte so stabilisiert werden, dass er außerhalb des Wirtskörpers überlebte. Er sollte durch die Luft übertragbar und zu einhundert Prozent tödlich sein. Alle Arbeiten an einem NCoLV-Impfstoff sollten bei Cryonordic sofort eingestellt werden. Laut Sinon übernahm eines von Crystal Globes Labors in England die Erforschung von N-Gate. Das Projekt mit dem neuen Supervirus unterlag strengster Geheimhaltung, nur Craig und Sicherheitschef Nicholas Moreman durften davon wissen. Und es war brandeilig, Craig sollte alles andere zurückstellen, sollte Tag und Nacht daran arbeiten, es gab nichts Wichtigeres.

Aber Craig hatte sich geweigert. Er verstand nicht, warum etwas so Wahnsinniges, so Extremes nötig sein sollte. NCoLV 7.1 war schon erschreckend genug ... Aber im Unterschied zu dem Virus, den Sinon jetzt verlangte, war 7.1 mit Sicherheitsmechanismen ausgestattet worden, eine zentrale Voraussetzung, um die Kontrolle über seine Verbreitung zu behalten. Begriff Sinon überhaupt die Tragweite dessen, was er verlangte? Ein Virus mit null Trägheit würde sich extrem schnell und unkontrollierbar verbreiten, dagegen wäre jeglicher Impfstoff wirkungslos. Ein solcher Supervirus würde eine globale Pandemie verursachen, mit vielen Millionen Toten. Wenn das überhaupt reichte.

Craigs Blick verweilte bei den gesichtslosen Statuen. Er hatte keine Probleme damit, dass fünfzig mehr oder weniger zufällig ausgewählte Leute starben, das war auch nichts anderes, als wenn sich ein Reisebus auf der Autobahn überschlug. Die letzte Phase von Jawdah würde noch einmal hundert Tote generieren, aber das Projekt würde ihn reich machen, und er konnte gut damit leben, diese Leute auf dem Gewissen zu haben. Aber was Sinon jetzt verlangte, war etwas anderes ... Außerhalb jeder Kontrolle. Wahnsinn. Was würde mit ihm passieren, wenn er sich weigerte, den Befehlen zu gehorchen? Würde man ihn aus dem Projekt werfen? Würde er wie Henrik Dahlström enden? Oder wie Jens Wahlberg? Die Statuen gaben keine Antwort. Oder taten sie es doch? Es war ein moralisches Dilemma, eine Frage, so groß, dass sie dazu tendierte, abstrakt und konturlos zu werden ... von ihrer Natur her philosophisch. Die

Weiterexistenz der Menschheit. War nicht auch Pandora anfangs eine Statue gewesen? Bis Zeus beschloss, sie zum Leben zu erwecken? Ihre Büchse war voller Krankheiten, und als sie sie öffnete, flogen sie hinaus in die Welt, wo sie Trostlosigkeit und Verzweiflung hervorriefen. Sollte er Hermes sein, der die Büchse mit all ihren Plagen gefüllt hatte?

Sinon befürchtete, dass Jawdahs dritte Phase nicht ausreichen könnte. Er wollte den neuen Supervirus, um die Schweden in Angst und Schrecken zu versetzen und den Druck auf die WHO zu erhöhen. Er wollte der Welt vor Augen führen, dass Armageddon in den Schatten lauerte, nur wenige Mutationen entfernt. Aber um das zu tun, brauchte er nur die DNA-Sequenzen zu zeigen, nicht den Virus selbst. Es sollte nicht nötig sein, dass der Super-NCoLV Cryonordic jemals verließ. Es würde genügen, dass er Sinon ein Foto des Monstervirus zeigte, niemand brauchte ihn in Wirklichkeit zu sehen. Wenn diese Hypothese stimmte, veränderte das die Sache … stellte alles in ein anderes Licht. In dem Fall wäre es ein wissenschaftliches Experiment innerhalb der Hochsicherheitsumgebung des Labors. Sobald er das Ergebnis dokumentiert hätte, könnte er den Virus abtöten. Craig rieb sich die Hände und betrachtete das Gedankenszenario aus allen möglichen Winkeln. Konnte er sich unter diesen Umständen mit der Produktion von Sinons Super-NCoLV anfreunden? Ja, aber nur, wenn ihm hundertprozentig garantiert wurde, dass der Virus das Labor niemals verließ. Niemals.

Stockholm, Schweden

Eric fuhr in hohem Tempo über die Centralbron. Jens war wie vom Erdboden verschwunden. Eric hatte vor seiner Wohnungstür gestanden und bestimmt zehn Minuten lang geklingelt. Er hatte auch mit dem Nachrichtenchef vom *Aftonbladet* telefoniert, mehrere von Jens' Freunden angerufen und mit einer Reihe von mehr oder weniger offiziellen Freundinnen gesprochen. Er hatte sogar einen Abstecher zu Jens' Lieblingskneipe gemacht, dem Magnolia in der Blecktornsgränd, aber der Barkeeper dort hatte Jens schon seit Tagen nicht mehr gesehen. Um zwei war er mit Sven Sahlgren im Karolinska-Institut verabredet. Als Forschungsleiter des KI hatte Sven sicherlich Kontakte zu Cryonordic, vielleicht konnte er in Erfahrung bringen, ob Jens dort gewesen war. Das Labor in Uppsala war im Moment die einzige Spur, die er hatte, wenn es denn eine Spur war.

Der Himmel war dunkelblau, und draußen auf dem Riddarfjärden trugen die Wellen weiße Schaumkronen. Der Wind blies kräftig. Er dachte an Hanna. Die beiden mussten inzwischen auf Gillöga sein, warum hatten sie sich nicht gemeldet? Er umklammerte das Lenkrad fester. Das alles war so ein verdammter Albtraum. NCoLV breitete sich aus, Thomas Wethje war todkrank und Hanna in Gefahr. Und Jens war verschwunden. In Situationen wie diesen war Jens sonst immer derjenige, der die Ruhe bewahrte.

Eric passierte die Abfahrt Kungsholmen und kam auf den Klarastrandsleden. Die Boote, die entlang des Kanals vertäut lagen, schaukelten heftig. Wenn es hier in der Innenstadt schon so stürmisch war, wie war es dann erst draußen in den Schären? Sollte er sich Sorgen machen? Nein, sie saßen sicher schon mit Wolldecken über den Knien vor dem

Kachelofen. Vielleicht hatten sie sich Tee gekocht. Oder sie tranken Wein. Unterhielten sie sich über ihn? Konnte Rachel etwas sagen, das Hanna auf dumme Gedanken brachte? Er ging die paar Male durch, die er allein mit Rachel gewesen war. Abendessen im Pronto, anschließend der Drink in der Bar des Montefiore, der frühe Morgen in ihrem Hotelzimmer und ihr Besuch in der Zelle beim Mossad. Und dann die emotionsgeladenen Minuten in der Baracke auf dem Flugplatz, unmittelbar vor seiner Abreise. Hatte er irgendetwas gesagt oder getan, was er Hanna gegenüber nicht verantworten konnte? Nein, aber es würde trotzdem schwer sein, sie zu überzeugen, falls Rachel etwas anderes andeutete.

Eric blinkte, nahm die Abfahrt Solna und fädelte sich auf den Solnavägen ein. Vielleicht sollte er auf der Insel anrufen und sich überzeugen, dass alles in Ordnung war. Er streckte die Hand nach dem Telefon auf dem Beifahrersitz aus. Im selben Moment klingelte es. Überrascht warf er einen Blick aufs Display. *Aftonbladet!* Er holte tief Luft, bremste und nahm erwartungsvoll das Gespräch an.

»Jens?«

»Nein, nicht Jens. Hier ist Calle Öberg, erinnerst du dich an mich?«

Eric bog auf den Parkplatz des KI und hielt Ausschau nach einem freien Stellplatz. »Hallo Carl, natürlich erinnere ich mich.«

Er parkte auf einem Platz, der für Mitarbeiter reserviert zu sein schien. Dann wechselte er das Handy auf die andere Seite und öffnete die Autotür.

»Was kann ich für dich tun?«

»Weißt du vielleicht, wo Jens steckt? Alle hier in der Redaktion fragen sich, wo er ist.«

Eric ging über den gepflasterten Wendeplatz vor dem Haupteingang. Der Wind zerrte an seiner Jacke.

»Leider nein. Ich habe ihn auch schon überall gesucht und mache mir langsam Sorgen.«

Carl schnaufte. »Na ja, manchmal verschwindet er, das ist seine Art zu arbeiten. Er taucht sicher bald mit einem oder mehreren Scoops wieder auf.«

Eric war vor dem Eingang stehen geblieben, es war kurz nach zwei, und er musste das Telefonat beenden.

»Kann ich ihm etwas ausrichten, falls ich ihn finde?«

»Er soll mich anrufen. Sag ihm, ich hätte ein bisschen was zu dem Autounfall herausgefunden.«

Eric hielt mit der Hand auf der Türklinke inne. »Welcher Unfall?«

»Von diesem Forscher. Der Sportwagen, der bei Uppsala von der Straße abgekommen ist. Jens weiß, worum es geht. Er hatte mich gebeten, da mal ein bisschen zu recherchieren.«

»Jens hat dich angerufen und gebeten, den Unfall von Henrik Dahlström zu untersuchen?«

»Nein, er hatte eine SMS geschickt. Er schrieb, er sei in diesem Labor, um ein Interview zu machen, aber der Typ, mit dem er verabredet war, sei bei einem Autounfall ums Leben gekommen. Er bat mich, ein paar mehr Details in Erfahrung zu bringen.«

Eric drehte sich zum Parkplatz um. Es war fast dunkel, dabei war es erst kurz nach zwei. Die Luft roch nach Regen, und der Wind zerrte und riss an den rot-weißen Flaggen, die hinter der Bushaltestelle aufgereiht standen. Ein Fahrrad, das am Geländer der Eingangstreppe lehnte, kippte krachend um. Das Unwetter nahm zu.

»Wann hast du die SMS erhalten?«

»Warte, ich sehe nach … Gestern um halb eins.«

»Carl, darf ich fragen, was du herausgefunden hast? Über den Unfall, meine ich?«

»Das hat ordentlich geknallt, von dem armen Henrik ist nicht viel übrig geblieben. Die Polizei glaubt, dass er am Steuer eingenickt ist, er hatte offenbar Überstunden gemacht. Keine Bremsspuren auf der Straße. Das Wrack wurde geborgen und steht bei der Polizei in Uppsala. Sie gehen nicht von einem Verbrechen aus, deshalb wird es wohl bald verschrottet. Ein Aston Martin. Ist das zu fassen? Das treibt einem doch die Tränen in die Augen. Im Kofferraum haben sie ein paar Sachen sichergestellt, warte mal …« Am anderen Ende hörte man Papier rascheln.

»Einen noch verpackten Sodastream-Sprudler, einen Karton Badezimmerfliesen, eine Plastiktüte mit Schmutzwäsche und einen Aktenkoffer mit einem Laptop. Alles bis auf den Computer wurde der Ehefrau ausgehändigt. Den Laptop wollte sie nicht haben, sie sagt, der gehört seinem Arbeitgeber.«

»Hat die Polizei ihn schon bei Cryonordic abgeliefert?«

»Kjell, also mein Kumpel bei der Polizei in Uppsala, vermutet, dass sie ihn morgen übergeben werden. Das hat ja geringe Priorität, und die Polizei ist kein Kurierdienst. Ich denke, jemand von Cryonordic wird kommen und ihn abholen.«

Eric senkte die Stimme. »Carl, hör zu. Jens war bei Cryonordic irgendeiner Sache auf der Spur. Der Forschungsleiter, den er interviewen wollte, kommt bei einem Unfall ums Leben, nur wenige Stunden vor seinem Treffen mit Jens. Und jetzt ist Jens ebenfalls verschwunden.« Er ließ seine Worte wirken, bevor er fortfuhr: »Ich kenne mich ganz gut mit Computern aus … Ich würde mir die Kiste zu gern mal ansehen, bevor sie zurückgeht. Meinst du, dein Kumpel bei der Polizei kann da was machen?«

Carl antwortete nicht, und Eric legte noch eins drauf. »Denk an Jens, er wird deine Hilfe garantiert zu schätzen wissen.«

»Ich will sehen, was ich tun kann. Und du ... falls Jens sich meldet, sag ihm, er soll mich anrufen.«

Das Gespräch war beendet. Eric steckte das Handy in die Tasche und öffnete die Tür.

Von dem kleinen Büro hatte Eric Aussicht auf die E 4 und die Solnabron. Der Nachmittagsverkehr war dichter geworden, alle Autos fuhren mit Licht. Drückende Dämmerung hing über Stockholm, schien wie eine dunkellilafarbene Kuppel die ganze Stadt zu umschließen. Regen klatschte gegen die Fenster und malte ein Muster aus dünnen, krummen Streifen auf die Scheiben. Sven Sahlgrens Zimmer war überladen mit Aktenordnern, Büchern und Zeitschriften, es roch nach Papier und Kaffee. Ein schmaler Schreibtisch stand eingeklemmt am Fenster und davor ein seltsamer, aber bestimmt sehr ergonomischer Stuhl. Verborgen unter Büchern und dicken Ordnern, die Sven auf den Fußboden verfrachtete, fand sich ein Besuchersessel. Sven hockte jetzt auf dem merkwürdigen Schreibtischstuhl, kniend und vornübergebeugt. Er las aufmerksam etwas auf dem Bildschirm, nickte und murmelte vor sich hin. Eric dachte an die Frauen draußen im Schärengarten.

Sven sprach, ohne den Blick vom Bildschirm zu nehmen. »Wir sind natürlich sehr dankbar, dass Ihre Frau uns ihr Blut überlassen hat.«

»Es war eine Selbstverständlichkeit für sie. Wir haben ja außerdem einen guten Freund unter den Infizierten.«

Sven warf ihm einen kurzen Blick zu, eher er sich wieder auf den Bildschirm konzentrierte.

»Thomas Wethje? Ja, er ist unser aller Freund. Wollen wir hoffen, dass er es übersteht.«

Eric meinte, einen dumpfen Ton in seiner Stimme zu hören.

»Aber das wird er doch?«

Sven starrte auf den Monitor, das Licht des Bildschirms spiegelte sich in seinen kantigen Brillengläsern.

»Leider hat sich sein Zustand verschlechtert, aber der behandelnde Arzt in seiner Abteilung tut, was er kann. Die beiden sind außerdem alte Studienkameraden. Thomas erhält garantiert die beste Pflege, die man sich vorstellen kann.«

Eric beugte sich näher an Sven heran. »Ist Hannas Blut von irgendwelchem Nutzen?«

Sven ließ die Maus los und drehte sich zu ihm um. »Ich habe gerade die letzten Laborberichte durchgesehen, und es ist ganz erstaunlich.«

»Sie meinen, es gibt Anlass zur Hoffnung?«

»Die T-Zellen im Blut greifen den Virus auf verschiedene Weise an, unter anderem raspeln sie die Stacheln von NCoLV ab, sodass der Virus nicht an gesunden Zellen andocken kann. Sie greifen auch die Membrane an.«

»Dann haben wir also bald einen Impfstoff?«

Sven nahm die Brille ab. »So einfach ist das leider nicht, Sie sind ja selbst Forscher, Sie wissen also, wie rigide diese Prozesse sind. Wir befinden uns derzeit in einem frühen Stadium, und selbst wenn wir in die klinische Phase gehen, ist es immer noch ein langer Weg, bis wir ein verwendbares Medikament haben. Außerdem steht uns eine Unmenge von Genehmigungsverfahren bevor.«

Eric konnte die Frustration in Svens Stimme heraushören.

»Aber in einer Krisensituation muss es doch möglich sein, die Bürokratie zu überspringen? Die Leute sterben ja …«

»Ich stimme Ihnen teilweise zu, aber gleichzeitig dürfen wir nicht riskieren, die Dinge zu verschlimmern. Ein Impfserum kann auch töten. Oder sehr schwere Nebenwirkungen haben. Sie erinnern sich vielleicht an den H1N1-Ausbruch im Jahr 2009?«

»H1N1?«

»Die Schweinegrippe. Über fünf Millionen Schweden wurden geimpft, und kurz darauf entdeckte man die ersten Fälle von Narkolepsie. Das Leben der Opfer wurde durch die Nebenwirkungen zerstört. Das sind schwere Geschütze, mit denen wir arbeiten, und die Sicherheitsvorkehrungen haben ihre Berechtigung.«

»Also, worüber reden wir? Wochen?«

»Monate. Und das wäre schnell.« Er bemerkte Erics Gesichtsausdruck und fügte hinzu: »Das Sozialministerium setzt das SMI unter Druck, und das SMI setzt uns unter Druck. Ulrika Seger ruft mich jeden Tag an. Jetzt will sie auch noch, dass wir etwas von Hannas Blut abgeben.«

»Abgeben? An wen?«

»Ein Labor in Uppsala.«

»Cryonordic?«

»Zwei Labore arbeiten schneller als eins. Zumindest in Ulrikas Welt, aber ich weiß nicht, ob das stimmt. Es besteht das Risiko, dass eine Hand nicht weiß, was die andere tut, und wir uns nur doppelte Arbeit machen.«

Eric beschloss, es zu wagen. »Was halten Sie von denen? Cryonordic, meine ich.«

»Ganz im Vertrauen? Ich halte sie für eine Bande von arroganten Klugscheißern.«

»Und trotzdem mussten Sie ihnen Hannas Blut schicken?«

Sven beugte sich verschwörerisch vor und senkte die Stimme. »Ich habe es auf die lange Bank geschoben. So etwas darf ich natürlich nicht, aber ich habe es trotzdem getan. Begründet habe ich es mit Personalmangel wegen Krankheit.«

»Sie haben also noch keine Lieferung erhalten?«

»Nein. Bisher sind wir die Einzigen, denen das Material zur Verfügung steht, aber nicht mehr lange, ich muss eine Lieferung an sie veranlassen. Ich dachte nur, ein paar Tage Vorsprung sollten wir haben.«

Eric nickte zustimmend. »Klingt gut. Aber wenn man den Pressemeldungen von Cryonordic glauben kann, haben sie einen eigenen Impfstoff in Arbeit, N-Gate. Er scheint sich schon in der klinischen Erprobung zu befinden.«

Sven verdrehte die Augen. »Möglich, aber höchst unwahrscheinlich.«

»Können Sie herausfinden, ob das stimmt?«

»Sie geben keine Informationen mehr heraus, nicht einmal allgemeine Aktualisierungen. Tatsache ist, dass Cryonordic aufgehört hat zu kommunizieren. Keine Einträge bei den großen internationalen Datenbanken mehr, weder bei EPAR noch bei GISAID. Sogar Ulrika hat sich schon über den Mangel an Informationen beschwert. Mit Henrik Dahlströms tragischem Tod ist das Unternehmen verstummt.«

Eric blickte nachdenklich aus dem Fenster. Er dachte an Dahlströms gefundenen Laptop. Sven kramte in seinen Papieren und fand einen kleinen Klebezettel.

»Ulrika hat mir allerdings die Nummer des neuen Chefs gegeben, ein gewisser …« Er setzte die Brille auf und studierte den Zettel. »Craig Winter. Sie möchte, dass wir zwei uns kennenlernen.«

Das klang ironisch. Eric antwortete nicht. Sven betrachtete ihn eine Weile und verschränkte dann die Arme vor der Brust.

»Im Herbst des Jahres 1347 legten zwei Schiffe im Hafen von Messina auf Sizilien an. Sie kamen von der Krim, damals ein Teil des Osmanischen Reiches. An Bord befanden sich tote oder sterbende Matrosen, aber auch etwas wesentlich Schlimmeres: Yersinia pestis, besser bekannt als der Schwarze Tod. Mit einer Letalität von über neunzig Prozent tötete er die Hälfte der europäischen Bevölkerung.«

Eric schnappte nach Luft. »Die Hälfte?«

Sven fuhr fort: »Aber wissen Sie, was noch interessanter ist? Professor Christopher Duncan hat kürzlich die Hypothese aufgestellt, dass die Pest in Europa gar nicht von Bakterien verursacht wurde … Er behauptet, dass der Erreger ein Virus war.«

Sven wippte leicht mit dem Stuhl und sah Eric erwartungsvoll an, eine solche Enthüllung verlangte eine Reaktion. Eric nickte nachdenklich. Er dachte daran, dass er noch nicht nach Jens gefragt hatte. Vielleicht konnte Sven diesen Craig anrufen und ihn ein bisschen aushorchen.

»Viren sind schlimmer als Bakterien, wesentlich schwieriger zu bekämpfen. Innerhalb von zwei Jahren hat die Spanische Grippe sieben Prozent der Weltbevölkerung getötet. Hundert Millionen Menschen …«

»Auch ein Virus?«

»H1N1, Influenzavirus vom Typ A. Eine Form der Vogelgrippe. Ende der Fünfzigerjahre tauchte eine mildere Variante der Krankheit auf, H2N2, auch Asiatische Grippe genannt. Innerhalb eines Jahres starben fünf Millionen Menschen daran.«

Der Regen peitschte gegen das Fenster, der Himmel war jetzt pechschwarz. Svens Gesichtsausdruck wurde ernster.

»NCoLV ist viel gefährlicher als alle diese Vorgänger, und leider mutiert er unablässig. Sollte der Tag kommen, an dem NCoLV sich stabilisiert ... Ja, dann sind hundert Millionen Tote gar nichts.«

Eric brachte es nicht fertig, Svens Blick zu begegnen, er fürchtete, sein Gegenüber könnte die Wahrheit in seinen Augen lesen. Die Wahrheit, dass er es gewesen war, der das alles in Gang gesetzt hatte. Dass er das fehlende Bindeglied war. Hundert Millionen Tote?

Svens Handy klingelte, er meldete sich und wandte den Kopf ab. Eric schaute hinaus auf das Unwetter. Wie zum Teufel sollte er heute Abend nach Gillöga kommen?

»Bist du ganz sicher? Welche Proben habt ihr genommen?«

Sven erhob sich vom Stuhl, er klang plötzlich entsetzt. Eric sah ihn fragend an, aber Sven ignorierte ihn. Mit dem Handy ans Ohr gedrückt, zerrte er seine Jacke von einem der Bücherstapel und schlüpfte mit einem Arm hinein.

»Okay, fahrt direkt zur Infektionsklinik, mit voller Isolation. Ich bin unterwegs.« Sven beendete das Gespräch, schlüpfte in den anderen Jackenärmel und wandte sich mit verkniffener Miene an Eric.

»Das Söder-Krankenhaus hat einen neuen Fall von NCoLV. Sie haben den Patienten in einem Auto auf dem Parkplatz vor der Notaufnahme gefunden.«

Eric schnappte nach Luft. »O Gott ... Wie schlimm steht es?«

Sven senkte die Stimme. »Es tut mir wirklich leid.« Er beugte sich vor und legte Eric mitfühlend die Hand auf die Schulter.

Eric sah ihn verständnislos an.

»Es ist Ihr Freund, Jens Wahlberg.«

Ein Leben ohne Jens war undenkbar. Eric hatte nie darüber nachgedacht, dass ihm etwas zustoßen könnte. Sicher, seine Essgewohnheiten waren vielleicht nicht die gesündesten, und er trank definitiv zu viel, aber manche Menschen kamen damit besser zurecht als andere. Eric konnte sich nicht erinnern, dass Jens sich jemals über sein Gewicht beklagt hätte, dass er gemeint hätte, er müsse Sport treiben oder – Gott bewahre – eine Diät machen. Jens tat, wonach ihm der Sinn stand, er widmete sich allem, im Großen wie im Kleinen, mit demselben Enthusiasmus. Keiner begriff, woher er seine Energie nahm. Er war immer der Lebhafteste, der Lauteste und derjenige, der am meisten lachte. Nein, nicht immer, korrigierte Eric sich bitter. Jetzt lag er ganz allein in einem Isolierzimmer in der Notaufnahme des Söder-Krankenhauses und wurde künstlich beatmet. Man hatte Eric nicht zu ihm gelassen, NCoLV war ein Klasse-drei-Virus kurz vor der Heraufstufung auf Klasse vier, die höchste Gefahrenklasse, deshalb durften Zivilpersonen die Zimmer von infizierten Patienten nicht betreten. Er musste sich damit begnügen, in dem kleinen Waschzimmer zu stehen oder in der Schleuse, wie die Schwestern sie nannten, und den leblosen Körper durch ein Fenster zu betrachten. Das Zimmer, in dem Jens lag, war dunkel, die Beleuchtung auf ein Minimum heruntergedimmt. Dicke weiße Schläuche ringelten sich zu seinem Mund, und auf dem Oberkörper saß eine Reihe Elektroden. Über die Monitore neben dem Bett liefen schmale Linien.

Eric lehnte die Stirn an die Scheibe, ihm war plötzlich zum Heulen zumute. Er hatte Hanna nicht angerufen, wusste nicht, wie er ihr sagen sollte, was passiert war. Jens war so etwas wie ihre Zwillingsseele, er stand ihr fast näher als ihr eigener Mann, wenigstens empfand Eric es oft so. Die ganze Situation hatte etwas seltsam Unwirkliches, so als befände er sich in einem ausgedehnten Albtraum. Jens war nicht real, und das Fenster zu seinem Zimmer war eher ein zweidimensionales Bild, ein makaberes, aber in gewisser Weise auch friedvolles Aquarell. Es zeigte einen gefallenen König auf seinem Totenbett. Nein, korrigierte Eric sich rasch, kein Totenbett. Ein schlafender König. Nur schlafend. Träumend und schlafend.

Eric trat vom Fenster zurück und setzte sich auf den Plastikstuhl neben dem Waschbecken. Eine grüne Plastikkiste stand in einem Regal mit Einweghandschuhen, Schuh- und Mundschützern. Ein Warnsymbol für Biogefährdung klebte auf der Kiste, und ein Namensschild: Jens Alexander Wahlberg. Eric streckte das Bein aus und hob den Deckel vorsichtig mit dem Fuß an. Es versetzte ihm einen Faustschlag in den Magen. Da lag Jens' Jacke, zusammengeknüllt neben seiner Hose, den Socken, den Schuhen. Jens liebte seine Wildlederjacke über alles, Eric war dabei gewesen, als er sie gekauft hatte. In einer Secondhandboutique in Notting Hill. Ein teures Stück, Jens hatte ewig gefeilscht. Schließlich hatte Eric die Geduld verloren und den fehlenden Betrag zugeschossen. Seit jenem Tag trug Jens die Jacke wie eine zweite Haut, egal bei welchem Wetter. Eric dachte daran, wie vorsichtig Jens die Jacke behandelte, immer hängte er sie auf einen Bügel, nie über eine Stuhllehne, immer faltete er sie sorgfältig zusammen, wenn er sie in einer Reisetasche verstaute. Und jetzt hatte irgendein Hilfskrankenpfleger sie achtlos in eine hässliche kleine Plastikkiste gestopft. Eric verzog das Gesicht und nahm die Jacke und die Hose heraus, eine orangefarbene Dockers. Es war ihm egal, ob die Kleider kontaminiert waren, sie sollten wenigstens nicht verknittern. Sorgfältig legte er die

Hose zusammen, penibel an der Bügelfalte ausgerichtet, und legte sie zurück in die Kiste. Dann griff er zur Jacke, strich sie glatt, zog sie in Form und schlug leicht mit der Hand darauf. Er legte die Ärmel ein und faltete die Jacke in der Mitte, dabei schlug ihm etwas Hartes gegen die Hand. Er betastete den Gegenstand durch das dünne Leder und erkannte, was es war. Jens' iPhone.

Ein leichter Schauer überlief ihn, als er das Telefon mit der vertrauten Schutzhülle hervorzog, rot und in Gestalt einer traditionellen englischen Telefonzelle. Hanna verabscheute sie, was sicher der Grund war, warum Jens stur daran festhielt. Eric wog das Mobiltelefon in der Hand. Als Jens die SMS geschickt hatte, war er vermutlich noch im Labor. Eric drückte auf den Home-Button, das Display leuchtete auf, das Handy war nicht gesperrt. Das Erste, was er sah, war die Meldung über zehn entgangene Anrufe, acht von ihm und zwei vom *Aftonbladet*. Unwillkürlich warf er einen Blick auf die weiße Silhouette jenseits des Fensters. Dann klickte er die Anrufliste auf und scrollte durch die letzten gewählten Nummern. Keine der Nummern war gestern angerufen worden. Er öffnete die Nachrichtenbox. Dort fand er die SMS, die Jens an Carl Öberg geschickt hatte:

C, ÜBERPRÜF DIE VERKEHRSUNFÄLLE LETZTE NACHT, HENRIK DAHLSTRÖM, UPPSALA. VERDÄCHTIG? RUF AN ODER SCHICK SMS, FALLS DU WAS RAUSKRIEGST. JW

Die SMS war um zwölf Uhr vierunddreißig abgeschickt worden. Die nächste Nachricht erkannte Eric wieder, sie war an seine eigene Nummer gegangen, gesendet um sechzehn Uhr fünfundvierzig.

VERSTECK HANNA VOR CN
GILLÖGA
SCHLÜSSEL UNTER DER TREPPE

Gut vier Stunden lagen also zwischen dem Moment, als Jens von Henriks Unfall erfahren hatte, und seiner Aufforderung, Hanna in Sicherheit zu bringen. Eric starrte eine Weile auf die SMS. Dann beugte er sich vor und griff nach Jens' Jacke, um das Handy wieder zurückzulegen. Als er es in die Tasche stecken wollte, rutschte es ihm aus der Hand und knallte auf den Boden. Fluchend hob er es auf. Das Glas seines eigenen iPhone war sicher schon zehnmal zersprungen, er wusste also, wie schnell das ging. Die Scheibe war heil geblieben, aber nun war eine Meldung auf dem Display aufgetaucht.

LÖSCHEN FEHLGESCHLAGEN

Was war das für eine Mitteilung, die gelöscht werden sollte? Eric öffnete wieder das Menü, und jetzt befand sich noch eine SMS in der Liste der gesendeten Mitteilungen. Eine SMS, die vorher nicht da gewesen war, der Sturz auf den Fußboden musste das Telefon veranlasst haben, die letzte Aktion zu widerrufen. Die wiederhergestellte SMS war um sieben Minuten nach fünf heute Morgen abgeschickt und dann gelöscht worden. Verblüfft öffnete Eric die Nachricht.

VERSTECK HANNA VOR CN
GILLÖGA
SCHLÜSSEL UNTER DER TREPPE

Wieder dieselbe Nachricht. Warum hatte Jens sie noch einmal abgeschickt? Und so viele Stunden später? Zu dem Zeitpunkt musste er bereits krank gewesen sein. Eric starrte auf die Empfängernummer, irgendwie kam sie ihm bekannt vor. Er suchte in seinem Gedächtnis. Eine eisige Kälte kroch ihm die Wirbelsäule hoch. Das war doch nicht möglich ... Alles, aber das nicht! Es pfiff in seinem Kopf, ein heulender Ton, den er vor einer Sekunde noch nicht gehört hatte. Er fasste in seine Hosentasche und zog den zerknitterten Kassenzettel der Bäckerei auf Dalarö heraus. Er drehte ihn um und starrte auf die hingekritzelten Ziffern. Die Temperatur in dem kleinen Raum musste gesunken sein, denn er hatte Gänsehaut auf den Armen; in seinem Kopf rasten wild schreiende Stimmen herum, und für eine ganze Weile war er außerstande, einen einzigen zusammenhängenden Gedanken zu formulieren. Jens hatte die Nachricht an Rachel Papo geschickt! Das war unfassbar. Jens kannte Rachel doch gar nicht. War ihr nie begegnet. Woher also hatte er ihre Nummer? Wie konnte er wissen, dass sie in Schweden war? Und warum sollte er die Warnung an Rachel schicken, ausgerechnet an sie? Außerdem musste er bereits schwer krank gewesen sein, als er die zweite SMS abschickte.

Eric starrte die Wand an. Nein, Jens konnte die SMS nicht geschickt haben, das war schlicht und einfach unmöglich. Also war es jemand anderes gewesen. Jemand, der Zugang zu seinem Mobiltelefon gehabt hatte, nachdem Jens krank geworden war. Jemand, der die SMS an Rachel geschickt und anschließend gelöscht hatte, bevor er das Handy in Jens' Jackentasche zurücksteckte. Was wiederum bedeutete, dass Rachel die SMS bereits kannte, als Eric sie ihr auf dem Bootssteg gezeigt hatte ... Warum hatte sie nichts gesagt? Warum hatte sie so überrascht getan? Warum hatte sie gelogen?

Eric legte das Handy weg, holte sein eigenes heraus und wählte die Nummer, die auf der Rückseite des Kassenzettels stand. Seine Hände zitterten, es fiel ihm schwer, die kleinen Ziffern zu treffen. Sein Anruf wurde direkt auf eine Mailbox umgeleitet. *The number you have dialed cannot be reached for the moment.* Kein Empfang ... oder sie hatte das Handy ausgeschaltet. Er wählte Hannas Nummer, sein Hals war trocken und geschwollen. Es klickte, dann meldete sich Hannas Anrufbeantworter. Er lauschte ihrer heiteren Stimme, wartete ungeduldig darauf, dass die Ansage endete. Da kam der Signalton. Eric versuchte, so gelassen wie möglich zu klingen.

»Liebling, ich bin's. Ruf mich gleich an, wenn du das hier abhörst.«

Er brachte es nicht fertig aufzulegen, stattdessen verharrte er schweigend, wollte die einzige Verbindung zu ihr nicht kappen. Nach einigen Sekunden wurde das Gespräch automatisch beendet, und Hanna war weg. Er war wieder allein in dem kühlen Raum. Jemand ging auf klappernden Holzlatschen an der Tür vorbei. Er dachte an Rachels Gesicht im Boot, als sie vom Steg abgelegt hatten. Immer wieder spielte sein Gedächtnis dieselbe Szenenfolge ab, immer wieder begegnete er Rachels Blick, und immer wieder drehte sie den Kopf weg. Er ballte die Fäuste und schloss die Augen. Etwas war schrecklich verkehrt. Die Regenwand vor den Krankenhausfenstern war nun vollkommen undurchdringlich, und der Sturm rüttelte an den Plakatwänden der Bushaltestelle vor dem Eingang. Die Autos auf dem Parkplatz wiegten sich in einem unrhythmischen Tanz.

TEIL 3
DER NULLPUNKT

Gillöga, Schweden

Gillöga war von dem tobenden Sturm völlig verschluckt worden. An der südöstlichen Landzunge befand sich die beste Anlegestelle der Insel, einigermaßen geschützt durch zwei vorgeschobene Klippen. Das Boot lag an einem der beiden Liegeplätze vertäut. Der Rumpf war schon lange voll Wasser geschlagen, unermüdlich warfen sich die Brecher von allen Seiten auf das Boot. Himmel und Meer kollidierten in einer brüllenden Masse aus Gischt, und obwohl das einsame Boot gut festgemacht war, riss der wütende Sturm an den Klampen und Ösen. Fünfzig Meter weiter zwischen den Bäumen lag Jens' kleine Hütte. In der Dunkelheit wirkten die von Kerzen erleuchteten Fenster wie zwei weit aufgerissene Augen. Der Regen prasselte auf die Dachpappe, floss die rot-weißen Holzplanken hinab und mischte sich mit den Schlammbächen, die gurgelnd in die Hohlräume unter dem Haus schossen.

Rachel hatte die Arme vor der Brust verschränkt und starrte hinaus. Es war, als hätte jemand mit kompakter Farbe direkt auf dem Glas gemalt, es waren keine Konturen oder Silhouetten auszumachen. Die Bretterwände knackten und ächzten, und wo sie stand, konnte sie den Wind im Gesicht spüren, obwohl alle Türen und Fenster sorgfältig verriegelt waren. Hanna war anfangs zwischen den Sesseln und dem großen Sofa hin und her gewandert, hatte sich in immer mehr Decken gehüllt und ängstlich mal auf das tote Handy, mal auf die knackenden Fenster gestarrt. Erst als Rachel schließlich mit der Faust auf den Tisch schlug, hatte sich Hanna zusammengerissen. Jetzt suchte sie etwas Essbares. Ein Topf fiel scheppernd zu Boden, und Hanna rief eine gellende Entschuldigung. Sie hatte Unmengen von leeren Flaschen auf der Küchenanrichte aufgereiht und festgestellt, dass Jens zu viel trank.

Rachel rieb sich das schmerzende Kreuz, die raue Bootsfahrt hinaus zur Insel saß ihr in den Knochen. Unfassbar, dass sie hier war, mitten in den schwedischen Schären. Mit Hanna Söderqvist! Als sie den Auftrag von Akim Katz bekam, hatte sie zuerst gedacht, es sei ein Witz, ein weiterer perverser Schabernack von einem Verrückten. Es zeigte sich jedoch, dass es alles andere als ein Witz war. Oder vielleicht war es das für ihn. Sie hatte Anweisungen in einem Brief gefunden, der an Bord des luxuriösen Privatflugzeugs in Nikosia auf sie wartete. Darin war alles detailliert beschrieben. Und sie hatte ein neues Mobiltelefon erhalten. Das war alles. Ein Handy und ein Brief. Akim wollte um jeden Preis Eric Söderqvists Frau in seine Gewalt bringen. In dem Brief stand, wenn Rachel Hanna fände und an ihn auslieferte, würde Tara freigelassen werden. Was mit Hanna passieren sollte, stand da nicht, und Rachel wollte es auch nicht wissen.

Eric zu finden war einfach gewesen. Zum Glück war ihr einer von Jacob Nachmans Signalfahndern noch einen Gefallen schuldig gewesen. Der Techniker hatte keine Ahnung gehabt, dass sie auf der Flucht war, und ihr freundlicherweise die App geschickt, mit der sie das Signal empfangen konnte, das von dem Sender in Erics Arm ausging. Im Internet hatte sie Erics Privatadresse, die seines Büros und die Adresse seines Sommerhauses auf Dalarö gefunden. Da er nicht zu Hause war und seine Arbeitskollegen bei der KTH sagten, er habe sich freigenommen, probierte sie es an seinem Ferienort. Sie fuhr mit einem alten Mazda, den sie in der Nähe von Erics Wohnung gestohlen hatte, nach Dalarö. Auf der Autobahn empfing sie plötzlich die SMS von Jens Wahlbergs Handy. Eine an Eric gerichtete Aufforderung, Hanna weiter draußen im Schärengarten zu verstecken. Zunächst hatte sie befürchtet, dass es den beiden gelungen sein könnte zu fliehen, aber kaum war sie auf Dalarö angekommen, hatte die App Erics Signal geortet.

Der Gedanke an die App erinnerte sie an ihren Auftrag. Sie warf einen Blick zur Uhr, Viertel nach neun. Sie musste umgehend die Koordinaten senden, es war schon viel zu viel Zeit vergangen. Sie hätte es noch auf Dalarö machen sollen, dann hätten die Männer von Blacksky Hanna mit dem Auto holen können. Wie sollten sie jetzt hierherkommen? Hubschrauber oder Wasserflugzeug waren wegen des Sturms ausgeschlossen, sie würden ein Boot nehmen müssen, aber selbst das klappte vielleicht nicht. Warum hatte sie nicht die Koordinaten von Dalarö gesendet? Sie wusste die Antwort. Sie hatte nicht riskieren wollen, dass Eric etwas passierte. Er hätte versucht einzugreifen. Gillöga war ihr als bessere Alternative erschienen. Weit weg von Eric. Weit weg von seinen Augen. Es war wohl das, wovor sie sich am meisten fürchtete, sein Blick, wenn er ihre wahren Absichten begriff, wenn er erkannte, dass sie ihn wieder einmal belogen hatte. Ihn getäuscht hatte. Sie ballte die Fäuste. Tara, sie tat alles ihretwegen. Tara war irgendwo da draußen, und sie war klein, verängstigt und einsam. Das hier war der einzige Weg.

»Okay, Abendessen ist fertig.«

Rachel drehte sich um. Hanna hatte noch zwei Kerzen auf dem Küchentisch angezündet und stellte jetzt einen großen blauen Porzellanteller daneben, auf dem Käsestücke, etwas Salami und viereckige Kekse lagen. Sie lächelte.

»Ich weiß, Salami ist nicht gerade koscher, aber ich bin bereit, eine Ausnahme zu machen. Falls Sie das nicht auch tun wollen, können Sie gerne den Käse nehmen.«

»Not kennt kein Gebot. Ich folge Ihrem Beispiel. Was trinken wir?«

»Ich weiß nicht, was mein lieber Mann sich dabei gedacht hat, aber er hat wesentlich mehr flüssige als feste Nahrung eingepackt. Wir haben reichlich Auswahl.«

Sie ging zur Anrichte und kam mit zwei Flaschen zurück, in jeder Hand eine.

»Rot oder weiß?«

»Das ist mir egal.«

Hanna stellte den Weißwein weg und setzte sich auf einen der schmalen Holzstühle. Dann griff sie zum Korkenzieher, der auf dem Tisch lag, und begann, ihn in den Flaschenhals zu schrauben.

Sie nickte zum Fenster. »Wie sieht's aus? Irgendeine Veränderung?«

Rachel schüttelte den Kopf. »Schlimmer denn je. Wir sitzen hier fest. Und anscheinend werden wir die ganze Nacht allein bleiben, ich glaube nicht, dass Eric heute Abend noch herkommen kann.«

Hanna hielt inne und sah hoch, ihr Blick flackerte, und für einen Moment dachte Rachel, sie würde in Tränen ausbrechen, aber dann fuhr sie entschlossen fort, den Korkenzieher einzuschrauben.

»Sie haben recht. Bei so einem Unwetter schafft es keiner hierher.«

»Nein … keiner.«

Der Korken kam aus der Flasche.

Hanna winkte ihr zu. »Kommen Sie, essen Sie was, es wird eine lange Nacht.«

Rachel nickte verbissen. »Das glaube ich auch …« Sie blickte zum Fenster. »Aber erst müsste ich mal für kleine Mädchen.«

»Ach, Sie Ärmste. Mir graut schon davor, wenn ich muss. Ich weiß gar nicht, ob man überhaupt bis zum Klo durchkommt. Wenn's nicht anders geht, müssen Sie auf den Topf gehen.«

»Ich habe schon Schlimmeres mitgemacht, aber ich will es jedenfalls versuchen.«

»Okay, wenn Sie in einer Viertelstunde nicht zurück sind, schicke ich einen Suchtrupp.«

Als Rachel die Tür einen Spalt öffnete, flog sie krachend auf, der Regen klatschte ihr ins Gesicht und prasselte in den Flur. Sie lief die kurze Treppe hinunter und drückte die Tür wieder zu. Innerhalb einer Minute war sie triefnass. Der Sturm zerrte an ihr, während sie an der Hauswand entlang vorwärtsschlidderte. Sie hielt eine Hand schützend über die Augen und hielt in der Dunkelheit Ausschau nach dem Klohäuschen. Sie entdeckte es, kämpfte sich zur Tür vor, bekam sie glücklicherweise auf und schlüpfte in die enge Kammer. Rasch zog sie die dünne Brettertür wieder zu, und das Heulen des Sturmes wurde ein wenig leiser. Sie sank auf den stabilen Holzsitz, völlig durchnässt und frierend.

Die nassen Klamotten erinnerten sie daran, wie sie vor Aschdod an Bord der MS Limassol geklettert war. Sie dachte an Zafer Pavlou, den Seemann. Er hatte sich in sie verliebt. Warum? Was war sie für ihn gewesen? Und er für sie? Sie hatten miteinander geschlafen, zwischen öligen Planen und schimmligen Rettungswesten. Er war überraschend zärtlich gewesen, vorsichtig und … schüchtern. Jetzt war er tot. Zafer hatte ihr vertraut, und sie hatte ihn geopfert. Irgendwo tief im Inneren hatte sie gewusst, dass er die Begegnung mit Taras Kidnappern nicht überleben würde. Und jetzt sollte sie Hanna opfern. Es würde das Ende ihrer Beziehung zu Eric sein, das Ende ihres geheimsten Traums, der Mädchenfantasie, die sie niemandem eingestanden hatte, kaum sich selbst. Sie dachte an die Bootsfahrt von der Bäckerei zu Erics Ferienhaus. Als sie das weiße pralle Plastiksofa ganz hinten im Boot gesehen und Eric angeschaut hatte, war sie von einer Sehnsucht erfüllt worden, die Zeit anzuhalten, den Moment einzufrieren, an nichts anderes denken zu müssen, als den Duft des Meeres und den Wind einzuatmen, den vertrauten und doch fremden Rücken anzuschauen, die sonnengebräunten Unterarme, das wirbelnde braune Haar, die Details des Mannes, der ihre Gedanken seit so vielen Wochen gefangen hielt. Für einen Moment hatte sie sich wirklich gefühlt, als wären sie ein Paar, unterwegs auf einer ganz normalen Urlaubsreise. Es war so, für ein paar wenige Minuten. Dann kam die Begegnung mit Hanna. Wie sich herausstellte, war sie so viel mehr, als Rachels Fantasie ihr vorgegaukelt hatte. Sie erinnerte sogar ein wenig an Eric, mit ihren Bewegungen und ihrer Art zu reden. Vielleicht war das so, wenn man zusammengehörte. Vielleicht war es Eric, der an Hanna erinnerte. Hanna war schön, richtig schön. Eine klassische Schönheit, die sich nicht um ihr Aussehen zu kümmern schien, es nicht brauchte. Ein solches Gesicht ließ keinen Mann unberührt. Rachel dagegen war allein, würde es immer sein …

Nein, jetzt sollte sich alles ändern. Ab sofort sollte jede Normalität zerschlagen werden. Nichts sollte bleiben, wie es war.

Rachel zog ihr Handy aus der Hosentasche. Wie erwartet gab es kein verfügbares GSM-Netz. Sie legte das Telefon auf ein kleines Bord mit Toilettenpapier, grub wieder in ihrer Tasche und holte eine graue Dose heraus, so groß wie eine Streichholzschachtel. Sie befestigte sie unter dem Handy und wartete. Nach wenigen Sekunden fand das Telefon eine Satellitenverbindung. Sie nahm das Handy, scrollte zur Positionsortung vor und wartete auf die exakten Koordinaten. Das Telefon vibrierte und die Symbole erschienen auf dem Display. N 59° 25' 215«, E 19° 20' 890«. Sie kopierte die Angaben, öffnete die Nachrichtenfunktion, rief die vorprogrammierte Adresse auf und fügte die GPS-Daten in das Textfeld ein. Anschließend führte sie den Finger zum Senden-Icon. Sie hielt inne, zögerte. Dann biss sie die Zähne zusammen und schickte die Koordinaten ab. Der Sturm schluckte die Information mit wütendem Heulen. Rachel löste den kleinen Satellitenempfänger ab und steckte ihn zusammen mit dem Handy in die Hosentasche. Dann erhob sie sich, drückte die klapprige Tür auf und trat hinaus in den peitschenden Regen. Die Daten waren abgeschickt, sie waren unterwegs, das Unwetter würde sie nicht aufhalten. Alles, was sie jetzt noch tun konnte, war warten.

Dalarö, Schweden

Eric war verzweifelt. Jarmo hatte sein Boot in den Schärengarten von Åland gebracht, und wo Jens' Boot war, wusste er nicht. Erics Anglerkumpel Victor Silversköld war nicht draußen auf dem Land, dementsprechend hatte er auch keine Chance, an das Fischerboot zu kommen. Der Regen strömte die Scheiben hinab, und die kräftigen Windböen, die sich immer wieder gegen die Karosserie warfen, ließen den Wagen schaukeln. Die Sicht war gleich null, in der Dunkelheit und dem Regen konnte er nur eine Ecke von Victors Rasen erkennen. Die große Villa, obwohl keine zwanzig Meter entfernt, blieb verborgen. Wer würde in einer solchen Nacht aufs Meer rausfahren? Auf dem Weg nach Dalarö hatte er die Polizei, die Küstenwache und den Seenotrettungsdienst angerufen, aber keiner konnte ihm helfen. Es lag kein Notruf vor, es gab keinen wirklichen Beweis, dass jemand in Gefahr war, und die zur Verfügung stehenden Einsatzkräfte waren begrenzt. Keiner von ihnen war bereit, jetzt für eine Routinekontrolle in den äußeren Schärengarten hinauszufahren. Eric musste selbst hin, aber wie sollte er an ein Boot kommen? Er konnte auch nicht einfach irgendein Boot nehmen, es musste robust sein, eins, das mit dem tobenden Meer fertigwurde. Er umklammerte das Lenkrad. Da draußen auf der Insel konnte alles Mögliche passieren … Rachel war nicht nach Dalarö gekommen, um Hanna zu beschützen, sie hatte etwas anderes vor. Steckte sie mit den Idioten in Uppsala unter einer Decke? Was zum Teufel verband ein Biotechlabor in Schweden mit dem israelischen Geheimdienst?

Er ließ den Motor an, setzte zurück auf den Smådalarövägen und fuhr Richtung Dorf. Die Scheinwerfer gaben ihr Bestes, aber der heftige Regen schnitt das Licht nach wenigen Metern ab. Konnte Rachel Hanna wirklich etwas antun? Er schluckte. Natürlich konnte sie das. Er bog rechts in den Schotterweg ein, der hinunter zum Bootsklub Dalarö führte. Der Wagen schaukelte heftig, als er durch die tiefen Wasserlöcher fuhr. Was sollte er tun, wenn er angekommen war? Da unten war mit Sicherheit keine Menschenseele, und die Boote waren natürlich angekettet und verschlossen. Plötzlich tauchte der heruntergelassene Schlagbaum vor ihm auf. Eric stieg auf die Bremse, aber der Wagen rutschte weiter und prallte mit dumpfem Knall gegen die Schranke. Ein Alarmsignal begann wütend zu heulen. Eric legte den Kopf aufs Lenkrad und atmete durch, um seine Fassung wiederzugewinnen. Nach einer Weile richtete er sich auf, öffnete die Tür und stieg hinaus in den Platzregen. Der Schlagbaum hatte sich aus seiner Verankerung gelöst und lag ein Stück weiter am Wegrand. Eric blinzelte in den peitschenden Regen und versuchte zu erkennen, was mit dem Auto passiert war. Einer der Frontscheinwerfer war kaputt, und die Motorhaube schien eingedrückt zu sein.

»Stehen bleiben und nicht bewegen, ich habe die Polizei alarmiert!«

Eric drehte sich um. Vor ihm stand ein kleiner Mann im roten Regenmantel, die Mütze tief über die Ohren gezogen. Der Mann leuchtete ihn mit einer kräftigen Taschenlampe an. Eric räusperte sich und hob beschwichtigend die Hände.

»Es tut mir wirklich leid. Der Regen, die Dunkelheit … ich habe den Schlagbaum nicht gesehen. Natürlich werde ich den Schaden ersetzen und …«

»Halt die Klappe. Du hast wohl gedacht, du bist in einer solchen Nacht allein hier draußen, was? Hast gedacht, du kannst in Ruhe arbeiten, oder?«

Der Mann machte einen Schritt auf ihn zu und leuchtete ihm die ganze Zeit mit der Taschenlampe ins Gesicht. Eric blinzelte und sprach lauter, um bei dem Sturm gehört zu werden.

»Arbeiten? Ich weiß nicht, was Sie meinen. Im Gegenteil, ich hatte gehofft, dass jemand hier ist, der mir helfen kann.«

»Helfen wobei? Randalieren, Außenbordmotoren klauen? Das könnte dir so passen. Tja, mein Lieber, wir haben unsere Routinen hier unten geändert. Nach euren letzten

Einbrüchen hatten wir uns vorgenommen, euch auf frischer Tat zu ertappen. Und wer sagt's denn ... Du machst einen guten Anfang.«

Er würde den Mann nicht überzeugen können, dass er wirklich gehofft hatte, jemanden im Bootsklub anzutreffen, so viel war klar. Was sollte er der Polizei erzählen, wenn sie kam? Sie würden ihn stundenlang verhören. Eric betrachtete den kleinen aufgeregten Mann, der jetzt in ein Handy sprach, ohne den Lichtkegel der Taschenlampe zu senken. Welches Recht hatte der Kerl eigentlich, ihm zu drohen? Sicher, er hatte den Schlagbaum kaputt gefahren, aber das war ein Unfall, kein Verbrechen. Er fasste einen Entschluss.

»Ich setze mich ins Auto, Sie können gerne im Regen stehen bleiben, ich jedenfalls habe das nicht vor.«

Der Mann senkte das Handy. »Du bleibst genau da stehen, wo du bist. Die Polizei wird gleich hier sein.«

Eric ignorierte ihn und setzte sich hinters Steuer. Der Mann sagte etwas, aber seine Worte verstummten, als Eric die Tür zumachte. Er startete den Motor, der Mann sprang auf das Auto zu und schlug mit der Hand gegen die Windschutzscheibe. Eric legte den Rückwärtsgang ein und gab Gas. Er fuhr viel zu schnell, und nach wenigen Metern rutschte der Wagen in einen Graben. Der Mann rannte hinter ihm her. Eric fluchte, legte den richtigen Gang ein, dankte Gott für den Allradantrieb und fuhr aus dem Graben. Gerade als der Mann das Auto erreicht hatte, trat Eric das Gaspedal durch. Im Rückspiegel sah er den roten Regenmantel immer kleiner werden, bis ihn Regen und Dunkelheit verschluckten. Er biss die Zähne zusammen und fuhr, so schnell er konnte. Der Schotterweg war schmal und jeden Moment konnte ein Streifenwagen auftauchen. Aber außer ihm waren keine Autos unterwegs, und eine Minute später war er wieder auf der Hauptstraße. Er fuhr ein Stück Richtung Dorf, dann bog er in eine Bushaltestelle ein und hielt an. Als er den Motor abstellte, war wieder das Trommeln des Regens zu hören, unaufhörlich und unerbittlich. Er sah auf die Uhr. 23:45. Wie zum Teufel sollte er zur Insel kommen?

Uppsala, Schweden

Craig Winter saß in dem speziell entworfenen Sicherheitslabor regungslos vor dem großen Elektronenmikroskop, blickte konzentriert hinein und machte sich Notizen. Hals und Schultern taten ihm weh, er hatte schon viel zu lange in dieser unnatürlichen Haltung verbracht. Obwohl er anfangs gegen den neuen Supervirus gewesen war, hatte er sich jetzt ganz seiner Aufgabe verschrieben. Er wusste, dass man ihn reich belohnen würde, wenn er es schaffte. Sinon hatte eine schwindelerregende Bonussumme erwähnt, aber zum ersten Mal seit Langem ging es ihm bei seiner Arbeit nicht nur um Geld, nein, jetzt ging es auch um die intellektuelle Herausforderung, um den Beweis seiner innovativen Forschungskompetenz. Das Risiko war jetzt eher abstrakt, nahezu uninteressant, es kam ihm vor wie ein virtuelles Computerspiel und er verband die Arbeit nicht mehr mit realen Gefahren in der wirklichen Welt. Zwar würden die Skeptiker sein Geschöpf ein Frankenstein-Monster nennen, eine verrückte Tat, wahnsinnig und widerwärtig in jeder ethischen und moralischen Hinsicht. Aber wenn der Virus das Labor nicht verließ, bestand ja im Grunde gar kein Risiko.

Es hatte ihn viele lange Stunden gekostet, das theoretische Konzept für den neuen Virus zu erschaffen. Damit der Super-NCoLV die ultimative Waffe werden konnte, mussten drei Dinge zusammenkommen. Erstens musste der Virus ein spezifisches Hämagglutinin von einem harmlosen Influenzavirus aufnehmen, dafür würde er HA5 wählen. Das Hämagglutinin musste dann mutieren, sodass es potenter wurde, und er wusste genau, wie das vor sich gehen würde, die Mutation VN1203mut war bereits mit der Vogelgrippe getestet worden und sollte auch hier funktionieren. Außerdem würde das Hämagglutinin dem Virus helfen, an Rezeptoren in den Atemwegen anzudocken, das war ausschlaggebend für größtmögliche Infektiosität. Zweitens war eine verbesserte Hülle erforderlich, damit Super-NCoLV durch die Luft übertragen werden konnte, das war eine Bedingung, auf die Sinon bei seiner Bestellung besonders hingewiesen hatte. Und schließlich würde er auch noch einen Nervenvirus einbauen, wahrscheinlich Tollwut. Die Tödlichkeit von Tollwut lag bei einhundert Prozent, und der Krankheitsverlauf war dramatisch, eine infizierte Person starb innerhalb von achtundvierzig Stunden. Normalerweise verbreitete sich NCoLV über den Blutkreislauf im Körper, aber durch das Hineinmutieren von Tollwut konnte auch das Nervensystem genutzt werden. Diese Parallelverteilung hatte es bei einem Virus noch nie gegeben, sie bedeutete einen explosiven und nahezu augenblicklichen Kontakt mit sämtlichen Organen im Körper. Damit war der neue Virus fertig, zumindest auf dem Papier; in der Praxis gab es immer noch viel zu tun. Craig schloss für einen Moment die Augen, um sich auszuruhen, und fokussierte den Blick dann wieder auf das Objekt vor sich. Das Xtalab-System für Röntgenkristallografie brachte dreidimensionale Bilder einzelner Kristalle auf den großen Bildschirm. Dort schwebten nun kleine zylinderförmige Objekte: Hämagglutinin Nummer fünf. Es sah recht unscheinbar aus, war nur dreizehn Nanometer lang, aber dennoch war es der Schlüssel. Der Schlüssel zu den Atemwegen.

Gillöga, Schweden

Hanna schwankte zwischen Panik und Wut. Warum zur Hölle saß sie nur auf dieser bescheuerten Insel fest, mitten im Sturzregen des Jahrhunderts? Wo war ihr Mann? Und Jens? Warum war sie überhaupt auf der Flucht? Warum war sie nicht einfach zur Polizei gegangen und hatte Anzeige erstattet? Dann könnten sie jetzt gemütlich zu Hause in der Banérgatan sitzen. Was hatte Eric sich dabei gedacht, als er die Anweisung in Jens' kryptischer SMS befolgte? Und wie konnte Rachel einfach so aus dem Nichts auftauchen?

Hanna strich sich eine dünne Schicht Feigenmarmelade auf eine Scheibe Käse. Während sie kaute, musterte sie die Frau auf der anderen Seite des Tisches, halb feindselig, halb verwundert. Die Frau war dünn, an der Grenze zu magersüchtig. Viel zu dünne Arme, die Handgelenke sahen aus wie die eines Schulmädchens. Ihr Blick war angespannt, was ihr ein hartes, verschlossenes Aussehen verlieh. Und die Nase sah komisch aus. Gebrochen? Hanna erinnerte sich, dass Eric es erwähnt hatte, als er zum ersten Mal von ihr erzählte. Rachel trug so gut wie keinen Schmuck, nur eine schlichte Halskette mit einem Davidstern. Und sie war klein, bestimmt einen Kopf kleiner als Hanna. Wie konnte sie jemanden beschützen? Hatte sie jemanden getötet? Nein, das war unwahrscheinlich. Sie war wohl eher für das Organisatorische zuständig. Oder sie war ein Lockvogel. Wie wurde das in den Agententhrillern immer genannt? *Honey trap* ... Und Eric war in die Honigfalle geraten.

Sie biss sich ärgerlich auf die Unterlippe, legte die Käse-schnitte aus der Hand und nahm die letzte Zigarette aus der Schachtel, die sie bei sich gehabt hatte. Sie hatten beide ge-raucht, und jetzt war die Schachtel leer. Hanna zündete die Zigarette an einer der Kerzen an und blies eine blauweiße Wolke in Richtung der Kiefernholzdecke. Sie wusste, dass sie nicht rauchen oder trinken sollte, aber bei Katastrophen konnte man sicher eine Ausnahme machen. *Force majeure* nannte sich das wohl. Genau das war es. Höhere Gewalt, etwas, das nicht vorhersehbar war und das alle Konventio-nen und Vereinbarungen außer Kraft setzte. Diese seltsa-men Tage waren eine Nische, eine abnorme Serie unwirk-licher Ereignisse. Wenn sie nicht rauchen durfte, würde sie hysterisch werden.

Rachel trank Wein, sie waren inzwischen bei der zwei-ten Flasche, und sie sah die ganze Zeit aus dem Fenster oder schielte zur Uhr. Für eine Agentin machte sie nicht gerade einen souveränen Eindruck. Im Gegenteil, sie wirkte nervös und unsicher. Sie hatte ihre Boots und die Socken ausgezo-gen, sie waren klitschnass gewesen, als sie vom Klo zurück-kam. Hanna betrachtete Rachels Füße. Die Zehennägel wa-ren schlampig in einem dunkelbraunen Farbton lackiert, und auf dem Spann des einen Fußes hatte sie mehrere paral-lel verlaufende Narben. Das Hosenbein war hochgerutscht und entblößte ein Tattoo über dem Knöchel.

Hanna nahm einen tiefen Zug aus der Zigarette. Es war wirklich verrückt, dass sie beide hier in Jens' Haus saßen. Er hätte hier sein sollen, er hätte ihnen das Haus zeigen, sie mit Wein bewirten und dabei Zigarren rauchen sollen. Und Eric hätte auch hier sein sollen. Der einzige Mensch, der nicht hier sein sollte, war Rachel. Sie gehörte nicht hier-her, sie passte nicht ins Schärenmilieu. Rachel schaute auf die Uhr und änderte ihre Sitzhaltung. Hanna blies Rauch an die Decke. Was war eigentlich zwischen Rachel und Eric in Tel Aviv vorgefallen? Es bestand kein Zweifel, dass Rachel Eric beeindruckt hatte, das hatte er selbst zugegeben. Aber auf welche Art? Was genau bedeutete es, von jemandem beeindruckt zu werden? Welche Gedanken hatte er gedacht? Welche Gefühle hatte er gehabt?

Rachel stellte das Glas ab. »Man könnte glauben, es wird nie wieder hell.«

Hanna nickte. »Schade, dass so ein Unwetter herrscht. Der Sternenhimmel hier draußen ist großartig.«

»Ich habe den Nachthimmel immer geliebt. All die Sterne. Aber man kann sie am besten sehen, wenn man tief in der Wüste oder weit draußen auf dem Meer ist. Man muss sich weit von den Lichtverschmutzungen entfernen.« Rachel schwieg und blickte wieder aus dem Fenster.

Hanna merkte, wie der Alkohol durch ihren Körper kroch und immer mehr Türen in ihrem Kopf öffnete. Warum hatte der Mossad ausgerechnet Rachel nach Schweden geschickt? Vielleicht hatte sie darum gebeten hierherzukommen ... sich den Auftrag erbettelt? Gab es überhaupt einen Auftrag? Sie erinnerte sich, wie Rachel Eric einen Blick zugeworfen hatte, als sie erzählte, dass er im Schlaf von ihr gesprochen hatte. Was für ein Blick war das gewesen? Und was sollte diese idiotische Behauptung, er habe einen Sender im Arm?

Hanna drückte die Zigarette auf dem Teller aus. »Also, Rachel, was halten Sie von meinem Mann?«

Rachel antwortete nicht sofort, sie schien nachzudenken. Ihr Blick war ein wenig verschleiert, der Wein zeigte langsam Wirkung.

»Er ist einzigartig. Ein Mann, der ...«, sie schien nach dem richtigen Wort zu suchen, vielleicht fand sie es, vielleicht vermied sie es auch. Sie schüttelte ein wenig verlegen den Kopf, »… einzigartig ist.«

»Er denkt dasselbe von Ihnen. Muss ich mir Sorgen machen?«

»Eric liebt Sie. Die Angst, die ich bei ihm gesehen habe … wegen Ihrer Krankheit. Er hat keine Sekunde gezögert, sein Leben für Sie zu riskieren. Verstehen Sie, was ich sage? Wirklich? Wie viele Frauen hat ein solcher Mann?«

Sie verstummte, vielleicht, um die Worte wirken zu lassen, vielleicht, weil ihr das Weitersprechen schwerfiel. Für eine Sekunde dachte Hanna, dass Rachel die Frage eher an sich selbst als an sie gerichtet hatte. Das Kerzenlicht spiegelte sich in ihren Augen. Rachel wandte den Blick ab, und plötzlich wusste Hanna, dass sie die Wahrheit sagte. Und sie wusste ebenso sicher, dass Rachel Eric liebte. Wie viele Frauen hat ein Mann wie Eric? Die Frage hing noch in der rauchigen Luft. Sie vermisste ihn so sehr, dass es körperlich wehtat. Der Regen trommelte an die Scheiben. Vielleicht etwas weniger heftig, vielleicht ließ er nach. Das Geheimnis, das sie in den letzten Tagen mit sich herumgetragen hatte, tauchte in ihrem Kopf auf, sie hatte mit niemandem darüber gesprochen, aber jetzt beherrschte es plötzlich ihr ganzes Denken und Fühlen. Und auf einmal mochte sie Rachel. Sie war plötzlich froh darüber, dass sie hier zusammen waren. Sie waren beide Jüdinnen, sie waren beide Frauen. Und sie liebten denselben Mann. Auf unterschiedliche Art, aber dennoch. Oder vielleicht nicht auf unterschiedliche Art, egal, es spielte keine Rolle. Nicht jetzt, es war einfach, wie es war. Hanna fasste einen Entschluss. Sie beugte sich vor und ergriff Rachels Hände. Rachel erstarrte und sah sie mit einem seltsamen Ausdruck an. Hanna lächelte vertraulich.

»Rachel, was ich dir jetzt sage, darfst du niemandem erzählen. Kann ich mich auf dich verlassen?«

Rachel sah erschrocken aus, oder vielleicht war sie einfach unsicher.

Hanna lachte. »Mach nicht so ein ernstes Gesicht, es ist nichts Schlimmes. Aber es muss unter uns bleiben, okay?«

Rachel sah auf die Uhr und nickte angestrengt. »Okay.«

Dalarö, Schweden

»Ich weiß, wie spät es ist.« Eric umklammerte das Lenkrad, er bemühte sich nach Kräften, einen ruhigen, verbindlichen Tonfall zu bewahren. »Ja, ich habe gesehen, was für ein Wetter herrscht, es ist ein richtiges Scheißwetter, und deswegen hoffe ich, dass Sie mir helfen können.« Er hatte das alles schon dreimal wiederholt, der Mann am anderen Ende war entweder dement oder einfach nur todmüde. »Wie gesagt, ich zahle zehntausend Kronen, um dorthin zu kommen. Ja, genau, schwedische Kronen.« Er lächelte leicht. »Sie ahnen ja nicht, wie sehr ich mich freue. Ja, ich weiß, wo die Marina ist, wann können Sie dort sein?« Er verzog das Gesicht. »So lange dauert das? Sie müssen Kaffee kochen? Ja, das ist ja keine schlechte Idee, aber vielleicht können wir uns den Kaffee sparen und ein bisschen früher losfahren? Wie gesagt, ich habe es sehr eilig …« Er schüttelte den Kopf und fluchte in sich hinein. »Okay. Ja, ich habe verstanden, das war klar und deutlich. Dann nehmen wir den Kaffee mit. Natürlich, ich fahre direkt zum Steg und warte dort auf Sie. Ganz herzlichen Dank. Danke.«

Er legte auf und starrte nachdenklich hinaus in den Regen. Er hatte endlich ein Boot ergattert, nach Angaben des

Besitzers ein robustes Ding, das ihn trotz des Unwetters nach Gillöga bringen konnte. Aber er musste mindestens vierzig Minuten auf den Skipper warten; Kaffee war offenbar etwas, worauf der Mann nicht verzichten konnte.

Gillöga, Schweden

Warum hatte Hanna beschlossen, ihr Geheimnis mit ihr zu teilen? Sie kannten sich doch erst seit ein paar Stunden. Rachel ging in dem kleinen Zimmer auf und ab, konnte nicht still sitzen. Hanna hatte in einem Schrank eine CD-Sammlung gefunden. Sie saß im Schneidersitz auf der Matte vor dem grünen Kachelofen, kramte in den CDs und gab sporadisch Kommentare von sich. Rachel hörte nicht zu, sie war in ihre eigenen Probleme versunken. Zweifel war sie nicht gewohnt, sie versuchte immer, die Welt in Schwarz und Weiß einzuteilen, in Gut und Böse. Wenn man die Farben fließen und sich miteinander mischen ließ, schaffte man Raum für Interpretationen und Vermutungen. Tara sprach immer vom Durchsichtigen, das nichts anderes verbarg, als man mit bloßem Auge erkennen konnte, das Ehrliche. Tara hasste Manipulationen und Zweideutigkeiten. Sie würde niemals jemanden anlügen, und sie hatte niemals andere Absichten als das, was sie zeigte und sagte. Bei Rachel war es allzu oft das genaue Gegenteil, Illusionen und Masken, Rauch und Spiegel, das Sichtbare war nicht das Echte. Trotzdem – oder vielleicht gerade deswegen – war es wichtig, die Guten, die Bösen und die anderen zu kategorisieren. Aber jetzt verwischten sich die Trennlinien, und sie hatte das immer stärker werdende Gefühl, sich selbst zu betrügen. Wer sagte denn, dass die Kidnapper Tara tatsächlich freilassen würden, wenn sie ihnen Hanna brachte? Akim Katz hatte alle Trümpfe in der Hand, Tara war wichtiger für Rachel als Hanna für ihn, also kein *quid pro quo*. Es war kein Gleichgewicht. Solange Akim Tara in seiner Gewalt hatte, war er es, der bestimmte. Warum klammerte sie sich so verzweifelt an ein windiges Versprechen? Weil es das Einzige war, was sie am Leben erhielt. Sie musste ganz einfach allen Realismus, alle Logik ausklammern. Rachel sah auf die Uhr. Viertel nach eins. Das Unwetter hatte nachgelassen, der Wind war abgeflaut, und die Fensterscheiben waren leicht beschlagen. Im Kachelofen glühten die Reste der schwarzen Holzscheite.

Hanna hielt eine CD hoch, ohne sich umzudrehen, es war ein Album von Whitney Houston.

»Kennst du das noch?«

Rachel antwortete nicht. Hanna sah die CD an und schien eher mit sich selbst zu reden. »Wie oft ich das gehört habe. Diese Erinnerungen, wow.«

Sie langte nach dem kleinen batteriebetriebenen CD-Spieler, der oben auf einem niedrigen Regal stand.

»Ich weiß genau, welches Lied wir uns jetzt anhören.«

Hanna wirkte endlich lockerer. Nachdem sie Rachel ihr Geheimnis anvertraut hatte, war ihre Stimmung besser geworden, trotz der angespannten Situation. Rachel konnte Hannas Spiegelbild in der Fensterscheibe sehen. Hinter ihrer Silhouette war die Außenwelt, waren die schwarzen Baumstämme und die runden Felsen. Sie konnten jede Sekunde eintreffen, Schatten, die sich aus dem schwarzen Hintergrund lösten. Wie viele würden es sein? Zwei, drei? Mehr waren nicht nötig, die Zielperson würde kaum nennenswerten Widerstand leisten können, und Rachel war ja auch noch da, um zu helfen. Zu helfen? Sie schluckte, ihre Angst war abgrundtief. Alles war verkehrt, und wenn die Nacht vorbei war, würde es nur Verlierer geben. Die Sicht da draußen war inzwischen besser, man konnte die Konturen des Bootsstegs ahnen, gerade graue Linien, die im schwarzen Nebel verschwanden. Würde das Boot dort anlegen? Was machte Eric jetzt wohl? Hatte er seinen Freund Jens Wahlberg gefunden? Waren sie auch auf dem Weg hierher? Der Sturm war abgeflaut, und Eric setzte sicher alles daran, zu seiner geliebten Frau zu gelangen.

If I should stay, I would only be in your way. Whitney Houstons kristallklarer Stimme war es egal, dass die Lautsprecher in Taiwan gebaut worden waren und Staub, Trockenheit und schlechte Batterien sich redlich Mühe gaben, sie zum Schweigen zu bringen. Die Leidenschaft, die Sehnsucht und das einzigartige Gefühl hinter jedem Ton schnitten Rachel ins Herz. Sie schüttelte den Kopf, um die diffusen Farben zu vertreiben und die verzerrten Grenzlinien zu begradigen. In dieser Situation gab es nur eins, was man tun konnte, Rachel wusste es. Man musste auf seine Intuition hören. *Bittersweet memories, that's all I'm taking with me.*

Vielleicht war es sogar so, dass die Realität gar nicht so kompliziert war, vielleicht war sie klarer denn je? Schwarz war Schwarz und Weiß war Weiß. Alles begann deutlicher hervorzutreten, draußen vor dem Fenster und in ihrem Inneren, eine brutale, schonungslose Wirklichkeit, die sich nicht länger verdrängen ließ. Tara würde nie freikommen, Akim würde sein Wort nicht halten. Hanna war im Moment alles, was sie in der Hand hatte, wenn sie Hanna auslieferte, bliebe ihr nichts mehr, und Taras temporäre Schonzeit wäre vorbei. Rachel drehte sich um und betrachtete die Frau, die mit geschlossenen Augen vor den Lautsprechern saß. Und Rachel traf ihre Entscheidung. Sie wusste genau, dass diese Entscheidung das Ende für Tara bedeuten konnte. Und für sie selbst. Sicher, es war so, aber es gab eigentlich keine Alternative. Und die Zeit war knapp. Sie ging zum CD-Spieler und stellte die Musik ab. Hanna blickte fragend zu ihr auf.

Rachel ging in die Hocke und sah ihr in die Augen.

»Ich muss dir auch ein Geheimnis erzählen.«

Nämdöfjärden, Schweden

Die Isabella war vermutlich das langsamste Boot im ganzen Schärengarten. Oder Schiff, Eric war sich nicht ganz sicher, wo die Grenze verlief. Sie war eine Art Kranschiff, an Deck befanden sich mehrere grüne Ölfässer, ein großes schwarz-gelbes Druckluftaggregat, graue Kisten, leere Paletten und haufenweise Ketten, Kabel und Planen. In der Mitte ragte der große abgewinkelte Lastkran auf. Die Steuerkajüte war eng und ebenso vollgestopft wie das Deck. Es stank nach Diesel, aber es roch auch schwach nach Kaffee. Zwei Becher standen festgeklemmt in Plastikhaltern neben dem Steuer. Der Skipper war ein dicker Mann mit Glatze. Er hieß Svante Forsell, aber seine Freunde nannten ihn Schwan. Sie kannten sich kaum eine Stunde, da gehörte Eric schon zum Freundeskreis. »Kannst Schwan zu mir sagen.«

Isabella tuckerte gemächlich durch den Nämdöfjärden, es nieselte immer noch, aber der Wind war eingeschlafen. Schmale Scheibenwischer knarrten vor und zurück über die Frontscheibe, und ab und zu knisterte es im Funkgerät. Eric saß auf einem Klappsitz und starrte angestrengt auf das Leuchtfeuer am schwarzen Horizont. Das blinkende Licht war Stavsnäs, wie er wusste. Es würde noch viele Stunden dauern, bis sie Gillöga erreichten. Wie konnte es angehen, dass er so ein Pech hatte? Da fand er endlich ein Boot und einen Skipper, der bereit war, bei dem Unwetter rauszufahren, und dann war der Kahn eine verdammte Schlaftablette. Und zu allem Überfluss verzog sich das Unwetter nach ein paar Seemeilen, vielen Dank auch, da hätte er sich ja ein wesentlich schnelleres Boot mieten können. Was sollte er tun? Versuchen, per Telefon ein anderes Boot zu organisieren? Oder sich geschlagen geben und die Situation akzeptieren?

»Gillöga ist eine Rattenfalle, da setzt kein vernünftiger Mensch seinen Fuß hin, außer Erik Jonson und Sven Barthel.«

Eric wurde aus seinen Gedanken gerissen. »Was sagst du?«

Schwan schlug mit der Hand aufs Armaturenbrett. »Sten Selander! Er hat das 1950 geschrieben. Er war ein richtiger Schärenliebhaber. Und er wusste, wovon er sprach.«

»War er nicht Dichter?«

Schwan nickte. »Dichter. Forscher. Und Biologe.«

»Und dieser Erik Johnson und … wer noch, sagtest du?«

»Sven Barthel. Beide waren Schriftsteller und Schärenexperten. Sie haben ein Buch über Gillöga geschrieben.«

»Und sie nannten die Insel eine Rattenfalle?«

»Du wirst das verstehen, wenn wir hinkommen. Richtig scheiße ist das da, überall Untiefen, da sitzt du im Handumdrehen auf Grund.«

Eric warf einen Blick auf die Geschwindigkeitsanzeige. Sieben erbärmliche Knoten, und der Gasregler schien schon am Anschlag zu sein.

Der Skipper breitete die Arme aus und deklamierte mit erhobener Stimme: »Wie Fackeln lodern die Flammen des Herbstes, eisige Feuer am Rand der Verderbnis. Und …?« Er sah Eric auffordernd an, aber als er keine Antwort erhielt, fuhr er fort: »Und der Raureif malt seinen Traum aus Kristall, weit jenseits des Menschen Sündenfall.« Er trank einen großen Schluck Kaffee. »Schön, oder? Ein Gedicht von Sten Selander, *Luftschloss* heißt es, glaube ich.«

Eric nickte. »Wirklich schön.«

Obwohl es warm in der Steuerkajüte war, fror er, vielleicht vor Müdigkeit. Er dachte an das Gedicht. Eisige Feuer. Verderbnis. Träume aus Kristall. Das klang nach den Albträumen, die alle NCoLV-Infizierten erlebten.

Er steckte die Hände tief in die Jackentaschen und deutete mit einem Kopfnicken auf den Gashebel. »Meinst du, es geht vielleicht noch etwas schneller?«

Schwan sah gekränkt aus. »Du, so schnell wie jetzt ist sie noch nie gefahren. Ich hole das Letzte aus ihr raus. Aber keine Sorge, wir kommen noch früh genug hin.« Er warf Eric einen Blick zu. »Dann hoffen wir mal, dass da noch Ratten in der Falle sitzen …«

Es knackte im Funkgerät, und die dünnen Scheibenwischer quietschten rhythmisch. Das Leuchtfeuer Stavsnäs schien kein Stück näher gekommen zu sein.

Gillöga, Schweden

Hanna lag auf dem Sofa, den Kopf auf die Armlehne gestützt. Der Polsterstoff war kratzig und roch nach Zigarre. Jens war überall im Haus, in den Büchern im Regal, Titel, über die sie tausendmal diskutiert hatten, in der Auswahl der Möbel. Jens liebte das traditionell Schwedische, die Standuhr, den Kieferntisch, die Carl-Malmsten-Stühle und die Josef-Frank-Stoffe. Es wirkte vertraut. Sie wunderte sich, dass sie nicht mehr Angst verspürte. Dass sie nicht weinte oder hysterisch war. Vielleicht stand sie unter Schock. Oder es lag am Wein, der Rachels scharfe Worte in eine Art weiches Schaumgummi verpackte. Alles war so abstrakt, als hätte Rachel ein Buch rezensiert oder die Handlung eines Films nacherzählt. In dem kleinen gemütlichen Wohnzimmer, in dem Whitney Houston nun wieder ihre Lieder sang, in dem große dampfende Teetassen auf dem Sofatisch standen und die Glut im Kamin nach Liebe duftete, war es schwer zu glauben, dass in Kürze etwas Schreckliches passieren würde. Dass unbekannte Männer unterwegs waren, um sie gefangen zu nehmen. Sie wollten ihr Blut, wie Vampire. Das war alles viel zu theatralisch, ja beinahe lächerlich. Rachel hatte das Fenster geöffnet, um hören zu können, wenn ein Boot ankam. Der Regen rauschte leise dort draußen, und ein frischer Duft von nassem Moos und salzigem Meerwasser wehte herein.

Hanna war wahnsinnig müde. Sie warf einen umnebelten Blick zu Rachel, die in dem großen Sessel ihr gegenübersaß.

»Warum hast du mir das erzählt?«

»Weil mir klar geworden ist, dass ich mir selbst etwas vorgemacht habe. Die Sehnsucht nach meiner Schwester hat mir den Blick für die Realität verstellt.«

Während Rachel ihre Geschichte erzählte, hatte sie sich verändert. Als hätte sie sich gehäutet, als sei das zerbrechliche Mädchen eine ferne Erinnerung und vor Hanna säße stattdessen eine Soldatin, in denselben Kleidern und mit derselben Frisur, aber mit völlig anderen Augen.

Rachel blickte sie an. »Sprichst du Hebräisch?«

»Nein, leider nicht. Sehr zum Kummer meiner Großmutter.«

Rachel legte den Kopf schräg. »Hat deine Großmutter die Shoah erlebt? Die Vernichtung?«

»Sie war in Treblinka. Mein Großvater auch.«

Rachel nickte. »Als die Überlebenden endlich die Chance erhielten, ins Heilige Land zu kommen, 1949, 1950 ... Weißt du, wie sie empfangen wurden?«

Hanna musste kämpfen, um die Augen offen zu halten.

»Mit offenen Armen? Oder vielleicht schämten sich diejenigen, die sie empfingen, dass sie selbst nicht betroffen gewesen waren? Ich habe gelesen, dass so etwas vorkommt. Dass jemand, der einer Katastrophe entkommen ist, sich schuldig fühlen kann.«

Rachel schwieg. Als sie nach einer Weile weitersprach, hatte ihre Stimme einen bitteren Unterton. »Es stimmt, dass die Israelis sich schämten. Aber nicht, weil sie verschont worden waren. Sie schämten sich für die Passivität der Überlebenden. Für ihre Feigheit. Sie verachteten ihre Schwäche, ihre Resignation. Nannten es Defätismus.«

»Das klingt ja völlig krank.«

»Das war der Grund, warum Yehuda Bauer die drei zusätzlichen Gebote prägte: ›Du sollst kein Opfer sein. Du sollst kein Täter sein. Und vor allem sollst du kein Zuschauer sein.‹«

Hanna betrachtete die Soldatin am Fenster. Alles Mädchenhafte war nun komplett verschwunden. Hanna fragte sich, ob es das Mädchen jemals gegeben hatte.

»Ich glaube an das, was Bauer sagt. Er hat vollkommen recht. Und deshalb habe ich den einzigen Weg gewählt.«

»Rachel, ich bin sehr müde, meine Gedanken bewegen sich träge, aber erzähle mir doch von deiner Schwester.«

Rachel streckte sich und verzog das Gesicht, es schien, als habe sie Rückenschmerzen.

»Tara trägt die Liebe Gottes in den Augen. Weil sie nicht an all den Müll denkt, der unsere gestressten Gehirne beschäftigt, ist sie auch die Klügste von uns allen. Weil sie nicht versteht, was Bosheit und Verrat bedeutet, ist sie die Stärkste. Oder zumindest die Reinste. Sie ist mein Leben.«

»Ich hoffe, ich lerne sie eines Tages kennen.«

Hanna zog die Beine unter die Wolldecke und versuchte, eine bequemere Position für ihren Kopf zu finden. Rachel schaute wieder hinaus zu den Klippen und dem grauschwarzen Bootssteg. Hanna sehnte sich nach Eric. Sie träumte, dass er zu ihr käme. Dass die Gefahr vorbei und sie gerettet wäre. Der Regen würde aufhören, es würde wieder hell sein, und er würde aus dem glitzernden Meer auftauchen. Und sie küssen. Sie konnte ihn schon hören. Den Motor seines Bootes. Ein dumpfes, dunkles Grummeln. Das lauter wurde. Das näher kam.

Sie öffnete die Augen. Rachel war verschwunden. Whitney Houston war verstummt, und es regnete nicht mehr. Das dumpfe Grummeln aus dem Traum war noch da. Bootsmotoren! Panik schoss in ihr hoch und sie richtete sich auf, in ihren Schläfen hämmerte es. Sie blickte sich im Zimmer um. Es war kalt, das Feuer im Ofen war aus.

»Rachel?«

Keine Antwort. Sie erhob sich vorsichtig vom Sofa, als könnte jede Bewegung sie verraten.

»Wo bist du?«

Sie ging auf ihren dicken Socken in die Küche, schlich sich ins Schlafzimmer und schaute schließlich in das kleine Arbeitszimmer. Rachel war weg. Das Geräusch der Bootsmotoren erstarb plötzlich. Hanna stand regungslos da und lauschte. Sie konnte nicht atmen. Hatte Rachel sie verraten?

War sie hinausgegangen, um die Angreifer zu begrüßen? Hatte Rachel sie im Stich gelassen? Was, wenn Eric gekommen war? Und Jens? Vielleicht war Rachel schon unten am Steg, um sie in Empfang zu nehmen?

Hanna ging zurück ins Wohnzimmer, schlich geduckt zum Fenster. Mit klopfendem Herzen schob sie die dünne Gardine beiseite und schaute hinunter zur Anlegestelle. Erschrocken schnappte sie nach Luft und sank auf die Knie. Eine große schwarze Silhouette lag dort unten, es brannten keine Laternen oder Lampen. Und auf dem Steg waren mehrere schwarze Gestalten zu sehen. Hanna kniete geduckt unter dem Fenster. Ihre Augen füllten sich mit Tränen. Sie war allein. Verloren. Sie konnte sich nicht rühren, die Panik hatte ihren Körper gelähmt. Sie schloss die Augen. Was hatte Rachel gesagt? *Du sollst kein Opfer sein.* Sie wiederholte die Worte, flüsterte sie vor sich hin: »Du sollst kein Opfer sein. Du sollst kein Opfer sein.« Der Satz löste sie aus ihrer Starre. Sie konnte hier nicht bleiben, das Haus war eine Falle. Sie schaute zur Haustür. Würde sie es nach draußen schaffen?

Gråskärsfjärden, Schweden

Schwan hatte Leberwurstbrote und noch mehr Kaffee serviert. Eric hatte keinen Appetit, es war lange her, seit er etwas gegessen hatte, das ihm schmeckte. Isabella hielt treu und brav ihre Geschwindigkeit von sieben Knoten, und am Horizont blinkte trostlos ein neues Leuchtfeuer, sicherlich Sandhamn. Eric fühlte sich steif und zerschlagen, jeder Muskel tat ihm weh, und das monotone Stampfen des Dieselmotors machte ihn verrückt. Er hatte mehrmals versucht, sowohl Hanna als auch Rachel anzurufen. Und Sven Sahlgren. Keinen von ihnen hatte er erreicht, nicht mal einen Anrufbeantworter. Er fühlte sich in der kleinen Kajüte von allem abgeschnitten, so als wären Schwan und er die letzten Menschen auf der Welt. Sogar das Funkgerät hatte aufgehört zu knacken und zu knistern. Die Nervosität fraß ihn innerlich auf und er rutschte unruhig auf dem kleinen Plastiksitz hin und her.

Er dachte an Rachel auf dem Bootssteg kurz vor der Abfahrt. Sie hatte ihm das Sutzkever-Buch gegeben. Warum hatte sie das getan? Was spielte sie für ein manipulatives Spiel? Sie war jemand, der ihnen Böses wollte, und trotzdem hatte sie so theatralisch das Buch überreicht. Hanna war das Unterschwellige in der Geste nicht entgangen, hatte sie es deshalb getan? Um Hanna zu verletzen? Er zog das gelbe Buch aus der Tasche. *Laughter Beneath The Forest.* Er dachte an die wunderbare Bibliothekarin in Tel Aviv, die ihm das Buch geschenkt hatte. Es hatte ihm Hoffnung gemacht, als er sie am dringendsten brauchte, und ihm die Kraft gegeben, trotz seiner Angst und Furcht den Weg weiterzugehen. Er blätterte in dem Buch und fand das Gedicht, das er damals als Erstes gelesen hatte und das die alte Bibliothekarin zum Anlass nahm, ihm von Sutzkever und der Papierbrigade zu erzählen. Das Gedicht handelte von dem Wurm, der nicht starb, als er von einem Spaten durchgeschnitten wurde. Stattdessen verdoppelte er sein Leben. Es war eine Ermahnung an alle, die im Getto von Vilnius gefangen waren, eine Ermahnung, nicht aufzugeben. Eric blätterte weiter durch das Buch, hielt inne und runzelte die Stirn. Jemand hatte mit Bleistift etwas auf die Innenseite des Umschlags geschrieben. Er erkannte die Handschrift … Rachels Handschrift. Er hielt das Buch hoch, um besser entziffern zu können, was da stand. Nigerian Leasing. Dreimal hintereinander dieser Name, und dann das Wort Salsabil. Immer wieder. Es stand auch etwas in Arabisch und Hebräisch dort, alles in derselben Handschrift. Warum hatte sie das in dem Buch notiert? Was bedeutete das? Was war Salsabil? Ein Ort? Eine Person?

Schwan bückte sich und kramte in seiner verschlissenen Sporttasche. Als er wieder hochkam, hatte er eine weitere Thermoskanne in der Hand. Er sah Eric triumphierend an.

»Was sagst du dazu? Hier gibt es versteckte Schätze, musst du wissen. Möchtest du noch einen?«

Eric hielt seinen Kaffeebecher hin. Sutzkever hatte nicht aufgegeben, und der Wurm hatte nicht aufgegeben. Also würde er es auch nicht tun.

Gillöga, Schweden

Hanna hockte an der Giebelwand des kleinen Holzschuppens, noch war niemand zum Haus heraufgekommen. Sie musste weg hier, aber wohin? Die Insel war karg und bestand fast ausschließlich aus flachen, glatt geschliffenen Felsen, es würde unmöglich sein, sich zu verstecken. Auf der anderen Seite der Insel gab es ein paar alte Fischerhütten, vielleicht musste sie dorthin. Während sie sich an den alten Holzplanken festklammerte und die Farbe unter ihren Fingern abblätterte, musste sie an Utøya denken. Genauso mussten sich die armen Kinder gefühlt haben, hilflos und ohne jede Fluchtmöglichkeit. Sollte sie hier hocken bleiben oder sollte sie wegrennen? Wo war der Feind? Sie spähte zur Rückseite des Schuppens, von dort hatte man sicher einen besseren Blick zum Steg und zu dem schwarzen Boot. So leise wie möglich schlich sie am Schuppen entlang, die Steine waren nass und glatt, der Boden aufgeweicht und matschig. Bewegte sich da nicht etwas im Schlamm? Jens hatte Schlangen erwähnt. Sie spürte einen Kloß im Hals und hatte Mühe zu atmen. Auf einmal meinte sie, überall Schlangen zu sehen. Sie bewegte sich schneller, geriet ins Stolpern und prallte mehrmals gegen die nasse Hauswand. Schließlich erreichte sie die Rückseite und spähte atemlos um die Ecke. Da lag das fremde Boot, eine große, bedrohliche Silhouette. Das Wasser war blank, und ein dünner, rauchiger Nebel hüllte den massigen Rumpf ein. Menschen konnte sie nicht entdecken. Ihre einzige Chance war, sich zu den alten Fischerhütten durchzuschlagen und zu versuchen, dort ein Versteck zu finden. Der kürzeste Weg führte über die Felsen, aber sie würde leichte Beute sein, wenn sie über die Klippen lief. Stattdessen entfernte sie sich rückwärts in gebückter Haltung vom Schuppen und suchte Schutz unter den Krüppelkiefern. Dort war es dunkler, und sie hielt inne, um Atem zu holen, sie hatte immer noch keine Menschenseele gesehen, weder am Haus noch am Schuppen. Sie machte ein paar vorsichtige Schritte zwischen den Bäumen und suchte nach dem besten Weg fort von Jens' Haus.

Plötzlich wurde alles um sie herum in grelles Licht getaucht. Panikartig drehte sie sich in Richtung der Lichtquelle, es war eine Art riesiger Scheinwerfer. Eine tiefe Stimme rief auf Englisch: »Keine Bewegung!«

Es war vorbei. So abrupt. Besiegt sank sie auf die Knie. Jemand packte sie grob, aber sie registrierte alle Berührungen und Geräusche nur vage. Es waren mehrere Leute. Einer fesselte ihr die Hände mit einem Gurt auf dem Rücken, er war scharf und schnitt ihr in die Handgelenke. Sie wurde vorwärtsgestoßen und stolperte auf das Haus zu. Die dicken Socken waren triefnass und sie rutschte mehrmals aus. Sie erkannte schwarze Militärkleidung und grobe Stiefel. Große, kräftige Männer. Handschuhe. Pistolen. Sie musste an Eric denken. O Gott, er durfte jetzt nicht hierherkommen … Sie würden ihm etwas antun. Plötzlich hatte sie mehr Angst davor als vor irgendetwas anderem. Es war ihr egal, was mit ihr passierte, aber Eric musste geschützt werden. Sie blickte ängstlich hinaus auf die dunkle Bucht, aber es waren keine Bootslaternen zu sehen. Weit in der Ferne hatte die erste Morgensonne dem Meer, oder vielleicht dem Himmel, einen schwach rosafarbenen Rand verliehen.

Sie stolperte über irgendein Gartengerät und wäre beinahe gestürzt. Starke Hände zogen sie vorwärts, nachdrücklich und aggressiv. Die Handgelenke brannten auf ihrem Rücken, und unter einem Fuß hatte sich etwas Spitzes festgesetzt. Der Mann, der hinter ihr ging, sprach leise in ein Walkie-Talkie. Es rauschte und knackte im Lautsprecher. Wenige Meter vom Haus entfernt blieben sie stehen, und der Mann mit dem Walkie-Talkie baute sich vor ihr auf. Er zog ihren Kopf zu sich heran und musterte ihr Gesicht. Dann ließ er sie los, lächelte leicht, offenbar zufrieden, und hob wieder das Funkgerät an die Lippen. Er reagierte mit einem Nicken auf etwas, das gesagt wurde, und schaute hinunter zum Steg.

Der Angriff kam von rechts. Zuerst dachte sie, es wäre ein wildes Tier. Sie schrie auf und taumelte erschrocken zurück. Der Mann mit dem Walkie-Talkie fiel zur Seite, etwas war auf ihm. Etwas, das mit ihm zu Boden stürzte, als wären die beiden zusammengeklebt. Der Mann gab ein Gurgeln von sich. Die anderen Männer fluchten und stürzten zu ihm, um ihm zu helfen. Hanna bewegte sich immer noch keuchend rückwärts, weg von dem Tumult. Der schwarze Schatten löste sich von dem Mann. Rachel! Sie bewegte sich unmenschlich, ruckartig. Ein kleiner Fleck zwischen drei großen. Sie verschmolzen alle miteinander. Stimmen waren nicht zu hören, nur hastiges Keuchen. Dumpfe, beängstigende Geräusche schlugen Hanna entgegen, wie zerbrechende Holzstöcke, Wasserbomben, die auf Steinboden klatschten, Stoff, der zerrissen wurde. Jemand winselte wie ein verletzter Hund. Ein metallischer Geruch hing in der Luft. Sollte sie versuchen zu fliehen? Die Gelegenheit nutzen und weglaufen, bevor Rachel außer Gefecht gesetzt war, abhauen, während die Männer sich auf den Kampf konzentrierten?

Ehe sie sich entscheiden konnte, verstummten alle Geräusche ebenso plötzlich, wie sie begonnen hatten. Rachel stand keuchend vor ihr, in der rechten Hand die Pistole von einem der Männer. Ohne ein Wort beugte sie sich vor und löste die Fessel von Hannas Händen. Sie roch nach Schweiß und Erde, ihre Haare waren wild zerzaust. Hanna schnappte nach Luft und zwang sich, die Körper auf der Erde anzusehen. Drei schwarze Haufen, reglos. Sie wollte etwas sagen, bekam aber kein Wort heraus. Rachel ging zum Steg hinunter. Hanna folgte ihr instinktiv. Es war, als stünde sie unter Drogen, sie folgte der schmalen Gestalt ganz automatisch, heftete den Blick auf den Rücken vor sich und rang nach Luft. Sie gingen an den Häusern vorbei und über die flachen Felsen hinunter zu den Booten. Es war jetzt fast taghell, und ein Stück entfernt schwebten zwei Schwäne auf dem spiegelglatten Wasser. Als Rachel den Steg erreichte, wurden ihre Schritte schneller, und Hanna stolperte ihr hinterher. Rachel ging entschlossen auf das große Boot zu. Hanna sah zu ihrem Entsetzen, dass ein schwarz gekleideter Mann auf dem Vorderdeck aufgetaucht war. Der Mann hielt ein Gewehr in der Hand. Was hatte Rachel vor? Hanna blieb stehen. Sie wollte Rachel aufhalten, sie dazu bringen, Schutz zu suchen. Der Mann mit dem Gewehr grüßte Rachel mit erhobener Hand. Sie erschoss ihn, der scharfe Knall rollte zwischen den Klippen davon. Die Schwäne flogen schwerfällig auf und folgten der Schallwelle hinaus aufs offene Meer. Die Beine gaben unter Hanna nach und sie stürzte hart zu Boden.

Uppsala, Schweden

Craig Winter war vollkommen erledigt, ihm war, als hätte er einen Boxkampf über zwölf Runden hinter sich. Sein Geschöpf schwamm ruhig unter den Linsen des Elektronenmikroskops. Von außen sahen die schimmernden Zellen wie der normale NCoL-Virus aus, möglicherweise hätte ein aufmerksamer Virologe bemerkt, dass die Oberfläche der Partikel nicht so rau und ungleichmäßig war wie sonst. Die neue Version hatte eine ganz glatte Oberfläche zwischen den spitzen, unregelmäßigen Zacken. Sie war auch größer als die früheren Versionen, jetzt maß sie zirka zweihundertzehn Nanometer im Durchmesser. Im Inneren, dem RNA-Code, war im Prinzip alles anders. Dies war der neue Super-NCoLV oder Winter-Virus, wie er ihn getauft hatte.

Während der gesamten Arbeit hatte er mit widerstreitenden Gefühlen gekämpft, jetzt, da er fertig war, erlebte er etwas, das einem Schwindelgefühl gleichkam. Die Geschichte hatte gezeigt, dass es immer ein paar Prozent der Menschheit gab, die immun gegen Pandemien waren, aber der Winter-Virus enthielt so viele verschiedene Pathogene und griff außerdem alle Vitalfunktionen des Körpers gleichzeitig an, dass kein Mensch so etwas überleben konnte. Es gab definitiv keinen Impfstoff, der in der Lage sein würde, ihn aufzuhalten. Dies war gleichzeitig ein biologisches Meisterwerk und Irrsinn. Der Stolz, den er empfand, wurde von einem nagenden Missklang in der Magengegend gedämpft, einer Stimme, die unablässig an seine Vernunft appellierte. Dass es falsch war, sagte die Stimme, dass er etwas erschaffen hatte, was jenseits aller Logik lag. Obwohl er während seiner Arbeit die immer verzweifelteren Rufe seines Gewissens ignoriert hatte, wusste er auch, dass das, was er tat, der pure Wahnsinn war. Der Winter-Virus war der vollkommenste Feind der Menschheit. Er durfte keine Minute länger als nötig existieren, wie schön und beeindruckend er auch sein mochte.

Craig hatte alles dokumentiert und die Informationen an die verschlüsselte Mailadresse geschickt, die Sinon ihm gegeben hatte. Er war sich jetzt sicher, dass die WHO gezwungen sein würde, ein globales Impfprogramm gegen NCoLV anzuordnen. Wenn sie sahen, dass der Virus drohte, zum Winter-Virus zu mutieren, mussten sie augenblicklich handeln, alles andere war undenkbar. NCoLV würde die höchste Priorität erhalten. Sobald Sinon bestätigte, dass die Laborberichte ihren Zweck erfüllt hatten, würden die Winter-Virionen abgetötet werden. Bis dahin würden sie sicher im Bunker verwahrt bleiben, und Safecatch, Cryonordics computerisiertes Distributionssystem, sorgte dafür, dass nur Craig Zugriff auf den Virus hatte. Er schluckte und nickte vor sich hin. Alles unter Kontrolle. Alles bestens.

Er richtete sich auf und nahm vorsichtig das kleine Glasröhrchen mit dem lilafarbenen Deckel aus dem Elektronenmikroskop. Dann setzte er das Röhrchen in die Öffnung an der Oberkante des Glasversieglers und drückte auf das

Schließsymbol. Der Inhalt des Röhrchens verschwand, und in der Maschine zischte es. Er öffnete den Deckel an der Vorderseite des Versieglers und nahm eine kleine Kristallkugel heraus. Der Winter-Virus war nun komplett in der Kugel versiegelt. Er legte die Kugel in das Wandfach und beauftragte Safecatch, den Virus in einem eigenen Kryotank zu lagern. Das Wandfach schloss sich mit einem Knall. Craig wartete gespannt, den Blick auf die Leuchtdiode oberhalb des Fachs gerichtet. Nach einigen Sekunden wechselte das Licht von Rot zu Grün, die Bestätigung dafür, dass die Glaskugel sicher im Bunker tief unter ihm angekommen war. Mit steifen Bewegungen ging er zum Ausgang, nach so vielen Stunden im Schutzanzug würde es schön sein, an die frische Luft zu kommen.

Horsstensfjärden, Schweden

Eric hatte schließlich den Kampf gegen die Müdigkeit verloren. Er schlummerte eingezwängt zwischen der vibrierenden Plastikwand und einem Messinstrument. Sein Schlaf war unruhig und leicht, mehrmals zuckte er zusammen, wachte mit Herzrasen auf, murmelte etwas vor sich hin und schlief wieder ein.

Das Signal seines Mobiltelefons weckte ihn abrupt. Er rutschte von seinem Sitz und landete unsanft auf dem Fußboden, fluchte, angelte nach dem Telefon und blinzelte mehrmals, um seinen Blick scharf zu stellen. Als er die Nummer auf dem Display sah, schnappte er nach Luft. Er fuchtelte wild mit dem freien Arm, erwischte Schwans Bein und zog sich hoch. Dann wischte er mit dem Daumen übers Display und meldete sich.

»Liebling! Sag, dass es dir gut geht!«

Es rauschte und knisterte im Telefon, Hannas Stimme klang weit entfernt. »Eric?«

»Ich bin hier! Wo bist du?«

»Mit dem Boot unterwegs, auf dem Rückweg von Gillöga. Und du?«

Eric ließ den Blick über die Bucht wandern. In der Ferne sah er ein einsames Marineboot, aber nirgends ein blauweißes Sportboot.

»Ich bin ...« Fragend sah er Schwan an. Der Skipper tippte mit dem Zeigefinger auf die Seekarte.

»Wir sind auf dem Horsstensfjärden. Auf der Höhe von ... Stora Mälkobb.«

Es knisterte und rauschte im Telefon. »Auf dem Horssten?«

Eric antwortete aufgeregt. »Ja! Mittendrauf.«

»Hast du an Deck einen großen ... was ist das? Kran?«

Eric johlte laut. »Jaaa! MS Isabella in all ihrer Pracht! Aber wo bist du? Ich sehe das Boot nicht.«

»Ich bin auf was Größeres umgestiegen. Wir sind in einer Minute bei euch.«

Das Gespräch war weg. Eric klopfte Schwan auf den Rücken und zeigte auf das große schwarze Boot, das mit einer sprühenden Bugwelle auf sie zukam.

»Das ist sie! Verstehst du? Meine Frau!«

Er riss die Kajütentür auf und sprang aufs Deck. Die Luft war kühl und frisch.

Schwan stellte die Maschine ab und folgte ihm. »Wir fahren also nicht nach Gillöga?« Er klang beinahe enttäuscht.

Eric schüttelte den Kopf, ohne den Blick von dem ankommenden Boot abzuwenden. »Die Rattenfalle muss warten.«

Fünfzig Meter vor ihnen bremste das schwarze Militärboot ab und glitt mit dumpf grollendem Motor auf sie zu.

Schwan nickte anerkennend. »Kampfboot 90, E-Modell, möchte ich meinen. Kevlar und Carbonfiber, Wasserstrahlantrieb mit achthundertfünfzig PS. Kann mit meiner Isabella nicht mithalten, aber schön ist es trotzdem.«

Eric war zu aufgeregt, um zu antworten. Er lief nach backbord, um sie zu begrüßen; Unruhe und Angst waren einer beinahe euphorischen Energie gewichen. Er musste sich beherrschen, um nicht übers ganze Gesicht zu strahlen, und wartete ungeduldig darauf, dass das fremde Boot längsseits kam. Das vordere Fenster im Steuerstand wurde aufgeklappt. Die Boote waren immer noch zehn Meter voneinander entfernt. Er hob grüßend die Hand, erstarrte aber mitten in der Bewegung. Es war nicht Hanna, die aufs Vordeck kletterte, sondern Rachel. Eric stand wie gelähmt da und hatte vollkommen vergessen, was er tun wollte.

Schwan fluchte und drängte sich an ihm vorbei, im letzten Moment hob er das Bein und stieß den kräftigen gummiverstärkten Rumpf zurück. Rachel sprang auf die Steuerbordseite und erwischte das Dach der Isabella. Der Motor des Marineboots wurde abgestellt, und absolute Stille senkte sich auf die Bucht herab. Schwan und Rachel halfen sich gegenseitig, die Boote aneinander festzumachen.

Wie betäubt verfolgte Eric alles, was passierte, er war verwirrt und durcheinander. Als Hanna anrief, hatte er vorausgesetzt, dass sie vor Rachel geflohen war. Dass das Militär oder die Küstenwache sie gerettet hatte. Aber nun war sie hier. Soldaten schienen nicht an Bord zu sein. Als er genauer hinsah, bemerkte er, dass das Boot gar kein Militärboot war. Pechschwarz, aber ohne Bewaffnung und ohne Kennzeichen. Ein paar Waffen gab es aber doch an Bord, denn als Rachel sich vorbeugte, um die Leinen festzumachen, sah er, dass in ihrem Hosenbund eine Pistole steckte. Was zum Teufel war passiert? Wo war …

»Liebling!«

Er drehte den Kopf. Hanna stand nur wenige Meter entfernt. Er sprang über die Reling und umarmte sie fest, so fest, als wollte er sie nie mehr loslassen. Sie legte ihren Kopf an seine Brust, und glücklich begrub er sein Gesicht in ihrem Haar. Sie roch nach Holzfeuer und Zigarettenrauch. So standen sie lange da, ineinander versunken. Hanna flüsterte etwas.

Eric legte seine Wange an ihre. »Was hast du gesagt?«

»Es war furchtbar. Ich dachte …« Sie schüttelte sich.

Er strich ihr sanft übers Haar. »Sch…, alles ist gut. Was auch immer es war, es ist vorbei. Jetzt bist du bei mir.«

Über ihre Schulter sah er, wie Rachel sich aufrichtete, in der Hand ein grobes Tau. Ihre Blicke trafen sich. Diesmal war er es, der den Blick abwandte. Vielleicht spürte Hanna es.

»Verurteile sie nicht. Es gibt so vieles, was du nicht weißt. Sie hat mir das Leben gerettet.«

Eric blickte wieder zu der Frau in Schwarz. Sie nahm gerade eine Zigarette von Schwan entgegen, ließ sich Feuer geben und ging nach achtern, wo sie sich setzte. Sie blickte über die Bucht, weit hinaus bis nach Stora Nassa. Weißer Rauch stieg an der Stelle hoch, wo sie saß, zog über die Reling und löste sich in der klaren Luft auf.

Riad, Saudi-Arabien

Akim Katz blickte ungeduldig auf die Uhr. Enes Al-Twaijri hätte seit Langem mit seinem Training fertig sein sollen, er ließ ihn jetzt schon seit vierzig Minuten warten. Akim lehnte sich auf dem Sessel aus Bambusgeflecht zurück. Er saß im Schatten am Eingang zu Enes' privatem Fitnessraum, vor ihm auf einem kleinen runden Tisch aus Ebenholz stand ein grünes Metalltablett mit einem schönen Reliefmuster. Auf dem Tablett standen eine Teekanne und zwei kleine Tassen. Von seinem Sitzplatz aus konnte Akim den großen Garten sehen, in dem ein klein gewachsener Mann im grauen Overall umherging und sich um die niedrigen Büsche und die bunten Blumen kümmerte. Schräg hinter dem Garten ragte der hohe Turm des Minaretts auf. Es war sehr heiß, die Luft flimmerte, und es rührte sich kein Hauch. Akim ging noch einmal durch, was er sagen wollte und was nicht. Entscheidend war, dass Enes keinen direkten Kontakt mit Schweden aufnahm, das neue Jawdah war etwas völlig anderes, als Enes erwartete, und er durfte unter keinen Umständen die Wahrheit erfahren. Akim wusste, dass Enes sehr mit anderen Projekten beschäftigt war, also verließ er sich hoffentlich darauf, dass Akim Jawdah unter Kontrolle hatte. Solange er positive Neuigkeiten zu hören bekam, würde er sich aller Wahrscheinlichkeit nach raushalten. In zwei Tagen würde der starke Regen kommen, und dann würde es ohnehin zu spät sein, etwas zu verhindern.

»Akim, mein Bruder, entschuldige, dass du warten musstest. Ich hatte noch ein paar Extrameilen auf dem Laufband zurückzulegen.«

Enes lachte und nahm Platz. Der Sessel knarrte unter seinem Gewicht, und das Bambusgeflecht wölbte sich an den Seiten. Der Ölmagnat legte einen dicken Stapel Briefe und ausländische Zeitungen vor sich auf den kleinen Tisch.

Akim lächelte. »Ich hielt die Zeit für gekommen, dir einen Statusbericht über Jawdah zu geben.«

Enes nickte, während er Tee einschenkte. Akim wollte eigentlich keinen mehr, er hatte bereits drei Tassen getrunken, aber er nahm die grüngraue Tasse dennoch entgegen.

Enes nippte an dem lauwarmen Getränk. »Tut mir leid, dass ich dein wichtiges Projekt nicht weiter begleitet habe, aber sieh es positiv, nimm es als Zeichen meines absoluten Vertrauens. Es gibt leider eine Reihe anderer Dinge, die meine Aufmerksamkeit erfordern, aber sei versichert, dass ich viel an dich denke.« Er stellte die Tasse ab und faltete die Hände im Schoß. »Also, wie lautet der Bericht?«

»Alles verläuft nach Plan, die Verbreitung scheint erfolgreich zu sein. NCoLV wurde in kontrolliertem Umfang freigesetzt, und die Krankheitsfälle haben bereits für große Schlagzeilen gesorgt. Gegenwärtig gibt es dreißig NCoLV-infizierte Patienten in Europa. Wahrscheinlich werden mehrere der Kranken innerhalb der nächsten Tage sterben. Dann wird das Echo in der Presse noch lauter werden.«

»Und wie läuft es mit der letzten Phase?«

»Craig Winter hat eine extragroße Dosis von 7.1 hergestellt und wird sie in Kürze an Nicholas Moreman übergeben.«

Enes nickte. »Und wir sind sicher, dass die Freisetzung dieser größeren Menge in Stockholm nicht aus dem Ruder läuft?«

Akim hatte Mühe, ein Lächeln zu unterdrücken, für einen kurzen Moment war er versucht, die Wahrheit zu sagen, aber er wusste, dass es unmöglich war.

»Wie wir in Holland, Dänemark und Deutschland gesehen haben, ist die Verbreitung sehr begrenzt. NCoLV 7.1 überlebt nur wenige Sekunden außerhalb eines Wirtskörpers, und außerdem ist die Inkubationszeit sehr kurz. Die Infizierten erkranken so schnell, dass sie den Virus nicht weiterverbreiten können. Beide Eigenschaften reduzieren den K-Faktor.«

»K-Faktor?«

»Die Viralität. Es ist eine Schlüsselzahl dafür, wie viele Personen infiziert werden und wie viele Dritte diese Personen ihrerseits anstecken.«

Enes nickte beifällig. »Du lernst schnell. Ich wusste es, du bist wirklich ambitioniert.« Er beugte sich vor und legte die Hände zu beiden Seiten seiner Teetasse auf den Tisch. »Und das Gegenmittel, wie sieht es damit aus? Der Impfstoff ist der Schlüssel zum Geschäft …« Er stutzte und korrigierte seine Wortwahl, »… Projekt, meinte ich.«

Akim pokerte hoch, er setzte jetzt alles darauf, dass Enes wirklich mit anderen Dingen beschäftigt war und nicht auf die Idee kommen würde, sich selbst zu informieren.

»Der Impfstoff ist fertig, Craig sagt, er hat ein Serum, das NCoLV 7.1 ausschaltet.«

Enes blickte ihn scharf an, seine Augen waren pechschwarz. Akim starrte zurück, ohne mit der Wimper zu zucken. Dann lächelte Enes breit.

»Hervorragend! Hat das Blut der Jüdin dies möglich gemacht?«

»Nicholas hat es schließlich geschafft, sie zu überzeugen, mehr Blut abzuliefern, und das war der Durchbruch.« Akim lächelte innerlich und fügte hinzu: »Craig hat den Impfstoff ›Winter‹ genannt, so stolz ist er darauf.«

Enes machte ein erstauntes Gesicht. »Ich dachte, wir nennen ihn N-Gate?«

»Ein geliebtes Kind hat viele Namen.«

Akim schwieg und blickte auf den Tisch, er hatte alles gesagt, was es zu sagen gab. Hoffentlich reichte das, damit Enes ihm weiterhin freie Hand ließ. Alles, was er brauchte, waren achtundvierzig Stunden. Enes schob die Teetasse weg und strich mit der Hand nachdenklich über den Stapel Wirtschaftsmeldungen. Akim blickte in den Garten, der kleine Gärtner war verschwunden.

Schließlich erhob Enes sich mühsam aus dem engen Bambussessel. »Mein Freund, du scheinst alles unter Kontrolle zu haben. Damit kann ich beruhigt zu meinen anderen, weniger ehrenvollen Projekten zurückkehren. Ich schlage vor, wir treffen uns übermorgen Abend wieder, dann ist Jawdahs letzte Phase abgeschlossen, zumindest der arbeitsreiche Teil. Danach brauchen wir nur darauf zu warten, dass die Bestelltelefone klingeln.«

Er sammelte die Zeitungen zusammen.

»Ich werde ein neues Fest geben … Wieder dir zu Ehren.«

Akim erhob sich und ließ sich von Enes herzlich umarmen.

Nachdem sie sich getrennt hatten, schlenderte Akim einen der vielen Spazierwege entlang, die im Schatten der hohen Schlossmauern verliefen. Der rote Schotter knirschte unter seinen Sandalen. Er war es leid, innerhalb des Palastes eingesperrt zu sein, konnte es aber nicht riskieren, sich draußen unter den Leuten blicken zu lassen. Neben Saudi-Arabien selbst hatten Israel und die USA Geheimdienstmitarbeiter in Riad, und er wurde garantiert von allen gesucht. Er hätte wer weiß was für eine Radtour gegeben, aber das ging nun einmal nicht. Und er hatte eine größere Aufgabe. Eine Lebensaufgabe. Er war nicht länger ein eigenständiges Subjekt, das eigenen Bedürfnissen nachgeben konnte. Er war ein Instrument Allahs, des Gnädigen und Barmherzigen. Akim spürte, wie seine Erwartung wuchs, noch nie war er sich so sicher gewesen, noch nie so sicher, dass seine Entscheidungen richtig waren.

Er kam an die Stelle, wo die westliche Mauer nach Norden abbog. Ein kleiner grüner Vogel saß auf dem Weg und pickte im Schotter. Akim blieb stehen und wartete, er wollte ihn nicht erschrecken. Er dachte an Enes. Er hatte immer geglaubt, sie würden die gleiche religiöse Überzeugung teilen, aber der fette Ölscheich interessierte sich nur für Geld und Macht, all das, was Allah verachtete und verurteilte. Der kleine Vogel sah ihn an und fuhr seelenruhig fort, zwischen den Steinchen zu picken. Vor einer Woche, bei einem Gottesdienst in der Moschee des Palastes, hatte der Imam plötzlich vom Jüngsten Gericht gesprochen. Akim hatte sich gewundert, dass Allah ihm ein so deutliches Zeichen sandte. Er erinnerte sich an die Worte des Imams, besonders an die Zeilen aus der elften Sure: *Wer immer das diesseitige Leben und seinen Schmuck will, dem lassen wir in ihm (den Lohn für) seine Werke in vollem Maß zukommen, und ihm wird darin nichts geschmälert. Das sind diejenigen, für die es im Jenseits nur das (Höllen-)Feuer gibt.*

Die Geldgier würde Enes also teuer zu stehen kommen. Dasselbe galt für Seinesgleichen, alles würde abgewogen und in Ordnung gebracht werden, und die Welt würde von Neuem geboren.

Das Handy in seiner Brusttasche vibrierte, und er holte es heraus. Unbekannter Anrufer. Das konnte nur einer von drei Menschen sein, kein anderer hatte seine Privatnummer. Mit dem einen hatte er gerade eine Besprechung gehabt, die beiden anderen waren in Stockholm.

»Ja?«

»Nicholas Moreman hier.«

Akim studierte den kleinen Vogel. Der trippelte in einem seltsam zackigen Muster umher, vermutlich gesteuert von dem, was sich zwischen den Steinchen befand.

»Ist die Patientin bei euch?«

Er spürte eine leichte Unruhe. Nicholas war sein verlängerter Arm, er war es, der die Flamme zum Scheiterhaufen bringen sollte, und nichts durfte dabei schiefgehen. Aber schiefgehen konnte so vieles. Achtundvierzig lange Stunden noch.

»Leider hat das mit dem Abholen nicht geklappt, die Patientin und ihre Begleitperson haben den angebotenen Transport abgelehnt.«

Cryonordics Sicherheitschef legte Wert darauf, am Telefon nichts zu sagen, was Verdacht erregen oder als gesetzeswidrig gelten konnte. Die Aktion auf der Schäreninsel war also gescheitert. Rachel hatte sich gegen sie gewandt, und die Jüdin war entkommen.

»Haben wir die Möglichkeit, einen neuen Transport zu organisieren?«

»Nein, wir haben keinen Kontakt zu der Begleitperson mehr. Und mehrere unserer Mitarbeiter haben sich nach den Tagen auf See dienstunfähig gemeldet.«

Akim ballte die Faust. »Weiß Craig Winter von dem Vorfall?«

»Nein. Er hat akzeptiert, dass die Arbeiten am Serum andernorts stattfinden, die Angelegenheit interessiert ihn nicht mehr.«

Akim überlegte rasch. Dass Hanna Söderqvist sich immer noch auf freiem Fuß befand, erhöhte das Risiko für das Projekt beträchtlich. Wenn sie zur Polizei ging oder die

Medien informierte, würde das für große Probleme sorgen. Das konnte alles zunichtemachen. Sollte er Nicholas beauftragen, alles daranzusetzen, Hanna Söderqvist zu finden und unschädlich zu machen? Nein, das Risiko war zu groß … Jawdahs letzte Phase stand zu kurz bevor.

»Konzentrieren Sie sich ausschließlich auf die Hauptaufgabe. Der Regen muss zum festgelegten Zeitpunkt fallen, ab sofort ist alles andere unwichtig.« Er fügte hinzu: »Und reden Sie nur mit mir. Haben Sie verstanden? Mit niemandem sonst. Auch nicht mit Enes.«

Akim legte auf. Die leichte Unruhe vom Beginn des Telefonats hatte sich zur Wut ausgewachsen. Rachel hatte ihn hintergangen. Und sie hatte ihre Schwester im Stich gelassen. Er kickte Schotter auf den kleinen Vogel, der in einer Staubwolke davonflog. Aber Jawdah war nicht auf Hanna und Rachel angewiesen, das Projekt stand unter dem Schutz Allahs, und da gab es keine echten Hindernisse. Er setzte sich wieder in Bewegung und ging zurück zum Hauptgebäude des Palastes. Dort drüben, ganz unten im Keller, wartete die kleine Jüdin. Sie würde büßen für das, was ihre Schwester ihm angetan hatte.

Stockholm, Schweden

Eric steuerte das Boot durch den wie ausgestorben wirkenden Schärengarten. Die Geschwindigkeit betrug gut vierzig Knoten. Das schwere Fahrzeug ließ sich erstaunlich gut navigieren und reagierte sanft auf jede noch so kleine Bewegung des Steuers. Schmale Wolkenbänder zogen hoch über ihm dahin und spiegelten sich als grauweiße Streifen im Wasser. Das nächtliche Unwetter wirkte inzwischen ganz fern, wie ein immer blasser werdender Traum, der sich im hellen Tageslicht auflöste.

Hanna hatte ihm berichtet, was alles auf Gillöga passiert war, und sie hatte ihm auch von Rachels Schicksal erzählt. Es war unfassbar. Eine ganz unglaubliche Geschichte, grausamer und verrückter, als er es sich je hätte vorstellen können. Aber es passte nicht zusammen. Woher wussten die Kidnapper von Hanna Söderqvist? Und was hatten Islamisten mit dem Forschungslabor in Uppsala zu tun? Und mit Blacksky? Warum sollte sich ein schwedisches Biotechnologieunternehmen eine Privatarmee halten?

Zuerst hatte er gedacht, es ginge um eine Art Vergeltung für die Ereignisse in Gaza, dafür, dass das Mona-Attentat gescheitert war. Aber das war zu weit hergeholt, warum sollte die Hisbollah solche Anstrengungen unternehmen, um sich zu rächen? Und wenn doch, warum rächten sie sich nicht direkt an ihm? Je mehr er darüber nachgrübelte, desto merkwürdiger fand er es. War Blacksky ein Teil der Hisbollah? Welche Rolle spielte Cryonordic bei der ganzen Sache?

Rachel hatte Hanna verraten und den Feind geradewegs zu ihrem Versteck gelotst. Aber dann hatte sie es sich anders überlegt. Sie behauptete, ihr sei klar geworden, dass die Kidnapper ihre Schwester niemals freilassen würden und dass die Verzweiflung sie blind gemacht habe. Wenn Hannas Bericht stimmte, hatte Rachel draußen auf Gillöga mindestens einen Menschen erschossen. Eric betrachtete die schwarz gekleidete Frau aus dem Augenwinkel. Rachel stand ein Stück von ihm entfernt, ihr Gesichtsausdruck wirkte hart. Sie hatte den Blick auf die Küste gerichtet und die ganze Fahrt über noch kein Wort gesagt. Vielleicht war sie in Gedanken bei ihrer Schwester. Sie hatte sich gegen die Kidnapper gewandt, und nur Gott wusste, welche Konsequenzen

das für Tara haben würde. Hanna dagegen redete ununterbrochen, offenbar stand sie unter Schock. Angesichts der
Umstände war sie trotzdem erstaunlich gefasst. Sie hatte
die schlimme Nachricht von Jens' Erkrankung mit beeindruckender Ruhe aufgenommen. Eric drückte ihre schmale Hand. Sie stand dicht neben ihm und schaute ebenfalls
auf die Küstenlinie von Värmdö, die an ihnen vorbeizog.

Es war nicht möglich, nach Hause in die Banérgatan zu
fahren. Die Wohnung war vermutlich der erste Ort, an
dem Blacksky sie suchte. Dalarö war auch keine Alternative. Jetzt nicht mehr. Wohin sollten sie also? Eric schaute auf
die grauen Felder, die über den Bildschirm des GPS zogen.
Gleich mussten sie Richtung Kyrkogårdsudden abbiegen,
dahinter warteten der Kanal und die Einfahrt nach Stockholm. Eric wandte sich an die beiden Frauen.

»Wir können nicht nach Hause. Und wir können auf gar
keinen Fall die Polizei informieren, jedenfalls nicht im Moment. Nicht, bevor wir mehr darüber wissen, was eigentlich los ist. Ihr könntet beide wegen Mordverdachts verhaftet werden.«

Rachel verzog keine Miene.

Hanna sah erschrocken erst Rachel, dann ihn an. Ihr
Blick flackerte. »Wohin sollen wir dann? Wenn wir nicht
zur Polizei gehen … Was, wenn …« Sie schluckte. »Wenn
diese … Leute … uns finden?«

Eric wechselte abrupt den Gang und bremste ab. Der Kanal näherte sich, und er wollte sich ganz darauf konzentrieren, das Boot durch die schmale Passage zu steuern.

»Wir müssen uns in einem Hotel einquartieren, inkogni-
to.« Er schaute wieder aufs GPS. »Wir versuchen es mit dem
Hotel Villa Källhagen. Wir lassen das Boot bei Blockhusud-
den zurück, von dort ist es nicht weit zum Hotel. Am bes-

ten, wir gehen zu Fuß, einfach am Djurgårdskanal entlang. Im Hotel überlegen wir uns, was wir als Nächstes tun, ich habe im Moment nicht die leiseste Ahnung.«

Zwei Kinder mit Angelruten zeigten auf sie, als das Boot durch die schmale Passage glitt. Eric verzog das Gesicht. Das Boot war zu auffällig, es erregte zu viel Aufsehen, jeden Moment konnte die Küstenwache oder die Wasserschutzpolizei aufkreuzen, und die würde sie garantiert anhalten. Vielleicht wurde schon nach ihnen gefahndet. Sein Boot, das auf seinen Namen registriert und versichert war, lag noch am Steg von Gillöga. Er hatte wirklich die Kontrolle verloren, Menschen waren getötet und schwere Verbrechen begangen worden. Etwas Unbegreifliches, Unausweichliches türmte sich vor ihnen auf. Seit seinem Besuch bei Sven Sahlgren im KI hatte er so eine Vorahnung gehabt. Die Unruhe war immer mehr gewachsen und hielt jetzt seinen Brustkorb wie mit einer Eisenfaust umklammert. Die Welt war im Begriff, vor seinen Augen zu zerfallen. Himmel, Meer und Möwen waren nur wacklige Kulissen, die jeden Moment in sich zusammenbrechen konnten. Und dahinter wartete die Katastrophe.

Sie passierten backbords ein kleines Segelschiff. Am Heck saß ein einsamer Mann, der auf sein iPad starrte. Eric fiel plötzlich etwas ein, das er völlig vergessen hatte. Hektisch griff er in die Tasche, holte sein Handy heraus und klickte Carl Öbergs Nummer auf. Er betrachtete den Mann auf dem kleinen Segelboot, während er ungeduldig darauf wartete, dass jemand abnahm.

Uppsala, Schweden

Die Evakuierung war beinahe abgeschlossen. Craig Winter blickte sich in seinem geräumten Büro um. Der Aktenschrank gähnte leer, und auf seinem Schreibtisch lagen ein paar unbenutzte Plastikmappen. Blacksky arbeitete schnell und effektiv. Die Anweisung von Sicherheitschef Nicholas Moreman war klar und deutlich, nicht eine Büroklammer, nicht ein Post-it-Zettel durfte zurückbleiben. Craig warf einen Blick auf die Uhr, in wenigen Minuten würde er Nicholas unten im Labor treffen, um die letzten Dinge zu erledigen, und dann waren sie bereit zur Abfahrt. Er ging zur Tür, schaltete das Licht aus und verließ den Raum.

Draußen auf dem Gang herrschte hektische Aktivität, Männer und Frauen schoben Sackkarren voller Kartons, und Wachleute dirigierten sie entweder zu Lastwagen oder zu Müllcontainern, die in aller Eile auf dem Parkplatz aufgestellt worden waren.

Craig betrat die Lounge, die Miesenberger-Statuen waren noch da, unberührt von all dem Trubel um sie herum. Er stieg in den Aufzug und tippte den achtziffrigen Code ein, der ihm Zutritt zum Hochsicherheitslabor gewährte. Der Aufzug ging in die Tiefe, und durch die Glaswände verfolgte Craig, was im Lichthof vor sich ging. Dann wurde es schwarz um ihn herum. Kurz darauf bremste der Aufzug und hielt an. Craig trat hinaus ins kühle Kellergeschoss und ging auf das Licht zu, das aus dem Raum am Ende des Korridors fiel. Als er ankam, sah er, dass der Blacksky-Chef seinen Schutzanzug bereits angelegt hatte. Zwei Assistentinnen halfen Craig, in seinen eigenen Anzug zu steigen und sich die Handschuhe anzuziehen. Die Schläuche wurden angeschlossen, und dann folgte das wohlbekannte Zischen, als der Anzug mit Luft gefüllt wurde. Zusammen mit Nicholas betrat er die Schleuse und wartete darauf, ins Labor eingelassen zu werden. Nach einigen Minuten klickte es, und die Stahltür öffnete sich.

Im Labor ging Craig direkt zum Safecatch-Panel an der Wand, Nicholas folgte ihm und nahm denselben Platz ein, an dem er schon gestanden hatte, als sie mit Jens Wahlberg hier unten gewesen waren. Craig gab sein persönliches Passwort ein, wandte das Gesicht zur kleinen Kamera in der Wand und sprach dann ins Mikrofon. Das System identifizierte ihn mit einem kurzen Begrüßungssatz. Er gab die Zahlenreihe für NCoLV 7.1 ein und wartete ungeduldig, während der Roboter den Virus aus dem Kryotank tief im Bunker holte. Die kleine Diode an der Wand wechselte zu Grün, und die ovale Klappe öffnete sich. Da lag eine einzelne Glaskugel, circa zwei Zentimeter im Durchmesser. Craig nahm die Glaskugel und legte sie behutsam in eine gepolsterte Schachtel. Die Kugel passte perfekt hinein. Er setzte den Deckel auf und übergab die Schachtel an Nicholas. Der große Mann deutete mit einem Kopfnicken zum Panel an der Wand.

»Verbrenn alles. Jedes einzelne Exemplar.«

Die Anweisung war deutlich, Nicholas hatte den Virus erhalten, der für Jawdahs letzte Phase nötig war, und damit wurden die anderen Züchtungen nicht mehr gebraucht. Alles, was in den Kryotanks lagerte, sollte vernichtet werden, inklusive des Winter-Virus. Craig wandte sich wieder dem Bildschirm zu und begann, etwas auf der kleinen Tastatur einzutippen. Es war ein wertvoller Schatz, den er im Begriff war zu zerstören, einzigartige Virusvarianten, deren Herstellung viele Jahre gekostet haben musste. Er zögerte, sein Finger schwebte über der Enter-Taste. Wenn er sie drückte, würden sich die Kryotanks im Bunkergewölbe in pyrolytische Öfen verwandeln und alles vernichten, was sich in ihnen befand. Er begegnete Nicholas' ausdruckslosem Blick und drückte die Taste. Er meinte, leichte Vibrationen unter den Füßen zu spüren, vielleicht war es auch nur Einbildung. Nach einer kleinen Weile erschien eine neue Mitteilung auf dem Bildschirm.

PERCENTAGE OF STORAGE DELETED 100

Eine große Last fiel von seinen Schultern, der Winter-Virus existierte nicht mehr. Vermisste er ihn? Irgendwie schon, es hatte ihn viel Arbeit gekostet, ihn zu erschaffen, und das Resultat war nichts anderes als ein Meisterwerk gewesen. Jetzt war »Winter« nur mehr ein Experiment unter vielen, alles, was übrig blieb, waren die Dokumentation und ein paar Extrafarbfotos, die Craig zur Erinnerung gespeichert hatte. In Kürze würden Nicholas und er das Labor verlassen und in einem Hotel am Flughafen Arlanda einchecken. Früh am nächsten Morgen würde Craig nach London fliegen. Nicholas würde noch zwei Tage bleiben, er war jetzt allein für Jawdahs letzte Phase verantwortlich, zumindest für den operativen Teil. Danach würden die Manager übernehmen und den Impfkontrakt aushandeln. Hoffentlich war es dem englischen Labor gelungen, ein Impfserum herzustellen. Craig nickte dem Sicherheitschef zu, um zu bestätigen, dass er fertig war. Nicholas tippte ein paar Kommandos auf seiner Taucheruhr ein und hielt dann den Arm hoch, damit Craig sie sehen konnte. Große Digitalziffern füllten nun das Display.

29:59:47   29:59:46   29:59:45

Der Countdown hatte begonnen, noch dreißig Stunden bis zur Stunde null. Nicholas nahm die schwarze Schachtel vom Tisch und ging wortlos zur Schleuse, um hinausgelassen zu werden. Craig folgte ihm mit dem Blick. Wenn die Büchse der Pandora das nächste Mal geöffnet wurde, dann würde er selbst in einem Pub in London sitzen, hoffentlich mit einem Pint vor sich. Oder vielleicht einem Glas Champagner. Das Ende von Jawdah würde er aus der Ferne mitbekommen, über die Nachrichten in den Medien. Und diese Nachrichten würden es in sich haben.

Stockholm, Schweden

Siebenundzwanzig Stunden bis Stunde null
Es klopfte an der Tür des Hotelzimmers. Hanna blickte nervös zu Eric, der so laut flüsterte, dass auch Rachel es hören konnte: »Ich erwarte Besuch.«

Rachel stellte sich dicht an die Wand, direkt links von der Tür. Die Pistole ruhte an ihrem Schenkel. Eric ging zur Tür, der Dielenboden unter seinen Füßen knarrte laut. Es klopfte wieder, energischer diesmal. Eric legte die Hand auf die Klinke und sah Rachel an. Sie nickte. Er holte tief Luft und öffnete.

»Wolltest du nicht aufmachen, oder was?« Carl Öberg starrte ihn herausfordernd an. Genau wie bei ihrer ersten Begegnung damals in der Redaktion des *Aftonbladet* trug er feuerrote Hosenträger über seinem weißen Hemd.

Eric atmete aus. »Carl, komm rein.«

Öberg trat rasch ein. Als er Hanna sah, leuchtete sein Gesicht auf. »Ah, Frau Söderqvist! Endlich lerne ich Sie kennen. Was für eine Ehre.«

Hanna nickte steif. Carls Blick fiel auf Rachel, die an der Wand neben der Tür lehnte, die Arme hinter dem Rücken verborgen.

»Und wer sind Sie?«

»Eine entfernte Verwandte«, erwiderte sie trocken.

Carl bemerkte die gedrückte Stimmung im Raum. Er räusperte sich, drehte sich zu Eric um und hielt ihm eine Plastiktüte von Coop entgegen.

»Ich habe ihn nur für ein paar Stunden ausgeliehen, danach muss ich ihn der Polizei Uppsala zurückgeben.«

Eric nahm ihm die schwere Tüte ab. »Henrik Dahlströms Mac? Wie hast du das hingekriegt?«

Carl winkte ab. »Ich habe meine Methoden.«

Eric holte den Laptop aus der Plastiktüte und ging zum Schreibtisch am Fenster. »Ich bin dir wirklich dankbar für deine Hilfe.«

Carl setzte sich in einen der Sessel gegenüber von Hanna und lächelte. »Ich tu's für Jens. Sein Zustand ist übrigens unverändert, keine Ahnung, ob das gut oder schlecht ist.«

Eric warf Hanna einen Blick zu, er wusste, dass die Erwähnung von Jens ihr wehtat. Er sprach etwas lauter, um überzeugender zu klingen. »Wenn sein Zustand stabil ist, dann ist das gut. Kein Zweifel.«

Eric schaltete den Rechner ein, und wie erwartet erschien auf dem Bildschirm die Aufforderung, das Passwort einzugeben.

Carl sprach zu seinem Rücken. »Was hoffst du zu finden?«

Eric begann zu tippen. »Vielleicht haben die bei Cryonordic ihren ehemaligen Forschungsleiter umgebracht, vielleicht haben sie Jens infiziert. Fest steht jedenfalls, dass sie meine Frau bedroht haben. Die haben irgendeine Sauerei vor und müssen gestoppt werden, aber leider ist es im Moment schwierig für uns, zur Polizei zu gehen.«

Erics Finger flogen über die Tastatur.

»Natürlich werden wir das noch tun, aber zuerst brauchen wir solide Beweise, die unsere leider ziemlich unwahrscheinlichen Anschuldigungen untermauern.«

Das Passwortfenster verschwand, und der Startbildschirm tauchte auf. Carl streckte sich in seinem Sessel.

»Bevor ich hierhergefahren bin, habe ich versucht, bei Cryonordic anzurufen.«

Eric hörte auf zu tippen und drehte sich um. »Und?«

»Totenstille. Laut Telia wurde die Nummer auf Wunsch des Anschlussinhabers abgeschaltet.«

»Wann haben sie die Nummer abgeschaltet?«

»Vor vier Stunden.«

Eric sah ihn fragend an.

Carl schnaufte. »Ich fahre hin.«

»Du fährst wohin?«

»Zu Cryonordic. Ich werde rauskriegen, was da los ist, werde zu Ende bringen, was Jens angefangen hat.«

»Hältst du das für klug? Sollten wir nicht besser warten, bis wir Verstärkung holen können?«

Carl lächelte geheimnisvoll. »Ich nehme meinen Bodyguard mit, der ist groß und stark.«

Eric machte immer noch ein skeptisches Gesicht. »Jens war … ist, meine ich …« Er sah hastig zu Hanna, die den Blick abwandte. »… auch groß und stark. Das hat NCoLV nicht gestört.«

Carl erhob sich. »Ich bin ein Maulwurf, genau wie Jens. Wir lieben es zu graben. Das heißt auch, Risiken einzugehen. Aber ich glaube nicht, dass es gefährlich ist, ich werde ganz vorsichtig sein.«

Er ging zur Tür, öffnete sie und sah Eric an. »Ich melde mich, sobald ich mit den Chemikern gesprochen habe. Wenn nicht anders, finde ich eben heraus, warum sie ihre Telefonrechnung nicht bezahlt haben.« Er verbeugte sich theatralisch und schloss leise die Tür hinter sich.

Eric sah erst Hanna, dann Rachel an, keine von ihnen sagte ein Wort.

Hanna war auf dem Sofa eingeschlafen. Es sah unbequem aus, wie sie dalag, zusammengeklappt wie ein Taschenmesser, die Knie angezogen und den Kopf auf die Brust gesenkt. Rachel war aus dem Zimmer gegangen, Eric wusste nicht, wohin. Er saß an dem kleinen Schreibtisch und scrollte durch die Dateien auf Henriks Laptop. Es erschien ihm unmöglich, etwas von Wert aus der riesigen Informationsmenge herauszuholen. Er stellte den Suchfilter so ein, dass ihm nur Dateien angezeigt wurden, die vierundzwanzig Stunden vor dem Autounfall modifiziert worden waren. Damit blieben von Tausenden nur vierzehn Dateien übrig. Eine Datei, Utrecht_Strain_1_2.pdf, war am selben Abend, an dem Henrik starb, um Viertel nach zehn geöffnet worden, nur wenige Stunden vor dem Unfall. Eric öffnete sie, und der Bildschirm füllte sich mit DNA-Codes. Ohne genau zu wissen, warum, hatte er das sichere Gefühl, etwas Wichtiges entdeckt zu haben, eine Spur. Er kontrollierte die Uhrzeiten aller vierzehn Dateien. Eine davon, 7.1.HIN, war die letzte, die Henrik aufgerufen hatte. Eric öffnete sie, und eine stachelige Viruszelle tauchte auf dem Bildschirm auf. Das war vermutlich NCoLV. Unter der Zelle stand eine neue DNA-Sequenz. Eric starrte lange ausdruckslos auf das lilafarbene Gebilde. Für ihn als Laien war es unmöglich, irgendwelche Schlüsse aus den DNA-Sequenzen zu ziehen.

Was hatte Henrik entdeckt? Ein Wasserscooter raste unten auf dem Kanal vorbei, und draußen auf dem Hotelkorridor knallte eine Tür. Wer konnte ihm helfen, die Sequenzen zu deuten? Wer war Experte für Molekularbiologie? Sein Blick fiel auf Hanna drüben auf dem Sofa, auf die schmalen Arme unter ihrem Kopf. Sie schlief fest. Manchmal war sie so, ganz ruhig mitten im Stress, so wie beim letzten Mal, als sie sich Blut hatte abnehmen lassen.

Eric fuhr zusammen. Natürlich! Der Forschungsleiter im KI, Sven Sahlgren, er war der Experte, der das DNA-Rätsel vielleicht erklären konnte. Eric fand das WiFi-Netz des Hotels und loggte sich ins Internet ein. Nach kurzer Suche fand er Svens E-Mail-Adresse, öffnete das Mailprogramm und schrieb lediglich: »Was bedeutet das?« Er fügte alle vierzehn Dateien als Anhang hinzu und schickte die Mail ab. Wie lange würde es dauern, bis Sven antwortete? Zehn Minuten? Eine halbe Stunde? Ungeduldig trommelte er mit den Händen auf die Schreibtischplatte. Wohin war Rachel verschwunden? Vielleicht machte sie einen Spaziergang. Sie musste wohl mal eine Weile allein sein, aber es war sicherer, wenn sie im Zimmer blieb. Jede Minute konnte Blacksky an die Tür klopfen.

Da klopfte es tatsächlich. Eric erstarrte. Hanna schlief immer noch fest. Er wagte kaum zu atmen. Es klopfte wieder, kurze, energische Schläge. Sollte er zu Hanna schleichen und sie wecken? Konnten sie durch das Fenster fliehen? Sie befanden sich im ersten Obergeschoss, aber vielleicht konnten sie nach unten klettern? Seine Panik wuchs. Er blickte zu den großen Fenstern.

Plötzlich ging die Tür auf. Eric sprang auf, die Fäuste geballt, sein Stuhl kippte mit einem Knall zu Boden.

»Ich hatte den Schlüssel vergessen, eine Putzfrau hat

mich reingelassen.« Rachels Haare waren strähnig, ihre Augen gerötet.

Eric ließ die Schultern sinken und atmete auf. »Wo warst du so lange?«

»Zigaretten kaufen. Ich bin an einem Denkmal für gefallene Soldaten vorbeigekommen, da habe ich mich hingesetzt und die Zeit vergessen.«

»Du solltest versuchen zu schlafen, du siehst ziemlich fertig aus.«

»Wie kommst du voran?«

»Nicht gut. Ich brauche Hilfe von einem DNA-Experten.«

Er blickte resigniert zum Laptop und zuckte zusammen. Eine neue Meldung war auf dem Bildschirm erschienen.

FAILED TO LOG IN TO CRYONETWORK

Cryonetwork? Es gab also ein Intranet! Als er WiFi aktivierte, musste der Rechner automatisch versucht haben, sich ins Firmennetzwerk einzuloggen. Er war so damit beschäftigt gewesen, die Festplatte zu durchsuchen, dass er überhaupt nicht daran gedacht hatte, dass der Rechner das Tor zu einer bedeutend größeren Informationsquelle sein könnte, nämlich dem gesamten internen Firmennetz von Cryonordic. Eric hob den Stuhl auf und setzte sich wieder an den Rechner.

Rachel ging zum Fenster und legte die Stirn an die Scheibe. »Ich würde wirklich viel darum geben, wenn ich schlafen könnte, aber ich glaube nicht, dass ich das schaffe.«

Eric versuchte zu lächeln, war sich aber nicht sicher, ob es gelang. »Versuch es, vielleicht kannst du vergessen, und sei es nur für ein paar Stunden.«

Rachel drehte sich um und sah ihn an. Ein undefinierbarer Ausdruck lag auf ihrem Gesicht, und er hatte das unbestimmte Gefühl, dass sie etwas sagen wollte. Aber sie zuckte nur mit den Schultern, ging zum Bett, setzte sich auf die Bettkante und zog die schweren Stiefel aus. Dann streckte sie sich auf der Bettdecke aus und schloss die Augen. Eric betrachtete sie lange, dann wandte er sich wieder dem Laptop zu.

Cryonordics Firewall war unglaublich gut darin, Eindringlinge zu entdecken und zu blockieren. Eric war nie schnell genug, mehrere Male gelang es ihm, einen Port zu öffnen, aber sofort reagierte die Firewall und schloss den Zugang. Immer war sie schneller als er. Laut fluchend stieß er den Laptop von sich. Hanna hatte sich auf dem Sofa umgedreht und lag nun auf dem Rücken, ein Arm hing bis auf den Boden herunter. Auch Rachel war auf dem Bett eingeschlafen, sein Wutausbruch schien keine der beiden geweckt zu haben. Erschöpft starrte er die höhnische Meldung auf dem Bildschirm an.

ACCESS DENIED

Er musste einen Beweis für die Polizei finden, dass Cryonordic in ein Verbrechen verstrickt war, dass Hanna und Rachel auf der Insel in Notwehr gehandelt hatten und dass die Sicherheit des Staates bedroht war. Alle Antworten waren auf der anderen Seite der Firewall zu finden, dessen war er sich ganz sicher. Draußen war es inzwischen dunkel geworden, die Laternen an der Promenade brannten.

Sein Handy auf dem Tisch vibrierte. Er beugte sich vor und las auf dem Display: Carl Öberg. Er wischte mit dem Daumen über das Display und nahm das Gespräch an. »Was gibt's Neues bei dir?«

»Sie sind abgehauen! Verstehst du? Die ganze verdammte Bande!«

»Carl, jetzt mal langsam. Wer ist abgehauen?«

»Cryonordic! Die ganze Anlage ist leer gefegt. Die haben nicht einen Fetzen Papier zurückgelassen. Ich konnte durchs Fenster reinschauen. Sie sind alle weg. Keine Menschenseele mehr da. Nicht das kleinste Molekül.«

Eric schloss die Augen. Sollte er froh darüber sein? War die Gefahr vorbei?

»Hallo Eric? Bist du noch da?«

»Ich bin hier, ich versuche nur zu verdauen, was du gerade gesagt hast. Ich begreife nicht ... Wie kann ...«

Es knackte im Handy. Eric warf einen Blick aufs Display, Anruf von Sven Sahlgren.

»Carl, warte kurz, da kommt gerade ein Anruf rein, bleib dran.« Er nahm das zweite Gespräch an. »Sven?«

»Wie sind Sie an die Dateien gekommen?«

Eric packte das Telefon fester. »Die habe ich auf Henrik Dahlströms Laptop gefunden. Jetzt fragen Sie mich nicht, wie ich an den Rechner gekommen bin.«

»Das muss ein Irrtum sein. Eine Art ... Fehler.«

»Was?«

»Der NCoL-Virus, den sie in Utrecht entdeckt haben ... Der wurde von Cryonordic hergestellt.«

Rachel richtete sich schlaftrunken im Bett auf und sah sich um.

Eric senkte die Stimme. »Was heißt das, hergestellt?«

»Sehr vereinfacht gesagt kann man an einem gezüchteten Virus ablesen, welches Labor oder welcher Forscher dahintersteht. Anhand von spezifischen Signaturen, die in funktionslose Abschnitte der DNA eingebaut werden, kann man den Absender feststellen.«

»Eine Signatur in biologischer Materie? Das klingt verblüffend, dann ...«

Sven unterbrach ihn. »Die Signatur in der Utrecht-Variante wurde entfernt. Normalerweise würde man so etwas nie entdecken, aber ich hatte Zugang zu internen Forschungsdaten, das hatten die Virologen in Holland nicht. Wenn man die Virusdateien nebeneinander geöffnet hat, wird es offensichtlich: Jemand hat seine Identität gelöscht. Ich bin sicher, dass Henrik die gleiche Entdeckung gemacht hat.«

Eric schüttelte langsam den Kopf.

»Wenn der Virus wirklich in einem Labor in Uppsala gezüchtet wurde ... Wie kann er dann in Holland auftauchen?«

»Kann er nicht. Es sei denn ...«, Sven verstummte.

Eric sah Rachel in die Augen und beendete den Satz: »... jemand von Cryonordic hat den Virus freigesetzt.«

Rachel ging barfuß ins Bad. Eric versuchte, eine andere Erklärung zu finden.

»Könnte jemand, vielleicht ein Mitarbeiter von Cryonordic, sich mit dem Virus infiziert und, ohne es selbst zu wissen, ihn nach Holland eingeschleppt haben?«

»Na ja, ausschließen kann man das nicht. Aber das erklärt noch nicht, warum die Signaturinformation entfernt wurde.«

»Und die anderen Dateien, die ich geschickt habe? War etwas dabei, was uns eine Erklärung liefern könnte?«

»Darin geht es nur um N-Gate, den Impfstoff. Offenbar war es das, woran Henrik vor allem gearbeitet hat.«

Eric schnappte nach Luft, ein Zittern lief durch seinen Körper. »Sven ... Ich weiß, warum Cryonordic den Virus verbreitet.«

»Warum? Raus damit!« Sven klang verzweifelt, aber es

war, als riefe er nach einer Antwort, die er in Wirklichkeit nicht hören wollte.

»Sie bauen Bedarf auf. Wie ein x-beliebiges kommerzielles Unternehmen ... Sie schaffen Nachfrage am Markt.«

»Ich verstehe nicht, was meinen Sie?«

»Den Nutzen aus einer Epidemie zieht derjenige, der auf dem Impfstoff sitzt. Wenn sie Erfolg haben, werden Bestellungen über Millionen Dosen N-Gate bei ihnen eintreffen, und der Aktienkurs von Cryonordic schießt durch die Decke.«

Eric betrachtete liebevoll seine schlafende Frau.

»Deshalb waren sie so wild darauf, Hanna in ihre Gewalt zu bringen. In ihrem Blut liegt der Schlüssel zum Impfserum, Hanna ist von unschätzbarem Wert für sie.«

Eine lange Stille trat ein, und als Sven schließlich sprach, war seine Stimme leise, fast flüsternd. »Eric ... Ist Ihnen klar, was Sie da sagen?«

»Ich weiß. Ich habe es sogar vorhergesehen, aber da dachte ich nur an den Computervirus.«

»Wir müssen zur Polizei.«

Rachel kam im Bademantel zurück ins Zimmer. Sie hatte geduscht. Ihre Haare fielen strähnig auf den gestreiften Frotteestoff, und ihre Füße hinterließen kleine feuchte Abdrücke auf den grauweißen Holzdielen. Eric folgte ihr mit dem Blick.

»Natürlich müssen wir zur Polizei, aber wir brauchen Beweise. Harte Fakten.«

»Ich könnte es ihnen erklären und ...«

»Nein, das ist zu kompliziert. Und so unglaublich weit hergeholt. Glauben Sie mir, zwei DNA-Reihen reichen nicht.« Erics Blick wanderte zurück zum Laptop auf dem Tisch. »Geben Sie mir ein paar Stunden Zeit, ich werde alles tun, was ich kann, um bessere Beweise zu finden, etwas, das Cryonordic mit der Verbreitung von NCoLV in Verbindung bringt. Okay?«

»Wie wollen Sie es in ein paar Stunden schaffen, Beweise zu finden? Wo wollen Sie suchen?«

»Noch habe ich den Rechner. Wenn ich mich in ihr Netzwerk einloggen könnte, müsste ich etwas finden, das wir verwenden können. Alles, was ich brauche, sind ein paar Stunden.«

Sven antwortete nicht. Insgeheim fragte Eric sich, was er in den paar Stunden erreichen konnte, wenn er sie denn bekam. Wie sollte er es schaffen, die Befehle schnell genug einzutippen, um die Firewall zu überwinden? Und selbst wenn es ihm gelang, ein Schlupfloch zu öffnen – er hatte keine Ahnung, wie er da durchkommen sollte, bevor das System reagierte. Plötzlich erstarrte er. Wieso hatte er nicht früher daran gedacht? Mind Surf war die Lösung, Gedanken waren schneller als Tastatureingaben! Hatte er die Schlüssel noch? Er zögerte. Es gab noch ein viel größeres Problem. Der Mona-Virus war immer noch im Internet unterwegs, und falls er in Kontakt mit dem infizierten Code kam … Dann würde er sich anstecken. Aber hatte er eine andere Wahl? Nur Gedanken konnten unter dem digitalen Zaun durchschlüpfen.

»Sven, mir ist eine Lösung eingefallen. Geben Sie mir drei Stunden, danach können wir zusammen zur Polizei gehen. Ich rufe Sie wieder an.«

Ehe Sven antworten konnte, wechselte Eric zurück zu seinem Gespräch mit Carl.

»Carl, bist du noch da?«

»Ich wollte gerade auflegen. Ist dir klar, wie lange ich schon warte?«

»Tut mir leid, das war ein wichtiger Anruf. Ich erzähle dir mehr darüber, wenn wir uns sehen, aber die Kurzversion ist schon schlimmer, als wir uns je hätten vorstellen können.«

Er zog seine Jacke an, klappte den Mac zu und klemmte ihn sich unter den Arm.

»Fahr zur KTH, Teknikringen 14, und warte dort auf mich.«

Er legte auf und sah Rachel an. »Ich habe keine Zeit für eine Erklärung. Kümmere dich um Hanna, ich bin in ein paar Stunden zurück.«

Rachel legte den Kopf schräg. »Und wohin gehst du?«

Er öffnete die Tür. »Ich gehe ins Internet. Buchstäblich.«

Siebzehn Minuten später stand Eric neben dem Eingang des Backsteingebäudes am Teknikringen 14, in dem sich das Forschungszentrum für Datentechnik und Kommunikation der Königlich Technischen Hochschule befand. Ihm kam es vor, als sei er seit einer Ewigkeit nicht mehr hier gewesen, obwohl es in Wirklichkeit erst einen guten Monat her war. Er hatte es nicht einmal über sich gebracht, sein Team ein letztes Mal zu treffen, sondern nur eine unpersönliche Rundmail verschickt, in der er mitteilte, dass er nicht an seinen Arbeitsplatz zurückkehren werde.

Er hatte kaum ein paar Minuten gewartet, als Carl die Treppe hochgelaufen kam und außer Atem seine ausgestreckte Hand ergriff.

»Tut mir leid, dass ich zu spät komme, Reino ist gefahren, so schnell er konnte, aber Honda scheint vergessen zu haben, einen Motor ins Auto einzubauen …«

Unten setzte ein kleiner, rostfleckiger Civic von der Auffahrt zurück. Ein bulliger Mann mit rotem Pferdeschwanz saß eingezwängt hinter dem Steuer.

»Ist das dein berühmter Bodyguard?«

Carl nickte. »Früher war er bei den Bandidos, jetzt arbeitet er im Kindergarten. Wir haben uns bei einer Reportageserie über die schwedische Mafia kennengelernt. Ein richtig netter Kerl, und so verdammt praktisch als Begleitung.«

»Kann ich mir vorstellen.«

Eric drehte sich um und gab einen vierstelligen Zahlencode auf einer Tastatur neben dem Eingang ein, wartete auf das leise Klicken und zog dann die Tür auf.

»Ich bin überzeugt, dass es eine Menge wichtiger Informationen im internen Netzwerk von Cryonordic gibt, aber ich habe es nicht geschafft, mich einzuhacken. Nicht mit dem Mac und nicht vom Hotel aus. Deshalb sind wir jetzt hier.«

Carl trat ein. »Und was ist hier?« Seine Stimme echote durch die marmorne Eingangshalle.

»Ein sehr viel größerer Rechner.«

Sie schafften es bis zur letzten Glastür im sechsten Stock, ehe sie entdeckt wurden. Eric stand gebückt vor dem Schloss und kämpfte mit seinem Schlüssel, aber aus irgendeinem Grund bekam er die Tür nicht auf. Frustriert zog er den Schlüssel ab und musterte das Türschloss. Dann steckte er den Schlüssel wieder hinein und drückte fest zu.

Plötzlich ertönte eine tiefe Stimme hinter ihnen: »Was machen Sie da?«

Eric erstarrte, blickte Carl an und drehte sich um. Am Ende des Flurs stand ein kleiner Mann im blauen Overall. Er war in den Sechzigern, mit einem braun gebrannten, zerfurchten Gesicht und dickem weißem Haar. In einer Hand hielt er eine große schwarze Taschenlampe. Der Mann beugte sich vor und musterte sie aus schmalen Augen. Plötzlich erstrahlte ein Lächeln auf seinem Gesicht.

»Professor Söderqvist?«

Eric hob erleichtert die Hand und winkte. »Elvis …
Schön, Sie zu sehen.« Er zeigte auf die Tür. »Habt Ihr das
Schloss ausgetauscht?«

Der Mann nickte und zog einen dicken Schlüsselbund
hervor. »Wir haben die Reinigungsfirma gewechselt, und
da mussten ein paar Schlösser ausgetauscht werden. Warten Sie, ich schließe auf.« Er kam zu ihnen, schloss auf und
öffnete die Tür. »Sonntagsarbeit? Ihr Forscher kennt auch
keine Freizeit, was?«

Eric versetzte Carl einen Stoß, und zusammen gingen sie
in den dunklen Raum.

Elvis blieb in der Tür stehen. »Macht mal immer schön
langsam.« Er wandte sich zum Gehen. »Die anderen müss-
ten auch bald zurück sein.«

»Die anderen?«

»Ich glaube, sie wollten nur kurz was essen gehen. Aber
sie kommen bestimmt bald zurück, zumindest Jacqueline
und Dimitri. Also dann, schönen Abend noch.«

Er schloss die Tür, und durch die Milchglasscheibe sah
Eric, wie sich seine Silhouette entfernte. Rasch ging Eric zur
Wand und schaltete das Licht ein. Die Neonröhren flacker-
ten auf, und dann lag der Saal in Licht gebadet vor ihnen.

Carl öffnete die Arme.

»Wow! Ich habe keine Ahnung von dem, was ich sehe …
aber Wow scheint mir das richtige Wort zu sein.«

Eric zog seine Jacke aus und warf sie über einen Stuhl.
Oben auf die Jacke legte er Henrik Dahlströms Laptop.

»Wow ist das richtige Wort.«

»Was ist das?«

»Mind Surf.«

»Und was macht man mit Mind Surf?«

»Das ist ein sogenanntes Brain Computer Interface. Vereinfacht gesagt, lässt das System dich per Gedankenkraft im Internet surfen.« Eric nickte zum Metalltisch. »Siehst du den Helm? In dem stecken fünfzig Sensornadeln. Mithilfe eines Gels, das wir entwickelt haben, wird ein Kontakt zwischen Sensoren und Gehirn hergestellt.«

»Und das bedeutet?«

»Dass der Helm deine neuronalen Aktivitäten lesen kann, also deine Gedanken. Außerdem wandelt er digitale Daten in neuronale Informationen um … Das Gehirn kann auch Informationen von einem Computer empfangen. Mind Surf dockt an den Sehnerv an und projiziert dreidimensionale Grafiken direkt ins Bewusstsein. Mit anderen Worten, du kannst mit geschlossenen Augen im Internet surfen und alles mit deinen Gedanken steuern.«

»Wie unheimlich.«

»Das Ziel war, Menschen mit einem sogenannten Locked-in-Syndrom eine Möglichkeit zu geben, mit der Umwelt zu kommunizieren.«

Eric bemerkte, dass er in der Vergangenheitsform von Mind Surf sprach. Als von etwas Gewesenem, nicht mehr Gegenwärtigem. Und so war es … Für ihn war Mind Surf nur noch mit Angst verbunden. Er hasste es, hier zu sein, und bekam Panik bei dem Gedanken, den Helm aufzusetzen.

Carl ging zu dem schwarzen Le-Corbusier-Sessel, der mitten im Raum stand. Daneben hing der Sensorhelm an einem Haken. Er strich mit der Hand über die bunten Kabel. Eric trat an den kleinen Tisch neben dem Sessel und schaltete den Rechner ein. Leise liefen die Ventilatoren in den sechs Servern an, die im Serienverbund unter einem Schreibtisch am anderen Ende des Raums standen. Carl betrachtete misstrauisch das Mind-Surf-Logo, das auf dem Bildschirm erschien.

»Du willst dieses System verwenden, um ins Cryonordic-Netz einzudringen? Und das funktioniert?«

Eric studierte den Code, der über den Monitor lief.

»Kann ich noch nicht sagen.«

Auf dem Tisch neben dem Rechner stand ein kleines Glasgefäß, dessen Inhalt im Licht lila schimmerte.

Carl rümpfte die Nase. »Was ist das? Veilchengelee?«

»Nanogel. Es dringt durch die Haut bis zur Pia mater, der innersten Hirnhaut, vor und stellt einen elektrischen Kontakt mit dem Gehirn her.«

Eric nahm das Glasgefäß und öffnete den Deckel. Dann nahm er einen ordentlichen Klecks des dicken Gels heraus und massierte es sich in die Kopfhaut und rund um die Schläfen ein. Als er fertig war, holte er Henriks Laptop, suchte ein ausreichend langes USB-Kabel hervor und verband es mit dem System. Er drehte sich zu Carl um.

»Alles, was ich sehe, wird hier auf dem Bildschirm erscheinen. Wenn du mit mir kommunizieren willst, gib die Nachricht auf der Tastatur ein. Meine Antwort erscheint dann am Cursor in der Ecke des Bildschirms.«

Eric ließ sich auf der Sesselkante nieder, setzte den Helm auf und verzog das Gesicht, als die Nadeln in die Kopfhaut eindrangen. Nach ein paar Sekunden spürte er ein Kitzeln an den Haarwurzeln, das System hatte den Kontakt mit dem Gehirn hergestellt. Eine Nachricht erschien auf dem Bildschirm.

CONTACT ESTABLISHED. RECEIVING NEURODATA.
SIGNAL STRENGTH 94 %

Früher hatte ihn dieser Moment mit Begeisterung und Spannung erfüllt, jetzt fühlte er nur noch Angst. Verbissen sah er Carl an. »Ich werde jetzt die Brille aufsetzen und dann blind sein. Wir nennen sie Brille, aber eigentlich ist es nur ein Stück schwarzes Plastik.«

»Wie willst du dann etwas sehen?«

»Bei Mind Surf braucht man keine Augen, um zu sehen, aber du musst mir beim Start helfen. Du klickst hier …« Er zeigte auf den Bildschirm.

Carl griff zur Maus und platzierte den Pfeil auf das grüne Enter-Symbol. Eric klappte die Brille herunter und setzte sich im Sessel zurecht.

Die Welt war jetzt pechschwarz. Mats Hagström war tot. Hanna war beinahe gestorben. Mona hatte die beiden infiziert, als sie Mind Surf ausprobierten, und der Virus war noch immer da draußen, die infizierten Dateien und Server waren über das gesamte Internet verteilt. Er tastete mit den Händen, fand die Kanten des Sessels und schloss seine Finger um die kühlen Chromstangen. Er holte tief Luft.

»Okay, Carl. Los geht's!«

Glilot, Israel

Zwanzig Stunden bis Stunde null

Langsam und sorgfältig füllte Meir Pardo die Pfeife mit duftendem Tabak. Nicht, um sie anzuzünden, der Rauchmelder hinten an der Zimmerdecke grinste ihn höhnisch an, und er musste sich damit begnügen, an der kalten Pfeife zu saugen, aber er redete sich ein, dass neuer Tabak trotz allem besser schmeckte als alter. Er war ruhelos. Sie verharrten schon viel zu lange still auf ihrem Jagdsitz, kein Hirsch war aufgetaucht. Kein Akim Katz, keine Tara und keine Rachel Papo, sie waren alle wie vom Erdboden verschwunden, was sehr ungewöhnlich war, jedenfalls dafür, dass der Mossad sie suchte. Die Organisation hatte ihre Augen und Ohren überall, es reichte, dass eine Putzfrau etwas Ungewöhnliches bemerkte, dass Freundinnen sich Klatsch anvertrauten oder dass ein Betrunkener in einer Kneipe ein bisschen zu laut herumtönte. Hunderttausende von Mails und SMS und Telefonaten las und hörte der Mossad mit. Sie überwachten Millionen von Kreditkarten, Pässen und SIM-Karten. Sie erhielten einen kontinuierlichen Strom von Bildern, aufgenommen von Überwachungssatelliten, und Kopien von Tausenden Feldberichten von Geheimdiensten rund um den Globus. Aber diesmal hatte nichts davon zu einem Ergebnis geführt. Wo sich Akim versteckte, war und blieb ein Rätsel. Rachel und ihre Schwester waren vermutlich tot, ihre Leichen würde man niemals finden.

Meir hatte sie beweint, ein seltsames und unerwartetes Erlebnis. Er hatte zu Hause gesessen und Aquarelle gemalt, das einzige Hobby, in dem er einen Sinn fand. Während er gebeugt über einem Bild der Masadaklippe saß und letzte Hand an das Abendlicht legte, hatte ihn plötzlich eine Angst gepackt, die in heftiges Weinen überging. Er hatte über seine alberne, aufgezwungene Vaterrolle geweint. Über die schmerzliche Erkenntnis, dass Rachel eigentlich überhaupt nichts mit ihm verband. Mit niemandem. Er konnte nicht über ihre letzte Begegnung hinwegkommen. Immer wieder suchte ihn die Erinnerung heim, wie sie sich am Strand des Charles-Clore-Parks getroffen hatten. Wie sie ihn angesehen hatte, als habe sie gewusst, dass es vorbei war. Dass sie sich nie mehr wiedersehen würden.

Meir gab es auf. Nur dazusitzen und an der kalten Pfeife zu nuckeln, war so unwürdig wie sinnlos, er konnte ebenso gut hinaus in den Park gehen und es hinter sich bringen. Der Schmacht machte ihn noch verrückt. Er erhob sich.

Im selben Moment klopfte es an der Tür und David Yassur steckte den Kopf herein. »Gehst du?«

Meir nickte missmutig.

David hielt ein Blatt Papier hoch. »Besser, du bleibst noch einen Moment auf deinem Ansitz.«

»Warum?«

»Weil es so aussieht, als würde sich ein kleiner Hirsch auf Schussweite nähern. Erinnerst du dich an diese Bankquittung, die Rachel aus Somalia mitgebracht hat?«

»UBA.«

»Genau. Da hatte doch jemand ›Nigerian Leasing‹ durchgestrichen und stattdessen ›Salsabil‹ darübergeschrieben.«

Meir fragte sich, ob David seit Akims Verschwinden auch nur eine Minute geschlafen hatte, er sah entsetzlich aus.

»Wie du dich sicher erinnerst, war es dasselbe Wort, das Akim beim Verhör in Ketziot erwähnte. Er nannte es …« David warf einen Blick auf das Blatt. »Quelle. Vor einigen Stunden hat einer unserer Agenten in Islamabad eine Aussteigerin aus dem Terrornetzwerk Haqqani verhört. Auf die Frage, wie sich die Zelle finanziert, verwies die Frau auf einen unbekannten Sponsor, jemanden, der die Gruppe fortlaufend mit Kapital versorgt. Sie gab an, sie sei nicht befugt gewesen, diesen geheimen Sponsor zu treffen, aber sie habe oft gehört, wie ihre Kommandeure über ihn sprachen.«

»Und?«

»Rate mal, unter welchem Namen.«

»Salsabil?«

»Exakt! Laut Koran ist es der Name eines Brunnens im Paradies. Eine heilige Quelle. Ich schicke jetzt weitere Leute nach Islamabad, um den Rest der Zelle aufzuspüren.« Er sah seinen Chef erwartungsvoll an.

Meir saugte an der Pfeife. Dann nickte er kurz. »Gut, halte mich auf dem Laufenden.«

David wandte sich zum Gehen, hielt dann aber inne. »Du weißt, dass die Rauchmelder hier im Haus verdammt empfindlich sind?«

»Nein, das wusste ich nicht, aber ich bin ganz kurz davor, es auszuprobieren.«

Stockholm, Schweden

Neunzehn Stunden bis Stunde null

Die Welt explodierte in einem leuchtenden Regenbogen. Eric fiel durch ein wirbelndes Kaleidoskop, einen donnernden, schäumenden Wasserfall aus Farben, Webseiten, Filmen, Animationen, Grafiken, Diagrammen und Texten. Langsam verlangsamte sich die Geschwindigkeit, und nach einigen Sekunden begann sich die Umgebung zu stabilisieren. Da waren die Webpage des MIT in Boston, der Blog von Research Frontiers, die Homepage der KTH, und dort YouTube und Google. Es dauerte eine Weile, bis er sich wieder an die Navigation gewöhnt hatte, und er versuchte, sich aufwärts und seitwärts zu bewegen. DN.se zog vorbei, und dahinter tauchte CNN.com auf. Ein leuchtend lilafarbener Schimmer umhüllte die amerikanische Nachrichtenseite, ein Rahmen aus glühendem violettem Licht. Es war wunderschön, beinahe hypnotisierend. Die Seite kam näher. Das Licht schien sich zu bewegen und die Form zu ändern, es wogte an den Kanten der Grafiken auf und ab. Die Seite war infiziert! Eric warf sich nach links und schaffte es gerade noch, der vorbeiziehenden Webseite auszuweichen. Sein Herz begann zu hämmern. Ein Stück entfernt sah er wieder eine Webseite, die von dem lilafarbenen Licht umrahmt war. Seine Panik wuchs, gehetzt blickte er sich um, infizierte Seiten konnten aus allen Richtungen kommen. Er musste raus aus dem Internet. Er rief Henriks MacBook auf. Zuerst passierte nichts, aber dann splitterten sich die Farben und Muster um ihn herum auf, und er spürte ein Kitzeln im Bauch, so als befände er sich in einem schnell aufwärtsfahrenden Aufzug. Als sich die Grafik stabilisierte, war er umringt von Henrik Dahlströms Dateien. Eine Reihe Buchstaben tauchte vor ihm auf.

»WIE GEHT'S?«

Carl Öberg suchte Kontakt. Eric dachte an die Antwort.

»ICH BIN UNTERWEGS ZU CRYONORDICS INTRANET.«

Nach einigen Sekunden kam Carls Antwort.

»BON VOYAGE.«

Es blieb keine Zeit für Zweifel, jeden Moment konnten Jacqueline oder Dimitri auftauchen und die Sitzung abbrechen. Vor ihm erhob sich jetzt eine grünliche Wand. Eine Mauer, die sich in mächtigen Wellen bewegte, die pulsierte wie ein lebendiges Wesen und sich in alle Richtungen unendlich ausdehnte. Die undurchdringliche Firewall. Eric reihte einen Codestring vor sich auf, er erinnerte sich, dass er im

Hotel Villa Källhagen funktioniert hatte. Diesmal musste er durchkommen, Gedanken waren schneller als die Tastatur. Wie ein Torpedo wartete der Algorithmus darauf, abgefeuert zu werden. Eric schluckte und schickte ihn los. Nervös ließ er den Blick über die Firewall schweifen, hin und her. Plötzlich stülpte sich ein Teil der Mauer nach innen und verschwand. Ein schwarzes Loch, groß wie ein Gulli, öffnete sich links von ihm. Eric warf sich hinein und fand sich in einem spiralförmigen Tunnel wieder, umgeben von grün flimmerndem Code. Er bewegte sich mit seiner ganzen Willenskraft voran. Das Tempo stieg, aber ein Blick über die Schulter sagte ihm, dass die Wand hinter ihm in rasender Fahrt auf ihn zuschoss, ihn jagte. Plötzlich erschien weit voraus im Tunnel eine leuchtende Öffnung. Eric strengte sich noch mehr an und brüllte laut. Auf einmal war er durch. Er hatte es geschafft, Cryonordics Firewall zu überwinden, und war nun auf der anderen Seite, im Cryonet. Er dachte an Craig Winter. Sofort strahlte eines der Tore in einem bläulichen Licht auf. Eric tauchte durch die Öffnung und fand alle Ordner und Dateien des Forschungsleiters, Hunderte an der Zahl. Er öffnete Craigs E-Mails, fand aber nichts von Wert, weder im Eingangs- noch im Ausgangsfach. Er wollte das Mailprogramm gerade verlassen, als sein Blick auf das Symbol für den Papierkorb fiel. Wieder stieg sein Puls. Es lag noch Abfall darin. Er dachte an das Symbol und gelangte in den Ordner. Darin lag eine einzelne Mail.

LESEN UND VERNICHTEN

Als Absender war kein Name angegeben, nur eine Reihe Ziffern, eine Form von Verschlüsselung. Eric öffnete die Nachricht.

JAWDAH PHASE 1 UND 2 ABGESCHLOSSEN.
PHASE 3 WIRD VON NM GESTEUERT, MATERIAL AN
NM AUSHÄNDIGEN, EVAKUIERUNG WIE VORGESEHEN.
NM FÜHRT JAWDAHS LETZTE PHASE ALLEIN AUS.
INTRODUKTION.

Eric suchte nach dem Wort Jawdah und erhielt von Google mehrere Hundert Treffer. Er wählte ein arabisches Lexikon.

Jawdah oder **Jawda.** *Eine großartige Tat. Starker Regen.*

Warum ein arabisches Wort? In Craigs Dateien fanden sich keine weiteren Informationen. Die Antwort konnte nur in der Abkürzung NM liegen.

Eric saß stocksteif neben Carl, der größte Teil seines Gesichts wurde von der schwarzen Brille verborgen. Carl konnte auf dem Bildschirm sehen, wie Dateien in rasend schnellem Tempo geöffnet und geschlossen wurden. Bis auf Erics Atemzüge und das Flüstern der Ventilatoren in den Servern unterm Schreibtisch war es absolut still. Mehrere Male hatte sich der Drucker rasselnd in Gang gesetzt und gespenstergleich Ausdrucke auf den Boden gespuckt. Plötzlich zuckte Erics Körper, und seine Hand griff ins Leere. Carl warf nervös einen Blick auf den Bildschirm, aber über den lief nur ein unablässiger Strom von Codezeilen.

Eric hatte einen Namen gefunden, der zur Abkürzung NM passte. In einer Liste der Inhaber von Firmenparkplätzen war er auf Nicholas Moreman gestoßen. Nach weiterem Suchen zeigte sich, dass Moreman der Sicherheitchef von Cryonordic war, angeheuert von ... Blacksky Solutions. Eric schnappte nach Luft. Die schwarzen Söldner. Nicholas

Moreman war ihr Chef. Eric durchsuchte die Dateien von Moreman, fand aber nichts. Samir Mustaf, der Schöpfer des Mona-Virus, hatte sich Salah ad-Din genannt. Was also war der Alias-Name von Nicholas Moreman? Eric starrte mit leerem Blick in den leuchtenden Cyberraum. Es gab etwas, das er probieren konnte, Outlook hatte eine Reihe von Sicherheitslücken, unter anderem mehrere Backdoors. Er kehrte zu Craigs Papierkorb zurück und kopierte die ID-Nummer aus der Jawdah-Mail. Dann rief er den Zentralserver auf und änderte seinen Status in Administrator. Anschließend schrieb er eine spezielle Prozedur, die er mit der Eingabe der kopierten ID-Nummer beendete. Vor ihm tauchte eine Mitteilung auf.

```
PRIMARY ROUTER: CRYOPATH SEVEN
ICCL ENCRYPTION PROTOCOL: OFF
ORIGINAL SENDER: SINON@SALSABIL
ORIGINAL RECEIVER: CRAIGWINTER@CRYONET
ORIGINAL RECEIVER CC: NONE
ORIGINAL BCC RECEIVER:
SECURITYMGMT@CRYONET
```

Es gab also einen heimlichen Empfänger. »Securitymgmt«, Leitung der Sicherheitsabteilung ... Nicholas Moreman! Eric suchte nach »securitymgmt« und fand sofort ein Mailfach. Er blinzelte, um den Blick zu fokussieren, seine Kräfte gingen zu Ende, und die Augen brannten. Ganz oben in der Eingangsliste stand eine ungelesene Mail. Eric öffnete sie.

```
SECURITY BREACH
SAFECATCH SYSTEM ALERT
SAMPLE IDENTIFICATION CODES COMPROMISED
CONFIRM AUTHORIZATION OR REVERSE SETTING
```

Safecatch schien das System zu sein, das die Einlagerung und Herausgabe der Virusproben im Cryonordic-Bunker besorgte. Die Mail enthielt einen Link. Eric klickte ihn an, und eine neue Mitteilung erschien.

```
SC SEARCH STRING    12XXGSR23111236-HH-21
RECEIVED NEW HEADER
NEW HEADER:   12XXGSR23111412-AH-13

SC SEARCH STRING    12XXGSR23111412-AH-13
RECEIVED NEW HEADER
NEW HEADER:   12XXGSR23111236-HH-21
```

Jemand hatte die Codestrings vertauscht. War das wichtig? Vielleicht nicht, Moreman hatte die Mail ja nicht einmal geöffnet. Sicherheitshalber machte Eric einen Screenshot der Codes und mailte ihn an Sven. In der Jawdah-Mail hatte noch mehr gestanden ... ein Absender! Eric kehrte zum Mailrouter zurück.

```
ORIGINAL SENDER: SINON@SALSABIL
```

Er suchte in seinem Gedächtnis. Das stand in dem Sutzkever-Buch! Jemand, vielleicht Rachel, hatte das Wort Salsabil immer wieder auf die Innenseite des Buchdeckels geschrieben. Es musste möglich sein, den Server anzupingen und den Aufruf bis zu Sinons Computer zurückzuverfolgen, aber das hieß, dass er ins Internet hinausmusste. Hinaus zum Mona-Virus.

Carl war kurz davor einzuschlafen, er rutschte auf seinem Stuhl immer tiefer und atmete schwer. Jemand fasste an die

Tür. Er zuckte zusammen, plötzlich hellwach. Draußen auf dem Gang waren Stimmen zu hören, jemand drückte die Klinke herunter. Carl schlich leise zur Tür, konzentrierte sich und riss sie auf. Ein krausköpfiger Mann wich erschrocken zurück, Carl nutzte den Moment, um rasch auf den Gang zu treten und die Milchglastür hinter sich zu schließen. Eine rothaarige Frau mit großer runder Brille starrte ihn fragend an.

»Wer sind Sie? Und was machen Sie in unserem Labor?«

Carl hielt seinen Presseausweis hoch.

»Ich bin Reporter beim *Aftonbladet*. Ich bin hier, weil … äh … ich über Ihre Erfindung schreiben will.«

Die beiden Forscher starrten ihn mit einer Mischung aus Irritation und Überraschung an.

Jacqueline stemmte die Hände in die Seiten. »Interviews müssen vom wissenschaftlichen Leiter genehmigt werden.«

»Und wo finde ich den?«

Jacqueline warf einen schnellen Blick zu Dimitri, der seufzte. »Es gab hier einige Veränderungen, aber kurz gesagt ist der verantwortliche Professor im Moment nicht greifbar, und daher können wir Ihnen auch keine Auskünfte geben. Wer hat Sie überhaupt eingelassen?«

»Der König persönlich.«

Dimitri verdrehte die Augen. »Er meint Elvis.« Er sah Carl an. »Wir wollen nicht unhöflich sein, aber es ist schon spät, Sie müssen ein andermal wiederkommen.«

Er machte einen Schritt auf die Tür zu, aber Carl versperrte ihm den Weg.

»Also kann nur der Professor die Erlaubnis erteilen? Sprechen wir von Eric Söderqvist?«

Dimitris Blick wurde kühl. »Nein, Eric ist nicht mehr bei uns.«

Jetzt versuchte auch Jacqueline, an ihm vorbeizukommen.

Carl machte noch einen Versuch: »Aber wenn ich zufällig wüsste, wo Eric Söderqvist sich aufhält, und wir mit ihm sprechen würden … Könnte er dann die Genehmigung erteilen?«

Dimitris Ton wurde scharf. »Sie haben doch gehört, er ist nicht mehr hier. Er ist weit weg, und das sollten Sie auch sein.«

Er packte Carl an der Schulter und drängte ihn zur Seite. Carl versuchte, sich aus seinem Griff zu befreien, aber bevor es ihm gelang, hatte Jacqueline bereits die Tür geöffnet.

Eric hatte nicht damit gerechnet, dass es so schnell gehen würde. Tausende von Icons und Webseiten rasten an ihm vorbei, und es war unmöglich zu erkennen, ob etwas davon infiziert war. Er musste langsamer werden, doch bevor er die Chance hatte, das Kommando zu denken, bremste alles um ihn herum jäh ab, seine Innereien wurden ihm in den Hals gepresst, und für eine Sekunde wurde ihm schwarz vor Augen. Als er wieder sehen konnte, befand er sich am Ende eines langen Tunnels, und vor ihm schwebte ein einsames Icon. Die IP-Adresse stimmte, dies war der Rechner, der die Jawdah-Instruktionen abgeschickt hatte. Dies war Salsabil. Eric streckte die Hände nach dem Icon aus und zuckte zusammen. Um das Icon erstrahlte ein leuchtend lilafarbenes Licht, funkelnd und in hypnotischen Mustern pulsierend. Er kämpfte mit seiner Enttäuschung. Das Icon sah geradezu höhnisch aus, wie es sich vor ihm auftürmte, so als hätte Sinon sein heftiges Abbremsen beobachtet und wüsste nun, dass er gesiegt hatte. Das lila Licht wusste, dass er da war, kleine Blitze zuckten aus den Seiten heraus, so als würde der Virus nach ihm greifen. Er durfte nicht aufgeben. Sinon durfte nicht gewinnen. Sie hatten einander seit Wochen belauert, er und Mona. Alle in seiner Umgebung hatte es getroffen, aber er selbst war davongekommen. Bis zu diesem Moment. Vielleicht war es nicht mehr als gerecht. Hoffentlich blieb ihm noch Zeit, bevor er das Bewusstsein verlor, wenigstens so viel, dass er die Möglichkeit hatte zu finden, was er suchte, und Jawdah zu stoppen. Während er sich dem glühenden Icon näherte, dachte er an das IT-Genie Samir Mustaf. Daran, dass dieses pulsierende Leuchten im Grunde die Erinnerung an Samirs geliebte Tochter darstellte. Nein, es war seine Tochter. Das kleine Mädchen, das von einer Splitterbombe getötet worden war. Die Katastrophe, die Samir veranlasst hatte, den Computervirus zu erschaffen. Der Beginn von allem. Und das Ende. Mona zog ihn hinein ins Licht, umarmte ihn und verschmolz mit ihm.

Für einen Moment waren die beiden Forscher sprachlos. Stumm standen sie nebeneinander, der Anblick ihres ehemaligen Chefs, des Erfinders von Mind Surf, kam so unerwartet, dass sie zu keiner Handlung fähig waren. Dass Eric sich in Mind Surf befand, machte das Ganze noch unfassbarer. Auch Carl war für einen kurzen Augenblick wie gelähmt. Sollten sie das System abschalten? Den Wachdienst rufen? Auf dem Bildschirm wurden die ganze Zeit neue Dateien geöffnet und geschlossen, der Drucker ratterte und ein stetiger Strom von Ausdrucken tropfte hinunter auf den Fußboden.

Carl räusperte sich. »Ja, äh … Eric musste ganz einfach etwas … ausprobieren.«

Jacqueline fragte, ohne den Blick von ihrem ehemaligen Chef abzuwenden: »Was denn?«

»Mindsurfen.«

Dimitri drehte sich zu ihm um. »Was?«

»Die Surffunktion … Er hatte etwas entdeckt, das eventuell zu einem …«, Carl entließ resigniert die Luft aus seinen Lungen, »… Problem werden könnte.«

Jacqueline wollte gerade etwas sagen, als der Bildschirm die Farbe änderte und eine Meldung erschien.

SURF SESSION COMPLETED
LOG OUT USER

»Er ist fertig.«

Jacqueline lief zum Computer auf dem kleinen Tisch. Sie sah Dimitri an. »Ich checke ihn aus, kümmerst du dich um den Helm?«

Eric hob steif die Arme und klappte die schwarze Brille hoch. Dimitri nahm ihm vorsichtig den Helm ab. Eric blinzelte ins Licht und hustete. Dann erhob er sich schwankend.

»Wir müssen uns beeilen … Die Zeit wird knapp.«

Er war verwirrt, seine Augen suchten Carl. Da fiel sein Blick auf Dimitri. »Dim? Und Jacqueline?« Er lächelte matt. »Wie geht's euch?«

Dimitri hängte den Helm zurück an den Haken.

»Ganz okay, Mittwoch lernen wir die neuen Eigentümer kennen.«

Erics Blick wurde unsicher. »Hanna war krank, und ich …«

Sein Blick fiel auf die Ausdrucke, die den Fußboden übersäten. Er zuckte zusammen, brutal zurückgeholt in die Realität. Er wandte sich an Carl. »Sammle die Papiere ein, wir haben nicht mehr viel Zeit.«

Carl ging eilig zum Drucker und fragte über die Schulter nach hinten: »Warum die Eile? Was hast du gefunden?«

Eric folgte ihm mit steifen Schritten. Jacqueline und Dimitri wechselten verständnislose Blicke.

Eric ging neben Carl in die Hocke. »Die Mail ist auf Arabisch und ich hatte keine Zeit, alles zu übersetzen ...« Er beendete den Satz nicht, aber sein Tonfall sorgte dafür, dass Carl aufhörte, die Papiere einzusammeln, und sich zu ihm umdrehte.

»Was?«

»Cryonordic versucht, eine Art Trigger bei der WHO zu aktivieren.«

»Aber das ist noch nicht alles?«

Eric beugte sich näher zu Carl. »Die dritte Phase scheint eine irgendwie geartete Detonation zu beinhalten.«

»Was für eine Detonation?«

»Sie nennen es ›Stunde null‹.«

»Wann?«

»Um fünfzehn Uhr null null.«

Carl wurde blass. »Aber ... Das ist ja in neunzehn Stunden.«

Jacqueline räusperte sich. »Hallo da drüben, was ist los?«

Carl hielt Erics Blick fest. »Wo soll das passieren?«

Eric blinzelte und starrte ihn verständnislos an. »Wo soll was passieren? Wovon redest du?« Er erhob sich und rieb sich das Gesicht. »Mir ist irgendwie komisch.«

Auch Carl erhob sich, den Arm voller Ausdrucke. »Eric ... Wo ist der Nullpunkt?«

Eric begann zu lachen. »Wovon zum Teufel redest du? Wir versuchen hier zu arbeiten, verstehst du? Und was sind das für Unmengen von Papier?« Er wurde laut. »Was willst du eigentlich?«

Carl legte ihm eine Hand auf die Schulter. »Ich frage dich nur nach ...«

Eric schlug seine Hand weg. »Lass mich in Ruhe!«

Er wandte sich an Jacqueline. »Liebling, kannst du dafür sorgen, dass der Typ geht? Ich lege mich ein bisschen hin.«

Jacqueline sah ihn fragend an. »Liebling?«

Eric schwankte und musste sich an einem Schreibtisch festhalten, um nicht zu fallen. Er stieß gegen einen Bildschirm, der krachend zu Boden stürzte.

»Ich fühl mich nicht gut. Kann jemand …« Er hustete und hielt sich die Hand vor den Mund. Der Hustenanfall wurde schlimmer und zwang ihn in die Knie. Jacqueline sah bittend zu Dimitri.

Eric richtete sich auf und streckte die Arme aus. »Hanna, mach dir keine Sorgen. Es geht schon wieder. Hab nur was … in den Hals gekriegt.«

Dimitri schnappte nach Luft, Gesicht und Hände von Eric waren blutig. Er zog einen Stuhl heran.

»Eric, du hustest Blut. Großer Gott … Setz dich hin.«

Carl holte sein Handy hervor und wählte den Notruf. Er beobachtete Jacqueline, wie sie Erics Kinn und Wangen mit einem Papiertuch abwischte, das sich rot färbte.

»Ja, hallo? Wir haben einen akuten Notfall in der KTH, Eingang Teknikringen 14, sechster Stock. Möglicherweise eine Vergiftung. Die betreffende Person heißt Eric Söderqvist. Personennummer? Keine Ahnung. Ja … beeilen Sie sich!«

Plötzlich kippte Eric vornüber, Jacqueline griff nach ihm, aber er stürzte hart auf den Boden. Carl ließ das Handy fallen, bückte sich und brachte ihn in die stabile Seitenlage. Eric hustete wieder, Blasen von dunkelrotem Blut kamen ihm aus der Nase.

»Sie hat mich erwischt … doch noch.« Seine Stimme war leise.

Carl nahm ein Papiertuch vom Boden auf und begann, das Blut um Erics Mund abzuwischen.

»Sch…, nicht sprechen.«

Eric wehrte sich und versuchte, den Kopf zu heben. »Der Nullpunkt … Wir müssen …«

Carl schob die Hände unter Erics Kopf.

»Eric, das ist im Moment nicht wichtig, denk nicht mehr daran.«

Aber jetzt starrte Eric ihn mit wildem Blick an. »Ich muss ihn finden, eine andere Möglichkeit gibt es nicht. Die Wüste … Wir müssen …« Er röchelte. »Die Zeit läuft ab. Ich …«

Erics Kopf wurde schwer in Carls Händen, und seine Lider flatterten. Er japste nach Luft. Plötzlich wurde der Körper schlaff, und die Augen starrten auf die Neonröhre an der Decke.

Jacqueline schlug die Hand vor den Mund. »Um Gottes willen … tun Sie doch was! Er stirbt!«

Carl sah zur Uhr, seine Hände waren rot von Blut. Wo blieb nur der verdammte Rettungswagen?

Hanna hatte aufgehört zu weinen, obwohl sie geglaubt hatte, das sei nicht möglich. Jetzt saß sie stumm da und knetete ihre Hände. Eric war auf die Intensivstation des Karolinska-Universitätskrankenhauses gebracht worden. Er wurde künstlich beatmet, ein erschreckend langer Schlauch verschwand tief in seinem Mund. Erics NCoLV-Variante unterschied sich von der aller anderen Infizierten, was die Ärzte beunruhigte und mutlos machte. Die Wissenschaftler des KI versuchten, die Herkunft festzustellen, aber Hanna wusste, dass sie es nicht schaffen würden. Es waren nicht Thomas, Philippa oder Jens, die ihn angesteckt hatten, es war Mind Surf. Unmöglich, das zu erklären.

Carl und Rachel waren im Wartezimmer, sie hatten mit ihr geredet und sie umarmt, aber Hanna hatte nicht verstanden, was sie sagten, sie waren wie Schaufensterpuppen, kalt und steif, der Gesichtsausdruck starr, die Finger hart und dürr. Eric lag im Sterben, das war die Realität, alles andere war nur Illusion. Sie wischte sich zum hundertsten Mal den Rotz ab, der ihr über die Lippen rann. Carl telefonierte, und Rachel ging den Haufen Papiere durch, die Carl mitgebracht hatte. Die Ausdrucke von Mind Surf waren auf Arabisch, und sie war die Einzige, die sie lesen konnte. Auch Rachel war besorgt, das konnte Hanna sehen, obwohl sie sich große Mühe gab, es nicht zu zeigen. Das manische Durchblättern der Ausdrucke war ein Fluchtverhalten.

Plötzlich rief Rachel etwas auf Hebräisch aus.

Carl ließ das Handy sinken. »Was ist? Was haben Sie gefunden?«

Rachel starrte wie verhext auf ein Blatt Papier in ihrer Hand.

»Eine Mail. Ich muss einen Computer finden.« Sie sprang auf und verschwand nach draußen.

Carl sah Hanna fragend an. »Was hat sie denn?«

Sven Sahlgren stürmte zur Tür herein, sein Blick irrte durchs Zimmer und fiel auf Carl.

»Woher hat er die Dateien?«

»Wer sind Sie?«

Sven schob seine Brille zurecht. »Entschuldigung. Sven Sahlgren, Forschungsleiter am KI. Vor ein paar Stunden hat Eric mir eine Menge Dateien geschickt. Wo hat er die gefunden?«

»Im Firmennetz von Cryonordic.«

Sven schien in sich zusammenzusinken. »O mein Gott … Was für eine furchtbare Katastrophe.«

Carl nickte. »Wir wissen, dass Cryonordic eine größere Anzahl Menschen mit dem Virus infizieren will, Stunde null ist in …« Er warf einen Blick auf die Uhr. »Exakt achtzehn Stunden.«

Sven lehnte sich an die Wand.

»Hat Eric Ihnen von der letzten Version des NCoL-Virus erzählt?«

»7.1?«

»Nein, der nicht … Sie nennen ihn den Winter-Virus. Er ist … das Ende. Verstehen Sie? *Game over.* Ich …« Er verstummte.

Carl rückte instinktiv dichter an Hanna heran. »Was hat dieser Virus mit alldem zu tun?«

»Bevor Craig Winter Uppsala verließ, hat er alle Virusvarianten vernichtet. Alle außer 7.1, der in der letzten Phase von Jawdah zum Einsatz kommen soll.«

»Und?«

»Jemand hat die Software manipuliert und zwei Identifikationscodes miteinander vertauscht. Mit dem Ergebnis, dass 7.1 vernichtet wurde und …« Seine Stimme erstarb.

Als Carl begriff, dass Sven nicht weitersprechen konnte, flüsterte er entsetzt: »Die haben den Winter-Virus herausgeholt?« Er starrte Sven an. »Großer Gott.«

Ein Alarm ertönte, und mehrere Personen liefen draußen auf dem Gang vorbei.

Hanna schaute erschrocken zu Sven. »Was ist los?«

Sven war schon auf dem Weg zur Tür. »Ich sehe nach.«

Hanna hörte auf zu atmen. Fakt war, dass sie nie mehr atmen würde, nicht bevor feststand, dass Erics Zustand stabil war. Sie starrte ausdruckslos zur Tür. Auf dem Gang war es jetzt vollkommen still, sogar die Zeit schien den Atem anzuhalten. Dann waren schnelle Schritte zu hören, und Sven erschien in der Tür. Hanna stand auf.

»Eine ältere Frau hatte einen Erstickungsanfall, sie scheinen es im Griff zu haben.«

Hanna sank zurück aufs Sofa. Sie war leichenblass.

Sven wandte sich an Carl. »Ich habe versucht, Ulrika Seger zu erreichen, die Chefin des Instituts für die Kontrolle von Infektionskrankheiten, aber sie ist nicht im Institut, offenbar hat sie sich wegen einer Privatsache freigenommen. Ich will sehen, dass ich jemand anderen finde, einen Stellvertreter, irgendwen. Das SMI muss augenblicklich handeln.«

»Gut. Das Problem ist, dass wir keine Ahnung haben, wo der Nullpunkt ist. Das gilt auch für das SMI und alle anderen, die handeln könnten. Wir sind alle blind. Und die Zeit läuft uns davon.« Carl sah Hanna an. »Bevor Eric das Bewusstsein verlor, sagte er, dass er den Nullpunkt finden würde. Dass er ...«

Sven fiel ihm ins Wort. »Leider kann Eric uns nichts sagen.« Er blickte Hanna in die verweinten Augen und fügte hinzu: »Er kommt sicher wieder zu Bewusstsein, aber darauf können wir nicht warten.«

Er wandte sich an Carl. »Wir müssen zur Polizei gehen.«

Carl nickte. »Ich habe ein paar Freunde im Polizeipräsidium. Wir haben so wenig Zeit, dass wir nicht riskieren können, an die falsche Stelle zu geraten.« Er nahm seine Jacke vom Stuhl. »Ich fahre sofort hin.«

Damit verschwand er aus dem Wartezimmer.

Hanna griff nach Svens Hand.

»Wie kommen Sie mit dem Impfstoff voran? Sie haben ja mein Blut. Wann kann Eric geheilt werden?«

»Wir haben ein hervorragendes Team, das rund um die Uhr daran arbeitet.«

»Wann?«

»Ich habe gehört, dass sie Fortschritte machen, aber es ist unmöglich, etwas Genaues zu sagen. Und dann sind da ja auch noch die ganzen Genehmigungsverfahren.«

Hanna klammerte sich an die einzige Möglichkeit, die sie erkennen konnte. »Aber wenn nur Eric weiß, wo der Nullpunkt ist? Wenn es nur dieser verwirrte, narzisstische, fantastische, attraktive und liebevolle Mann hinter all den dicken Glasscheiben ist, der uns retten kann? Dann wird es doch wohl möglich sein, eine Ausnahme zu machen?«

Sven lächelte mitfühlend. »Glauben Sie mir, wir tun alles, was in unserer Macht steht.«

Als er die Verzweiflung in ihrem Gesicht sah, fügte er rasch hinzu: »Ich fahre jetzt sofort ins Labor.« Er zögerte. »Nein, das geht nicht, ich kann Sie ja nicht ganz allein hier zurücklassen.«

Hanna lächelte leicht.

»Ich bin nicht allein, Eric ist doch hier.«

Eric saß nackt in einer roten Wüste, seine Hände und Füße versanken im puderfeinen Sand. Er streckte die Hände aus, die warmen Körner rannen und rieselten zwischen seinen Fingern hindurch, der Himmel über ihm war glühend rosa. Seine Ankunft hier diente einem Zweck, auch wenn er ihn nicht erkennen konnte. Er suchte nach etwas, etwas, das auf ihn wartete. Das immer auf ihn gewartet hatte. Seine Hand stieß an etwas Hartes, und er hob den Gegenstand aus dem Sand. Es war ein alter schwarzer Wecker mit Rostflecken, das Glas war zersprungen. Er drehte ihn um und entdeckte die große Flügelschraube, die das Uhrwerk aufzog. Er begann sie zu drehen. Mit jeder Umdrehung sank die Temperatur um ihn herum. Der Sand wurde feucht, und der Himmel verdunkelte sich. Er drehte weiter. Dies war der Zweck. Für diese Aufgabe war er hierhergerufen worden. Plötzlich ging es nicht mehr weiter. Er ließ die Flügelschraube los und drehte den Wecker wieder um. Die Zeiger hatten sich in Bewegung gesetzt, aber in die falsche Richtung. Sie rotierten gegen den Uhrzeigersinn, und die Zeit lief rückwärts. Die Wüste war nun vollkommen schwarz, und der Himmel schien grollend näher zu kommen, er fiel auf die Erde zu. Eric ließ den Wecker los und schlug die Hände vors Gesicht.

Carl lehnte sich auf dem schmalen Holzstuhl zurück und blickte aus dem Fenster, betrachtete die Fassade gegenüber. Sämtliche Fensteröffnungen auf der anderen Seite waren vergittert: die Zellen der Untersuchungshaftanstalt Kronoberg. Er saß allein in dem kleinen Büro, Kriminalkommissar Hjalmar Löfgren hatte den Raum vorübergehend verlassen, um »die verblüffende Geschichte zu verifizieren«. Carl warf einen Blick auf seine Armbanduhr, nie zuvor hatte die alte Omega ihn so nervös gemacht. Noch sechzehn Stunden. Aber das sollte reichen, um den Nullpunkt zu finden und das Attentat zu verhindern. Die Polizei hatte gute Leute, sie würden die Verrückten von Cryonordic garantiert ausfindig machen, aber sie mussten sich beeilen.

Das Zimmer, in dem er saß, war nahezu leer, bis auf ein Bücherregal aus Kiefernholz und einen grauen Schreibtisch mit einem Schreibblock, in dem sich der Kommissar Notizen gemacht hatte. Carl hatte sein ganzes journalistisches Talent aufbringen müssen, um die einzelnen Teile zu einem verhältnismäßig einleuchtenden Bericht zusammenzufügen. Eine Reihe von Fakten hatte er ausgelassen, wie etwa, dass Cryonordic wahrscheinlich von islamistischen Terroristen kontrolliert wurde und dass im Wartezimmer des Karolinska-Krankenhauses eine Agentin des Mossad saß, vermutlich bewaffnet mit einer großen schwarzen Pistole. Er hatte der Polizei erzählt, was sich auf Gillöga abgespielt hatte, aber ohne zu sagen, wer Rachel war und dass sie Leute erschossen hatte. Er hatte nur gesagt, dass die beiden Frauen überfallen worden waren und fliehen konnten, das musste genügen.

Löfgren hatte während seines ganzen Berichts kein Wort gesagt. Er hatte mit keiner Miene erkennen lassen, was er dachte, und kaum war Carl mit seinem Bericht fertig gewesen, hatte der Kommissar sich entschuldigt und den Raum verlassen. Irgendwo draußen war eine Polizeisirene zu hören, die langsam schwächer wurde. Ein Glück, dass Carl so gute Kontakte innerhalb der Polizei hatte, ein Freund hatte ihm geholfen und ihn zu diesem erfahrenen Kommissar geschickt. Carl trommelte ungeduldig mit der Hand auf dem Oberschenkel. Warum dauerte das so lange? Sein Magen knurrte, es war lange her, seit er etwas gegessen hatte.

Da ging die Tür auf und Hjalmar Löfgren kam zurück. Sein Gesichtsausdruck war mürrisch und dienstlich. Carl richtete sich auf und lächelte den Kommissar an. Der setzte sich an seinen Schreibtisch und lächelte nicht zurück.

»So, Herr Öberg. Ich habe einige Angaben aus Ihrem Bericht überprüft und muss sagen, dass ich es nicht ganz verstehe.«

»Was ist denn noch unklar?«

Löfgren blickte ihn forschend an. »Worauf wollen Sie hinaus? Oder sollte ich vielleicht sagen: Worauf wollt ihr hinaus? Ihr vom *Aftonbladet*?«

»Äh … Wir wollen auf gar nichts hinaus. Mit der Zeitung hat das nichts zu tun. Überhaupt nichts. Das hier hat eine ganz andere Dimension … Wie ich schon sagte, es geht um eine akute Krisensituation.«

Löfgren schien zu überlegen, wie er fortfahren sollte. Er schlug mit den Handflächen klatschend auf die Tischplatte.

»Sie behaupten, dass dieses Labor in Uppsala absichtlich einen tödlichen Virus in Europa verbreitet hat und nun einen Terroranschlag plant, wahrscheinlich in Stockholm?«

»Das stimmt, genauer gesagt soll er in sechzehn Stunden stattfinden.«

»Ist es nicht vielmehr so, dass Cryonordic im Moment das einzige Unternehmen ist, das offenbar ein Gegenmittel gegen diesen Virus hat?«

»Das ist es ja gerade, warum sie …«

Löfgren hob die Hand, um ihn zum Schweigen zu bringen. »Wir haben mit der Person gesprochen, die den Auftrag an Cryonordic vergeben hat, eine Ulrika Seger vom SMI. Sagt Ihnen der Name etwas?«

Carl nickte abwartend. Ihn beschlich plötzlich das unangenehme Gefühl, dass ihm die Sache aus den Händen zu gleiten drohte.

Löfgren fuhr fort: »Nach Aussage von Ulrika Seger, die seit mehreren Jahren mit dem Labor zusammenarbeitet, gehört es zu den besten in Europa. Und sie weist ganz entschieden zurück, dass es irgendwelche Hinweise auf Unregelmäßigkeiten in der Tätigkeit des Labors gibt. Ganz im Gegenteil.«

»Aber was ist mit unseren Beweisen? Den Dokumenten, die ich Ihnen gegeben habe?«

»Die stammen aus einem gestohlenen Computer, der übrigens den Kollegen, *der Polizei,* in Uppsala gestohlen wurde. Ist es nicht so?«

»Nein, natürlich wurde der Computer nicht gestohlen.

Der Laptop war, oder ist, eine Leihgabe. Ich durfte ihn mir ausleihen.«

»Auf dem Revier in Uppsala weiß niemand etwas von einer Leihgabe. Und an die anderen Dokumente, die Sie vorgelegt haben, sind Sie, wenn ich es recht verstehe, durch illegales Eindringen in ein Computernetzwerk gelangt. Richtig?«

Carl schwieg.

Löfgren kratzte sich am Kinn. »Aber das ist noch nicht alles. Die Polizei in Uppsala schließt ein Fremdverschulden bei dem Autounfall aus, der zum Tode von Henrik Dahlström geführt hat. Damit bricht also ihr Mordvorwurf in sich zusammen. Und damit nicht genug … Die Küstenwache hat sich diese Insel angesehen … Gillöga.«

Carl beugte sich vor. »Ja?«

»Sie haben absolut nichts gefunden.«

»Nichts?«

»Keinerlei Spuren, die auf irgendeinen Kampf hindeuten. Und auch kein kleines Motorboot. Das Einzige, was sie gefunden haben, waren Unmengen von leeren Weinflaschen. Das muss ja ein dolles Saufgelage gewesen sein.«

Carl hatte es die Sprache verschlagen.

Nun beugte sich auch Löfgren vor. Sein Atem roch nach Kaffee.

»Wir haben also nichts, was darauf hindeutet, dass Cryonordic in kriminelle Machenschaften verwickelt ist. Vielmehr …«, er zog die Worte in die Länge, schien beinahe Spaß daran zu haben, Carls Geschichte auseinanderzupflücken, »… hat die Firma den Diebstahl eines sehr exklusiven Bootes angezeigt. Ein Boot, das im Schärengarten nahe Waxholm verschwand und später in Stockholm aufgefunden wurde. Wir haben eine Reihe von Fingerabdrücken an dem Boot gesichert, und etwas sagt mir, dass die von Ihrem Freund, *Professor* Söderqvist, stammen. Also von derselben Person, die in das Computernetzwerk von Cryonordic eingebrochen ist. Und als wäre das noch nicht genug, liegt uns eine weitere polizeiliche Anzeige gegen diesen Söderqvist vor, erstattet vom Bootsklub auf Dalarö. Darin geht es um schwere Sachbeschädigung, versuchten schweren Diebstahl und Fahrerflucht. Auch hier reden wir also von Bootsdiebstahl.«

Carl verdrehte die Augen. »Unglaublich … Das ist doch völlig absurd. Ich liefere Ihnen Informationen über einen bevorstehenden Terroranschlag und Sie reden von Bootsdiebstahl?«

Löfgrens Gesicht verfinsterte sich.

»Ich weiß nicht, was für einen Humbug Ihr Schmierblatt sich aus den Fingern zu saugen versucht, aber wenn ihr glaubt, ihr könnt die Polizei manipulieren, habt ihr euch gewaltig geschnitten. Und jetzt will ich diesen Eric Söderqvist dazu anhören, sofort.«

Carl warf einen Blick auf seine Uhr.

»Viel Glück.«

Sechzehn Stunden bis Stunde null

Sven Sahlgren lief die Treppen hinauf, immer zwei Stufen auf einmal. Die ganze Gruppe sollte inzwischen versammelt sein, vorausgesetzt, sie hatten seine SMS gelesen. Auf dem kurzen Weg vom Krankenhaus zum Institut hatte er Gott um Hoffnung angefleht. Darum, dass jemand aus der Forschergruppe auf wunderbare Weise das Problem mit der Supermutation des NCoLV und seiner Fähigkeit, den Phänotyp zu ändern, gelöst hatte und sie nun endlich mit den klinischen Tests beginnen konnten. Aber die Hoffnung fiel jäh in sich zusammen, als er den Konferenzraum betrat und der stellvertretenden Forschungsleiterin Jessica Arenander in die Augen sah. Es gab keine bahnbrechenden Fortschritte, nur gerötete Augen als Beweis für allzu viele Stunden ohne Schlaf und ohne Ergebnisse. Er setzte sich schwerfällig und blickte in die Runde der fünf Forscher am Tisch. Sie sahen alle blass und übermüdet aus. Keine göttliche Intervention, kein Wunder. Nur Jessica wusste Bescheid, er hatte sie vom Krankenhaus aus angerufen und ihr eine kurze Zusammenfassung der Begegnung im Wartezimmer gegeben. Der Winter-Virus war eine Katastrophe, die nicht bekannt werden durfte, jedenfalls noch nicht. Sie würde für Panik sorgen und jedes konzentrierte Arbeiten am Impfstoff unmöglich machen. Jessica war hart im Nehmen; obwohl sie den tatsächlichen Umfang der Krise begriff, saß sie ruhig da und rührte in ihrem Nescafé.

Er räusperte sich. »Nun?«

Jessica stellte den Becher ab.

»Wie du weißt, muss unser Serum lebende, aber abgeschwächte NCoLV-Komponenten enthalten, eine Voraussetzung für die Entwicklung eines therapeutischen Präparats. Einfacher wäre es mit abgetöteten Exemplaren und einer prophylaktischen Strategie, aber dann könnten wir denen, die bereits infiziert sind, nicht helfen.«

Sven schüttelte den Kopf. »Wir müssen *ex post* behandeln können.«

»Glaub mir, das weiß ich. Das Blut von Patient Null ist fantastisch, und die isolierten Zellen sind faszinierend, wie geschaffen, um NCoLV zu jagen. Tatsache ist, dass ich vorher noch nie solche aggressiven T-Zellen gesehen habe. Sobald die Rezeptoren Witterung von den Peptidfragmenten aufnehmen, stürzen sie sich wie wild darauf. Und es scheint zu funktionieren …«

»Aber?«

»Wir brauchen mehr Zeit.«

»Jessica, wir haben fast alles. Wir haben die modernste Ausstattung der Welt, die besten Forscher und mehr Fördermittel, als wir ausgeben können; wir haben eine moderne Sporthalle, eine neue Cafeteria und einen Personalrat, der sich um unser Wohlergehen kümmert. Das Einzige, was wir nicht haben, ist Zeit.«

Er konnte es sich nicht verkneifen, einen Blick auf seine Armbanduhr zu werfen.

Jessica sah ihre Kollegen an, die alle bisher geschwiegen hatten. »Dann schlage ich vor, dass wir wieder an die Arbeit gehen.«

Die anderen nickten steif und begannen aufzustehen. Stühle scharrten und leere Kaffeebecher landeten im Papierkorb neben der Tür. Jessica und Sven blieben sitzen.

Leise sagte sie: »Wie geht's dir? Du siehst aus wie der Tod auf Latschen.«

»Tun wir das nicht alle?«, erwiderte er bitter und fuhr sich mit den Händen übers Gesicht. »Wenn wir es nur mit dem 7.1 zu tun hätten … dann hätten wir vielleicht eine Chance. Aber Winter … Du hast ja die Zusammensetzung selbst gesehen.«

»Hältst du das wirklich für möglich? Dass jemand derart wahnsinnig ist, so etwas freiwillig zu verbreiten?«

Das war eine berechtigte Frage. Konnte jemand so wahnsinnig sein? Welchen Sinn hatte es, etwas derart Vernichtendes zu entfesseln? Carl Öberg hatte gesagt, dass dahinter die Strategie stand, Nachfrage nach dem Impfserum zu schaffen. Den Wert von Cryonordic in die Höhe zu treiben. Aber wenn niemand überlebte … Nein, das musste ein Missverständnis sein. Die Täter hatten keine Ahnung, was im Distributionssystem passiert war, sie wussten nichts von den vertauschten ID-Codes … Sie dachten, sie hätten NCoLV 7.1!

Sven erhob sich. »Ich glaube, du hast recht.«

»Was?«

Er war schon auf dem Weg zur Tür.

»Ich denke, das alles ist ein riesiges Missverständnis. Und ich glaube, ich kann dem Ganzen ein Ende setzen.«

Jessica folgte ihm. »Wohin gehen wir?«

»In mein Büro. Ich rufe Cryonordics Forschungsleiter Craig Winter an. Ulrika vom SMI hat mir seine Nummer gegeben.«

»Und was willst du ihm sagen?«

Sven hatte das Ende des Korridors erreicht und öffnete die Tür zum Treppenhaus.

»Dass sie ihn gelinkt haben. Er ist vielleicht ein geldgeiler Schurke, aber er ist auch immer noch Wissenschaftler. Wenn er nur ein Quäntchen Verstand hat, wird er die ganze Tragweite begreifen. Und er wird die Sache stoppen. Davon bin ich überzeugt.«

Arlanda, Schweden

Fünfzehn Stunden bis Stunde null

Craig Winter beendete das Gespräch. Wie gelähmt saß er da und starrte mit leerem Blick auf den Fernseher, in dem ein Fußballspiel lief. Nicholas Moreman lag auf dem Bett und aß Pizza. Zwischen den Bissen fluchte er laut auf den Schiedsrichter. Das Hotelzimmer war zu klein und zu eng, das Fenster ließ sich nicht öffnen, und alles stank nach Pizzagewürz. Ab und zu donnerte eine Maschine im Landeanflug auf Arlanda über sie hinweg, und im Nachbarzimmer wurde lautstark gestritten, eine Frau weinte, und ein Mann brüllte etwas Unverständliches. Aber all das nahm Craig nicht mehr wahr, er hatte den Kontakt zur Realität um ihn herum völlig verloren. Das gerade beendete Telefonat hatte alles auf den Kopf gestellt.

Schon als das Handy klingelte, war er geschockt gewesen, laut Anweisung hätte er es im Labor zurücklassen sollen. Nicholas und er sollten untertauchen, da konnte er nicht mit einem eingeschalteten Handy herumlaufen. Aber in der Hektik der Evakuierung hatte er das Mobiltelefon in seiner Jackentasche völlig vergessen. Als es klingelte, hatte er das Gespräch ganz automatisch angenommen, Nicholas war durch einen Elfmeter zu abgelenkt gewesen, um etwas von dem Anruf mitzubekommen.

Dort auf dem Nachttisch, neben einem Päckchen Zigaretten und der TV-Fernbedienung, lag die schwarze Schachtel, die Büchse der Pandora, in der sich die kleine Kristallkugel befand. Craig spürte ein unangenehmes Kribbeln auf der Haut, wie von Millionen winziger Elektroschocks. Eine lähmende, stumme Panik erfüllte ihn, wie wenn man nachts auf der Autobahn plötzlich einen Geisterfahrer auf sich zurasen sieht. Sie mussten etwas unternehmen. Sie mussten das wieder in Ordnung bringen. Er blickte zu Nicholas, der vor sich hin döste, die Hände auf der Brust gefaltet.

Craig versuchte, seiner Stimme einen möglichst normalen Klang zu geben. »Nicholas, ich muss etwas mit dir besprechen. Es hat eine schlimme Verwechslung gegeben.«

Der Sicherheitschef drehte träge den Kopf und sah ihn an, die Augen immer noch halb geschlossen.

»Was?«

»Ich habe gerade einen Anruf erhalten, und …«

Nicholas richtete sich so hastig auf, dass der Pizzateller scheppernd zu Boden fiel.

»Du hast was? Bist du verrückt geworden?«

»Ich hatte nicht gemerkt, dass ich das Handy noch bei mir habe. Aber viel wichtiger ist …«

Nicholas sprang vom Bett auf.

»Wo ist es?«

Er entdeckte das Handy, riss es an sich und nahm den Akku heraus. Drohend fuhr er ihn an: »Mit wem hast du gesprochen? Wie lange?«

»Nicholas, es ist eine Verwechslung passiert. Hörst du nicht? Safecatch hat einen Fehler gemacht.« Er zeigte auf die schwarze Schachtel. »Was du da hast, ist nicht 7.1.« Seine Stimme wurde heiser. »Das ist der Winter-Virus!«

Nicholas stand regungslos da und starrte ihn an, vermutlich ebenso geschockt wie er selbst, als ihm aufging, was geschehen war.

Craig senkte die Stimme. »Noch ist nichts passiert, das Wichtigste ist, dass wir es rechtzeitig erfahren haben. Dass wir etwas tun können.«

Nicholas sah unsicher aus. Nach einer Weile schien er sich zu entspannen. Er legte Handy und Akku auf den Schreibtisch.

»Wer hat dich angerufen?«

»Sven Sahlgren, der Forschungsleiter vom KI. Sie haben sich in Cryonordics Intranet eingehackt und Informationen über dich und mich und Jawdah gefunden.«

Nicholas sank schwer aufs Bett.

»Das ist unmöglich … Keiner kommt durch die Firewall.« Aber er klang zweifelnd, fast resigniert.

»Sie haben es geschafft, frag mich nicht, wie. Und dabei haben sie entdeckt, dass Safecatch die ID-Nummern vertauscht hat. Verstehst du? Wir haben die falsche Variante mitgenommen.«

Nicholas wirkte benommen, fast verwirrt. Geistesabwesend fingerte er an der Plastiktüte, in der die Pizza geliefert worden war.

Craigs Stimme wurde bittend. »Du musst Sinon kontaktieren! Du musst ihm sagen, was passiert ist. Sag ihm, dass wir abbrechen.«

Nicholas nickte nachdenklich, stand auf und trat neben ihn, die Plastiktüte noch in der Hand. Plötzlich zog er sie Craig über den Kopf. Das ging so schnell, dass Craig keine Chance hatte zu reagieren. Nicholas zog die Öffnung zu, und Craig fuchtelte mit den Armen, versuchte, an die Tüte zu kommen, sie herunterzureißen, aber das dünne Plastik klebte an seinem Mund und kroch ihm in die Nasenlöcher. Er strampelte mit den Beinen, aber Nicholas presste ihn auf den Stuhl. Craig hatte keine Luft mehr im Körper, die Lunge brannte und stach. Er kratzte und zerrte an der Tüte, versuchte, ein Loch, einen Spalt aufzureißen, irgendwas, aber es ging nicht.

Weit in der Ferne hörte er Nicholas mit seltsam dumpfer, unkenntlicher Stimme sagen: »Selbstverständlich weiß ich, dass es eine Verwechslung gegeben hat. Verstehst du, dies ist Jawdah, und das ist ganz allein dein Verdienst. Du hast Winter erschaffen. Phase drei ist dein Werk ... Du kannst stolz auf dich sein.«

Weiße Lichtblitze sprühten vor Craigs Augen. Nicholas hielt ihn mit eisernem Griff fest, und Craigs Kräfte erlahmten. Schläfrigkeit ersetzte die Panik und schien seine angespannten Arme und seinen Brustkorb zu streicheln.

Nicholas sprach immer noch, aber nun klang er noch weiter weg, fast wie in einem fernen Traum.

»Ehrlich gesagt ist mir der Unterschied zwischen dem 7er und Winter scheißegal. Ich bekomme einen verdammt guten Stundenlohn für die sehr einfache Aufgabe, eine Kugel zu werfen, und glaub ja nicht, dass ich die Aktion abbreche.«

Craig kämpfte nicht länger. Seine Arme lagen schlaff auf dem Schreibtisch, und als Nicholas die Plastiktüte losließ, fiel Craigs Kopf mit dumpfem Knall auf die Tischplatte. Das streitende Paar im Nachbarzimmer war verstummt, und im Fernsehen diskutierten irgendwelche Wichtigtuer gut gelaunt über das gerade beendete Fußballspiel. Die Ziffern auf Nicholas' Digitaluhr zählten unbeirrbar gegen null.

Vierzehn Stunden bis Stunde null
Eric lag auf dem Bauch, einen Arm unnatürlich abgewinkelt, eingeklemmt zwischen einer Wand und einer Art Kühlbox. Vorsichtig zog er den Arm heraus, es war nichts gebrochen, aber er hatte große blaue Flecken auf dem Unterarm und Schürfwunden am Ellbogen. Er setzte sich auf und hustete. Weiße Asche bedeckte den Fußboden und wirbelte auf, wenn er sich bewegte, setzte sich in den Haaren, auf der Haut ab und drang ihm in den Mund. Er befand sich in einer Restaurantküche, die Spülmaschinen gähnten leer, Berge von zerbrochenem Porzellan lagen auf dem Boden und die Arbeitstische waren von weißer Asche bedeckt und übersät von Kartons, schmutzigen Gläsern und noch mehr Porzellanscherben. Neben ihm auf dem Boden lag ein Stapel Speisekarten. Eric erkannte das Logo: Warenhaus NK. Er erhob sich und ging auf steifen Beinen Richtung Ausgang. Er passierte die Tische und umgestürzten Stühle im Restaurant und kam hinaus in den Licht-

hof. Die großen Glastüren zur Hamngata waren verschwunden, bis auf eine, die noch in ihrem Stahlrahmen hing, und der Boden um sie herum war bedeckt mit Glasscherben. Zehn Meter vor dem Eingang lag ein umgestürzter Polizeiwagen.

Plötzlich wusste Eric, warum ihm die Wüste, der Wecker und das zerstörte Warenhaus so bekannt vorkamen: Das waren Bilder aus Hannas Albträumen. Er befand sich in NCoLVs Halluzinationen. Dies war der Epilog der Zeit. Die Welt nach der Pandemie. Dass er sich selbst hier befand, bedeutete, dass er auch infiziert war, dass er irgendwo im Koma lag. Er schloss die Augen und versuchte, sich zu erinnern. Hanna hatte ihm von ihren Träumen erzählt. Sie hatte von dem kleinen Mädchen gesprochen ... von Mona. Und vom Ausgang. Was hatte sie damit gemeint? Der Ausgang, den sie in der roten Wüste gefunden hatte. Er riss die Augen auf. Verdammt! Er lief zurück ins Restaurant, stolperte über Stühle und Kartons und erreichte die dunkle Küche. Da lag er, einsam in der weißen Asche, der Wecker. Den hatte er in der roten Wüste gefunden. So musste es sein, der Wecker war der Ausgang. Er nahm ihn hoch und hielt ihn lange in der Hand, ohne zu wissen, was er damit tun sollte. Wenn dies der Schlüssel war, wie sollte er ihn benutzen? Die Zeiger bewegten sich immer noch rückwärts. Er entfernte das zerbrochene Glas, legte den Finger aufs Zifferblatt und hielt die Zeiger an. Er drehte sie einige Male im Uhrzeigersinn, es knirschte und knackte im Uhrwerk. Im selben Moment, als er die Zeiger losließ, war es, als würde ihm ein glühender Pfahl in die Brust geschlagen. Er brüllte seinen Schmerz hinaus, Wände und Decke zersplitterten mit einem ohrenbetäubenden Knall.

Stockholm, Schweden

Dreizehn Stunden bis Stunde null

Hanna hatte alle Zeitschriften, die auf dem Tisch lagen, durchgeblättert, sogar ein Kinderbuch über eine kleine Kröte auf Wanderschaft. Sie musste sich bewegen, sonst würde sie noch verrückt werden. Steif und schlaftrunken ging sie hinaus auf den Flur, die Neonröhren an der Decke spiegelten sich im blanken Linoleum. Es war zwei Uhr nachts, Stunde null rückte immer näher. Sie dachte an Carl Öberg. Inzwischen musste er die Polizei alarmiert haben. Sie würden die Mörder aufhalten, die Katastrophe würde abgewendet und die Verbrecher von Cryonordic eingesperrt werden. Eric lag in Zimmer acht, einem der Isolationsräume ganz hinten im Korridor. Sie ging langsam, als fürchtete sie sich davor anzukommen. So war es nicht, aber trotzdem, sie wollte ihn sehen, nicht die Krankheit. Sie zitterte und steckte die Hände tief in die Hosentaschen.

Die Tür von Erics Nachbarzimmer stand eine Handbreit offen. Hanna warf einen Blick hinein und blieb stehen, da drinnen saß Rachel, allein auf einem Stuhl neben einem gemachten Bett. In einer Hand hielt sie einen iPad, sicher eins von den Tablets, die man sich auf der Station ausleihen konnte. Sie las konzentriert etwas darin, auf dem Bett lagen mehrere vollgeschriebene Blätter Papier und ein Stift. Hanna fiel wieder ein, dass Rachel etwas in Erics Ausdrucken gefunden hatte und aus dem Wartezimmer gelaufen war. Sollte sie zu ihr hineingehen? Nachdem sie ein paar Minuten vor der Tür gestanden hatte, gab sie sich einen Ruck und setzte ihren Weg zu Zimmer acht fort. Etwas sagte ihr, dass Rachel nicht gestört werden wollte. Sie stellte sich an die Glasscheibe zu dem kleinen Raum, den sie Schleuse nannten. Es war schwierig, etwas durch die gegenüberliegende Scheibe zu erkennen, das Licht hier wirkte gedämpft. Sie versuchte, sich anders hinzustellen, um besser sehen zu können, was drinnen vor sich ging.

Plötzlich klickte es und die Tür ging auf. Eine große blonde Frau mit einer Patientenakte in der Hand kam heraus. Sie sah Hanna verwundert an. »Kann ich Ihnen helfen?«

»Was haben Sie da drinnen gemacht?«

Die Frau hatte ein herbes, fast maskulines Gesicht.

»Ich habe nach meinem Patienten gesehen.«

»Sind Sie Ärztin?«

»Oberärztin Diana Weston. Und Sie sind …?«

»Besorgt.«

Für einen Moment trat Stille ein.

»Mein Mann liegt dort drinnen.«

Die Gesichtszüge der Ärztin wurden etwas weicher. »Ich verstehe.«

Sie begann in Richtung Stationsempfang zu gehen, und Hanna eilte ihr hinterher.

»Wie geht es ihm?«

»Ich habe gerade neue Tests gemacht, in ein paar Stunden wissen wir mehr.«

Hannas Mund war trocken und ihre Stimme rau. »Sie verheimlichen mir etwas. Reden Sie mit mir.«

Die Ärztin blieb an der Tür zum Empfang stehen, die Hand auf die Klinke gelegt, und schien zu überlegen, ob und wie sie antworten sollte. Hanna fühlte sich plötzlich einer Ohnmacht nahe. Sie wollte die Antwort nicht wissen, sie wollte einfach nur zurück ins Wartezimmer, sich auf dem Sofa zusammenrollen und in dem Buch von der kleinen Kröte lesen.

Doktor Weston blickte ihr in die Augen. »Vor einer Weile

hatte Ihr Mann einen Anfall von akutem Lungenversagen, etwas, das wir auch bei anderen NCoLV-Patienten gesehen haben. Man bekommt dann nur noch sehr schwer Luft, aber zum Glück, wenn man so will, wurde er ja bereits maschinell beatmet. Wir haben organunterstützende Medikamente gegeben, und hoffentlich erzielt das den gewünschten Effekt.«

»Hoffentlich?«

Doktor Weston ließ die Klinke los und drehte sich zu ihr um. Hanna wurde blass.

»Seine Lunge hält nicht mehr lange durch, und wenn ein neuer Anfall kommt …«

»Was dann?«

»Dann können wir ihn verlieren.«

Hanna packte die Ärztin am Kittel. »Wir werden nichts und niemanden verlieren, verstehen Sie? Wenn ein neuer Anfall kommt, schlagen Sie zurück. Wieder. Und wieder. Und wieder.«

Die Ärztin befreite sich und nickte. »Wir sind bereit.«

Sie klang nicht sehr überzeugend.

Ein Mann in zerrissenem Hemd hustete heftig neben ihm. Eric lag mucksmäuschenstill und wagte nicht, sich zu rühren. Der Mann stand gebückt über der Spüle und spuckte Blut ins weiße Porzellanbecken. Er war zurück in der kleinen Restaurantküche, Café Entrée im NK. Die weiße Asche war verschwunden, und jetzt lagen Essensreste auf den Tellern, es stank bestialisch nach verfaultem Essen. Eric erhob sich vorsichtig, der Mann murmelte vor sich hin, schwankte und stolperte aus der Küche. Eric bückte sich und hob den Wecker vom Boden auf. Die blauen Flecken auf dem Arm waren fast verschwunden. Er folgte dem Mann hinaus ins Restaurant. An einem der Tische saß eine Frau mit gläsernem Blick. Zu ihren Füßen lag ein Mann, vielleicht war er tot. Eric ging weiter, hinaus in den Lichthof. Dort blieb er auf der obersten Stufe der breiten Marmortreppe stehen. Das Polizeiauto war weg, und die großen Glastüren zum Warenhaus waren unversehrt. Der Boden war übersät mit NK-Tüten, Kleidern und etwas, das wie Flugblätter aussah. Eric schrie auf und schlug sich die Hand vor den Mund. Inmitten des Durcheinanders sah er mehrere Leichen, sie lagen zwischen dem Abfall wie weggeworfener Müll, graubleiche Haufen aus Kleidern und weißer Haut. Vor den Schaufenstern raste ein Rettungswagen mit heulenden Sirenen vorbei. Eine Bühne stand mitten in der Marmorhalle, direkt unter einer abgehängten Decke mit Scheinwerfern. Von der Decke hing ein Stoffbanner herab, Ralph Lauren Eternal Fashion stand in großen Goldbuchstaben darauf. Irgendwie musste der Wecker die Zeit beeinflusst und ihn näher an die Stunde null herangebracht haben. Konnte er noch näher heran? Entschlossen drehte er die Zeiger im Uhrzeigersinn dreimal um das gesamte Zifferblatt. Bevor er sie losließ, warf er einen letzten Blick auf den Lichthof. In der Mitte stand ein kleines Mädchen. Sie hatte schwarze lockige Haare und trug ein zerlumptes türkisfarbenes Kleid. Der Blick des Mädchens bohrte sich in seine Augen. Er ließ die Zeiger los.

Glilot, Israel

Zwölf Stunden bis Stunde null
David Yassur beendete das Telefonat und schloss die Augen, er hatte in den letzten vierundzwanzig Stunden kaum geschlafen. Meir Pardo schien dieselbe Strategie zu verfolgen, er hatte sich in seinem Büro verschanzt und war seit dem frühen Morgen nicht mehr gesehen worden. Die Rauchmelder waren stumm geblieben, also hatte er wohl kapituliert, was das Pfeiferauchen betraf.

Der Anruf, den David gerade erhalten hatte, war von Sarah Weisel vom militärischen Nachrichtendienst Haman gekommen. Ihr Team war es gewesen, das als Erstes den gesuchten Namen Salsabil aufgeschnappt hatte, den Codenamen des Finanziers der Terrorgruppe in Islamabad. Sarah hatte alle erdenklichen Hebel in Bewegung gesetzt, und vielleicht hatte sie nun endlich gefunden, wonach sie alle suchten. David ließ den Kopf kreisen, um die steifen Halsmuskeln zu lockern, und verzog schmerzhaft das Gesicht. Sarah hatte die Aussteigerin verhört und den Namen eines Mannes erfahren, der als Kurier für den mysteriösen Salsabil fungiert hatte. Ihr Team hatte sich diesen Kurier geschnappt, und Sarah hatte sich lange mit ihm unterhalten … David korrigierte sich, *unterhalten* war wohl nicht ganz das richtige Wort, der Kurier hatte das Verhör nicht überlebt, aber bevor er starb, hatte er noch eine Telefonnummer genannt. Wie sich herausstellte, war es die Nummer einer Prepaidkarte von STC, der staatlichen Telefongesellschaft in Saudi-Arabien, und sie hatten sie bis zur saudischen Hauptstadt Riad zurückverfolgen können. Damit hatten sie endlich etwas Konkretes in der Hand, womit sie arbeiten konnten. Salsabil befand sich also in Riad. Leider waren die Beziehungen Israels zum Königreich ziemlich gespannt, daher konnten sie keine Hilfe von den Saudis erwarten. Auch Einsätze im Land waren riskant, aber vielleicht gelang es ihnen trotzdem, Monas Finanzier auszugraben. Wer weiß, vielleicht versteckte sich sogar Akim Katz bei den Arabern? Wenn sie nur genügend Sand schaufelten, krochen vielleicht beide hervor, wie Ratten aus einem vergammelten Erdloch. David riss das oberste Blatt aus seinem Notizblock und stand auf. Zeit, dem Chef einen Besuch abzustatten und seine Gedanken von der ungerauchten Pfeife abzulenken.

Stockholm, Schweden

Zehn Stunden bis Stunde null

Hanna lag zusammengekauert auf dem Sofa im Wartezimmer, die Knie hochgezogen und die Hände unter eine Wange geschoben. Eine Schwester sammelte die Zeitschriften zusammen und räumte gerade ein paar Teetassen weg, als die Tür aufflog und Carl Öberg hereinstürmte.

»Diese verdammten Faschisten! Das ist doch nicht zu fassen!«

Hanna hob den Kopf und blinzelte ihn verschlafen an. »Carl ... Was ist passiert?«

Er wollte gerade antworten, als nun auch Sven Sahlgren ins Zimmer kam. Er machte ein verbissenes Gesicht und atmete schwer.

»Ich kriege keine Antwort vom SMI. Ulrika ist immer noch nicht erreichbar. Und jetzt Wethje.« Er blickte Hanna an. »Haben Sie schon gehört?«

Hanna setzte sich auf und schüttelte den Kopf.

Sven sah sie mitfühlend an. »Wir haben ihn verloren, er ist vor gut einer Stunde gestorben.«

Hanna schlug sich die Hand vor den Mund. »O mein Gott. Der wunderbare, fantastische Thomas.« Sie dachte an Eric und sah Sven verzweifelt an. »Sagen Sie mir, dass Sie einen Impfstoff haben! Wir können nicht länger warten ... Ich flehe Sie an!«

Sven legte seine Hand auf ihre gefalteten Hände.

»Hanna, alle Mitarbeiter in meinem Labor verzichten auf Schlaf und Mittagspausen, sie arbeiten rund um die Uhr. Ich tue, was ich kann, um die Arbeiten zu beschleunigen, aber ich will Sie nicht anlügen. Es gibt ein paar Probleme, die wir noch nicht lösen konnten.«

Hanna schien in sich zusammenzusinken. Alle Farbe wich aus ihrem Gesicht und sie sah plötzlich zehn Jahre älter aus. Sie starrte Sven immer noch an, als hoffte sie, dass er dennoch eine Lösung aus dem Ärmel zaubern würde.

Sven ertrug ihre flehenden Augen nicht länger und wandte sich stattdessen an Carl. »Was hat die Polizei gesagt?«

»Sie haben mich mehr oder weniger rausgeworfen.«

Sven sah ihn fragend an. »Trotz all der Unterlagen, all der Beweise?«

»Sie haben es geschafft, die ganze Geschichte zu zerpflücken. Die Papiere waren gestohlen. Das Boot in Djurgården ebenso. Cryonordic ist der Retter der Welt, übrigens eine Aussage Ihrer Kollegin beim SMI.«

»Die Polizei hat Ulrika erreicht?«

»Japp, und die Dame behauptet steif und fest, dass Cryonordic eine schneeweiße Weste hat. Sie sagt, sie bringt dem Labor das größtmögliche Vertrauen entgegen.«

»Aber wie kann sie so etwas sagen? Die haben sich doch aus dem Staub gemacht …«

»Weiß der Teufel. Vielleicht war sie mit den Gedanken bei ihren eigenen Problemen und hat es nur so dahingesagt.«

Carl sah Hanna an. »Die Polizei ist sogar nach Gillöga rausgefahren.«

Hanna erwiderte seinen Blick ausdruckslos.

»Aber sie haben nicht die geringsten Spuren eines Kampfes gefunden. Und euer Boot war auch nicht mehr da.«

Sven versuchte, seiner Stimme einen etwas optimistischeren Klang zu geben. »Ich habe jedenfalls mit Cryonordics Forschungsleiter gesprochen, Craig Winter.«

Carl zuckte zusammen. »Wie haben Sie denn das geschafft?«

»Ich hatte seine Handynummer.«

»Und er ist einfach drangegangen?«

»Ja, einfach so.«

»Wo war er?«

»Danach habe ich nicht gefragt.«

»Aber der Anruf lässt sich verfolgen. So kann man ihn finden.«

Sven hob die Hand.

»Keine Ahnung, es war ein kurzes Gespräch, und nach allem, was ich bei CSI gesehen habe, kann man das Telefon nur während des Gesprächs orten. Wie auch immer, ich habe ihm jedenfalls von der Verwechslung erzählt und ihn angefleht, die Aktion abzubrechen.«

Carl nickte beifällig. »Und …? Was hat er gesagt?«

»Er hat aufgelegt.«

Carl runzelte die Stirn. »Aufgelegt? Er hat nichts dazu gesagt?«

»Nein. Ich habe versucht, ihn noch einmal anzurufen, bin aber nicht mehr durchgekommen.« Sven bemerkte Carls Enttäuschung und fügte hinzu: »Ich bin sicher, dass er die Verbreitung des Virus verhindern wird. Craig weiß, dass es der pure Selbstmord wäre, ihn freizusetzen.«

Alle drei schwiegen.

Schließlich räusperte sich Carl. »Nein, wir können nicht damit rechnen, dass er die Aktion abbricht. Wir müssen davon ausgehen, dass der Anschlag wie geplant ausgeführt wird.« Er warf einen Blick auf seine Uhr. »Stunde null ist in weniger als zehn Stunden. Wir müssen wissen, wo der Nullpunkt ist, und der Einzige, der es weiß, ist Eric. Vielleicht hat er ihn in Mind Surf gesehen.«

Carl blickte Hanna an. »Wie geht es ihm?«

Hanna schüttelte stumm den Kopf.

Zuerst kam das Geräusch wie aus einem Tunnel, es klang dünn und stumpf, weder Diskant noch Bass. Dann war es, als würde der Dämpfer weggezogen, und das Licht und die Musik explodierten um ihn herum. Entsetzt versuchte Eric, sich zurückzuziehen, er war immer noch nackt und schützte seinen Unterleib verwirrt mit den Händen. Weiß gekleidete junge Menschen eilten mit Tabletts voller Salate an ihm vorbei, öffneten Champagnerflaschen und zogen dampfende Pfannen aus Backöfen, stellten klappernd Geschirr in Spülmaschinen und riefen mit lauter Stimme Bestellungen. Hinter den Schwingtüren war Stimmengewirr und pulsierende Musik zu hören. Eric stand auf und blickte sich um. War er näher an Stunde null herangekommen? Niemand vom Servicepersonal schien krank zu sein. Er fuhr sich mit der Hand durchs Haar und bemerkte, dass seine blauen Flecken jetzt verschwunden waren. Das Restaurant war voller Menschen, die meisten standen mit Champagnergläsern in den Händen dicht gedrängt beisammen und versuchten, das Stimmengewirr und die Musik zu übertönen. Er entdeckte die Frau, die an einem der Tische gesessen und die Hand des toten Mannes gehalten hatte. Jetzt stand dieser Mann vor ihr und gestikulierte. Eric drängte sich durch die Menge Richtung Lichthof.

Ein großes Spotlight hoch über ihm ging an und glitt über die wogende Menschenmenge. Ein dumpfes Grollen ging durch den Lichthof, und Hunderte von dünnen Laserstrahlen flammten auf. Der Lichtkegel des Spotlights kehrte zur Mitte der Bühne zurück, dort stand jetzt eine Frau in rotem Regenmantel und mit wehendem Schal. Jemand stieß einen Pfiff aus und mehrere Leute um ihn herum murmelten anerkennend. Eric fiel das Ralph-Lauren-Banner ein ... Er befand sich mitten in einer Modenschau. Er zwängte sich weiter durch und versuchte, aus dem Gedränge herauszukommen. Als er endlich die Rolltreppen erreichte, hatte sich die Menschenmenge etwas gelichtet, er lehnte sich an das

Geländer und atmete tief durch. Plötzlich riss er die Augen auf. Im zuckenden Licht hatte er etwas gesehen, hoch oben in einem anderen Stockwerk. Ein Gesicht, das ihn beobachtete. Mona. Eric lief die Rolltreppe hinauf, mit jedem Schritt drei Stufen auf einmal, und kam in die erste Etage. Nein, sie musste weiter oben sein. Er rannte die nächste Rolltreppe hinauf und stolperte in den zweiten Stock. Die wenigen Leute dort hatten sich alle am Geländer versammelt und schauten hinunter auf die Show. Mona stand etwa zehn Meter entfernt, mit dem Rücken zum Lichthof. Sie sah ihm in die Augen, mit demselben brennenden Blick wie vorhin. Als sie sicher war, dass sie seine Aufmerksamkeit erregt hatte, zeigte sie auf etwas, das weiter entfernt war. Erics Blick fiel auf einen Mann, der ein paar Meter hinter dem Mädchen stand und ihnen den Rücken zudrehte. Er war ganz in Weiß gekleidet und schien auf eine seltsame Art nichts mit alldem zu tun zu haben, was um sie herum passierte. Eric ging auf den Mann zu, warum, wusste er nicht, er war sich einfach sicher, dass es das war, was Mona wollte. Als er nur noch einen Meter entfernt war, drehte sich der Mann um. Erschrocken blieb Eric stehen. Der Mann hatte kein Gesicht. Da waren keine Augen, keine Nasenlöcher und kein Mund, nur glatte weiße Haut. Die Kleidung des Mannes änderte ihre Farbe jedes Mal, wenn die Laserstrahlen sie erfassten, in Abständen drang Applaus aus dem dicht besetzten Lichthof zu ihnen herauf. Eric stand wie festgenagelt, gefangen in Trance.

Der Mann drehte sich wieder um, bahnte sich gelassen einen Weg durch die Zuschauer und stellte sich ans Geländer. Eric wusste, dass dies der Moment war, in dem sich alles entschied, aber er konnte sich nicht rühren. Der Mann ohne Gesicht hielt demonstrativ eine schöne, schimmernde Glaskugel hoch. Dann beugte er sich über das Geländer und wandte sich Eric zu, als suchte er seine Zustimmung. Die Zeit stand still, vielleicht hielt sogar die Musik *für einen Moment inne, und dann ließ der Mann die Kugel fallen. Einfach so. Er öffnete seine langen Finger und ließ es geschehen. Die Kugel fiel rotierend durch die Luft, hinunter in den Lichthof und verschwand aus dem Blickfeld. Eric schrie laut und herzzerreißend. Die Angst war mörderisch.*

Mona ging zu dem Mann und nahm seine Hand, zusammen kamen sie auf ihn zu. Die Musik dröhnte unter ihnen, als wäre nichts geschehen. Als wäre die Glaskugel von einer unbekannten Kraft aufgefangen und verschluckt worden, eine Seifenblase, die sich aufgelöst und nur einen feuchten Fleck auf einer Vitrine, einem Kinderwagen oder einem Jackenkragen hinterlassen hatte. Aber Eric wusste, dass es nicht so war. Die Kugel war tief dort unten auf den grünen Marmorfliesen zersprungen. Das Monster war frei. Mona strich mit ihren schmutzigen Fingern über seine Wange, sie waren eiskalt. Dann ging sie weg und machte Platz für den Mann ohne Gesicht. Eric wusste, was passieren würde. Er senkte den Kopf und schloss die Augen.

Acht Stunden bis Stunde null

Auf dem Flur ging der Alarm los. Hanna stolperte Carl hinterher und wurde beinahe von einer Schwester mit Tropfbeuteln im Arm umgerannt. Die Schwester lief auf Erics Zimmer zu, Hanna und Carl folgten ihr. Die Lampe über Erics Tür blinkte feuerrot, und das gellende Pfeifen tat in den Ohren weh.

Hanna versuchte außer Atem, sich bei Carl Gehör zu verschaffen. »Was ist passiert?«

»Keine Ahnung, vielleicht hat er einen neuen Anfall.«

Die Tür war nur angelehnt, in der Schleuse stand Sven Sahlgren und schaute durch die Glasscheibe in Erics Zimmer. Hanna stellte sich neben ihn, ihre Augen waren voller Tränen und in ihren Ohren pfiff es.

Sven warf ihr einen mitleidigen Blick zu. »Seine Organe versagen. Sie wissen nicht, was die Ursache ist, aber jetzt muss er sofort ein Gegenmittel erhalten.«

Hanna antwortete nicht. Sie sah wie durch einen Nebel, wie Schatten in blauen Overalls um Erics Bett schwärmten. Sie erkannte Diana Westons hochgewachsene Gestalt.

Carl murmelte beschwörend: »Komm schon, Eric. Du schaffst das. Komm schon.«

Hanna konzentrierte sich darauf, Eric mit ihren Gedanken zu erreichen. Rief ihn mit geschlossenen Lippen. Flehte und bat.

Die Tür zu Erics Zimmer ging auf und Diana kam heraus, dicht gefolgt von einer Schwester. Beide trugen Mundschutz und Einwegoveralls.

Sven hielt die Ärztin zurück. »Diana, was ist los?«

Sie schüttelte den Kopf. »Sein Zustand ist überaus kritisch. Es passiert zu viel auf einmal.« Sie warf einen kurzen Blick zu Hanna.

»Sie müssen auf das Schlimmste gefasst sein.«

Sieben Stunden bis Stunde null

Der Alarm verstummte urplötzlich, die Stille war ohrenbetäubend. Hanna öffnete die Augen und rang nach Luft. Sah erst Carl Öberg an, der neben ihr saß, und dann zur Tür. Draußen waren schnelle Schritte zu hören. Sie starrte auf die Türklinke, versuchte, eine positive Nachricht herbeizubeschwören. Die Tür ging auf, und Hanna zuckte zusammen.

»Rachel?«

Die Mossad-Agentin war mit einem Satz bei ihr. Hanna wich zurück, aber Rachel war schneller und ergriff ihren Arm.

»Sie verlieren ihn, welche Blutgruppe hast du?«

Hanna murmelte leise, ohne zu begreifen, was um sie herum vorging: »A positiv.« Etwas stach in ihre Hand. »Au …«

Sie blickte hinunter und sah, dass Rachel sie mit einer grünen Kanüle gestochen hatte. Carl versuchte, ihr die Spritze zu entwenden, aber Rachel zog Hannas Arm weg, sodass seine Hand ins Leere griff. Dann zog sie den Kolben zurück und die Spritze füllte sich mit Blut. Wieder versuchte Carl, sich zwischen die beiden Frauen zu drängen, aber Rachel glitt zur Seite und zog die Nadel heraus. Bevor Hanna etwas sagen konnte, war Rachel durch die Tür verschwunden.

Carl starrte Hanna aus aufgerissenen Augen an. »Was zum Teufel …«

Auf dem Flur waren laute Stimmen zu hören. Hanna dachte daran, was mit den Männern auf Gillöga passiert war. Rachel würde Eric umbringen. Wut schoss in ihr hoch, und sie lief aus dem Zimmer. Sie hörte, dass Carl hinter ihr war, aber sie war schneller, nichts und niemand konnte sie aufhalten. Sie erreichte die Schleuse, in der die Krankenschwestern, Sven und die Ärztin standen, stürzte zur Tür, die in Erics Zimmer führte, und rüttelte an der Klinke.

»Rachel, mach auf! Hörst du mich? Mach die Tür auf!«

Carl stand keuchend an der Glasscheibe. »Was macht sie da?«

Hanna trat neben ihn. Im Zimmer beugte sich Rachel über Eric.

Hanna schüttelte verzweifelt den Kopf. »Nein ... Bitte nicht ...«

Rachel küsste Eric auf die Stirn. Eine unwirkliche Geste mitten in all dem Tumult. Mit einer Hand drückte sie gleichzeitig die Nadel in Erics Unterarm. Wie in Zeitlupe sah Hanna, wie das Rot in dem Plastikbehälter weniger wurde und verschwand.

»Sie spritzt ihm dein Blut!«, rief Carl aus. »Aber kann man denn ... ist das nicht ...« Er blickte verzweifelt zu Diana. »Sie bringt ihn um! In Gottes Namen, tun Sie doch was!«

Wie durch einen Nebel erkannte Hanna, dass dies genauso war wie in ihren Träumen. Dies war der Altar. Eric wurde geopfert. Hilflos presste sie die Handflächen an die kalte Glasscheibe.

»Geliebter ... Ich ...«

Im selben Moment wurde ihr schwarz vor Augen, und sie sackte haltlos zu Boden.

Drei Stunden bis Stunde null

Hanna schlug die Augen auf. Sie lag in einem Schlafsaal, die anderen Betten waren leer. Sie schloss die Augen wieder. Es hatte einen Tumult gegeben. Die Oberärztin war gekommen. Und Rachel. Plötzlich fiel ihr alles wieder ein. Eric! Sie schlug die orangefarbene Wolldecke zurück, schwang die Beine über die Bettkante und stand auf. Auf dem Flur war alles still, weit und breit niemand zu sehen. Der Puls pochte in ihren Ohren, als sie die Klinke der Schleusentür herunterdrückte, unsicher, ob sie verschlossen sein würde. Aber die Tür ging auf, und sie stolperte atemlos in den kleinen Raum. Die Tür zur Erics Krankenzimmer war angelehnt.

Sie ging hinein, machte sich nicht die Mühe, Schutzkleidung oder Gesichtsmaske anzulegen. Nichts konnte sie vor der Wahrheit schützen.

Im Krankenzimmer roch es durchdringend nach Desinfektionsmitteln. Die braunen Vorhänge waren zugezogen und verstärkten die dunkle, fast trübe Atmosphäre im Raum. Hanna hatte Eric immer als kräftigen Mann gekannt, aber jetzt, unter der dünnen Bettdecke, wirkte er schmal und zerbrechlich. Seine Haare waren zerzaust und fast farblos. Die Haut war bleich und matt, die Augen waren geschlossen. Sie blieb mitten im Zimmer stehen. Die Beatmungsmaschine war entfernt worden, er atmete aus eigener Kraft. In der absoluten Stille konnte sie seine Atemzüge hören. Mit Tränen in den Augen trat sie an sein Bett, voller Angst, dass ein plötzliches Geräusch eine Katastrophe auslösen könnte. Sie hielt sich am Metallrohr des Fußendes fest und betrachtete Eric. Es war keine Illusion, er hatte die Kontrolle über seinen Körper zurückgewonnen. Sie lachte befreit auf. Die Spannung war so groß gewesen, eine solche Achterbahnfahrt zwischen Hoffnung und Verzweiflung, dass die Gefühle einfach herausmussten. Da stand sie, auf Socken, mit wirren Haaren, das Bettgestell im Klammergriff, und lachte. Lachte, hustete und schluchzte. Eric würde nicht sterben. Er würde leben. Sie würden leben.

Sie beugte sich vor und strich ihm über die Wange. »Du verdammter Narr, wie konntest du so dumm sein?«

Sie fuhr ihm mit dem Zeigefinger liebevoll um die Lippen, an der Kontur des Kinns entlang und den Hals hinunter.

»Du weißt nicht, was du beinahe getan hättest. Oder doch? Wolltest du mich verlassen? Nach allem, was wir durchgemacht haben?«

Sie legte ihm die Hand auf die Brust, spürte, wie sein

Brustkorb sich hob und senkte. Sie lauschte seinen Atemzügen, noch nie war das Leben so gegenwärtig gewesen. Sie musste an ihr Geheimnis denken. Nur Rachel wusste davon. Nur Rachel, als Einzige auf der ganzen Welt. Sie betrachtete Erics geschlossene Lider. War dies der Moment, auf den sie gewartet hatte? Er konnte nicht weglaufen, und sie konnte es genauso gut jetzt sagen. Irgendwann musste es ja sein.

»N … K.«

Sie sah ihn mit aufgerissenen Augen an. Hatte sie richtig gehört? Oder war es nur ein Stöhnen gewesen? Sie ergriff seine Hand und beugte sich tiefer über ihn. »Ich bin hier, Eric. Hörst du mich?«

Nein, sie hatte es sich nicht eingebildet. Seine Lippen bewegten sich wieder, auf und zu, der Brustkorb hob sich. Sie zwinkerte sich die Tränen aus den Augen.

»Sch…, nicht sprechen. Alles ist gut. Ich bin bei dir.«

Er schlug die Augen auf und starrte an die Zimmerdecke. »Der Nullpunkt ist im N K.« Sein Körper spannte sich an, als wollte er sich aufrichten. »Ich weiß, wie es passieren wird. Und wo.« Er sah verzweifelt aus.

Sie legte die Hand an seine Wange. »Ich hole einen Arzt. Du darfst nicht wieder einschlafen, auf keinen Fall, hörst du?« Ihre Stimme versagte.

Er lächelte. Kaum merklich, aber er lächelte. »Ja … ist gut.«

Sie ging eilig zur Tür, aber bevor sie das Zimmer verließ, drehte sie sich noch einmal um und sah ihn an, als wollte sie sich versichern, dass all dies wirklich passierte.

Er flüsterte leise: »Wie spät ist es?«

»Viertel nach zwölf.«

Er stützte sich auf den Ellbogen, sah sie lange an und sank dann mit verzerrtem Gesicht wieder zurück aufs Kissen. Hanna lief hinaus auf den Flur, um eine Schwester zu suchen.

Zwei Stunden bis Stunde null
Diana Weston und ihre Kollegen hatten den ersten Teil der Untersuchungen abgeschlossen. Sie waren alle fasziniert und erstaunt über das Wunder von Zimmer acht. Während Ärzte und Schwestern Eric betasteten, an ihm herumdrückten und Nadeln in seinen Körper stachen, hatten Hanna, Carl Öberg und Sven Sahlgren ungeduldig vor dem Zimmer gewartet. Schließlich waren sie von einer barschen Schwester eingelassen worden, aber nur unter der Bedingung, dass sie nicht lange blieben und den Patienten nicht ermüdeten. Jetzt saßen alle drei auf Stühlen um Erics Bett. Sven Sahlgren erklärte, was Rachel getan hatte, und Eric hörte mit halb geschlossenen Augen zu.

Als Sven fertig war, sah Eric Hanna an. Seine Stimme war schwach. »Du hast mich also gerettet? Dein Blut hat mich gereinigt ...«

Hanna schüttelte den Kopf. »Rachel hat dich gerettet.«

Sven nickte.

»Die Ärzte hier im Krankenhaus hatten verschiedene Theorien, aber ich habe sie davon überzeugt, dass Hannas Blut die Wende gebracht hat. Es war, milde ausgedrückt, gewagt, ihm unaufbereitetes Blut zu spritzen. Tatsache ist, dass ich nicht richtig verstehe, welche Vorgänge sich rein technisch in seinem Körper abgespielt haben. Es ist nicht logisch, aber andererseits ist Biologie auch keine absolute Wissenschaft. Da ist immer noch Raum für Überraschungen und ... tja ... Wunder.«

Alle lächelten, aber dann beugte sich Carl mit ernstem Gesicht zu Eric. »Wie sicher bist du dir, was den Nullpunkt betrifft? Ich will dich nicht drängen, aber woher weißt du, wo das ist?«

Eric antwortete mit leiser Stimme: »Ich habe ihn in meinen Träumen gesehen. Oder vielleicht in Mind Surf. Keine Ahnung, aber ich bin mir sicher, dass es stimmt. Der Nullpunkt ist im NK.« Er blickte die drei der Reihe nach an.

»Wir müssen sofort dorthin.«

Hanna sah ihn erschrocken an. »Du kannst nicht mitkommen!« Sie wandte sich an Sven, der den Kopf schüttelte.

»Das kommt überhaupt nicht infrage, Sie bleiben hier.« Er musterte Erics Gesicht und blickte dann die anderen an.

»Ich denke, wir sollten der Schwester gehorchen und ihn ausruhen lassen.« Er wandte sich wieder an Eric und lächelte.

»Konzentrieren Sie sich darauf, gesund zu werden, wir kümmern uns um den Rest.« Er tätschelte Erics Bein und nickte dann Carl und Hanna zu.

»Kommen Sie, wir gehen, wir können draußen weiterreden.«

Widerstrebend legte Eric den Kopf aufs Kissen und schloss die Augen.

Als die drei auf den Flur hinauskamen, zeigte Sven auf das leere Krankenzimmer nebenan. »Wir gehen da hinein.«

Im Nachbarzimmer war ein kräftig gebauter, dunkelhäutiger Mann dabei, eines der Betten zu machen. Carl, Sven und Hanna nahmen sich drei Stühle und setzten sich an das leere Bett, das Rachel vorhin als Schreibtisch benutzt hatte. Ihre Notizen lagen immer noch auf der Bettdecke verstreut.

Carl sagte mit gedämpfter Stimme: »Die Vermutung, dass der Anschlag im NK stattfindet, ist nicht besser und nicht schlechter als jede andere, und wir haben ohnehin keine Zeit, sie infrage zu stellen. Wir müssen einfach davon ausgehen, dass Eric die Information irgendwo im Firmennetz von Cryonordic aufgeschnappt hat.«

Sven sah ihn skeptisch an. »Aber wie sollen wir ihn ohne Hilfe der Polizei verhindern?«

»Ich habe eine SMS an einen guten Freund geschickt, der versprochen hat, uns zu helfen. Vielleicht kann er einige Kumpel mitbringen. Das muss reichen.«

Sven seufzte resigniert. »Das muss reichen? Wir haben die schlechtesten Voraussetzungen der Welt. Keiner von uns hat den oder die Täter gesehen. Ich habe versucht, bei Google ein Bild von Craig Winter zu finden, leider ohne Ergebnis. Wir wissen nicht einmal, ob er es ist, nach dem wir suchen, oder jemand anderes. Außerdem sind wir unbewaffnet und unerfahren. Ich jedenfalls. Vielleicht sollten wir es noch mal bei der Polizei versuchen, sie irgendwie dazu bringen, uns …«

Hanna schnappte nach Luft und riss die Augen auf. Carl und Sven drehten sich um. Eric stand in seiner normalen Kleidung in der Tür und lehnte sich an den Rahmen. Er sah aus, als würde er jeden Moment zusammenbrechen. Sven erhob sich hastig.

»Was ist denn in Sie gefahren? Legen Sie sich sofort wieder ins Bett!«

Eric wedelte abwehrend mit der Hand. »Ich musste auf die Toilette. Und ich wollte mich bei Rachel bedanken.« Er hielt suchend Ausschau. »Wo ist sie?«

Hanna wurde bewusst, dass sie Rachel seit dem Handgemenge bei der Blutabnahme nicht mehr gesehen hatte.

»Sie ist einfach verschwunden. Sie hat mehrere Stunden hier gesessen, völlig versunken in eine der Mails, die du aus dem Netz ausgedruckt hattest. Aber nachdem sie dir das Blut gespritzt hatte, war sie plötzlich wie vom Erdboden verschwunden. Peng und weg.«

Hanna eilte zu Eric.

»Liebling, ich bringe dich zurück.«

Er legte einen Arm um ihre Schulter, wandte den Blick aber nicht von Carl.

»Was war das für eine Mail?«

Carl schaute zu den verstreuten Papieren. Er ging zum Bett, suchte die Mail heraus und gab sie ihm. Eric betrachtete sie, schien Mühe zu haben, den Blick scharf zu stellen.

Hanna zog an seinem Arm. »Jetzt komm, das Bett wartet.«

Eric wandte sich an den Krankenpfleger. Als er ihn ansprach, klang seine Stimme heiser, wie geborsten: »Entschuldigung?«

Der kräftige Mann in der hellblauen Krankenhauskleidung legte einen Stapel Handtücher auf einen Tisch neben dem Bett. »Ja?«

»Von wo sind Sie?«

Der Mann sah ihn fragend an. »Von Manpower.«

Eric schüttelte mühsam den Kopf. »Nein, wo sind Sie geboren?«

Der Mann richtete sich auf. »Aleppo, Syrien.«

Eric las wieder die Betreffzeile der Mail.

»Wissen Sie, was *akthy* bedeutet?«

Der Mann lächelte. »Das heißt Schwester.«

Eric sah erst den Mann an, dann das Blatt in seiner Hand. Unter dem Wort akthy hatte Rachel eine Menge Anmerkungen auf Hebräisch gemacht.

Carl erhob sich von seinem Stuhl. »Es ist weniger als eine Stunde bis zur Stunde null. Wir müssen los.«

Eric blickte auf. »Ihr habt sicher die Kavallerie dabei?«

»Kavallerie?«

»Die Polizei.«

Carl schüttelte verbittert den Kopf. »Glaub mir, ich habe es versucht. Hätte nicht viel gefehlt, dann hätten sie mich sogar eingebuchtet.« Er sah Erics Gesichtsausdruck und fügte hinzu: »Du wirst übrigens als Schwedens größter Bootsdieb gesucht. Wenn wir nicht im Verhör sitzen wollen, wenn die Welt untergeht, müssen wir die Sache selbst in die Hand nehmen.«

Eric sah plötzlich unendlich erschöpft aus. Die Kräfte, die er irgendwie aufgebracht hatte, schienen ihn verlassen zu haben.

»Aber ... Wer soll uns helfen?«

Carl gestattete sich ein kleines Lächeln. »Mein Bodyguard, Reino. Und hoffentlich einige seiner alten Kumpel von den Bandidos.«

Eric legte wieder den Kopf gegen den Türrahmen. Nach kurzem Schweigen richtete er sich auf und sah Hanna an. Er schwankte leicht.

»Ich komme mit.«

Hanna öffnete den Mund, aber er legte die Hand auf ihre Lippen.

»Es spielt keine Rolle, was du sagst. Ich weiß, dass ihr euch alle Sorgen macht und dass ich im Bett liegen sollte. Aber in weniger als sechzig Minuten ist ohnehin alles vorbei, so oder so.«

Er beugte sich vor und flüsterte in Hannas Haar: »Ich habe keine andere Wahl, es ist alles meine Schuld. Ich muss dorthin.«

Hanna blickte ihm in die Augen und biss sich auf die Unterlippe. Dann nickte sie kurz, ohne ein Wort zu sagen.

Eric wandte sich an Sven, der drauf und dran schien, ihn eigenhändig zurück in Zimmer acht zu tragen. »Sven, hören Sie mir zu … Ich habe gesehen, wie der Anschlag passiert, fragen Sie mich nicht, wie. Sie haben selbst gesagt, dass man nicht alles erklären kann, aber meine Erinnerung könnte entscheidend sein.«

Sven starrte ihn skeptisch an. »Wie fühlen Sie sich?«

Eric blinzelte, um den Blick scharf zu stellen. Sein Gesicht war eingesunken und bleich, seine Haare schienen einen leichten grauen Schimmer zu haben.

»Ich habe ein bisschen Kopfschmerzen, aber die habe ich öfter. Ich nehme nachher eine Tablette.«

Carl entschied die Sache. »Wir werden alle Hilfe brauchen, die wir kriegen können. Also los.« Er hielt die Tür auf. »Beeilt euch, um diese Zeit sind Staus auf den Straßen.«

Gerade als Eric das Zimmer verlassen wollte, fiel ihm noch etwas ein. Er sah den Krankenpfleger an.

»Wir brauchen ein großes Laken.«

»Was wollen Sie damit?«

Eric erwiderte verbissen: »Die Welt retten.«

Riad, Saudi-Arabien

Siebenunddreißig Minuten bis Stunde null

Asr, das Nachmittagsgebet, war gerade beendet. Der Raum war klein und dunkel, er roch schwach nach Beton und Feuchtigkeit. Hier gab es keine Fenster oder Möbel, nichts, was ablenkte. Es war ein perfekter Ort, um allein zu sein, nachzudenken und Allah zu begegnen. Ein einzelner Strich auf dem Steinfußboden zeigte die Richtung an, in der die Kaaba in Mekka lag. Akim Katz kniete auf seinem Gebetsteppich, seine Zwiesprache mit Gott war noch nicht beendet. Dies war ein besonderer Tag, anders als alle anderen. Dies war Yaum Al-Qiyamah, der Tag des Jüngsten Gerichts. In sechsunddreißig Minuten war es in Schweden fünfzehn Uhr, und auf die Sekunde genau würde Nicholas Moreman die heilige Kugel fallen lassen. Enes Al-Twaijri wusste nach wie vor nichts über das wirkliche Jawdah, ihn würde dasselbe Schicksal ereilen wie die übrige Menschheit. Seine Taten auf Erden würden über sein Schicksal in Al-Akhirah, dem nächsten Leben, entscheiden. Akim beugte sich hinunter und küsste den Teppich. Er wusste, er hatte Allahs volle Aufmerksamkeit, näher als jetzt waren sie einander nie gewesen.

Der starke Regen würde in eine gigantische Halle, fast eine Kathedrale, hinabfallen. Der Ort war perfekt gewählt, ein unheiliger Tempel der Völlerei, des Überflusses und gottlosen Konsums. Sinon hatte erneut das Trojanische Pferd hinter die Mauern des Feindes gelotst. Aber diesmal beherbergte das Pferd ein unendlich größeres Übel als ein paar griechische Soldaten. Er würde hier auf dem Teppich verharren, bis es vorbei war. Er würde Yaum-Al-Qiyamah zusammen mit seinem Gott erleben. Ihm war, als sei sein gesamtes Inneres mit dem schärfsten Putzmittel sauber geschrubbt worden. Er war makellos. Weiß und rein und erfüllt von unendlicher Liebe. Er dachte an eine seiner liebsten Passagen im Koran: *An dem Tage werden Wir den Himmel zusammenrollen, wie die Schriftrollen zusammengerollt werden. So wie Wir die erste Schöpfung begonnen haben, werden Wir sie wiederholen – bindend für Uns ist die Verheißung; wahrlich, Wir werden sie erfüllen!*

Wieder verneigte Akim sich tief, bis die Stirn den Gebetsteppich berührte. Nun würde es nicht mehr lange dauern.

Stockholm, Schweden

Zwanzig Minuten bis Stunde null

Die große Uhr auf dem Dach des NK zeigte 14:40, als Sven Sahlgren seinen Volvo ein Stück vom Haupteingang des Kaufhauses entfernt halb auf dem Bürgersteig parkte. Eric hatte bohrende Kopfschmerzen und Probleme, klar zu sehen. Aber das war noch nicht das Schlimmste; während der ganzen Fahrt hatte er gegen eine wachsende Panik gekämpft. *Das schaffen wir nie. Wir kommen zu spät. Wir haben bereits verloren.* Jetzt mühte er sich mit der Beifahrertür ab, bekam sie schließlich auf und lief auf den Eingang zu. Hinter sich hörte er die Schritte der anderen. Vor dem Eingang lag ein dicker roter Teppich, und ein Wachmann mit einer Liste in der Hand stand vor den Glastüren. Durch die Scheiben konnte man sehen, dass sich drinnen eine Menschenmenge drängte, und das Stimmengewirr mischte sich mit lauter Musik. Der Türwächter war ein bulliger Kerl mit rasiertem Schädel, der direkt auf seinen Schultern zu sitzen schien. Das Kabel eines weißen Ohrhörers ringelte sich aus seinem Ohr.

Ehe Eric etwas sagen konnte, schüttelte der Türsteher den Kopf. »Tut mir leid, alles voll. Wenn Sie eine Einladung haben, müssen Sie warten, wenn nicht, müssen Sie morgen wiederkommen.«

»Was findet dort drinnen statt?«

»Eine Modenschau für die Premiumkunden des NK.«

Carl Öberg drängte sich vor und wedelte mit seinem Presseausweis. »Wir sind vom *Aftonbladet.* Lassen Sie uns ein.«

»Ausgeschlossen. Ich kann nicht mehr Personen einlassen, als die Sicherheitsbestimmungen erlauben. Wir wollen schließlich nicht, dass jemand zu Schaden kommt, oder?«

Carl fing Erics Blick auf. Er wollte gerade etwas sagen, als das Gesicht des Türstehers aufleuchtete.

»Ich glaub's ja nicht! Stahlrohr!«

Alle drehten sich um. Von hinten kam Reino auf sie zu. Der Türsteher umarmte ihn herzlich, und die beiden Männer grunzten Unverständliches. Reino trug eine abgeschabte Lederjacke, zerfetzte Jeans und schwarze Bikerstiefel.

Der Türsteher boxte ihm spielerisch in den Bauch. »Alter, sag nicht, du willst zu der Modenschau …«

Reino grinste. »Worauf du einen lassen kannst.« Er zeigte auf Carl. »Und meine Gang hier auch.«

»Deine Gang?«

Reino legte eine Hand auf die Schulter des Türstehers. »Alle, wie sie hier sind. Meine besten Kumpels.«

Der Türsteher trat zur Seite. »Na dann … Wird dir gefallen, genau deine Art von Klamotten …«

Reino gab ihm einen harten Klaps auf die Wange und nickte Carl zu. »Was ist, gehen wir?«

Als sie in den vollen Lichthof kamen, blickte sich Eric resigniert um. So unglaublich viele Leute und so wenig Zeit. Er versuchte, in Richtung der Rolltreppen durchzukommen. Es war heiß und stickig, die Leute stießen sich gegenseitig an, Champagner wurde verschüttet und landete auf seinen Schuhen. Hoch über der Menschenmenge sah Eric die Zwischendecke mit den Scheinwerfern und den Laserkanonen, erst wenige waren eingeschaltet, noch hatte die Show nicht begonnen.

Hinter sich hörte er Carl keuchen. »Wo müssen wir hin?«

Eric rief über die Schulter: »Zu den Rolltreppen!«

Er stolperte über Stufen, die zwischen all den Hosenbeinen und Röcken nicht zu erkennen waren, und wäre fast hingefallen. Aber er fing sich wieder und erreichte schließlich die Rolltreppen. Er blieb stehen, rang nach Atem und ließ den Blick über den Lichthof schweifen. Dort drüben war die Bühne, noch lag sie im Dunkeln. Er hob den Blick und suchte die anderen Etagen ab. Im Traum hatte er dort oben Monas Gesicht gesehen, aber keines der Gesichter, die er jetzt sah, erinnerte an das Mädchen aus Kana. Jetzt hatten ihn auch die anderen erreicht.

Carl hielt demonstrativ den linken Arm hoch und zeigte auf seine Armbanduhr. Er versuchte, das Stimmengewirr zu übertönen. »Eine Viertelstunde! Hört ihr? Fünfzehn verdammte Minuten …!«

Eric zeigte auf den bulligen Ex-Bandido. »Reino, du kommst mit mir. Wenn es Ärger gibt, ist es besser, du bist in meiner Nähe. Ihr anderen wisst, was ihr zu tun habt. Wir halten über die Handys Kontakt!«

Er drehte sich zu Sven um. »Sie haben alles unter Kontrolle?«

Sven hielt das gefaltete Laken hoch. »Alles unter Kontrolle. Beeilt euch, dann brauchen wir es hoffentlich nicht.«

Eric wollte gerade die Rolltreppe betreten, als Hanna ihn am Arm festhielt. Sie strich ihm durchs Haar und küsste ihn. Eric sah ihr tief in die Augen, dann stieg er die Rolltreppe hinauf, dicht gefolgt von Reino. Zwölf Sekunden später hatten sie den ersten Stock erreicht. Am Geländer drängten sich wesentlich mehr Menschen als in seinem Traum.

Eric wandte sich an Reino: »Wir wissen nicht, wie der Täter aussieht, also müssen wir nach Dingen Ausschau halten, die uns komisch vorkommen. Achte darauf, ob irgendwas anders ist als normal. Wir gehen gegen den Uhrzeigersinn. Du nimmst die rechte Seite, ich die linke.«

Reino nickte. »Du zuerst.«

Eric hatte gerade die ersten Meter auf dem Gang zurückgelegt, der um die große Öffnung herumführte, als ein kleines Mädchen sich von seiner Mutter losriss und lachend zwischen ein paar Ständern mit Barbourjacken verschwand. Für einen Moment dachte Eric, es sei Mona. Er blieb stehen und schnappte nach Luft. Dann sah er, dass es definitiv nicht Mona war, dieses Mädchen war dunkelhäutig und außerdem älter. Reino sah ihn fragend an. Eric schüttelte den Kopf, atmete tief durch und ging weiter. Die ganze Zeit ging ihm immer nur ein Gedanke durch den Kopf: *Man kann die Zeit nicht zurückdrehen. Man kann nicht ändern, was schon passiert ist.* Plötzlich flammten Blitze durch den Lichthof. Die Musik wummerte los, und grüne und blaue Laserstrahlen zuckten die Wände hinauf. Die Show hatte begonnen. Eric fluchte innerlich. Sie würden den Verbrecher nie finden, er war ein unbekanntes Gesicht unter Tausenden. Und wer sagte eigentlich, dass er sich ausgerechnet auf dieser Etage befand, er konnte sich überall in dem Kaufhaus aufhalten. Wenn er überhaupt im NK war. Alles, was sie hatten, war ein Traum. Eine fiebrige Halluzination.

Plötzlich hielt ihn jemand am Arm zurück, Reino war ihm gefolgt und nickte zu einer Bank, die ein paar Meter entfernt stand. Zwei Leute saßen auf der Bank, eine ältere Dame im roten Kostüm und ein Mann in den Fünfzigern. Der Mann trug einen schwarzen Anzug und darunter ein weißes T-Shirt. Keiner der beiden sah verdächtig aus, die Frau hatte die Augen geschlossen und ruhte sich offenbar aus, und der Mann las ein Buch.

Eric beugte sich zu Reino und musste schreien, um die Musik zu übertönen. »Was ist?«

Reino führte den Mund an Erics Ohr. »Siehst du die Uhr?«

Eric spürte ein Ziehen im Bauch. Der Mann trug eine große schwarze Digitaluhr am Handgelenk, sie sah aus wie eine Taucheruhr, und obwohl er mehrere Meter entfernt stand, konnte Eric erkennen, dass die Ziffern rückwärts zählten.

00:04:49   00:04:48   00:04:47

Reino spannte den Körper an. »Ich schlag ihn k. o.«

Eric packte ihn an der Jacke. »Nein, wir können nicht riskieren, dass der Behälter kaputtgeht. Und bevor wir irgendwas unternehmen, müssen wir den anderen Bescheid sagen. Sie müssen wissen, wo wir sind. Sie sind unsere Versicherung.«

Reino schnitt eine Grimasse. »Okay, ich ruf an.« Er holte sein Handy hervor.

Eric fixierte den Mann auf der Bank. Er hatte die Beine lässig übereinandergeschlagen und blätterte seelenruhig in seinem Buch. Wie konnte er nur so verdammt eiskalt sein? Eric versuchte zu erkennen, ob sich an seinem Anzug irgendwas ausbeulte. Wo hatte er die Kugel?

Reino stöhnte. »Scheiße, kein Netz. Ich versuche es dahinten an der Rolltreppe. Bleib du hier und behalt den Typen im Auge, bin gleich wieder da.«

Er schwenkte das Handy und lief los.

Eric blickte ihm nach. Reino blieb an der Rolltreppe stehen und nickte. Anscheinend war der Empfang dort besser, er hob das Handy ans Ohr. Eric wandte sich wieder zur Bank um und stieß einen stummen Fluch aus. Auf der Bank saß nur noch die alte Dame, der Mann war verschwunden.

Carl legte auf und blickte Sven und Hanna an. Ihre Gesichtsfarbe wechselte zwischen blau und grün, Reflexionen von Hunderten Laserstrahlen. Die Housemusik schlug ihnen hart in die Rippen. Carl beugte sich vor und schrie: »Sie haben ihn gefunden! Es geht los!«

Sven nickte. »Wo müssen wir hin?«

Carl zeigte auf die gegenüberliegende Ecke des Lichthofs, unmittelbar vor dem Café Entrée. »Zum Eingang des Restaurants.«

Die drei sahen sich für einen Moment an. Alle spürten den Ernst der Lage, sie wussten, was auf dem Spiel stand. Carl tauchte in die wogende Menschenmenge ein. Hanna und Sven folgten dicht hinter ihm.

Eric drängte sich verzweifelt zwischen den Menschen am Geländer zum Lichthof durch, aber den Mann im schwarzen Anzug konnte er nirgends entdecken. Er wagte nicht, auf die Uhr zu sehen, ihm war nur allzu bewusst, dass es nur noch um Minuten ging. Das kleine farbige Mädchen tauchte wieder vor ihm auf und sprang lachend im Zickzack zwischen den Zuschauern umher. Eric dachte an seinen Traum. Rein intuitiv verließ er das Gewühl und folgte dem Mädchen im Laufschritt. Das Lasergewitter machte es schwer, etwas zu erkennen, und manchmal war es fast ganz dunkel. Das Mädchen hatte dicke Zöpfe und trug ein hübsches Kleid mit blau-roten Blumen. Plötzlich blieb sie stehen und schaute über die Schulter zurück, ihre Blicke trafen sich, und sie lachte, dann duckte sie sich und kroch in eine Gruppe Frauen hinein, die sich am bronzefarbenen Geländer drängte. Eric blieb schwer atmend stehen und ließ den Blick suchend über die Menge wandern. Und da war er …
Der Mann im schwarzen Anzug. Er lehnte am Geländer

und schien die Modenschau zu verfolgen. Das Buch war verschwunden, die linke Hand hatte er in die Außentasche des Jacketts gesteckt. Das Gesicht des Mannes blinkte rhythmisch im blauen Licht. Eric hielt Ausschau nach Reino, aber der war nirgends zu sehen. Er warf einen Blick auf die Uhr, eine Minute vor drei.

Der Mann am Geländer beugte sich weit hinaus über den Lichthof. Er hatte die Hand aus der Jackentasche genommen. Jetzt hieß es handeln, nicht zögern. Im Traum hatte Eric keine Chance gehabt, aber dies war kein Traum und es blieb keine Zeit zum Überlegen. Grob stieß und knuffte er sich zu dem Mann durch. Das Adrenalin schoss durch seinen Körper und er ballte die Fäuste.

Plötzlich drehte sich der Mann um, als ahnte er etwas. Eric traf ihn an der Brust, ein harter Schlag, der ihn vom Geländer wegstieß. Die Leute um sie herum schrien empört auf, als sie rückwärts gegen sie taumelten. Eric kämpfte darum, das Gleichgewicht zu behalten, und versuchte gleichzeitig, die Hände des Mannes zu packen, nichts war wichtiger als das, er musste ihm die Kugel abnehmen. Der Mann richtete sich auf, hob das Gesicht und sah ihm in die Augen, und dann explodierte alles mit einem dumpfen Knall. Eric hörte nichts mehr, und für einen Moment schienen die Menschenmenge und alle Bewegungen eingefroren zu sein. Der Mann hatte ihm einen Kopfstoß versetzt. Eric fiel, wurde aber vom Geländer aufgefangen. Keuchend hielt er sich das Gesicht, ein dumpf pulsierender Schmerz breitete sich von der Nase über Mund und Augen aus. Er versuchte, den Blick zu schärfen, aber alles war verschwommen und irgendwie verzerrt. Der Mann hielt etwas in der Hand. Nicht in der linken, sondern in der rechten … Ein Messer. Eric versuchte unbeholfen, sich mit den Händen zu schützen. Der Mann holte aus und stach zu. Ein brennender Schmerz schoss vom Arm ausgehend durch seinen Körper und lähmte die gesamte rechte Seite. Eric schrie auf und merkte, wie die Beine unter ihm nachgaben. Er konnte das Geländer nicht erreichen und stürzte hart zu Boden, der Schmerz im Arm war unglaublich. Verschwommen sah er, wie der Schatten des Mannes auf ihn zukam und den Arm hob, um erneut auf ihn einzustechen. Dies war der Traum. Der Mann ohne Gesicht würde ihn opfern.

Plötzlich trat einer der Zuschauer dem Mann das Messer aus der Hand, und es rutschte über den Boden. Eric sank in die Knie, zu müde, um zu verfolgen, was passierte. Die blinkenden Schatten kämpften miteinander. Vielleicht war es Reino. Vielleicht landete er einen Schlag im Gesicht des Mannes, einen Hieb mit dem Ellbogen. Vielleicht warf er sich auf ihn und drückte ihn rückwärts gegen das Geländer. Erics Arm war triefnass, er spürte, wie das Blut aus der Wunde lief.

Die Musik wurde lauter, und das Publikum im Erdgeschoss jubelte. Die Laserstrahlen wechselten auf Rot, und der Lichtkegel des großen Scheinwerfers glitt kreuz und quer über den Lichthof. Eric mühte sich, den Blick scharf zu stellen, und schaute nach oben. Es war Reino, er schien den Mann im Schwitzkasten zu haben und stand halb über ihn gebeugt, presste ihn hart gegen das Geländer, drückte seinen Oberkörper nach hinten. Erics Kopf sank immer wieder auf die Brust, er hatte Mühe, ihn hochzuhalten. Da fiel sein Blick auf die linke Hand des Mannes, die schlaff am Körper herabhing. Etwas glitzerte darin.

»Reino! Seine Hand! Halt sie fest!«

Reino hörte ihn nicht, die Musik übertönte alles. Eric nahm alle Kraft zusammen, schloss die Augen und stemmte sich vom Boden ab. Der Arm brannte wie Feuer, und der Schmerz trieb ihm das Wasser in die Augen, aber irgendwie schaffte er es aufzustehen. Er keuchte und hustete, zwinkerte die Tränen weg und begann verbissen zu gehen. Plötzlich rollte sich der Mann am Geländer zur Seite, und durch die unerwartete Bewegung verlor Reino ihn aus dem Griff. Der Mann wirbelte herum, beugte sich weit über das Geländer und öffnete die Hand. Im roten Licht konnte Eric die Kugel fallen sehen. Sie rotierte um sich selbst, irgendwie zu langsam für ihr Gewicht. So nah und doch so unerreichbar. Auch Reino hatte gemerkt, was geschehen war, er rammte dem Mann sein Knie in den Schritt. Der Mann sackte zu Boden, aber Eric registrierte es kaum, für ihn hatte alles andere aufgehört zu existieren. Jetzt gab es nur noch die Kristallkugel, die Schwerkraft und den Marmorboden tief dort unten. Die Hoffnung rann aus seinem Körper, zusammen mit seinem Blut. Der Lärm drang nur noch gedämpft an sein Ohr, das Licht verschwand, vielleicht wurde er ohnmächtig. Für lange Zeit war alles still. Dann packte ihn jemand, zog ihn an sich. Er spürte einen Druck um den Oberarm. Er versuchte, sich zu wehren, war aber zu müde. Etwas wurde um die Wunde gewickelt. Er hatte keine Kraft nachzusehen, was es war und wer ihn verband. Es spielte keine Rolle, er wollte einfach die Augen schließen und wegdriften. Was hatte er geglaubt? Die Zukunft ließ sich nicht ändern. Der starke Regen war gefallen.

»Eric! Was ist mit dir?« Hände glitten über sein Gesicht, sein Haar, seinen Brustkorb. Jemand richtete ihn zur Sitzstellung auf. Ein plötzlicher Dufthauch umwehte ihn und erfüllte ihn mit tausend Gefühlen. Er wusste alles über diesen Duft. Blumen und Zitrus. Bergamotte und Freesien. Victor und

Rolfs Flower Bomb. Er öffnete die Lider und blickte benommen in Hannas besorgte Augen.

»Großer Gott, du hast Unmengen von Blut verloren. Du brauchst einen Arzt.«

Eric blickte sich schläfrig um, sein Körper war wie betäubt. Er saß auf den weißen Fliesen, mit dem Rücken an das Geländergitter gelehnt, und um ihn herum war eine große dunkelrote Blutlache. Um den Arm trug er einen roten Stoffstreifen, vielleicht hatte der vorher eine andere Farbe gehabt. Er konnte weder Reino noch den Mann im Anzug entdecken. Die laute Musik war verstummt, die Show war vorbei. Im wahrsten Sinne des Wortes. Eric schluckte verbittert. Der Virus verbreitete sich im Warenhaus, durch den Atem der Menschen, durch die Klimaanlage ... Schlich sich hinein in die Tausende von Körpern, die sich dort unten drängten, unwissend wie Schweine auf dem Weg zum Schlachthof. Konnte er Hanna noch rechtzeitig von hier wegbringen? Nein, es war schon zu spät. Carl sagte etwas zu ihm.

Eric versuchte, sich zu konzentrieren. »Was hast du gesagt?«

Carl beugte sich zu ihm und flüsterte: »Hole in one.«

Eric richtete sich auf, plötzlich voll da. Carl nickte Sven zu, der neben ihm in die Hocke ging und die Hand ausstreckte. Auf seiner Handfläche lag die kleine Glaskugel. Vollkommen rund und glatt, ohne einen einzigen Kratzer.

Carl grinste. »Wer sagt, dass Schwule keinen Ball fangen können?«

Sven fuhr ihm in die Parade: »Sie hatten ein ganzes Laken zu Hilfe.«

Carl spielte den Gekränkten. »Was hat das damit zu tun?«

Eric sah die beiden an. Er bemühte sich, deutlich zu sprechen. »Was ist mit Reino? Und dem Mann, den er niedergeschlagen hat?«

Carl nickte zu den Rolltreppen. »Der Mann war offensichtlich ein bisschen groggy, also hat Reino ihn zu den Wachschützern gebracht. Ich nehme an, sie rufen die Polizei.« Er lächelte ironisch. »Besser, wir schmuggeln unseren Bootsdieb hier raus, bevor sie kommt.«

Auf Carl und Sven gestützt, stolperte Eric langsam Richtung Ausgang. Sein Arm pochte und brannte. Als sie endlich Svens Volvo erreichten, sank er auf den Rücksitz und lehnte den Kopf erschöpft gegen die kühle Fensterscheibe. Hanna setzte sich neben ihn, drückte seine Hand und verflocht ihre Finger mit seinen. Er atmete schwer, sein Körper kribbelte vor Müdigkeit. Svens Gesichtsausdruck sagte alles, die Verletzung war schwer.

Das Auto bog vom Bürgersteig auf die Hamngatan und beschleunigte. Bei jeder Unebenheit auf der Straße schoss eine Hitzewelle durch seinen Arm. Sie waren auf direktem Weg ins Karolinska-Krankenhaus, Sven hatte in der Notaufnahme angerufen und ihr Kommen angekündigt. Eric dachte an Rachel. Durch die Blutinjektion hatte sie ihm das Leben gerettet. In der E-Mail war es um ihre Schwester gegangen. Akthy. War sie unterwegs zu ihr? Er schloss die Augen und gab sich der Müdigkeit hin. Hannas Duft umhüllte ihn. Würde es für alle Zeit tun.

Glilot, Israel

Meir Pardo hatte seine Rettung oben auf dem Dach gefunden, weit weg von all den verdammten Rauchmeldern. Er stand neben einer der Satellitenschüsseln, schaute hinunter auf die sich dahinschlängelnde Autobahn und rauchte endlich seine Pfeife. Eine leichte Brise wehte, und der Meeresgeruch mischte sich mit dem süßen Tabakduft. Die Einsamkeit vom Vorabend hielt ihn noch immer gefangen. Er betrachtete die Miniaturautos, die den Ayálon Highway entlangkrochen. Menschen mit einem Ziel, einem Vorhaben. Einer Zugehörigkeit. Keiner im Mossad kümmerte sich darum, was er machte, ob er an seinem Platz war, niemand würde ihn ernsthaft vermissen, wenn er nicht mehr zurückkäme. Sie fürchteten ihn. Vielleicht respektierten sie ihn. Aber mochten sie ihn auch? Er war ein Einzelgänger. Nun ja, er hatte es so gewollt, es war seine Entscheidung, jedenfalls zum großen Teil. Er hatte die Freundschaften, die er einst gehabt hatte, nicht gepflegt, hatte nie geheiratet, nie Kinder in die Welt gesetzt. In der jüdischen Tradition bedeuteten Kinder alles. Der Wert eines Mannes wurde daran gemessen, wie viele Kinder und Enkelkinder er hatte. Meir hatte es nicht einmal geschafft, den eigentlichen Zweck des Daseins zu erfüllen und seinen Teil dazu beizutragen, die Menschheit zu vermehren. Eher hatte er sie vermindert. Vielleicht war sein Wert geradezu negativ.

»Meir!«

Er drehte sich um. David Yassur kam übers Dach gelaufen. Er sah ganz aufgeregt aus und wäre mehrmals beinahe über die dicken Kabel gefallen, die zwischen den Parabolantennen verliefen. Meir nahm einen tiefen Zug aus der

Pfeife und blickte ihm entgegen. Außer Atem erreichte David ihn.

»Rate mal, wer gerade in Stockholm in eine British-Airways-Maschine gestiegen ist!«

»Mir ist nicht nach Raten.«

»Nadira Al-Nsour!«

Meir schüttelte den Kopf. »Sagt mir nichts.«

»Das ist eine Identität, die hier im Haus ausgedacht wurde. Eins unserer ID-Pakete. Pass, Kreditkarte, Führerschein, das Übliche.«

Meir ließ den Blick über die Autobahn schweifen. »Komm zur Sache, David.«

»Vor ein paar Wochen wurde das Paket einer unserer Agentinnen übergeben, für einen Auftrag in Somalia.«

»Wem?«

David breitete triumphierend die Arme aus. »Rachel Papo!«

Meir zuckte zusammen. »Bist du sicher?«

»Hundert Prozent. Und das ist noch nicht alles. Rate, wohin sie unterwegs ist.«

Meir packte David hart an der Schulter. »Hör auf mit deinen albernen Ratespielen, verstanden? Rede Klartext!«

David wirkte verdattert. Meir sah, dass er völlig erschöpft war. Sofort meldete sich sein schlechtes Gewissen, und er fügte hinzu: »Ich bin auch müde. Entschuldige, war nicht so gemeint.«

David blinzelte ein paarmal, dann hatte er seine Fassung wiedergewonnen.

»Sie fliegt zur Quelle. Zu Salsabil in Riad.«

Für einen Moment war Meir sprachlos. Dann sagte er leise, mehr zu sich selbst: »Wenn sie eine unserer Identitäten benutzt, sendet sie uns eine Botschaft.«

David nickte. »Und die Botschaft ist deutlich: Kommt und helft mir.«

Meir sog nachdenklich an seiner Pfeife, behielt den Rauch im Mund und blies ihn dann in einer dicken grauweißen Wolke aus.

»Ich glaube nicht, dass Sinon ihr primäres Ziel ist. Oder Salsabil.«

David nickte wieder. »Sie ist auf dem Weg zu ihrer Schwester.«

Meir ging Richtung Treppenhaus, dicht gefolgt von David, und rief über die Schulter zurück: »Wann landet sie?«

»Der Flug geht über London, Landung in Riad in zwölf Stunden.«

Meir erwiderte nichts darauf, und David konnte endlich sagen, was er sagen musste. »Meir, ich weiß, du bist erleichtert, dass Rachel lebt. Aber sie wird immer noch gejagt, Einheit 101 hat eine rote Order für sie. Ben Shavit persönlich hat sie unterschrieben.«

Meir schwieg immer noch. Sein Kopf war mit ganz anderen Dingen beschäftigt. Der Wind zerrte an ihren Kleidern, während sie über das offene, ungeschützte Dach gingen. Als er schließlich etwas sagte, ging er nicht auf Davids Kommentar ein.

»Ihr habt doch sicher eine Adresse in Zusammenhang mit Salsabil herausbekommen? Und einen Namen?«

»Enes Al-Twaijri, der Ölmagnat. Sein Palast liegt am nördlichen Stadtrand von Riad.«

Meir überlegte laut: »Aber die politische Lage macht es uns schwer, richtig? Eine militärische Operation im Land ist im Prinzip wohl unmöglich?«

»Sie würde auf jeden Fall eine Menge Diplomatie erfordern.«

Sie erreichten die weiße Stahltür, die laut knarrte, als Meir sie aufzog.

»Vielleicht brauchen wir gar nichts zu unternehmen, vielleicht fügt sich alles von selbst.«

Sie betraten das kühle Treppenhaus und gingen die Stahltreppe hinunter. Die schwere Tür schlug hinter ihnen zu. Meir eilte voraus, David ging hinter ihm und konnte deshalb nicht sehen, dass sein Chef lächelte. Aber das tat er. Rachel lebte. Er war also nicht ganz allein. Noch nicht.

Riad, Saudi-Arabien

Der schwarze BMW parkte drei Kilometer südwestlich des Palastes. Der Motor lief, damit die Klimaanlage funktionierte; alles andere war undenkbar, draußen war es siebenundvierzig Grad heiß. Die Ländereien des Palastes erstreckten sich über zwanzig Hektar, und das riesige Gebiet war von einer fünf Meter hohen Mauer umgeben. Yadir Dori hatte die Frau einen Kilometer vor der Westmauer abgesetzt. Während der Fahrt vom Flughafen hatte sie kein Wort gesagt. Als er anhielt, hatte sie einfach ihren abgeschabten Rucksack übergestreift und im Laufschritt Kurs auf die Mauer und das blaue Minarett dahinter genommen.

Die Anweisungen aus Glilot waren unmissverständlich. Sie sollte allein hineingehen, unter keinen Umständen durfte Yadir sie begleiten oder ihr auf andere Art helfen. Die Frau war eine gewöhnliche Touristin und er nur ein einfacher Taxifahrer. Der Mossad hatte in Saudi-Arabien absolut nichts verloren. Der Palast verfügte über eine eigene Armee und ein ausgefeiltes Sicherheitssystem, die Chance, dass die zierliche Frau zurückkommen würde, war also gering. Wenn sie nach Ablauf von drei Stunden nicht wieder da war, sollte Yadir nach Riad hineinfahren, alle Instruktionen vernichten und die Frau vergessen. Kam sie aber wider Erwarten doch zurück, sollte er sicherstellen, dass sie und eventuell eine weitere Person schnellstens nach Israel ausgeflogen wurden. Seine Vorgesetzten hatten dafür gesorgt, dass eine amerikanische Herculesmaschine auf der NATO-Basis nördlich von Riad wartete. Yadir steckte sich noch eine Zigarette an und richtete den Blick auf die rissige Mauer.

Akim Katz ging eilig durch den privaten Teil des luftigen Palastes. Er hatte Enes Al-Twaijri belogen. Über den Impfstoff, über das verschwundene Blacksky-Team und über Hanna Söderqvist. Alles, um den Ölscheich vom Projekt fernzuhalten. Nicht, dass es jetzt noch eine Rolle spielte, es war ohnehin alles in sich zusammengestürzt, der Winter-Virus war nicht freigesetzt und Nicholas Moreman war verhaftet worden. Ein Misserfolg auf der ganzen Linie. Akim würde die Konsequenzen für sein Scheitern tragen müssen, es war schließlich alles seine Schuld. Er war nachlässig gewesen, hatte keinen Plan B gemacht, kein anderes Team als Ersatz eingeplant. Er war blind gewesen vor Gottvertrauen, aber Allahs Wille war offenbar ein anderer. Akim stopfte sich das Hemd in die Hose. Vielleicht konnte er doch noch etwas retten? Vielleicht war das Projekt nicht gescheitert, sondern nur verzögert. Wenn er Forschungsleiter Craig Winter erreichen und ihn dazu bringen konnte, mehr von dem Winter-Virus herzustellen, gab es vielleicht noch Hoffnung. Winter verfügte über das Know-how, und das Material konnte man kaufen. Es gab also noch einen Funken Hoffnung. Vielleicht stellte Allah ihn auf die Probe, vielleicht war dies etwas, das er schaffen musste, um sich würdig zu erweisen. Bestimmt war es so. Jawdah konnte immer noch Wirklichkeit werden. Wenn er nur entschlossen und überlegt handelte, würde er eine zweite Chance erhalten. Akim beschloss, Enes nur ausgewählte Teile der Wahrheit zu berichten. Nur das Notwendigste. Er beschleunigte seine Schritte.

Am Ende des vergoldeten Korridors, der zum Arbeitszimmer des Ölscheichs führte, begriff Akim, dass etwas nicht stimmte. Der große Schreibtisch im Salon war verlassen. Dort saß sonst Adara, Enes Al-Twaijris Privatsekretärin. Akim mochte die Frau, sie war schweigsam, aber effektiv. Ein Profi. Und sie war immer am Platz. Nur jetzt nicht. Ihm fiel ein, dass er auf seinem Weg durch den privaten Bereich des Schlosses auch keine Wächter gesehen hatte, und auch das war noch nie zuvor passiert. Er blieb im Salon stehen und sah sich um.

»Adara?«

Keine Antwort. War ihm irgendwas entgangen? Hatte er einen Termin verpasst? Waren alle unterwegs zu einer Versammlung, an der er auch teilnehmen müsste? Akim ging weiter in den Raum hinein und blieb abrupt stehen. Er hatte sich geirrt, Adara war sehr wohl an ihrem Platz. Der Bürostuhl war umgestürzt und Adara lag dahinter, eingeklemmt zwischen Stuhl und Wand. Ihr blaues Kostüm war zerrissen und blutgetränkt. Auf ihrem Gesicht lag ein verwunderter Ausdruck. Akim wirbelte auf dem dicken Teppich umher und rief um Hilfe. Rief nach den Wachen. Adara starrte ihn vom Boden hinter dem Schreibtisch an. Enes! Akim rannte durch den Salon, bog um den großen Ölbohrturm aus Kristall und riss die Tür zum Arbeitszimmer des Scheichs auf.

»Enes? Bist du hier?«

Seine Stimme klang dünn und heiser. Der große Raum war still, durch das Fenster hinter dem Schreibtisch konnte er die türkisfarbenen Pools und den Golfplatz sehen. Unsicher trat er ein, ging zögernd über den dicken Teppich. Jetzt sah er, dass die beigefarbene Sitzgruppe am Fenster blutbefleckt war und hinter einem der Sessel ein Arm hervorragte. Er war senkrecht in die Höhe gereckt und seltsam verdreht, ein krampfhafter Hilfeschrei. Akim erkannte die Armbanduhr sofort wieder. Enes Al-Twaijri. An der Hand fehlten drei Finger.

Akim schlug sich die Hand vor den Mund und taumelte rückwärts. In seinem Kopf rauschte und dröhnte es. Plötzlich wusste er, was sich hier abspielte. Was sollte er tun? Er war unbewaffnet; wenn er ihr über den Weg lief, hatte er keine Chance. Wo waren die Ausgänge? Nein, die würde er nie erreichen. Sie würde hinter irgendeiner Tür oder einer verdammten Treppe auf ihn warten. Da kam ihm eine Idee. Es gab eine Lebensversicherung für ihn. Er rannte aus Enes' Zimmer und hetzte mit hämmerndem Puls die langen Korridore entlang. Nirgends sah er Wächter, Diener oder Putzfrauen. Der Palast hielt den Atem an. Jeden Moment konnte er ihr begegnen, sie konnte überall lauern. Er erreichte die Marmortreppen, dankte Gott und sprang die Stufen hinab, drei mit jedem Schritt, stolperte, fing sich aber wieder. Als er in den Keller kam, lief er direkt zur hintersten Tür. Er hatte schon mehrere Abende in dem kleinen Raum verbracht, zusammen mit seiner Insassin, der Frau, die jetzt sein Ticket heraus aus der Hölle sein sollte.

Er zog die schwere Tür zum Lagerraum auf und schaltete das Licht ein. Zuerst sah er niemanden. Panisch dachte er für einen Moment, sie sei weg, vielleicht hatte sie es geschafft zu fliehen, aber dann hörte er ein wohlbekanntes Schniefen. Dort, ganz hinten im Raum, versteckt hinter ein paar Kartons, kauerte sie. Die kleine Missgeburt. Er straffte die Schultern und ging rasch auf sie zu. Als sie ihn sah, kniff sie die Augen zusammen und begann, irgendwas vor sich hin zu summen. Das machte sie immer, wenn sie Angst hatte; bisher hatte er das ganz amüsant gefunden, aber jetzt nervte es ihn. Er packte sie an den Haaren und wollte sie gerade hochziehen, als er das Blut auf dem Boden entdeckte. Fußspuren. Ein Schauer überlief ihn, und er drehte sich langsam um. Sie stand hinter der offenen Tür. Ein Tier. Nein, weniger als das … ein Dämon, vollkommen blutüberströmt. Die Haare hingen in nassen Strähnen herab, und an mehreren Stellen sah ihr Körper aus, als hätte sie rohes Hackfleisch darauf verschmiert. In dem verklebten Gesicht brannten zwei Augen. Sie war barfuß, und ihre schmalen Arme hingen schlaff am Körper herab. In der linken Hand hielt sie ein Messer. Sinon sank auf die Knie. Die Gestalt schloss wortlos die Tür und ging auf ihn zu.

Stockholm, Schweden

Vierzehn Tage nach Stunde null
Eric saß auf dem großen Sofa im Wohnzimmer und versuchte unruhig, sich auf Strawinskys *Nachtigall* zu konzentrieren. Sein Arm tat nach wie vor weh, die Wunde hatte mit siebzehn Stichen genäht werden müssen, und seine lädierten Muskeln pulsierten und brannten immer noch. Sven Sahlgren hatte das Kunststück vollbracht, von den Gesundheitsbehörden eine Genehmigung für den klinischen Einsatz des NCoLV-Impfserums aus dem KI-Labor zu erhalten, im Prinzip ein Destillat aus Hannas Blut. Jens ging es schon

besser, aber noch lag er zur Beobachtung im Krankenhaus. Sven hatte den Winter-Virus an Ulrika Seger vom SMI übergeben, und wie es hieß, war er nun abgetötet worden. Carl war erneut zur Polizei gegangen, und diesmal gab es konkrete Beweise und einen Täter aus Fleisch und Blut. Der Mann, mit dem Eric im NK gekämpft hatte, war Nicholas Moreman, Cryonordics Sicherheitschef. Hoffentlich rückte er die Namen der weiteren Beteiligten heraus. Craig Winter allerdings hatte man tot in einem Müllcontainer hinter dem Radisson-Hotel in Arlanda gefunden. *Aftonbladet* hatte lang und breit berichtet, wie hauchdünn Schweden und der Rest der Welt einer Katastrophe entgangen waren.

Alles war unglaublich und sensationell, aber Eric konnte nur an eins denken: Hanna. Warum war sie nicht nach Hause gekommen? Sie hätte längst zurück sein müssen. Er hatte versucht, sie auf dem Handy zu erreichen, aber ohne Erfolg. Heute war Sonntag, in der Bank war sie also nicht. Er wusste, dass sie ihre Schwester auf Kungsholmen gegen ein Uhr verlassen hatte, also vor vier Stunden. Danach hatte sie Jens im Krankenhaus besucht und war dort ungefähr eine Stunde geblieben. Jens sagte, Hanna habe blass ausgesehen. Außerdem habe sie über Kopfschmerzen geklagt und überhaupt irgendwie abwesend und zerstreut gewirkt. Eric fuhr sich mit der Hand durchs Haar. Sollte er Jens noch mal anrufen? Oder die Polizei? Die Krankenhäuser der Stadt? Was machte man in so einer Situation? Irgendetwas stimmte nicht, da war er sich ganz sicher. Hanna würde nie einfach verschwinden, ohne sich zu melden, schon gar nicht nach allem, was passiert war.

Das Schloss der Wohnungstür knackte, und die Tür wurde geöffnet, Absätze klapperten auf dem Dielenparkett. Eric stellte die Musik mit der Fernbedienung leiser und hob den Kopf. Hanna kam ins Wohnzimmer, sie hatte die Schuhe noch an und nicht einmal den Mantel ausgezogen. Er lächelte unsicher. Sie stand mitten im Zimmer und sah ihn nur an, stumm und blass, mit einem Gesichtsausdruck, der unmöglich zu deuten war. Eric dachte an den schicksalhaften Abend, als sie sich den Mona-Virus zugezogen und der ganze Albtraum begonnen hatte. Auch damals hatte sie den Mantel nicht ausgezogen. Im Zimmer war es auf einmal stickig, die Luft trocken und kaum zu atmen.

Eric suchte ihren Blick und fragte mit leiser und, wie er hoffte, ruhiger Stimme: »Wo warst du?«

Sie zögerte mit der Antwort, es schien fast, als scheute sie sich davor. »Beim Arzt.«

Eric spürte, wie sich unter seinem Brustkorb ein Loch öffnete. Er setzte sich auf, sein Körper war steif und verspannt nach all den Stunden auf dem Sofa.

»Wieso denn beim Arzt?«

»Ich dachte, ich wäre immun. Dass es nicht mehr passieren könnte ...« Sie biss sich auf die Unterlippe. »Aber ich habe mich geirrt.«

»Liebling ... Ich verstehe nicht. Was meinst du?« Ihm versagte die Stimme.

»Mona.«

»Aber ...« Er versuchte, einen klaren Gedanken zu fassen, aber in seinem Kopf drehte sich alles.

Sie legte ihm die Hände auf die Schultern. »Ich fürchte, es ist deine Schuld, diesmal besteht wirklich kein Zweifel.«

Eric starrte sie an. Ihm schwirrte der Kopf. Wenn sie krank war, bedeutete es, dass das Serum nicht geholfen hatte. Und wenn es nicht wirkte, was konnten sie dann noch tun? Der Virus musste mutiert sein. Überlebt, sich passiv verhalten haben ... Er suchte verzweifelt nach einer Antwort, einer Lösung, einem Ausweg. Dann war es plötzlich da, nur für den Bruchteil einer Sekunde. Er spürte es mehr, als es wirklich zu sehen. Ein neckisches Aufblitzen. Ein winziges Muskelzucken an ihrem linken Auge, das auf einmal alles auf den Kopf stellte. Er zog sie an sich und lachte laut. Ein stürmisches, glückliches Lachen, das kein Ende nehmen wollte. Ein Lachen, das jahrelang in ihm gewartet hatte und jetzt mit aller Kraft hinausdrängte.

Epilog

Das Dorf Kana im Süden Libanons war eingehüllt in Nebel, und die feuchte Luft roch nach Erde, Kalk und Lehm.

Aleyna hatte auf ihrem kurzen Weg vom Parkplatz zum Haus keinen Menschen gesehen, und selbst wenn jemand da gewesen wäre, hätte sie ihn nicht bemerkt. Alles, was sie sah, war der schmale, schlammige Weg vor ihr. Die Details waren so wohlbekannt und doch so verändert, es war, als hätten die alten Spielplätze, die spannenden Felsen und die lustigen Baumstämme, alles, was sie geliebt hatte und was einmal ihre Welt gewesen war, nun ihre Substanz verloren. Es war alles noch da, aber irgendwie zweidimensional und fremd.

Schon oben vom Parkplatz aus hatte sie das Dach sehen können, und mit jedem ihrer Schritte lösten sich neue Details aus dem Nebel. Die Pforte und die niedrige Steinmauer, der krumme Olivenbaum, der Vorratsschuppen und schließlich das Haus, quadratisch und zwei Stockwerke hoch. Sechs Jahre lang hatte es leer gestanden. Länger nicht? Die Zeit war an jenem Nachmittag ihres zwanzigsten Geburtstags stehen geblieben. Genau wie sie selbst auch stehen geblieben, übrig geblieben war. Danach war das Leben im Leerlauf verstrichen.

Sie öffnete die Pforte und erkannte das heisere Knirschen wieder, das Geräusch, das jedes Mal die Ankunft von Besuch ankündigte. Sie ging den Weg entlang und sah einen Haufen verrostete Eimer neben dem dünnen Olivenbaum stehen. Eimer, die benutzt worden waren, um das Feuer zu löschen. Sie blieb vor der Haustür stehen. Verharrte lange dort, plötzlich voller Zweifel. Sie war so sicher gewesen, dass sie es konnte, dass sie es wollte, aber jetzt zögerte sie. Dies war ein Grab, vielleicht nicht für die Körper, aber für ihre Seelen. Warum war sie zurückgekehrt? Vielleicht war es notwendig, damit sie weiterleben konnte, damit sie endlich mit alldem Dunklen und Unfassbaren abschließen konnte. Aber wollte sie das überhaupt? Hieß das nicht, dass sie die Verstorbenen im Stich ließ?

Der feuchte Nebel waberte langsam durch die leeren Fensterhöhlen ein und aus. Der Atem des Hauses? Nein, das Haus konnte nicht atmen. Nicht mehr. Es war kein Leben mehr darin. Die Wildnis war überall eingedrungen, das war unvermeidlich, aber trotz der Armut im Dorf schien es nicht geplündert worden zu sein. Alles war genau wie damals an jenem Morgen, als sie ihr Zuhause zum letzten Mal verlassen hatte. Sie wusste noch, dass sie den Weg hinuntergegangen war, aufgeregt und glücklich. Sie würde früher aus der Schule heimkommen müssen, um rechtzeitig zum Fest da zu sein, auf das sie sich seit Monaten gefreut hatte. Vielleicht hatte Mona die alte Splittergranate gefunden, als sie draußen spielte? Sie fand immer die merkwürdigsten Sachen, die sich in ihrer Fantasie in fliegende Pferde und verzauberte Prinzessinnen verwandelten. Schwester Nadim, Mama Elif und Mona ... die süße, fröhliche kleine Mona. Alle hatte die Explosion ausgelöscht. Und irgendwie auch Monas Vater, Samir Mustaf. Aleyna hatte nie wieder von ihm gehört. Vielleicht war er es, der den Computervirus Mona geschaffen hatte. Vielleicht war es auch nur ein böses Gerücht.

Sie streckte die Hand aus, schloss die Finger um die

Klinke und zog. Die Tür öffnete sich mit einem trockenen Knarren, Putz bröckelte am Türrahmen herab. Sie trat ein. Immer noch hing Brandgeruch im Haus, der Nebel trug ihn mit sich und klebte ihn auf Kleidung und Haut. Vorsichtig ging sie über die vertrauten Fliesen in der Diele, die an mehreren Stellen von weißer Asche bedeckt waren, vermied es mit klopfendem Herzen, zur ausgebrannten Küche zu schauen, und stieg mit langsamen Schritten die Treppe ins Obergeschoss hinauf. Sie verfolgte eine Absicht mit ihrem Besuch, wusste, in welches Zimmer sie gehen wollte.

Das Holz knarrte und knackte, man hatte sie davor gewarnt, nach oben zu gehen, da die tragenden Wände des Hauses beschädigt waren. Auch im oberen Stockwerk war die weiße Asche. Sie lag in einer dünnen Schicht auf Möbeln, Leisten und Bildern. Mama Elif hatte ein hübsches kleines Zimmer für ihre Enkelin eingerichtet, es lag ganz am Ende des Flurs mit den gelb gemusterten Tapeten. War es richtig, dort hineinzugehen? Durfte sie das? Sie warf einen Blick zurück zur Treppe, dann stieß sie die Tür auf. Das Zimmer war rosa gestrichen, und an den Wänden hingen kleine runde Rahmen mit Bildern von Hundewelpen und Kätzchen. Alles war so vertraut, so real, dass Aleyna beinahe damit rechnete, Mona dort auf dem Bett sitzen zu sehen, in ihre großen, lachenden Augen zu schauen. Aber das Zimmer war leer. Würde es immer sein.

Aleyna schluckte und setzte sich schwerfällig auf das schmale Bett. Sie ließ den Blick über die sorgsam aufgereihten Steine, Kronkorken und Schlüsselringe ihrer Nichte wandern. Ein ganzer Bauernhof. Sie lächelte zärtlich. An ihrem Fuß raschelte etwas, sie beugte sich vor, tastete mit der Hand unter das Bett und zog einen Stapel Zeichnungen hervor. Das Papier wirbelte eine weiße Aschewolke auf, und sie hustete. Langsam blätterte sie den dicken Stapel durch, die Motive auf den Bildern glichen sich alle. Pferde, Hunde, Schweine. Immer Tiere. Da war eine Katze mit orangefarbenem Schwanz und großen Flügeln, da eine Eule, da ein Kaninchen, oder vielleicht war es auch eine Katze, mit hohem Hut und Regenschirm.

Bei einer grauschwarzen Zeichnung hielt sie inne. Sie zeigte ein einfaches Strichmännchen mit einem Kreis als Kopf. Keine Augen, keine Nase, kein Mund. Mona hatte diese Figur oft gezeichnet. Sie erinnerte sich, dass sie Mona einmal danach gefragt hatte. Aleyna suchte in ihrem Gedächtnis, während sie die krakeligen Linien des Strichmännchens mit dem Finger entlangfuhr. Sie hatten in der Küche gesessen, sie selbst auf einem Hocker und Mona auf Samirs Schoß. Der Küchentisch war übersät gewesen von Zeichnungen, und auf mehreren war das Männchen mit dem leeren Kreis als Kopf.

Mona hatte mit dem Stift daraufgezeigt. »Das ist der Mann ohne Gesicht.«

Aleyna hatte gefragt: »Und wer ist das?«

»Das ist mein Umgekehrt.«

»Dein Umgekehrt?«

Mona hatte genickt, offensichtlich begeistert. Vielleicht war sie gerade erst darauf gekommen, vielleicht war es auch eine Fantasie, mit der sie schon früher gespielt hatte.

»Das bin ich, wenn ich umgekehrt bin. Dann bin ich kein Mädchen, sondern ein Mann, dann bin ich nicht süß, dann bin ich gar nichts, nur ein leerer Kreis. Und anstatt lieb bin ich böse. Ganz furchtbar böse.«

Aleyna hatte den Kopf geschüttelt. »Aber du bist doch nicht böse.«

Mona hatte gelacht, hell und laut.

Samir hatte von seinem Buch aufgeblickt und seiner Schwägerin zugestimmt. »Du weißt überhaupt nicht, was böse ist.«

Mona hatte darauf beharrt. »Weiß ich wohl! Der Mann ohne Gesicht ist meine böse Seite. Er macht alles, was ich nicht darf.«

Aleyna schluckte ihre Tränen hinunter, legte die Zeichnungen zusammen und schob sie zurück unters Bett. Eine Haarspange lag auf dem Nachttisch neben einem Wasserglas und einem dünnen Buch. Das Buch war mit einem kleinen Hängeschloss versehen. Ein Tagebuch. Und da stand die alte Uhr, Monas geliebter Wecker. Aleyna erinnerte sich, wie Mona ihr das alte Ding zum ersten Mal gezeigt hatte. Wie stolz sie gewesen war. Woher hatte sie den eigentlich? Das hatte sie nie erzählt. Vielleicht hatte sie ihn irgendwo gefunden, oder jemand hatte ihn ihr geschenkt.

Das Bett knackte, als Aleyna sich vorbeugte und den Wecker vom Nachttisch nahm. Mona hatte gesagt, er sei verzaubert: »Es ist wichtig, dass er richtig geht. Verstehst du, Tante Aleyna? Sonst passiert etwas ganz Schlimmes.« Aber jetzt war er stehen geblieben. Wie alles andere. Mona hatte recht gehabt, es war wirklich etwas ganz Schlimmes passiert. Aleyna drehte den Wecker um und sah die große Flügelschraube, die das Uhrwerk aufzog. Mit Tränen in den Augen begann sie, die Schraube zu drehen. Es rasselte und knackte. Dann ließ sie die Schraube los, drehte den Wecker um und betrachtete das Zifferblatt. Die Zeiger setzten sich träge in Bewegung, mit den Jahren musste die Mechanik Schaden genommen haben, die Zeiger bewegten sich verkehrt herum. Die Zeit lief rückwärts. Sie fröstelte. Das war Wunschdenken. Wenn die Zeiger nur genügend Umdrehungen machten, würden alle zurückkommen, würden vielleicht eine zweite Chance erhalten. Sie brauchte nur lange genug hier zu sitzen und zu warten. Wie viele Umdrehungen waren sechs Jahre? Aleyna schüttelte den Kopf und stellte den Wecker zurück auf den Nachttisch. Der feuchte Nebel im Zimmer streichelte sie wie ein fahler Geist. Lange blieb sie so auf dem Bett sitzen, ließ in Gedanken alles an sich vorüberziehen, was gewesen war, und verlor sich in immer fernere Erinnerungen. Der Wecker tickte leise vor sich hin, irgendwo draußen bellte ein Hund. Schließlich lächelte sie, erhob sich mühsam und ging aus dem Zimmer. Die Tür ließ sie angelehnt.

Then the sun breaks through my darkest mood
And new hope makes me proud and firm:

If a worm will never succumb to the cut,
Can you say you are less than a worm?
Abraham Sutzkever

Nun, da ich den Zweiteiler um Eric Söderqvist beendet habe, möchte ich meinen Dank aussprechen.

Eines Sommers fanden wir endlich unser Sommerhaus in Sörmland. Am Morgen nach unserer ersten Nacht in dem alten Steinhaus ging meine jüngste Tochter zum Fenster, das eine herrliche Aussicht auf den See bietet. Dort stand sie eine Weile, und als sie sich schließlich umdrehte, lag ein entschlossener Ausdruck auf ihrem Gesicht. »Wenn du dein Buch hier nicht schreibst, wirst du es nie schreiben.« Sie half mir, einen Tisch unters Fenster zu schieben, und ich setzte mich daran, klappte meinen Laptop auf und begann zu arbeiten. Als ich den Blick von der Tastatur hob, bemerkte ich, dass die Blumen, die sie mir auf den Tisch gestellt hatte, verdorrt waren, dass ich einen Mordshunger hatte und dass meine Tochter vier Jahre älter war …

Ganz so schlimm war es vielleicht nicht, aber das Schreiben fesselte mich auf eine Art, wie ich es nie zuvor erlebt hatte. Ich weiß, dass diese mentale Isolation nicht möglich gewesen wäre ohne die Unterstützung und die Liebe von drei fantastischen Frauen: Anna, Natasha und Rebecca … Ihr seid mein Leben.

Wer sagt, dass Bücherschreiben eine einsame Beschäftigung ist, hat nur zur Hälfte recht. An einem Projekt wie diesem sind sehr viele Menschen beteiligt, und leider ist es nicht möglich, sie alle namentlich zu nennen. Ich möchte jedoch einen besonderen Dank an einige richten, die viel zu seiner Realisierung beigetragen haben: meine Agentur Salomonsson Agency, und dort besonders Federico Ambrosini, Niclas Salomonsson, Jessica Bager und Leyla Belle Drake, sowie meinen Verleger und Freund Kristoffer Lind von Lind &

Co. Danke auch all meinen engagierten Verlagen rund um den Globus, den Lektorinnen Petra König und Eva Halldinger sowie meinen Freunden Micha Gladnikoff und Anders Bratt für eure Unterstützung rund um die Themen Viren und Molekularbiologie.

Danken möchte ich auch den Mitarbeitern im P4, dem Hochsicherheitslabor des Smittskydds-Institutet SMI – dessen einzige Gemeinsamkeit mit Cryonordic sein BSL-4-Status ist –, Max Borenstein für das wunderbare Filmdrehbuch, Jörgen Lannerstedt für die Websitegestaltung, meinen Kollegen von Svenska Vårdfastigheter und last, aber definitiv not least meinem wunderbaren Freund Robert Weil. Für alles.

Ihr habt es möglich gemacht.

Dan T. Sehlberg
www.dantsehlberg.com
http://dan-t-sehlberg.blogspot.se

Jesper Stein, die »erste Garde der Krimiliteratur« *Sonntagszeitung*

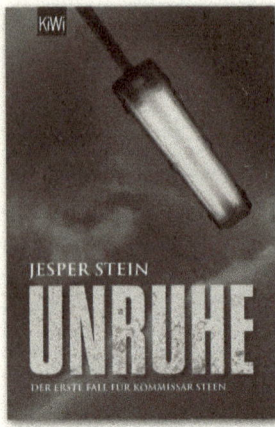

Jesper Stein. Unruhe. Der erste Fall für Kommissar Steen. Deutsch von Patrick Zöller. Taschenbuch. Verfügbar auch als E-Book

Jesper Stein. Weißglut. Ein Fall für Kommissar Steen. Deutsch von Patrick Zöller. Taschenbuch. Verfügbar auch als E-Book

Jesper Stein. Bedrängnis. Ein Fall für Kommissar Steen. Deutsch von Patrick Zöller. Taschenbuch. Verfügbar auch als E-Book